学以致用系列丛书

新手学开网店
（第2版）

智云科技 编著

清华大学出版社
北 京

内 容 简 介

本书是一本指导新手开网店的工具书。全书共12章，主要包括开淘宝店的基础知识、寻找货源、注册账号、宝贝图片的使用和上架、店铺的装修、店铺日常管理与推广等内容。通过对本书的学习，读者不仅能了解开网店的整体流程，还可以掌握很多操作技巧，让自己在实际开店过程中更加得心应手。

本书主要定位于想要开网店的准店主和刚刚开网店的新店主，特别适合刚开始接触淘宝店的初学者。由于书中内容涉及买卖双方，所以本书也适用于广大的淘宝买家，正所谓"知己知彼，百战不殆"，买家可以从书中了解卖家销售的手法，从而帮助自己更好地省钱和消费。

图书在版编目(CIP)数据

新手学开网店/智云科技编著. —2版. —北京：清华大学出版社，2016（2017.5重印）
(学以致用系列丛书)
ISBN 978-7-302-44180-9

Ⅰ. ①新… Ⅱ. ①智… Ⅲ. ①电子商务—商业经营 Ⅳ. ①F713.36

中国版本图书馆CIP数据核字(2016)第148598号

责任编辑：李玉萍
封面设计：杨玉兰
责任校对：张术强
责任印制：沈 露
出版发行：清华大学出版社
网 址：http://www.tup.com.cn, http://www.wqbook.com
地 址：北京清华大学学研大厦A座 **邮 编**：100084
社 总 机：010-62770175 **邮 购**：010-62786544
投稿与读者服务：010-62776969, c-service@tup.tsinghua.edu.cn
质量反馈：010-62772015, zhiliang@tup.tsinghua.edu.cn
印 装 者：北京亿浓世纪彩色印刷有限公司
经 销：全国新华书店
开 本：190mm × 260mm **印 张**：20.5 **字 数**：498千字
(附光盘1张)
版 次：2015年1月第1版 2016年8月第2版 **印 次**：2017年5月第2次印刷
定 价：79.80元

产品编号：068440-01

前言

关于本丛书

如今，学会使用电脑已不再只是休闲娱乐的一种生活方式，在工作节奏如此快的今天，它已成为各行业中不可替代的一种工作方式。为了让更多的初学者学会电脑和相关软件的操作，经过我们精心策划和创作，“学以致用系列丛书”已在2015年初和广大读者见面了。该丛书自上市以来，反响一直很好，而且销量可观。

为了回馈广大读者，让更多的人学会使用电脑这个必备工具，时隔一年，我们对“学以致用系列丛书”进行了全新升级改版，不仅优化了版式效果，更对内容进行了全面更新，让读者能学到更多实用的技巧。

本丛书涉及电脑基础与入门、网上开店、Office办公软件、图形图像和网页设计等领域，每本书的内容和讲解方式都根据其特有的应用要求进行了量身打造，目的是让读者真正学得会，使用得好。本系列丛书具体包括的书目如下。

- Excel 高效办公入门与实战
- Excel 函数与图表入门与实战
- Excel 数据透视表入门与实战
- Access 数据库基础及应用（第 2 版）
- PPT 设计与制作（第 2 版）
- 新手学开网店（第 2 版）
- 网店装修与推广（第 2 版）
- Office 2013 入门与实战（第 2 版）
- 新手学电脑（第 2 版）
- 中老年人学电脑（第 2 版）
- 电脑组装、维护与故障排除（第 2 版）
- 电脑安全与黑客攻防（第 2 版）
- 网页设计与制作入门与实战
- AutoCAD 2016 中文版入门与实战
- Photoshop CS6 平面设计入门与实战

丛书两大特色

本丛书主要体现了“理论知识和操作学得会，实战工作中能够用得好”这两个策划和创作宗旨。

理论知识和操作学得会

◆ **讲解上——实用为先，语言精练**

本丛书在内容挑选方面注重 3 个“最”——内容最实用，操作最常见，案例最典型，并且用通俗的语言精炼讲解理论知识，以提高读者的阅读和学习效率。

◆ **外观上——单双混排，全程图解**

本丛书采用灵活的单双混排方式，主打图解式操作，并且每个操作步骤在内容和配图上均采用编号进行逐一对应，使整个操作更清晰，让读者能够轻松和快速掌握操作要领。

◆ **结构上——布局科学，学习和提升同步进行**

本丛书在内容安排上采取“理论知识 + 给你支招”的结构。其中，“理论知识”主要针对当前章节涉及的所有理论知识进行讲解；“给你支招”则是对本章相关知识的延伸与提升，其实用性和技巧性更强。

◆ **信息上——栏目丰富，延展学习**

本丛书在知识讲解过程中，穿插了各种栏目板块，如“小绝招”、“给你支招”和“长知识”。通过这些栏目的设置，有效地增加了本书的知识量，拓展了读者的学习宽度，从而帮助读者能够掌握更多实用的操作技巧。

实战工作中能够用得好

本丛书均采用“理论知识 + 实例操作”的结构进行讲解，为了让读者清楚这些知识在实际工作中的具体应用，所有的案例均来源于实际工作中的典型案例，比较有针对性。通过这种讲解方式，让读者能在真实的环境中体会知识的应用，从而达到举一反三、融会贯通的目的。

本书内容

本书是丛书中的《新手学开网店（第 2 版）》，全书共 12 章，系统讲解了开淘宝店的全过程，从店铺装修到店铺推广，每个环节的实际操作都有具体的介绍，本书具体内容如下。

章节介绍	内容体系	作　用
Chapter 1	具体内容包括：店铺及信用等级，开店保证金，各种网上开店平台，开店需要的硬件和软件，开店的风险，适合网上销售的产品以及网店经营模式等	通过本部分的学习，主要是为后面具体知识的学习奠定基础
Chapter 2~3	具体内容包括：进货的流程和要点，各种进货渠道，在阿里巴巴批发网上搜索货源和采购货物的方法，绑定银行卡、注册淘宝账号、开通支付宝的流程以及申请店铺的步骤等	通过本部分的学习，主要了解如何找到货源、如何采购及申请店铺等内容
Chapter 4~5	具体内容包括：图片的美化处理，图片的上传操作，店铺中不同位置的图片摆放规则、升级店铺信用等级以及打造旺铺的方法等	通过本部分的学习，主要掌握宝贝图片的处理技巧和打造旺铺的方法等
Chapter 6 ~ 7	具体内容包括：各种免费的模板资源，免费模板的安装流程，使用 350 网店服务平台装修店铺，宝贝详情页的设计要点以及视频和链接的插入操作等	通过本部分的学习，学会安装有个性的店铺模板和编辑宝贝详情页面
Chapter 8 ~ 12	具体内容包括：销售过程中的各种技巧，促成交易的妙招，物流的选择，宝贝的更新管理，订单的查询，财务的管理，各种方式的推广以及防范网上交易风险的方法等	通过本部分的学习，主要掌握各种日常工作中的管理及营销推广等内容

本书特点

特　点	说　明
理论与实际操作相结合	本书体系完善，由浅入深地对淘宝开店的步骤进行了详细的讲解，包括寻找货源、注册成为卖家、采购货物、图片的处理、店铺的装修、经营的要点、日常事务的管理以及店铺的推广和安全防范措施等，不仅有基础理论的支撑，更有具体的实践步骤和知识拓展帮助读者更具体地做好开店事宜
操作精讲	本书内容全面而系统，第 1 章简洁地概括了开网店的相关基础知识后，从第 2 章开始详细展现具体的开店操作和流程，真正做到了理论与实践相结合
补充知识	在本书的适当位置设计了“长知识”板块，一般是向读者解释正文中提到的全新知识，或者是对正文内容的补充说明，丰富了书中的内容，让本书的知识体系更加完善
130 个技巧	本书有 130 个技巧，其中“小绝招”105 个，“给你支招”25 个，通过每章插播的“小绝招”和“给你支招”板块，让读者可以学会更多的技巧操作，从而提高工作效率
语言特色	本书语言通俗易懂、贴近生活，略带幽默元素，让读者能充分享受阅读的过程。本书语言的逻辑感较强，前后呼应，可以增强读者的记忆

读者对象

本书主要定位于想要开网店或已经开网店的准店主和店主，特别适合刚开始接触淘宝店并想要开店的初学者。由于书中内容涉及买卖双方，所以，本书也适用于广大的淘宝用户，正所谓“知己知彼，百战不殆”，买家可以从书中学到卖家销售的手法，从而帮助自己更好地省钱和消费。

创作团队

本书由智云科技编著，参与本书编写的人员有邱超群、杨群、罗浩、林菊芳、马英、邱银春、罗丹丹、刘畅、林晓军、周磊、蒋明熙、甘林圣、丁颖、蒋杰、何超等，在此对大家的辛勤工作表示衷心的感谢！

由于编者经验有限，加之时间仓促，书中难免会有疏漏和不足，恳请专家和读者不吝赐教。

编　者

目录

Chapter 1 新手开网店，这些事儿必知

Chapter 2 找货源，实现务实经营

Chapter 5 上架装修，创造知名度

Chapter 6 使用模板，让装修更出众

Chapter 9 及时发货，把宝贝送到买家手中

Chapter 10 店铺日常管理

Chapter 11 免费推广，轻松经营淘宝店

Chapter 12 诚信至上，注意安全

Chapter 1

新手开网店，这些事儿必知

学习目标

要让日子过得更好，就要多个出路，很多打工仔不再是单纯的公司员工，而是做生意的好手。阿里巴巴这个中国最大的网络公司，为很多有创业想法的人提供了良好的创业平台——淘宝网。淘宝网开店的方便性，吸引了越来越多的人自己创业。

本章要点

- 淘宝卖家那点事儿
- 掌握淘宝网常见名词
- 不是人人都能开网店
- 开淘宝店的风险
- 确定经营商品
- 适合网上销售的产品
- 哪些商品不适合网销
- 淘宝店的经营模式

知识要点	学习时间	学习难度
淘宝开店基础概述	30 分钟	★
开业准备做足了吗	30 分钟	★

1.1 淘宝开店基础概述

小白：阿智，现在好多人都在开淘宝店，我也想开一家，你可以教教我怎么开吗？

阿智：先不要着急，你需要先了解一些淘宝开店的基础内容，来确定你适不适合开店，否则就会白忙活。

淘宝开店之前，必须要掌握相关的基础内容，如什么是淘宝卖家、开店平台、哪些人适合开店以及开店的风险等，本节将全面介绍这些内容。

1.1.1 淘宝卖家那点事儿

很多人在开店之前都不太了解淘宝卖家究竟是个什么样的角色，如果我们茫然地在淘宝网上开店，不仅心里没底，而且也不知道如何经营好自己的店铺。所以，我们在开店前首先要了解开淘宝店的相关基础知识。

1. 淘宝卖家

淘宝卖家，顾名思义就是在淘宝网上卖东西的人，但是我们不能将淘宝卖家和淘宝店铺混为一谈。其实，淘宝网上很多卖家是没有自己的店铺的，他们只是在淘宝网上挂出了自己要出售的商品信息，一有买家提交订单就自行发货。

学习目标	了解淘宝卖家的概念
难度指数	★

2. 什么是店铺

淘宝店铺是指淘宝卖家在淘宝网上使用的旺铺或店铺，就如同在线下的实体店一样，只不过网店所处的环境是网络平台，带有虚拟性，而实体店位于自然环境中，更具体，是看得见摸得着的。

简单地说，淘宝店铺其实就是一个网址。这个网址是淘宝卖家在注册成为淘宝会员并准备开店后，淘宝网系统提供给卖家的专用网址。

那么淘宝店铺一般都是什么样子呢？如图1-1所示。

图1-1 淘宝店铺

天猫店铺和淘宝店铺的“长相”没有本质的区别，如图1-2所示。

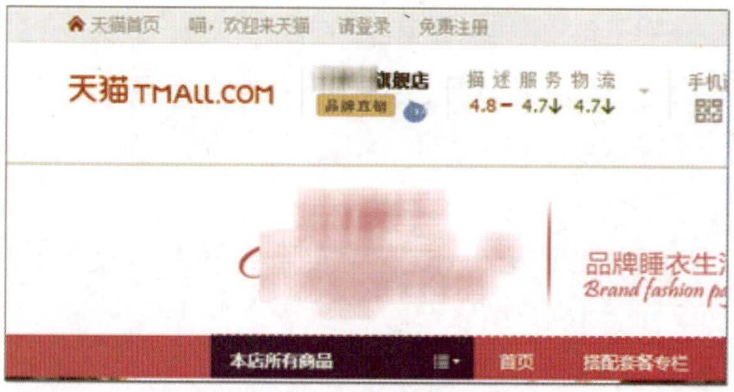

图 1-2 天猫店铺

学习目标 了解淘宝店和天猫店的区别
难度指数 ★

天猫的商家都是有商标的企业卖家，而淘宝商家以个人卖家居多，两者具体的区别如下。

● 平台不同

天猫是淘宝网打造的在线B2C购物平台，天猫店铺主要销售线下知名品牌，是商家对客户的交易平台；淘宝店铺主要是零售店，是典型的C2C购物平台，即客户对客户，商家一般是以个人名义认证的淘宝卖家。

● 消费保障服务

天猫店铺的商家必须参加的项目有消费者保障服务、商品如实描述、正品保障和7天无理由退换货；商品如实描述是淘宝卖家的基本义务，必须参加，其他项目参加与否，卖家可根据店铺经营状况自行选择。

● 商品质量

入驻天猫店铺必须声明是正品，且大部分都是品牌卖家，质量有保证；淘宝店铺的入驻资格低，商品质量很难控制，买家需要有淘宝购物经验才能淘到价格便宜的好货。

● 入驻保证金

天猫店铺中，品牌商城旗舰店有5万元和10万元两个档次，专营店有10万元和15万元两个档次，一些特殊类目也有1万元起价的；而淘宝店铺根据经营的产品不同，保证金金额最少可以是300元，最多不超过2000元。

● 入驻条件差异

天猫店铺的商家类型有品牌商旗舰店、代理商专卖店和品牌商专卖店3种。店铺类型不同，经营的产品也不同，需要提供的材料也不同。而淘宝网对开店的人没有要求，只要有支付宝账号和网银，再通过开店考试后上传宝贝图片就可以开店了。

● 不同的信用评价体系

天猫店铺采用动态评分体系，通过宝贝与描述相符、卖家的服务态度、卖家发货速度和物流公司的服务4项指标来评价店铺情况；而淘宝店除了这4项指标外还要通过卖家信用等级来进行评价。

3. 淘宝信用等级

在上述淘宝店铺和天猫店铺的区别中提到了淘宝商家的信用等级，那么具体的信用等级是怎么划分的呢？

淘宝信用等级是淘宝网对会员购物评分累积等级模式的设计。会员在淘宝网上购物一次，至少获得一次评分机会。买家可以给卖家的商品和服务评分，卖家也可以给买家评分。

淘宝信用等级的评分标准分为“好

评”、“中评”和“差评”3种。不管是卖家还是买家，每获得一个“好评”就可以积累一分，“中评”不加分也不扣分，“差评”扣一分。

250分以内的积分用红心表示，即星级；250分到10000分用黄钻表示，即钻级；10001分到50万分用蓝色皇冠表示，即皇冠级；超过50万分用黄色皇冠表示，即金冠级。在星级、钻级、皇冠级和金冠级中又分别细分了1~5个子等级，如图1-3所示。

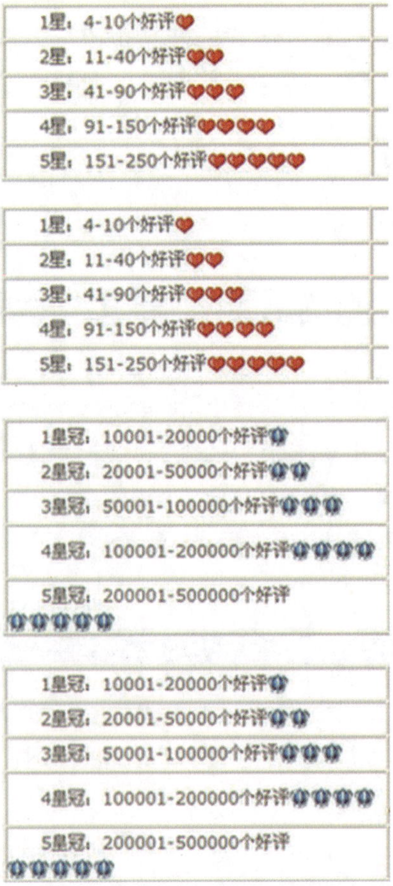

图 1-3　淘宝信用等级

买卖双方对对方的评价有效期是订单交易成功后的15天内，其具体的计分规则(含匿名评价)有如下两个。

(1) 每个自然月中，相同买家和卖家之间的评价计分不得超过6分(以支付宝系统显示的交易创建时间为准)，超出计分规则范围的评价不再计分。

(2) 若14天内(以支付宝系统显示的交易创建时间为准)相同买家和卖家之间就同一商品有多笔支付宝交易，则多个好评只加一分，多个差评也只扣一分。

学习目标　掌握信用评价和店铺评分
难度指数　★

店铺评分

店铺评分指的是买家对卖家的评分，一般以滚动方式展示近6个月的店铺评分分数，其主要是按订单评分。买家对店铺的评分一般采用默认匿名的方式，如图1-4所示是店铺评分的示意图。买家对卖家店铺的评分本着自愿的原则，逾期没有打分的视为放弃，系统不会产生默认评分，所以不影响卖家的店铺评分。

若买家在进行评分时，只对其中一项或几项指标做出评分就确认提交，则视为完成店铺评分，此后无法进行修改和补充评分，剩余未评的指标被视为放弃评分，不会默认评分。

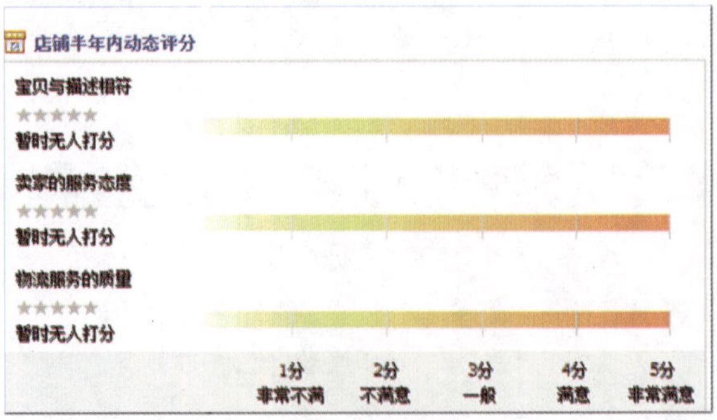

图 1-4　来自买家对店铺的评分

● 信用评价

信用评价就是卖家和买家互评，即动态评分。信用评价一般以心、钻、冠的形式展现，信用分是累计的，可以自主选择是否匿名评价，且按宝贝评价，如图1-5和图1-6所示。

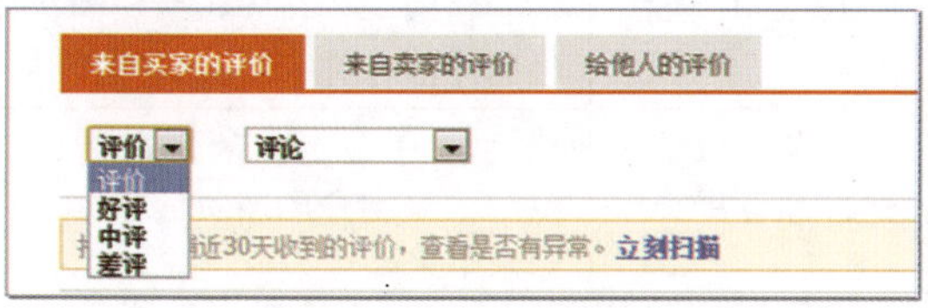

图 1-5　来自买家的信用评价

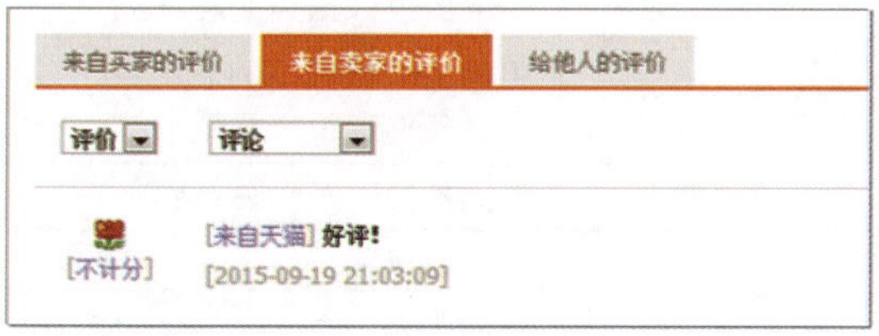

图 1-6　来自卖家的信用评价

4. 卖家自由选择缴纳保证金

开网店时涉及的保证金本着卖家自愿的原则进行缴纳。保证金是淘宝网为防范卖家发生不正当交易行为而预收的费用。当买卖双方出现售后纠纷需要卖家赔偿时，网站核查属实后，可直接从保证金中扣除赔偿费用。

如果卖家不想再开店铺，保证金会如数退还给卖家，没有支付过赔偿费的就全额退还，支付过赔偿费的就退还剩下的保证金。

虽然卖家可自由选择是否缴纳保证金，但是缴纳保证金比不缴纳保证金有如下的好处。

学习目标	掌握缴纳保证金的好处
难度指数	★★

● 好处1

交了保证金就是加入了消费者保障计划，拥有专有图标，当买家搜索相关宝贝时，淘宝网会优先展示交了保证金的店铺商品。

● 好处2

只有交了保证金的店铺可以开通假一赔十、7天无理由退货和正品保障等服务。

● 好处3

交了保证金的有消费保障的卖家，能拥有淘宝网活动特权，如淘宝网单品单店推荐活动和抵价券促销活动等其他优惠活动。

现在，淘宝网要求部分实物商品只有在交保证金后才可以发布全新宝贝，并且在向供货商申请代理分销时，一些供货商要求卖家必须开通消费者保障服务。

5. 淘宝商家上钻

淘宝商家上钻是指淘宝卖家的店铺升级为钻级的过程。根据前面提到的店铺信用等级标准来看，淘宝商家上钻必须要满足买家对卖家店铺的评分超过250分。

也就是说，淘宝商家要上钻，首先要做到一定的业绩，只有业绩达到了一定的规模，才能保证买家对淘宝商家的评价超过250分。

能让卖家快速且有效地提高信誉度、超过250个信用分上钻的方法就是先经营虚拟产品。对于自主经营淘宝店的卖家，如果不懂得如何推广店铺的商品，那么一个月一件也卖不出去的情况就很容易发生，获得250个信用分恐怕会遥遥无期。

经营虚拟产品是提升流量和增长信誉最快的方法和选择，淘宝卖家同时还能从中学到一定的经营技巧，这样一来上钻难度就会降低，所需的时间也能有效缩短。

学习目标	了解淘宝商家上钻的方法
难度指数	★

1.1.2 淘宝网常见名词

现在网络上经常出现一些热搜词，而且针对不同的事物或者事情，有专门的常见名词作为代表，让人们一看到这些词就能联想到相应的事物。淘宝网也有常见的名词，作为即将成为淘宝商家的用户来说，了解这些常见名词是很有必要的。淘宝常见名词如表1-1所示。

学习目标	熟悉淘宝名词
难度指数	★

表 1-1　淘宝网常见名词

名　词	含　义
浏览量(PV)	店铺各页面被查看的次数，用户多次打开或刷新同一页面，该指标值将累加
访客量(UV)	全店各页面的访问人数，所选时间段内，同一访客多次访问会进行去重计算
收藏量	用户访问店铺页面过程中，添加收藏的总次数，包括首页、分类页和宝贝页的收藏次数

续表

名　词	含　义
平均访问深度	平均访问深度是指用户平均每次连续访问浏览的店铺页面数
跳失率	顾客通过相应入口进入，只访问了一个页面就离开的访问次数占该入口总访问次数的比例
人均店内停留时间	所有访客平均每次连续访问店铺的停留时间
进店时间	用户打开该页面的进店时间点，如果用户刷新页面也会被记录下来
搜索次数	在店内搜索关键词或价格区间的次数
拍下件数	店铺宝贝被拍下的总件数
拍下笔数	店铺宝贝被拍下的总次数(一次拍下多件宝贝，算做一笔)
拍下总金额	宝贝被拍下时的总金额
成交用户数	成功拍下宝贝并完成支付宝付款的人数，所选时间段内同一用户发生多笔成交，系统会进行去重计算
支付宝成交件数	通过支付宝付款的宝贝总件数，其中包括参与宝贝促销活动的件数和未参加宝贝促销活动的件数
支付宝成交笔数	通过支付宝付款的交易总次数，一次成交多个宝贝算一笔。其中包括参加宝贝促销活动成交的笔数和未参加宝贝促销活动成交的笔数
人均成交件数	平均每位用户购买的宝贝件数，人均成交件数=成交件数/成交用户数
人均成交笔数	平均每位用户发生购买的交易次数，人均成交笔数=成交笔数/成交用户数
当日拍下-付款件数	当日拍下，且当日通过支付宝付款的宝贝件数

续表

名 词	含 义
当日拍下-付款笔数/金额	当日拍下，且当日通过支付宝付款的交易次数/总金额
客单价	单日“客单价”指单日每成交用户产生的成交金额，客单价=支付宝成交金额/成交用户数
支付率	支付宝成交笔数占拍下笔数的百分比，即支付率=支付宝成交笔数/拍下笔数
促销成交用户数	参与宝贝促销活动的成交用户数
浏览回头客	指最近6天内访问过店铺，当日又来访问的用户数量，所选时间段内进行去重计算
浏览回头率	浏览回头客占店铺总访客数的百分比

1.1.3 不是人人都能开网店

尺有所短、寸有所长，每个人都有自己擅长的和不擅长的事情。因此，不是每个想要自行创业开网店的人都适合开网店。

1. 适合开淘宝店的人群

从目前的市场经济情况来看，开淘宝店成了很普遍的事情。在这其中，也有很多人盲目跟风，不管自己适不适合开网店，都一窝蜂似地想要当老板，结果不见成效，不得不退出淘宝网这个创业平台。如表1-2所示的9种类型的群体相对来说是比较适合开淘宝店的。

学习目标 了解适合开网店的9种人
难度指数 ★

表1-2 适合开淘宝店的人

群 体	说 明
小型企业管理者	很多名不见经传的中小微型企业想要把产品送进百货商场的大门比登天还难。而淘宝店铺刚好能给这些企业一个广阔的销售平台，不受地理位置、公司规模和资金成本等限制，同时还能开展以前想都不敢想的全国经营，甚至全球经营
大学生	大学生是一个对网络比较了解和擅长的群体，并且经常使用电脑，创业的热情也比一般人要高。现在很多大学生在上学期间就开了属于自己的淘宝店，边学习边做生意
整天活跃在网上的人	开淘宝店最基本的工作就是网上操作，管理销售等都离不开电脑。因此对于经常活跃在电脑前的人来说，开淘宝店是一个难得的创业机会，既满足了这些人上网的需求，同时还能挣到钱，简直就是两全其美的活儿
自由职业者	这些人的时间不受约束，工作或者生活都处于轻松愉悦的状态，他们不求开网店能赚多少钱，而是想要通过开淘宝店来分享他们生活中遇到的好产品，是属于经营人际关系的商家类型
把网络作为自己事业的人	计算机行业或是对网络很感兴趣的人，在研究电脑和网络的同时，可以试着开网店，这不仅可以接触很多具有专门用途的软件，还能通过开淘宝店对这些软件进行研究和改进，开创属于自己的事业
初创业者	对于很多初创业者来说，成本是一个重要的制约因素，还有创业失败风险的存在，使很多有创业想法的人望而却步。开淘宝店不需要创业者投入太多的成本，且不需要花费额外的店面租金，亏本严重的风险很小，适合初创业者
都市的人	大都市的生活和工作节奏都是相当快的，在这个经济发展的“高铁”时代，都市人可以足不出户地赚钱，并为生活增添乐趣

续表

群体	说 明
有产品货源的小商户	开淘宝店对店主的要求很低，只要完成注册等必要的开店准备就可以营业了。但是开淘宝店最重要的就是要有良好的货源，如果没有货源，淘宝店就是一个虚名。所以具有产品货源的小商户具有绝对的优势开淘宝店
时间固定的白领	一般是朝九晚五类型，这些人的工作时间不算长，且上下班的时间固定，剩余的个人时间则可以用于开淘宝店赚取外快，同时也能丰富自己的业余生活

2. 你有开店的硬件设施吗

开网店也需要投入一定的硬件设备，这样才能让店铺正常运营。

学习目标	掌握开店需要的硬件投入
难度指数	★

● 全权负责地自营店铺

如果创业者自己全权负责淘宝店的各项事务，如宝贝拍照、店铺装修、填写快递单以及发货等，那么开店所需的硬件设施会用到电脑、打印机、复印机和拍摄用的相机等。

● 只负责销售时联系买家的情况

如果你是淘宝店的老板，每天只负责宝贝的销售并与客户联系，那么你只需要一台电脑就行了，当然肯定要保证具有良好的网络条件。

3. 开店软件不可或缺

为什么说开店的软件不可或缺呢？因为开店时涉及的软件一般都是用来保证网络交易安全的。网络毕竟是摸不着的东西，存在不确定的安全风险，因此需要使用一些软件，如表1-3所示。

学习目标	掌握开店需要的软件投入
难度指数	★

表1-3　开店软件不可或缺

软件	介 绍
淘宝助手	淘宝助手软件可备份店铺信息、上传新宝贝、设置宝贝模板、批量导出并修改宝贝资料、预设宝贝上架时间及上传宝贝图片等
阿里旺旺	阿里旺旺是阿里巴巴集团推出的方便买家和卖家之间联系的网上聊天软件。通过阿里旺旺可以实现买卖双方及时沟通，信息对称的目的
数字证书	数字证书是确认买卖双方身份的一种方式，它不是数字身份证，而是身份认证机构盖在数字身份证上的一个章或印，也是一个签名
美图软件	美图软件可以美化宝贝图片，让买家在看了宝贝图片以后有购买的兴趣和意愿。常见的美图软件有PS(Photoshop)、美图秀秀、光影魔术手以及可牛影像等
橱窗推荐工具	橱窗推荐工具就是使宝贝自动上架、自动推荐和自动评价的软件，是目前淘宝上功能最全的销售工具，可以为店主节约很多时间和精力，使经营更方便
店铺统计工具	淘宝店三大统计工具是量子统计、小艾分析和好生意。这些数据统计工具可分析店铺的客流量和销售情况，并整理出相关数据方便店主查看
营销辅助工具	营销辅助工具是方便卖家推出“满就送”、“会员折扣”、“包邮”和“搭配套餐”等活动的软件，一般使用淘宝网内部的推广软件和工具，这样可以让销售更方便快捷

1.1.4 开淘宝店的风险

大部分人都属于规避风险型人群，只有少部分人会迎着风险而上，想要从大风险中获得大收益。开淘宝店的风险虽然比购买股票小，但也是存在的，我们不能置之不理。

1. 商品质量

对于卖家来说，进货时要特别注重商品的质量，如果在进货时没有发现商品存在的问题，而等到买家将宝贝买回家后发现有问题，那么就很容易产生纠纷。那么在商品质量方面主要会存在哪些风险呢？

学习目标 掌握商品质量风险有哪些
难度指数 ★

● 商品快到保质期

很多时候卖家进货时，没有注意商品的保质期或者有效期，盲目地购进大批商品，最后在保质期快到时都还没有将其销售完。

● 销售过程中，库存商品变质

店铺经营的过程中生意不好，延长了商品售完的预计时间，导致销售过程中的商品开始变质。

● 接到客户的商品质量投诉

有时卖家发出的商品没有问题，只是在运输过程中遭到损坏，导致买家抱怨或给卖家差评。

2. 供货不及时

在淘宝上开网店，很多商家并没有自己独立的货源，都是从供货方进货，在这其中，经常会遇到供货速度赶不上买家购买速度的情况。

学习目标 掌握出现供货不及时的情况的原因
难度指数 ★

● 卖家与供货商没有及时联系

卖家在把店铺里面的宝贝出售给买家后没有及时更新商品的库存，导致向供货商发出供货申请太匆忙。

● 供货商没有按时发货

卖家按照库存清点的结果向供货商提出供货申请，但供货商没有按时将商品发给卖家或买家。

● 供货商货源不足

这类情况很少出现，但也并不排除可能性。供货商如果货源不足，就不能按时发给卖家或买家。

3. 资金不足

开淘宝店不需要卖家准备很多的资金，因此会让卖家没有提前做好准备资金的意识，以致在遇到店铺经营不善而又要进货时资金不足。下面来看一下，如果卖家资金不足，将会给店铺带来怎样的后果？

学习目标	掌握资金不足会给店铺带来的后果
难度指数	★

● 供货不足

资金不足，卖家就不能采购多种商品和需要的数量。

● 店铺装修有难度

在店铺装修的过程中会涉及一些装修工具的购买和装修材料的使用，这些都是店面装修必不可少的东西。资金不足，装修不好，会影响买家对卖家店铺的印象。

● 经营力度不够

资金不足，很多淘宝网推出的吸引客户的活动卖家都无法参加，不能借此拓展客户。

● 缺乏后备支援

当卖家决定要拓展店铺的生意时，如果没有足够的资金，那么卖家对开拓店铺的想法将是心有余而力不足。

4. 物流中商品损毁

买家若收到的产品有损坏，就会去找卖家，要求其赔偿损失或者更换产品。

那么作为卖家，遇到这种情况时并不能肯定其就是自己的过失，也可能是物流途中商品发生了损毁。但为了尽快解决买家的问题，卖家也不得不忍气吞声地将责任扛下，支付一定的赔偿费用。

学习目标	掌握物流中商品损毁带来的后果
难度指数	★

5. 买家评价的不确定性

为什么会存在买家的评价具有不确定性的现象呢？我们可以换位思考，每个人在购买商品时，都希望用自认为最少的钱财买到自认为最好的商品。所有的购买心理都是主观的，而商品的价值却是客观存在的，因此商品价值是不能满足所有客户的要求的。

买家在收到购买的商品时，对商品质量的评价各不相同。即使是同一种产品，对不同的人来说，其价值都不尽相同。如果商品价值符合买家的要求，那么买家一般会给卖家好评；但如果商品的价值没有达到买家的期望，那么买家也会毫不犹豫地给卖家中差评。

一旦买家给卖家中差评，卖家就会面临信誉受损、成交量下降的风险。所以买家评价的不确定性也会给卖家的店铺经营带来一定的影响。

1.2 开店准备做足了吗

阿智：原来开淘宝店还有这么多需要了解的基础知识啊！那我现在可以开店了吧？

小白：还得再等等，除此之外，还要看看你是否做足了开店准备，准备工作做不足，最后还是会白忙活。

机会总是留给有准备的人。就像学生在临考之前都会将所学的知识复习一遍，以做好应考准备一样。对于平常都接触过的知识，学生们还是会在考试前复习，更不要说作为新手为开淘宝店做准备工作了。新手一般都没有开店的经验，是初创业者，所以更应该做好开店的准备工作。

1.2.1 确定经营商品

开店的目的就是要销售商品获得收益，所以开店前我们首先要做的事情就是确定自己店铺要经营什么产品。只有将经营产品确定好，才能制订寻找货源的计划和方案。

我们在日常的购物中可以发现，女性市场中不论是服装、配饰、鞋帽、化妆品或是护肤品，相关的销售商家数不胜数。

根据一般淘宝店家的开店经验，我们可以从如下介绍的一些产品入手。

学习目标	掌握淘宝新手确定经营产品的方法
难度指数	★

● 销售火爆的产品

淘宝网上某些产品的火爆销售说明了淘宝买家对这些类型的产品很追捧，需求量也很大。为了免去创业者自己思考经营产品的过程，可以借鉴网上销售火爆的产品。

● 消费者需求量大的商品

零食和日用品几乎是每一个消费者都需要的商品，吃零食的人群不再只是小孩子，而日用品是人们生活中不可或缺也是更换周期很短的商品，因此可以为卖家提供大量的销售机会。

● 虚拟商品

新手开店，为了能够更快地成为钻级卖家，可以选择经营虚拟产品，因为虚拟产品简单方便，而且竞争力很小，可以在短时间内很快成交大量的客户，达到升钻的信用分。

● 女性用品和儿童市场

众所周知，女性是经济市场发展的最大推动力，女性对消费的需求远远高于男性，女性市场远比我们想象的大，比如化妆品、护肤品、服饰、鞋帽以及包包等。如今，儿童市场的需求也日益增大，很多家长选择在淘宝网上淘货，借此减轻家庭的经济负担。

● 从皇冠卖家中寻找经营项目

皇冠卖家的信誉度已经很高了，他们经营的产品经过了市场需求的考验，能够成为皇冠卖家说明其经营的产品质量不错，消费者的反馈好，新手可以借鉴。

1.2.2 适合网上销售的商品

淘宝卖家在决定经营何种商品时，要考虑该商品是否适合在网上销售的问题。有些商品在网上销售得不到消费者的认可，就算质量再好也会无人问津，最终导致店铺经营不下去。既然如此，那么哪些商品适合网上销售呢？

学习目标	掌握适合网店销售的产品
难度指数	★

● 服装

我们在生活中稍加留意就会发现，各大网上销售平台上销售最多的商品应该就是服装了。如果不考虑竞争力，那么服装是很适合网上销售的，因为服装邮寄比较方便，而且容易满足人们(尤其是女性消费者)的购买欲。

● 首饰

淘宝网上很多卖小配饰的店铺，主要经营非金非银类的产品，一般是为了满足女性客户的新鲜感。

● 化妆品、护肤品

女性市场永远是等待各类商家挖掘的风水宝地。随着经济的发展，女性对化妆品和护肤品的需求日益增多，卖家可抓住这样一个潜力市场大展拳脚。

● 数码产品、电脑和手机

淘宝网上有销售此类商品的商家，但是数量比较少，也有专门的网上商城销售这一类的产品，比如京东商城。这些产品之所以适合网上销售，主要是其在价格上比实体店更有优势，且质量可以得到保障。

● 体育和旅游用品

体育和旅游用品在需求量上虽然比不上女性用品，但是这些商品的用途比较特殊。如果是旅游用的东西，可以直接在网上订购，让卖家将商品发到旅游目的地，方便旅游者。

● 真正的外贸产品

很多韩国化妆品和护肤品的正品只有海外订购才能买到，国内没有实体店销售，这样的产品只有在网上销售才能给消费者提供购买的机会。

● 成人用品

没错！也许看到这儿你会觉得不好意思，但如果让你去实体店买你会更加不好意思，因此网上销售是一个不错的选择，能帮助买家避免购买时的尴尬。

● 服务等无形产品

宾馆预订、鲜花预订、演出门票的订购以及电子机票预订等，由于这些产品对服务的要求比较高，注重时效性，所以在网上销售更好。

1.2.3 不适合网上销售的商品

不适合在网上销售的商品如果在网上销售，会导致成交量和收益低下。为了能够赚到理想的收益，新手卖家在了解哪些商品适合在网上销售的同时，还要了解哪些商品不适合网上销售，以此来帮助自己做好开店准备。

学习目标	掌握不适合网店销售的产品
难度指数	★

● 建材产品

消费者一般对建材产品的一次性购买量都比较大，而建材产品的运输需要特别保护，一般买家为了避免运输时商品受损，不会选择在网上购买建材产品。

● 体积太大的产品

体积太大的产品，如车、衣柜和沙发等商品的运输成本过高，会给卖家增加经营负担。

● 附加值太低的商品

价值低于运费的商品不适合网上销售，比如很多品牌的微信公众号经常推出免费赠送产品的活动，但是需要消费者支付邮费，很多人都会因为要付邮费而放弃争取免费产品。所以，附加值低的产品不能提高消费者的购买兴趣。

● 价格与实体店没有太大区别的产品

当产品的网上价格和实体店的价格相差不大时，消费者更倾向于在实体店购买，因为人们一般认为实体店的商品看得到摸得着，质量更有保证。

● 易碎品

对于易碎品的运输，卖家和物流公司都不能保证绝对不会对其造成损坏，为了避免售后纠纷，新手卖家最好不要选择在网上销售易碎品。

1.2.4 淘宝店的经营模式

新手开淘宝店的经营模式主要分为3种：自营店铺、网络代销和网店加盟。每一种经营模式对店主的要求有所不同，新手卖家应该根据自身的情况选择合适的网店经营模式。

学习目标　认识什么是自营店铺
难度指数　★

1. 自营店铺

自营店铺要求淘宝店的店主全权负责本店的店铺装修、店铺推广和店铺销售等工作，也就是不借他人之手而自行经营。但是这种经营模式对店主的创业能力要求很高，如果没有一定的经验，很难在经营中获利。

店主如果选择自营店铺，就要拥有自己的货源渠道，并且能够很好地装修自己的淘宝店铺，还要懂得商品和店铺的推广方法，能够找到为店铺送货的物流公司或快递公司，并且清楚多个环节的合同协议的签署和自身利益的保障与维护。

学习目标　认识什么是网络代销
难度指数　★

2. 网络代销

网络代销是网络分销的形式之一，是指网络分销商面向个人网店销售的方式。负责代销的卖家展示分销商的宝贝图片和资料，然后向买家收取订金，再给分销商一些订金并让其发货，而自己从中赚取差额。

选择代销的原因一般有两个：一是自身缺乏做生意的启动资金；二是尝试做生意的人，但不准备长期投资在网店经营上。新手卖家如果成为淘宝分销商的代销商，可以省去很多琐事，如图1-7所示。

1. 卖家不用自己考虑经营哪种产品，省去一些开店的准备工作。
2. 卖家不发货，只需要将买家的订单情况告知分销商，由其自行发货。
3. 网络代销的卖家不需要投入资金，不用准备仓库，不用负责物流。
4. 网络代销卖家不用自己给宝贝拍照，通常都使用分销商提供的宝贝图片。

图 1-7　网络代销的好处

网络代销的一般流程是：先在网上找商家(分销商)，然后商家审核网店的资质，网店若通过商家的审核，可以把商家的商品上架到店铺，买家在店铺下单购买，网店将订单情况发送给商家，最后商家收到网店的订金后给买家发货。

但是由于网络代销不能直接接触商品，所以不能对商品的质量、库存和售后服务进行掌控，因此在挑选分销商时要找一些比较正规的公司，根据自身的要求选择合适的产品。

网络代销不需要卖家提供资金，因此很适合新手卖家和小卖家。但是在经营的过程中要时刻警惕，网络代销就是一朵带刺的玫瑰，省事儿的同时，利润也会相对较低，且风险比自营店铺高。网络代销会涉及代销合同，所以新手卖家们一定要注意。

学习目标 认识什么是网店加盟
难度指数 ★

3. 网店加盟

网店加盟实际上与网络代销差不多，只是网店加盟赚取的不是中间的差额，而是销售所得的所有利润。但同时，很多加盟网点都会收取相应的加盟费，盟主店铺也是从这个地方赚钱的。网店加盟过程和加盟后的销售过程如图1-8所示。

从长远利益和货源的角度考虑，网店加盟比网络代销更赚钱，且同样不需要考虑货源问题，只是需要事先缴纳加盟费，具体操作根据个人情况决定。

1. 卖家在网上找商家，商家审核加盟店铺的资质。
2. 卖家通过商家的资质考核，成为盟主店的加盟店，缴纳加盟费。
3. 卖家自行给从商家那里选择经营的商品拍照，然后将其上传到店铺。
4. 买家联系卖家，购买商品，下订单付款，等待卖家发货。
5. 卖家通知盟主店代发货或自行发货，等待买家提交收货信息，获得买家的货款。
6. 卖家给买家评价，获得信用分。

图 1-8 网店加盟及销售过程

给你支招 | 做好店铺定位，不需要代运营也能经营好

小白：在经营淘宝店初期，很多卖家都觉得要找一些代运营的商家才能很快地将店铺生意做好，真的是这样吗？

阿智：其实不用那么麻烦，只要你能准确做好自己店铺的定位，一样能够招揽顾客，将店铺的生意做好。

代运营主要是帮助一些希望做电商的传统企业开展网上销售的活动。代运营公司或者代运营店铺需要具备营销、产品、客服以及供应链等全方面的知识，最后和委托代运营的企业或店铺进行销售分成。

代运营属于专业性很强的业务，因此需要耗费委托代运营的人相当大的成本。其实在目前这个竞争市场，自己把店铺定位好后也可以轻松经营网店。所谓店铺定位，就是要确定自己要卖的产品是什么、产品针对的人群有哪些以及产品差异化的实施策略如何制定等，如图 1-9 所示为确认店铺定位的一般步骤。

分析需求

确定自己的产品到底能解决用户什么需求，比如男士香水，中国人需求的本质是让自己更吸引人，尤其是异性；而外国人对香水的需求大多是掩盖体味；衍生的需求则是品位展示和魅力提升。

分析市场

我们需要知道购买人群的年龄、性别、爱好、消费能力以及地区分布等市场信息，然后还要分析市场上竞争对手的状况，包括优点和缺点，以方便我们找到经营的突破口。比如设定购买人群为18~29岁的成年男性，其消费能力在100元左右。实际上，淘宝给我们提供了很多分析工具查看具体信息。

分析产品

将市场分析结果作为参考依据，分析自己产品的优势和不足，找出产品差异化的卖点，确定自己的主攻产品。比如我们要卖的男士香水，由于针对的人群是18~29岁的成年男士，所以香水的颜色要稳重大方，并且味道要清新，最好能去汗味。

确定方案

根据前面的3个步骤，我们就可以确定产品方案了，然后在执行过程中修改更新。比如经营男士香水，设计中会用到男模，其年龄最好不要超过29岁，如果某一款香水售卖的定位对象是运动型男士，那么在设计画面时可以加入运动素材，而考虑到顾客的消费能力不强，每瓶香水可定位于80元左右的价格，颜色宜选择海洋调的色彩等。

图 1-9　店铺定位步骤

给你支招 | 怎样进入淘宝大学学习

小白：听说淘宝卖家可以在淘宝网上学到很多知识和具体的操作技能，但是我一直不知道要去哪里学习。

阿智：你指的应该是“淘宝大学”吧！在那里，我们确实能够学到很多以前不知道的技术操作，很多人都会在里面发表相关内容的帖子，我们可以对这些帖子进行学习。下面我就跟你说说怎么进入淘宝大学学习吧！

步骤01 打开淘宝网，登录淘宝账号，单击“卖家中心”选项卡，如图1-10所示。

图 1-10 单击“卖家中心”选项卡

步骤02 在“卖家中心”页面中单击“淘宝大学”选项卡，如图1-11所示。

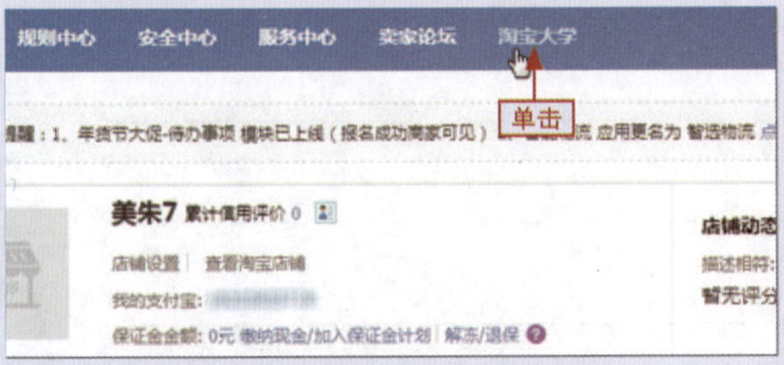

图 1-11 单击“淘宝大学”选项卡

步骤03 进入淘宝大学后，里面有很多相关技能的学习(如开店流程)，❶单击“开店流程”超链接，在新打开的页面中会出现开店流程的课程列表，❷单击“观看视频”按钮即可在线学习如何开店，如图1-12所示。

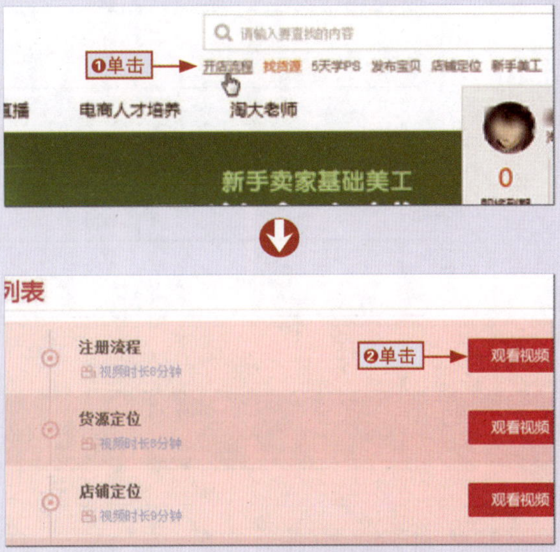

图 1-12 在线学习如何开店

阅读随笔

Chapter 2

找货源，实现务实经营

学习目标

开店做生意就是要把产品卖给客户，如果没有产品，做生意就是一句空话。要做好务实经营，首先要从进货的货源着手。网店的商品货源找对了，才有助于网店的销售，让自己真正成为网店老板。

本章要点

- 批发市场进货要点
- 商品采购计划要素
- 网上进货防骗措施
- 从批发市场进货
- B2B电子商务批发网站
- 通过商品名称搜索货源
- 热卖品助你寻找高效货源
- 了解供货商的底细
- 网货会和一件代发
- 借鉴其他商家的宝贝

知识要点	学习时间	学习难度
进货常识与渠道	40 分钟	★★
在阿里巴巴采购	60 分钟	★★★
怎样选到优质货源	30 分钟	★★

2.1 进货常识你懂吗

阿智：小白，考考你，你知不知道进货有哪些渠道啊？

小白：嗯，网络嘛，还有批发市场，不过具体要怎么进货我不太清楚。

阿智：哦，这样啊。没关系，接下来我就给你讲讲关于网店如何进货的一些常识和技巧。

创业者决定开网店了，可是要怎样寻找货源呢？到哪儿进货呢？哪家供货商的产品质量好呢？可不可以不用自己进货？网上进货会不会很不靠谱？这一连串的疑问让创业者踌躇不前。本章就主要为大家介绍寻找货源的途径和方法。

2.1.1 批发市场进货要点

和大多数实体店一样，淘宝店卖家可选择在批发市场进货，这种方式比较适合自主经营的淘宝商家。批发市场的进货要点也是进货的常识，现在我们就来了解一下。

学习目标	掌握在批发市场进货的要点
难度指数	★★

● 进货穿着有讲究

进货时一般都会搬东西，所以穿着要简单随意一点，切记不要穿正装和过于时尚端庄的衣服，女士不要穿超高跟鞋，毕竟搬东西是体力活。当然，如果你是某个批发商的常客，订货以后可让其直接发货，那么穿着就无关紧要了。一般到批发市场进货可以穿运动装或者平时的休闲类服饰，这样方便运送货物。

● 带好进货工具

在进货时，为了能够问出真正的批发价格，最好在手里拿一个袋子，在里面放上一些衣物或东西，假装刚在别家进了货，让批发商有业绩危机感(袋子里的东西也不要太多，不然太重影响行走)。如果准备大规模进货，最好拖一个两轮小车，这样批发商才不会怀疑你是那种只买一两件的顾客。

● 勿忘事先调研

每个城市大大小小的批发市场有很多，我们在确定好进货种类后就要选择几家综合评价好的批发市场进行调研。正所谓货比三家选其一，批发市场发生“窜货”的情况很多，为了自身利益着想，应该进行比较后选择自认为最好的一家作为货品的供应商。

● 调研过程中要谨慎

调研过程要做到眼看钱不动，多问商家进货信息，但切记不要询问过于敏感的问题，比如“在别家看到和你这一样质量的东西要便宜很多，你这儿怎么这么贵呢？”如果你想走低端路线，可以在商品质量过得去的情况下能买低价的就不买高价的；但如果要走高端路线，则质量和价格就需要认真考虑和斟酌了。

● 要早点进批发市场

新手去调研的时候最好起早，去迟了很多批发商都关门了，从而白白丢失货源。早上8点到11点是批发市场的进货高峰，这时候去探查到的情况最真实，尤其是对价格的了解。

● 进货术语

进货术语中比较常见的都是“怎么拿？”“怎么批？”和“批多少？”等词汇。如果你没有办法很好地掌握这些术语，可以直接跟批发商说自己是新开店，对进货不熟悉，然后询问批发商有没有什么介绍的，一般批发商都会说，毕竟你以后很有可能成为他的大客户；若要冒充熟手，就要熟练掌握进货术语，避免被批发商追问后发现自己在说谎，从而不利于以后的合作。

这些要点常识可以帮助开网店的新手更好地选择货源，为以后的网店经营做好前期工作。

卖家不管是在线上采购，还是在线下采购，大致的流程一般都是先制定采购的商品名称或者种类，然后确定向谁进货，接着就是谈成进货交易，最后付款拿货。

各种渠道进货的流程和相关事项将在下一小节做详细的介绍。

2.1.2 商品采购计划要素

商品的采购计划有其构成要素，这是我们在实施采购工作时的依据，因此，我们有必要了解这些要素的具体内容。

学习目标 了解商品采购计划中的各种要素
难度指数 ★★

● 进什么货

采购计划中要明确采购的商品名称或种类，方便日后管理时做成本统计。

● 计划所需数量

计划采购数量，做好投资成本预期，方便以后管理店铺利润时统计对应的成本。

● 向谁进货

明确批发商，新手可通过调查选择较好的商家进货。如果有目标批发商，则应在计划中写明相应批发商的信息。

● 确定进货价格

根据店铺自身的情况，选择进货商品的价格水平，量力而行，择优选择合适的商品。

● 进货时间

准确把握进货时间和到货时间，合理安排工作中的所有事情。在计划中写明进货时间以方便店铺销售、存货和二次进货的时间管理。

● 注明批发商地址

计划中要写明批发商的地址，方便进货人员进货，因为有时进货的人不是采购调研的人。

● 物流信息和成本

物流花费的资金与商品的进货成本要分清楚，方便以后店铺的成本管理，并且有利于提升物流的质量。

● 结算方式

新开店的卖家与批发商之间一般是现金交易，银货两讫，不拖不欠。在以后的发展中如果双方经常合作，可根据具体情况选择到期付款或分期付款等方式，但还是要事先商定好。

● 预见采购过程存在的风险

有句话叫“防患于未然”，在采购计划中应预见存在的风险，并制定相应的应对措施和方案，以避免遇到因采购困难而让店铺经营无法正常运行的情况。比如订好货后，批发商没有及时发货，卖家又联系不到批发商等情况。

● 预期采购结果

计划中要预期采购的结果，比如采购的商品数量、质量、单价以及总的采购成本等，防止采购成本超过店铺的经济承受能力。

商品采购计划存在的意义就是为整个采购过程做好保障措施，避免我们在进货中出现较大失误而导致店铺经营遭受损失。

2.1.3 初次进货与到货清点

新手开网店，很多事情都不了解，犯错误是很正常的事情，但是我们应该想办法尽量少犯错误，要做好初次进货数量的预估和到货时的清点工作。

学习目标	了解确定进货数量和清点到货的重要性
难度指数	★

● 把握初次进货数量

新开网店时卖家对自己的店铺是否受欢迎并不知晓，如果一次性进了太多的货物而销售业绩不佳，就可能导致商品积压；若进货少但生意好，就可能出现供货不及时的情况。因此，新手卖家要把握好初次进货的数量，这样才能给店铺经营带来一个好的开端，也才有动力继续经营。

进货时遵循量少种类多的原则，这样可以吸引不同类型的消费者，同时不容易出现商品积压的情况；不要在同一批发商处进太多的货，防止风格雷同不好卖；每次进货都要控制成本，尤其是第一次，以避免损失惨重。

● 采购到货清点

采购到货清点是指卖家对之前在批发商处购买的商品数量和质量进行清点和验收，目的是防止商品在运输过程中有损毁。但如果是新手，可以自己去批发市场或特定的批发商处拿货，在拿货时对商品进行清点。

商家首先要收包清点，确认大包数量是否与货运清单一致，外包装是否有损毁；然后确认商品的详细数量和种类是否与采购清单一致；最后根据详细到货清点的结果记录到货与订货的差异。

采购到货清点工作中会涉及货清点单，如图2-1所示。

到货清点单

供货商：　　　　　　　　　　　到货日期：　年　月　日

商品名称	货号	商品条码	规格	单位	数量	进货价	零售价	备注

制表人：　　　　　　负责人：　　　　　　收货人：

图 2-1　到货清点单

2.1.4 网上进货防骗措施

很多时候，新手开网店最害怕的就是被骗。在申请店铺前首先要做的就是寻找货源，为店铺经营进货做准备。但是网络世界纷繁复杂，网络诈骗术也很多，如何防止进货被骗是新手开网店最关心的问题。

学习目标	掌握网上进货防骗措施
难度指数	★★

如图2-2所示为网上进货的一些防骗措施。

证实供应商提供的地址

一般情况下，供应商都会有一个固定的地址，淘宝新手可在网上搜索供应商的信息，看是否与供应商自己提供的信息有出入或漏洞。

注意供应商的实体公司名称

上网搜索该供应商的公司名称，看是否存在。若存在，则查看其商品类型是否与交谈时说的一致，若不一致，那最好不要在该供应商处进货。新手还可以到当地工商部门官方网站查询供应商的营业执照。

查询供应商给的号码

可给当地114打电话查询号码的归属，也可从网上查询该号码的有关信息，这样都能从中发现一些问题。

注意供应商提供的信息

在供应商提供的网址内，用其商品的信息向供应商提问，如果供应商的回答模棱两可或者含糊不清，那么还是放弃这个供应商吧。

警惕供应商提供的汇款途径

一般供应商都会开通支付宝付款方式，如果供应商让你从其他途径汇款，比如特定的银行账号，那么你要提高警惕；如果给你发送不明链接让你汇款，也不要轻易相信，这一般都是骗子的手段。

图 2-2　网上进货防骗措施

淘宝店主进货时，除了要采取上述措施来确认供应商的真假外，还需要通过类似的手段确认购进的货物质量。不过，一般来说，供应商如果选对了，那么我们购买的商品也不会存在大问题。

2.2 进货渠道

阿智： 你开网店要卖的东西找到进货渠道了吗？

小白： 还没有呢！正发愁呢！阿智，你有什么途径吗？

阿智： 其实进货渠道有很多，还是要看你自己喜欢哪种途径。我就先给你介绍一下大致有哪些进货渠道类型吧！

随着社会经济的发展，越来越多的新鲜事物如雨后春笋般出现在经济市场中，单就商家的进货渠道而言，就有多种方式和途径。这一节我们将学习开淘宝店的进货渠道，帮助新手卖家更快更好地找到开店的货源。

2.2.1 开店进货三步曲

寻找货源要做的事儿很多，找进货渠道和供应商、了解供应商的情况、对比各供应商的优势和劣势、确定给自己供货的商家、联系供应商、谈合作事宜、确认商品货款、付款给供应商并提醒其发货以及准备收货等。

虽然进货要做的事情很多，但总结一下实际上很简单。为了让新手卖家能够更加清晰地了解开店进货的相关事宜，我们在这里具体介绍了开店进货的“三部曲”。

学习目标	了解开店进货的三大步骤
难度指数	★

● 第一步：找渠道

商品进货渠道有很多，主要分为两个方面：线上和线下。线上渠道可以是直接通过淘宝网批发，也可以去专门的电子商务批发网站。线下渠道一般是批发市场和厂家。

● 第二步：确定供应商或批发商

在确定的渠道内找寻合适的商品供应商或批发商，双方交易谈妥后就可以进行资金的收付。

● 第三步：淘宝店主收货

卖家提醒供应商或批发商及时发货，确保在预定的时间内收到商品并在收到商品时确认商品的质量有没有受损，数量是否正确。

在寻找进货渠道并确认供应商或批发商的身份时需要特别小心，在谈进货事宜时更是要从店主自身的情况出发，比如购买经济能力以及能够承受的商品数量和种类。

在寻找货源的过程中，最重要的一点就是确定货源的稳定性，防止在以后的经营过程中出现供货不及时或缺货等情况。

当然，如果淘宝卖家自己去批发市场进货，那么这3个步骤就可以在批发市场一并完成。

2.2.2 从批发市场进货

从大型批发市场进货的途径是现在很多销售商的首选，因为与网络批发相比，在大型批发市场进货的安全性比较高，风险小。下面介绍在大型批发市场进货的具体操作。

学习目标	学习在批发市场进货
难度指数	★★

● 进入批发市场

找准要进货的批发市场，早点到达现场，抢得先机。注意个人形象，要有老板的样子，说话要有水平，实在不知如何咨询就和批发商实话实说自己是开店的新手，给老板一种你很真诚的感觉。

● 商议价格

如果价格不合适，要向批发商及时提出，尽量往自己设定的预期进货价靠拢。在交流中尽量了解批发商的性格，投其所好，与之交朋友，从而得到更多价格上的优惠或者调换货的好处。

● 尽量发展长久合作关系

交谈过程中如果发现遇到了好的批发商，就一定要让其知道你是做生意的，是要长久合作的关系。一般批发商开始会怀疑，这时我们一定要实话实说，等将来双方的合作频率增大后，批发商自然会给你最低价格。

● 交流要及时

当批发商给我们介绍商品质量和进货方面的信息时，我们要及时地做出回应，认真倾听批发商的介绍。中途若有异议也不要打断别人说话，等批发商将有关事项介绍完后，我们再针对有疑问的地方提出意见。

● 不要重复议价

在双方进行意见交流后，如果我们觉得价格合适了就不要再与批发商讨价还价了，否则容易招致批发商的反感，让其觉得我们很小气，因此不愿意继续合作，最终让自己损失一条货源途径。

● 确定商品退换货规则

在价格和发货等其他问题处理好后，要询问批发商是否可以换商品的颜色和尺码(一般都可以)，主要是为了避免进的货在销售时遇到喜欢同种颜色或穿同种尺码的人较多，造成其他颜色和尺码的商品卖不出去而成为积压商品。但是批发商一般不接受将卖不出去的款式换成新款的要求。

● 别在批发商面前逐一检查

在所有问题都谈妥以后，我们就要拿好买到的货物，千万不能在批发商面前一件一件检查，只要数清楚衣服的款式种类和每种款式的数量就好，而质量问题可以回到自己的地盘检查，如果有质量问题再拿到批发商处更换，但是要记住市场上批发的商品要在进货后的7天内到批发商处更换。

● 保持联系，拓宽人际关系

在与批发商第一次进货交易发生后，我们要与其保持联系，可以在日常生活中与批发商多多交流，最好能与批发商成为合作伙伴甚至是朋友，这样有利于我们在以后的店铺经营中降低进货成本，同时也能拓宽人际关系，学到开店经验，更好地规避店铺经营风险。

● 放置货物

淘宝商家需要有放置货物的地方，有条件的人可另外租用一个仓库专门保管商品；资金不足、条件不允许的淘宝卖家可以把进的货放在自己住的地方，做好保管工作就可以了。

在大型批发市场进货时要注意保护自己身上的钱财。批发市场鱼龙混杂，混进小偷是很平常的事，我们要提高警惕，避免在购货过程中造成不必要的损失。

对于批发商，我们在进货时绝对不能完全地相信他们，有些无良批发商会趁我们不注意把挑好的商品调包，换成质量差的商品。如果我们不能够及时发现并在7天内去换货，那么我们就只能吃哑巴亏了；如果我们一拿到货就发现了商品有问题，还有挽回的余地。

作为刚刚走上创业之路的开店新手，在批发市场一般没有熟人，进货后很难找到能帮我们运货的批发商，所以我们要自己准备一个运货的工具，一般是两轮车或者是三轮车。

当然，如果你有能力或人脉关系，就可以让批发商帮助发货，我们只需要在家坐等收货就可以了。

2.2.3 向厂家购买

向厂家购买商品可以拿到出厂价，而这种方式可以采用两个途径：一是通过阿里巴巴批发平台联系厂家；二是直接找到相关厂家资源，上门进货。

学习目标	掌握线下联系厂家的操作流程
难度指数	★★

如果是线下联系厂家，那么具体的操作流程如图2-3所示。

选择厂家

通过亲朋好友的介绍，打听厂家信息，经过多方对比后选择自己认为最优的一家厂家，记录其联系方式和具体的厂址。

电话联系厂家

通过电话了解厂家的情况和商品信息，诚实地跟厂家说明自己的情况，让厂家给一些建议。通过厂家的业务员了解厂家的商品情况，双方互问互答提出意见，协商好或者交易谈妥后，请求厂家发货。

前往厂址查看

若我们在电话里还不能准确地了解厂家的情况，为了保险起见，可以询问相关人员厂家的具体地址。

签订协议准备收发货

如果还想具体了解厂家的商品信息和厂家情况，那么我们可以实地考察后再做决定；如果我们在电话里已经能清晰地了解厂家的各方面情况，那么就可以开始着手运货和收货的工作了。

自己运货或由厂家代发

若我们到厂家的生产地做了解，那么可以顺便将商品带回；但是如果与厂家关系搞好了，请求厂家代发货也是可以的。

图 2-3　向厂家购买商品的具体流程

向厂家购买的好处就是进货成本较低、商品质量有保障。但是从厂家进货一般要求的量很大，且需要长期合作。对于没有打算在网店创业道路上长久投资的人，厂家不太欢迎。

2.2.4　B2B 电子商务批发网站

B2B电子商务批发网站是企业间的电子商务，即企业与企业之间通过互联网进行商品、服务和信息的交换。

学习目标	认识常见的 B2B 电子商务批发网站
难度指数	★★

B2B电子商务批发网站主要有：阿里巴巴、慧聪网、通宝网、土佬哥、中国商务通、中国供应商、企发网、环球资源以及中国商业网等。如图2-4所示为阿里巴巴批发网的首页。

图 2-4　阿里巴巴批发网

如图2-5所示为慧聪网首页。

图 2-5　慧聪网

如图2-6所示为“土佬哥”网站的首页。

图 2-6　土佬哥

如图2-7所示为企发网的首页。

图 2-7　企发网

如图2-8所示为通宝网首页。

图 2-8　通宝网

如图2-9所示为环球资源-中国贸易网的首页。

图 2-9　环球资源 – 中国贸易网

这类B2B电子商务批发网站很多，各有各的优势和不足，并且很多B2B电子商务批发网都是企业对企业的商品交换。

对于新手学开淘宝店的情况，最好还是通过阿里巴巴批发网进货，其有针对个人店主的批发商，这样比较保险，而且店铺与阿里巴巴和淘宝之间的联系将会更加紧密，有利于淘宝店铺的经营。

但是我们可以从这些网站中寻找批发商的信息，当我们不想在网上与批发商联系时，就可以通过这些网站先了解批发商的信息，然后再实地考察后选择从哪个批发商处进货。在选择批发网站时要注意识别网站的真伪，这方面的知识我们将在最后一章系统讲解。

2.2.5 向盟主进货

新手开网店可以选择加盟的方式，这样能省去很多事情。卖家不用自己发货，只需把买家的订单详情告知给“盟主”，然后由“盟主”代发货即可。

学习目标　认识阿里巴巴代理加盟网

难度指数　★

如图2-10所示为阿里巴巴代理加盟网的首页。

图 2-10　阿里巴巴网代理加盟

卖家可以直接从阿里巴巴批发网进入代理加盟首页。

向“盟主”进货一般不是进实物，而是买家在淘宝卖家的店铺中下了订单后，卖家向“盟主”提交发货申请，具体来说就是一份订单数据。

而卖家在这过程中只需要在自己的店铺中放上“盟主”提供的商品图片，然后和买家联系商谈，最后为买家向“盟主”提交订单信息。

2.3 虚拟商品备受青睐

阿智：小白，知不知道开网店经营什么能快速提高信誉？

小白：不知道啊，是什么？

阿智：其实就是虚拟商品，虚拟商品没有太大的竞争力，比如话费充值这样的业务，买家一般看到价格便宜的就会下订单，并不会牵扯质量问题。

相信你在日常生活中会遇到没时间去网点充话费的情况，而且现在的网络很发达，只需在网上动动手指就能充话费，所以越来越多的人开始涉足这类虚拟商品的买卖活动。

2.3.1 虚拟商品为何吃香

很多人都说，想开网店就要从虚拟产品做起。因为虚拟产品所需的成本少，投资风险相对较小。最重要的一点是，经营虚拟商品可以快速提升淘宝卖家的信用等级。

学习目标　了解虚拟商品的种类和优点

难度指数　★

如表2-1所示为目前淘宝上常见的虚拟商品种类。

表2-1　虚拟商品种类

商　品	用　途
网络游戏点卡和装备	用于网上游戏的充值和人物形象装备等的购买
移动、联通和电信充值卡	一般是话费充值，这是大众虚拟消费品中最常见的商品

续表

商　品	用　途
IP卡和网络电话	和移动、联通以及电信等的话费充值方法差不多
Q币	一种虚拟货币，通常兑价是1Q币＝1人民币，在腾讯拍拍网上交易使用Q币支付一般是9折。可以用其来支付QQ会员服务、充电话卡、充银行卡以及一卡通充值等
软件序列号	软件序列号是保护相应软件的机器码，以防止软件盗版
电子书和网络软件	用于网上阅读，无须看纸质书籍，购买网络软件后可直接将其安装在电脑上使用，方便快捷

虚拟商品一般都是人们不能触摸到的商品，这类商品给消费者带来了生活和工作的便利，其具体的优点如图2-11所示。

- 无须人工管理，全自动发货，没有货源限制。
- 投资小，成本低，利润高。
- 受销售竞争的影响小，属于缺乏需求弹性的商品，销售业绩不会忽高忽低。
- 风险小，经营亏本的情况很少甚至没有。
- 可以快速提升卖家的信誉，促进卖家店铺提升知名度。

图2-11　经营虚拟商品的好处

虚拟商品的这些好处正好迎合了广大创业者的想法，解决了创业者对创业可能失败和没有足够资金开店的担忧，真正符合了创业者对即将涉足的创业之路的要求，所以受到大众的青睐。

另外，对淘宝商家来说，虚拟商品的信誉比较好赚，可以快速提高店铺的等级，从而吸引更多的买家光顾店铺。

2.3.2 虚拟商品的货源

虚拟商品的货源一般都是通过代理软件得到的，与实物进货的操作不一样。卖家在阿里巴巴上购买虚拟商品的代理软件，然后就能销售虚拟商品了。

学习目标　了解虚拟商品的货源有哪些

难度指数　★

目前阿里巴巴批发网上最常见的虚拟商品代理软件就是话费充值软件。有第5代、捷易通、速度达、极之速、点讯、e虎、华泰和拍一拍等。其中大都支持淘宝，有的支持拍拍。其中捷易通已经成为淘宝排名第一的自动充值软件，如图2-12所示为捷易通充值软件。

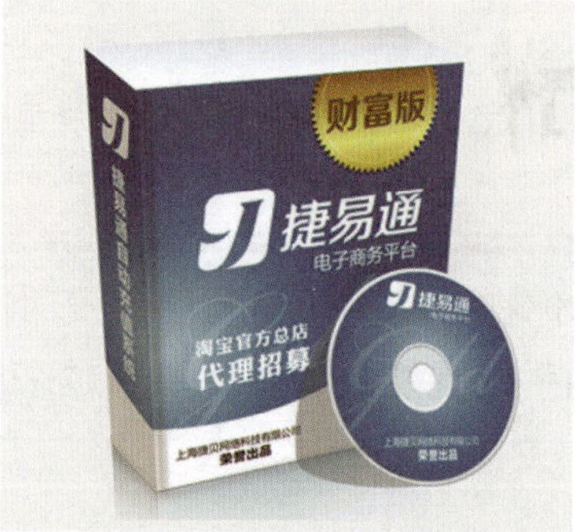

图2-12　捷易通充值软件

捷易通分为月版、无时限版、VIP版和财富版4个版本。月版只有充值的功能，VIP版和财富版的功能最多，不仅可以充值，还能实物供货。无时限版也只能充值，但充值的范围比月版的充值范围大。因此，财富版的进货成本最高，月版进货成本最低。

在淘宝网中还有一种常见的自动充值软件叫“速度达”，如图2-13所示。

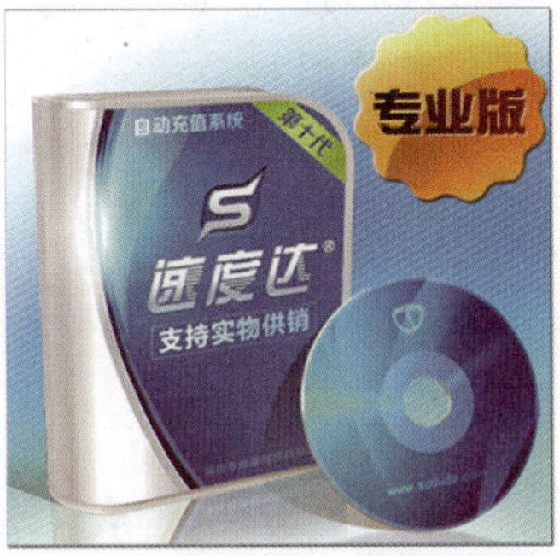

图 2-13 速度达充值软件

小绝招

在阿里巴巴网上找其他软件货源

在阿里巴巴的虚拟商品批发中还有虚拟软件批发，比如用友财务软件和CRM软件系统等，卖家可以在阿里巴巴批发网进货。

作为淘宝店铺的店主，我们应该了解的最基本的进货渠道就是阿里巴巴批发网。

2.4 在阿里巴巴上搜寻货源

小白：我想要在阿里巴巴上进货，有哪些事需要做啊？

阿智：你算是问对人了。在阿里巴巴上搜寻货源也不是一件简单的事，需要注意的问题还是很多的，我这就给你讲讲吧！

新手学开淘宝店要注重商品的来源，最保险最直接的渠道就是通过阿里巴巴批发网进货。淘宝网是阿里巴巴集团旗下的一个网购平台，很多创业者选择淘宝网开店也是因为其具有方便、简单和快捷的特点。那我们具体怎样才能在阿里巴巴网上找到想要的商品货源呢？

2.4.1 通过商品名称搜索货源

通过商品名称寻找货源可以在短时间内准确地找到我们需要的商品货源信息。

学习目标	学会用商品名称搜索货源
难度指数	★★

步骤01 在浏览器地址栏中输入网址http://www.1688.com，进入阿里巴巴批发网官网，如图2-14所示。

图 2-14 阿里巴巴批发网

步骤02 ❶在批发网首页选择“产品”选项，❷在下方文本框中输入商品名称，❸单击“搜索”按钮，进入搜索结果页面，如图2-15所示。

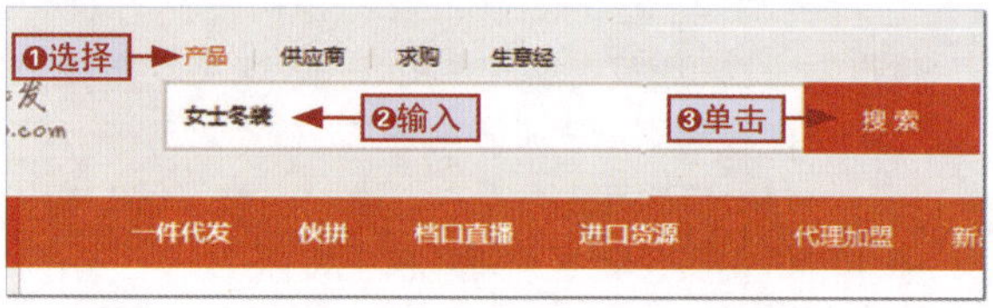

图2-15　输入商品名称

步骤03 在搜索到的结果中，把鼠标指针移动到商品图片位置，这时图片下方会显示其经营模式，如图2-16所示。

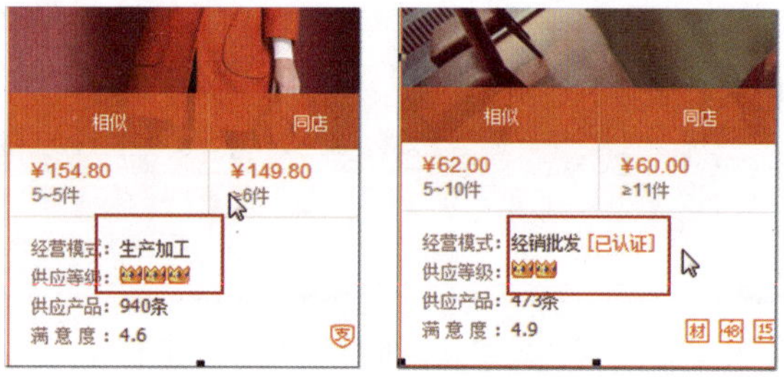

图2-16　查看批发商的经营模式

步骤04 单击想要购买的商品款式，进入购货页面，❶选择采购商品的颜色、尺码和件数，❷如果只是做这一次进货操作，那么单击“立即订购”按钮即可，如图2-17所示。

图2-17　选择要订购的货物

步骤05 如果我们还想在另外的批发商处定购商品，那么之前的操作一样，只是在最后需单击“加入进货单”按钮而不是“立即订购”按钮，如图2-18所示。

图2-18　单击“加入进货单”按钮

2.4.2 货品关键字查找

通过选择所需定购的货品关键字查找，可以明确查找方向，快速找到我们满意的商品货源。

学习目标　学会利用货品关键字查找货源
难度指数　★★

这种搜索方法最重要的就是选好关键字，这样才能快速找到需要的商品。

步骤01 在阿里巴巴批发网首页选择“女装/男装/内衣”选项，进入阿里巴巴服装市场，如图2-19所示。

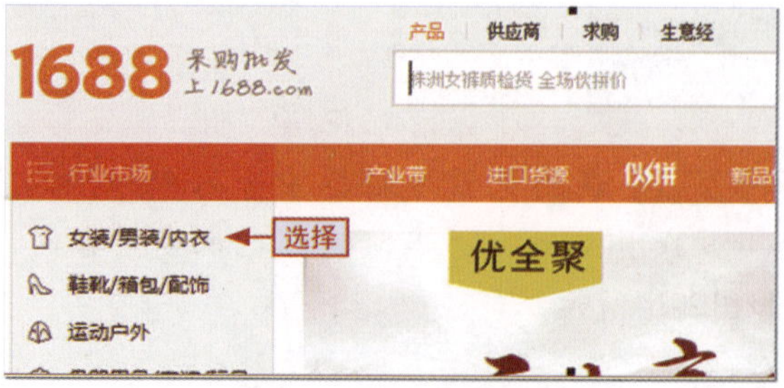

图2-19　选择关键字

步骤02 在服装市场页面单击“女装”超链接，进入女装批发商页面，如图2-20所示。

图 2-20 继续选择关键字

步骤03 在女装批发商页面单击中意的商品图片，进入选择购买页面，后面的操作可以按照前一种查找方式进行，如图2-21所示。

图 2-21 选择需要的商品

2.4.3 热卖品助你寻找高效货源

通过近期热卖品搜索相关商品的信息，可以快速了解消费者近期的商品需求，从而使卖家更快地发现商机。

学习目标	学会从热卖品中寻找货源
难度指数	★

步骤01 在阿里巴巴批发网首页的近期热销栏中选择与预期销售商品有关的产品，单击图片，进入“快订”页面，如图2-22所示。

图 2-22 在热销栏中选择相关商品

步骤02 在“快订”页面的“今日热门”类中单击商品种类的图片，进入这种类型商品的页面，如图2-23所示。

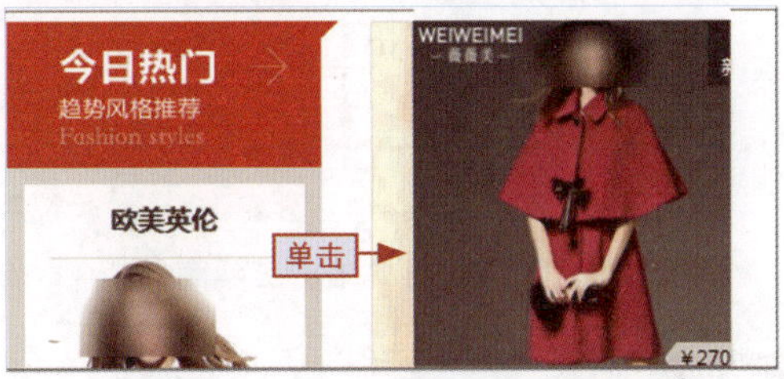

图 2-23 选择需要的商品种类图片

步骤03 在同类热门商品页面中选择需要定购的款式，单击图片，进入选择购买页面，后面的操作同上，如图2-24所示。

图 2-24 单击图片进入购买页面

2.4.4 寻找二手货源

一般二手货源的价格更便宜，有些淘宝卖家为了节约成本，就会计划经营二手货商品，那么我们怎么在阿里巴巴批发网上寻找二手货源呢？

学习目标	知道如何寻找二手货源
难度指数	★★

步骤01 ❶在阿里巴巴批发网首页输入关键字“二手货源”，❷进入二手货源页面，选择需要的二手商品，如“二手iphone6”，如图2-25所示。

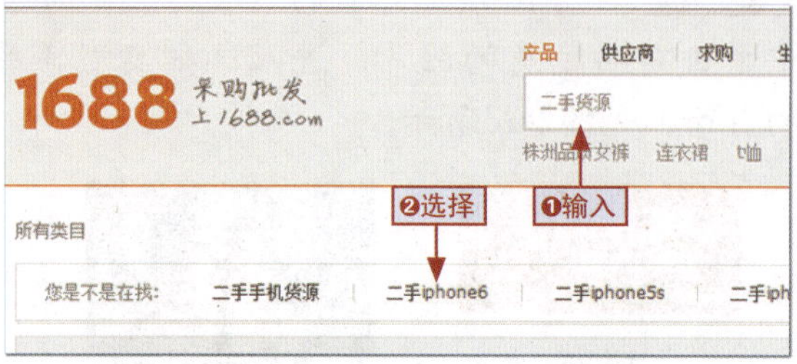

图 2-25　选择需要的二手商品

步骤02 在搜索结果中单击想要的商品图片，进入选择购买页面，如图2-26所示。

图 2-26　选择要购买的商品

2.5 从阿里巴巴采购商品

小白：我要怎样才能确定供货商是否可靠呢？

阿智：那你肯定要了解供货商的底细啊！你可以参观相应的网货会，这样还能在采购商品的同时增长见识。

在阿里巴巴采购商品的实际操作其实很简单，我们在前面一节已经讲过了，只需动动手指就可以搞定。所以我们在这一节着重了解采购商品时应该注意的问题和应该关注的信息。

2.5.1 了解供货商的底细

我们在搜索货源的时候不能太过随意，要了解经销商或者批发商的情况，防止采购时被骗。

学习目标　学会如何了解供货商的底细
难度指数　★★

步骤01 在阿里巴巴批发网首页搜索关键字“冬装”，进入搜索结果页面，将鼠标指针移动到相应的图片位置，可以看到该批发商或商家的经营模式、供应等级、供应产品和满意度等信息，如图2-27所示。

图 2-27　查看商家的经营模式等信息

步骤02 选择相应的产品，单击图片，进入该批发商的供货页面，将鼠标指针移动到“联系方式”的位置，可以了解到供货商的具体信息，如图2-28所示。

图 2-28 查看供货商的详细信息

通过这些信息我们可以直接与批发商或供货商联系，询问具体的商品信息和合作事项，确认无误后可在阿里巴巴批发网平台上直接进货。

也可以通过其他网站查询该公司的信息，比较与阿里巴巴批发网上的信息是否一致。

2.5.2 网货会和一件代发

网货会是相关网站举行的线下交易活动，淘宝卖家不仅可以在这种活动中进货，还能拓宽人际关系。而一件代发则将卖家的工作变得更轻松，卖家不需要亲自收货或者去实物现场拿货。

学习目标 了解网货会和一件代发的具体内容

难度指数 ★★

网货会是网货交易会的简称，是全球最大的线下网货交易展会，旨在为企业搭建交易桥梁，帮助企业开拓网络销售的渠道。

网货会推动网货新趋势、新潮流和新概念，倡导个性化生活，引领网络消费新时尚。

网货会自 2009 年 5 月起，每年在各地巡回展示。

但是由于网货会规模大、专业性强，所以参加网货会的企业和商家都需要支付一定的费用。

如果只是参观的话，一般不用花钱，只是参观的范围有限，一般不能到网货会现场，只能等在网货会展的外面，可通过网货会的海报信息了解有哪些知名商家可以成为我们的供货商。

淘宝店主为了简化自己的经营过程，可以采取加盟经营或者代销。

加盟经营中，买家在我们的店铺里决定购买某种商品后下订单，我们只需要将订单的详细情况发给批发商或者经销商，让他们帮助我们发货，实现一件代发。

查看加盟商的具体操作如下所示。

步骤01 ❶在阿里巴巴批发网首页中选择“供应商”选项，❷单击供应商的名称，进入供应商的招商页面，如图2-29所示。

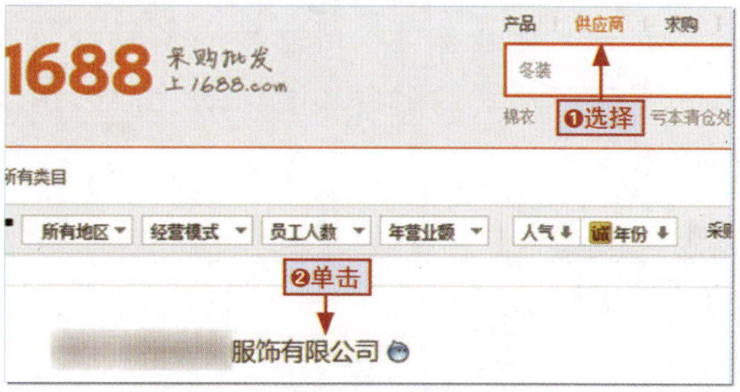

图 2-29 选择“供应商”选项

步骤02 在供应商招商页面中有具体的招商流程、卖家享受的服务以及申请代理的联系方式和在线咨询方式，如图2-30所示。

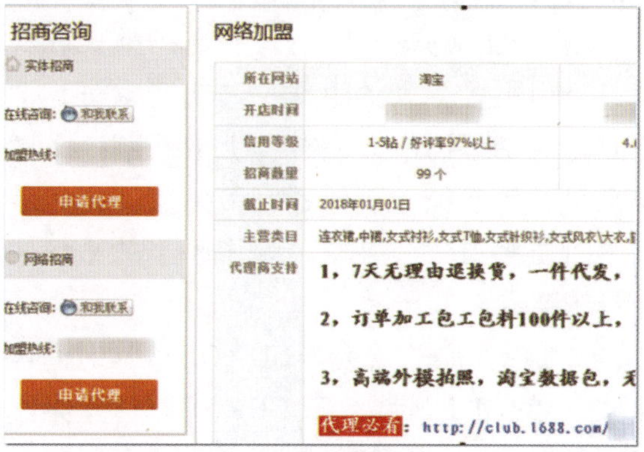

图 2-30 查看供应商招商信息

2.6 怎样选到优质货源

小白：阿智，我想知道怎样才能选到好货，给我讲讲吧。

阿智：其实要选到好货还是要靠自己平时多学习相关知识和技能，多逛逛批发市场，多看看时尚杂志，多借鉴其他商家的经营经验。

卖家想要选到优质货源，其前提就是要找对供货商，不仅要在网上进货时注意供货商的有关信息情况，平时也要利用空闲时间多了解批发商和厂家的最新信息。

2.6.1 逛市场，看杂志

逛市场可以很好地掌握当前消费市场的价格动态，看杂志可以帮助我们了解目前的时尚潮流，两者的结合才能帮助我们选到优质货源。

学习目标	学会使用生活中的资源
难度指数	★

合理利用自己的空闲时间，到当地的批发市场参观考察，了解市场中有哪些商品的批发商，各自的商品价位是多少，如果可以拿到批发商的联系方式最好，这样可以为以后进货准备多种渠道。

为了更好地充实店铺内的商品款式和种类，吸引更多买家的眼球，淘宝卖家一定要让自己店铺里面的商品赶得上最新潮流，这样也是在为店铺做有效的宣传推广，所以我们平时要多看时尚杂志，多了解当前市场中的最新潮流。

比如时尚杂志《奢典LUXOS》《时尚芭莎》《VOGUE》及《ELLE》等。这些杂志都收录了市场中最新的潮流产品，可以帮助我们更好地了解市场的需求，真正满足消费者的购买意愿。

除了杂志以外，还有一些时尚网，比如YOKA时尚网、VOGUE时尚网和米娜时尚网等。从这些网站上卖家也能及时了解到当前市场的最新潮流，为自己进货开店提供强有力的依据。

2.6.2 借鉴其他商家的宝贝

如果我们的时间不充裕，平时也没有太多的时间关注时尚网或者时尚杂志，那么我们可以借鉴其他商家店铺里售卖的宝贝，在借鉴时应注意如下问题。

学习目标 学会从其他商家的热销品中找到商机

难度指数 ★★

查看其他商家的宝贝成交量

店铺的宝贝成交量在一定程度上可以说明该产品是否受消费者的喜爱。所以，查看其他商家的宝贝成交量可以快速找到适应市场需求的商品，进而促进自己店铺的发展。

步骤01 进入淘宝网首页，❶在搜索文本框中输入关键字如“女士冬装”，❷单击“搜索”按钮，进入各店铺宝贝页面，如图2-31所示。

图 2-31 搜索想要了解的商品

步骤02 在各店铺宝贝页面中把鼠标指针移动到宝贝图片位置，可以查看付款人数，如图2-32所示。

图 2-32 查看宝贝的付款人数

查看其他商家店铺里的宝贝款式

进入其他商家的店铺，查看其款式，了解更多的商品种类，丰富我们的采购依据和资源。

步骤01 在宝贝综合页面中单击宝贝图片，进入该宝贝的详细信息页面，可以查看宝贝的买家评价，宝贝的尺码、款式、颜色和材料成分等，如图2-33所示。

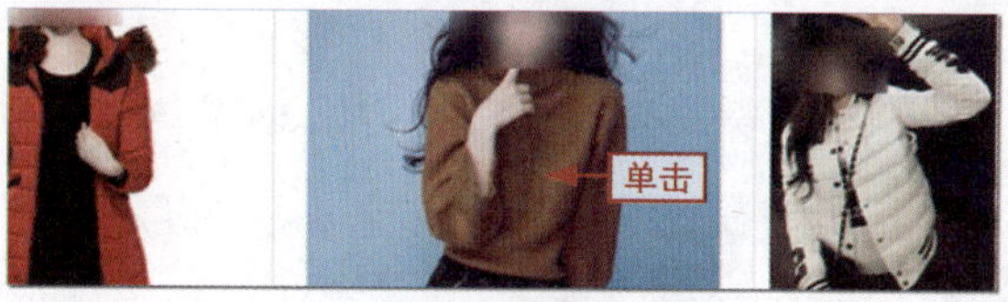

图 2-33 单击宝贝图片

步骤02 进入宝贝详细信息页面，查看宝贝详情后，还可以单击页面左上方店铺名称的超链接，进入该店铺查看其他商品，如图2-34所示。

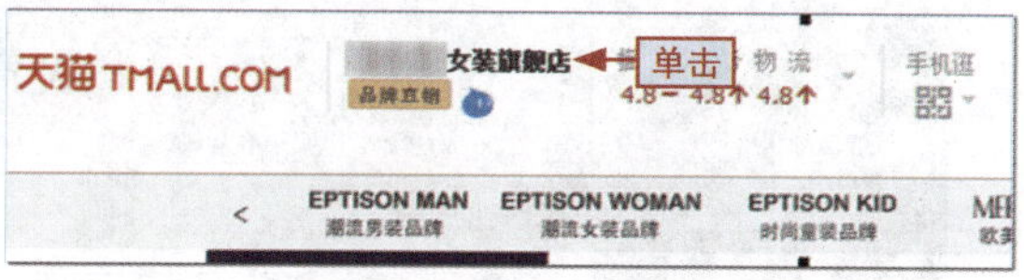

图 2-34 单击店铺名称

第一种方式可以具体查看某一个宝贝的销售情况，了解该宝贝的受欢迎程度；第二种方法是查看一个店铺内部多种宝贝的款式，丰富我们的货源资料库。

长知识 | 商品库存有必要

很多时候，淘宝卖家都是自主经营，自己保管货物，当买家在店铺下单后，卖家把手里的商品发给买家，这一环节中就会涉及商品的库存问题。那么商品库存是否有必要呢？

答案是肯定的，当我们从供货商处把商品采购回来时，如果不找合适的地点将商品保管起来，很容易损坏商品，并且如果没有商品库存，很容易导致买家下单后没有商品及时发货，从而影响买家对我们的评价。

充足的货物存储可以有效防止供货不及时问题的出现，也能促进卖家发货速度的提高，从而提升店铺在买家心中的形象，从而有效提高店铺的信用等级，为店铺以后的发展做好辅助工作，如图 2-35 所示。

图2-35　商品库存

给你支招 | 在淘宝大学学习装修课程

小白： 我觉得到批发市场或者其他网站进货很麻烦，而且我怕不安全，有没有更保险更简单的进货渠道呢？

阿智： 当然有啊！作为淘宝卖家，你可以直接从卖家中心进入货源市场，这样在安全有保障的同时也会比较省事儿，具体操作如下。

步骤01 进入淘宝卖家中心，❶在“快捷应用”栏中单击“货源中心”右侧的下拉按钮，❷单击“批发进货”超链接，如图2-36所示。

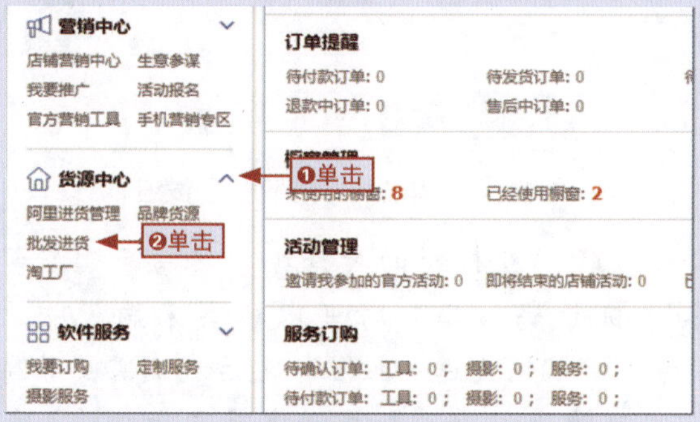

图2-36 单击“批发进货”超链接

步骤02 ❶在打开的页面中输入要寻找的商品名称，❷单击搜索按钮，如图2-37所示。

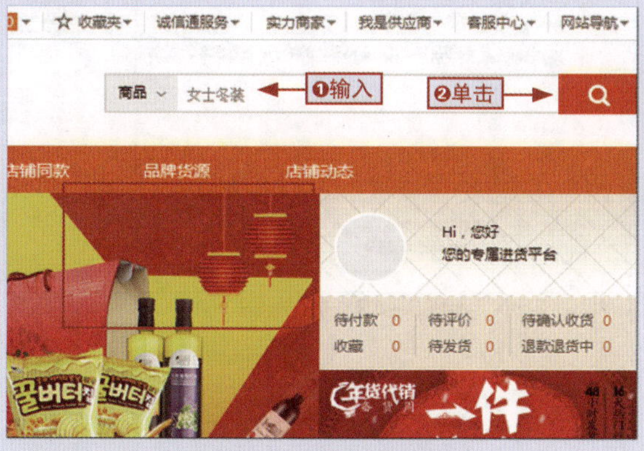

图2-37 搜索货物名称

步骤03 移动鼠标浏览页面，找到想要采购的商品，单击其图片就可以进入购买页面，如图2-38所示。

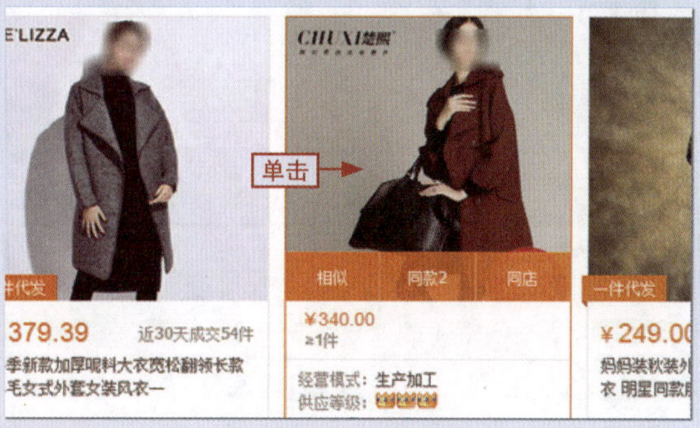

图2-38 选择商品

步骤04 在购买页面选择颜色、尺码和数量，单击“立即订购”按钮即可进货，如图2-39所示。

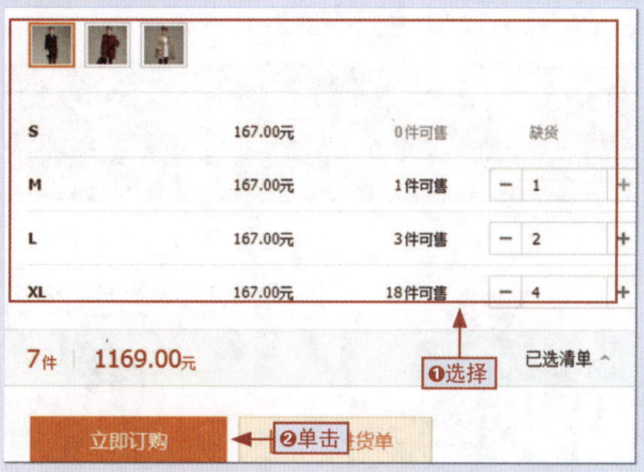

图2-39 确定进购

给你支招 | 在慧聪网进货，询价省钱

小白：我发现在淘宝网或者在阿里巴巴批发网上进货，一般没有在线议价的过程，都是和买东西一样直接下订单购买，很多时候我都觉得很贵！

阿智：确实是这样，不过你可以试试去其他货源网站看看，比如慧聪网，你在那里可以进行询价，一般采购得越多价格就会越便宜，具体操作如下。

步骤01 在浏览器地址栏中输入网址http://www.hc360.com，进入慧聪网官网首页，在“行业分类”栏中单击需要采购的商品类型(如服装)，如图2-40所示。

图2-40　选择采购商品的类型

步骤02 ❶单击“女装卖场”选项卡，❷单击要采购的商品图片，如图2-41所示。

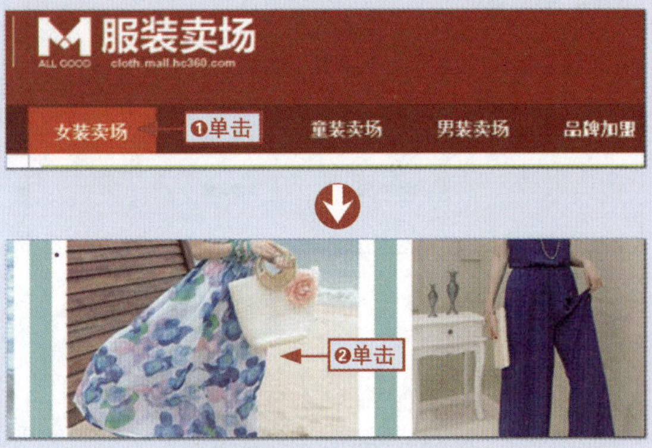

图2-41　选择具体的商品

步骤03 在打开的页面中单击“发布询价”按钮(还可以直接查看联系方式，通过电话联系批发商或厂家)，如图2-42所示。

图2-42　单击“发布询价”按钮

步骤04 ❶在打开的对话框中填写采购数量和手机号码，必要时可以填写采购说明，❷单击“确认发送”按钮，之后我们需要等待批发商给出报价，如果满意就进行订购，如图2-43所示。

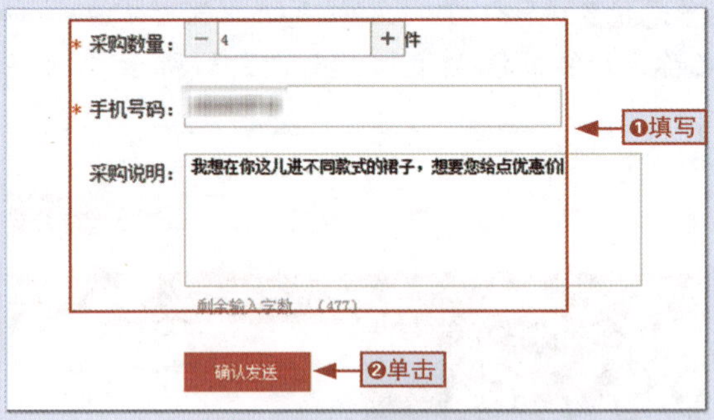

图2-43　发送询价单

Chapter 3

注册账号，成为卖家

学习目标

要想成为卖家，需要注册淘宝账号，还有相关身份的认证。在注册过程中，很多细节和安全问题需要卖家时刻警惕。为了更安全地收取买家的货款，我们在注册淘宝账号时需要绑定银行账号。本章主要介绍注册淘宝账号的相关内容和步骤。

本章要点

- 网上直接注册网银
- 登录网上银行查看信息
- 注册淘宝账号
- 账户管理
- 千牛工具的安装与推出
- 淘宝助理让宝贝上传更快捷
- 添加银行卡，默认快捷支付
- 实名认证，享受更多功能

知识要点	学习时间	学习难度
成为淘宝用户，开通各种支付方式	50 分钟	★★★
申请店铺，订购相关服务	30 分钟	★★

3.1 确定所需银行卡并开通网银

小白：阿智，我将货物卖给买家后，怎么来收款呢？

阿智：这个一般是通过支付宝和网上银行来完成的，下面我具体给你讲讲相关的内容吧。

网上做生意获得的收益放在哪里呢？相信大家在购物时都知道“支付宝”这个东西，它就是一个网络钱袋，淘宝卖家可以将收到的货款存在支付宝里，而买家也可以把自己的购物资金放在支付宝里方便支付。

但是如何把钱存入支付宝？又如何能把钱从支付宝里取出来呢？这就需要我们通过银行卡进行资金的转入和转出。所以开店前千万不能忘了确定用于收款的银行卡。

3.1.1 到柜台开通并激活

如果你想将自己现有的银行卡中的一张作为店铺收益的存储卡，那么就不需要重新开通银行卡。但是也有创业者想要重新申请办理一张银行卡，让工作和生活分开。最传统的开通银行卡的方法就是去银行网点的柜台办理相关手续。下面介绍去柜台办理银行卡的步骤，如下所示。

学习目标	了解如何办理收款要用的银行卡
难度指数	★

小绝招　先到网上预约再到银行办理

有些人觉得到银行网点的柜台办理银行卡很麻烦，要等很长的时间，为了节约时间，可以先到相应的银行官网进行业务预约，再到银行网点办理。

第一步

办理银行卡前先准备好身份证和20~50元的现金(可能需要预存一点钱)，现在中国五大银行(中行、农行、工行、建行和交行)办理银行卡都会收取一定的工本费。

第二步

带上身份证和准备好的现金去当地的营业网点办理，一般在市区繁华地段和居民住宅区都有银行的营业网点，上班时间通常都是9:00~17:00。

第三步

进入营业网点后，大堂经理一般会询问你需要办理什么业务，你只需要说明自己要办银行卡，他就会拿出相应的表格让你填写。

● 第四步

一般稍大的网点都会有排号机，有时大堂经理会在我们填写表格时帮我们排号，有的则是填好表格后自行排号，点击自己要办理的新卡业务，取出印有编号的纸条，上面会显示你排队的编号以及在你之前还有多少人在等待。

● 第五步

当柜台喊到你手中纸条上的编号时，就去相应的柜台(一般柜台窗口顶部会显示当前办理业务的编号)，将事先填好的表格和身份证交给银行柜员，根据柜员的指示和语音提示签字并输入6位数字的密码，这个密码是以后的银行取款密码，所以一定要记清楚，设置时要谨慎。

● 第六步

如果在自行填写表格时没有勾选“网上银行”、“电子银行”或“手机银行”，一般柜员都会询问你要不要办理这些业务。这些业务都是免费开通的，并且为了开店时资金往来更加方便，我们必须要选择开通这些业务，并设置网银登录密码。

● 第七步

开通网银并办理好所有业务以后，你会拿到一张银行卡，同时得到一张密保卡或者一个U盾，支付了工本费并向银行卡中存入一定数量的金额后，就可以带着银行卡、身份证和密保卡(或U盾)离开网点了。

小绝招　网银登录密码不是银行取款密码

网银登录密码是在登录网上银行时需要用到的密码，一般是数字与字母综合形成的一个密码；而银行卡取款密码是6位数，且都是数字，用于银行卡在自动取款机或者银行网点的柜台处取款。

3.1.2 网上直接注册网银

很多银行都支持网上直接注册网银，人们不用再去银行网点排队等候办理网银等服务，这种方式极大地方便了大家的工作和生活。下面以工商银行为例，介绍网上直接注册网银的步骤。

学习目标	注册中国工商银行网银的方法
难度指数	★★

步骤01 进入工商银行的官网首页(http://www.icbc.com.cn/icbc)，在左侧“用户登录”栏里找到“个人网上银行”选项，单击“注册”超链接，进入个人网上银行的注册页面，如图3-1所示。

图 3-1　单击“注册”超链接

步骤02 ❶在注册页面填写自己的姓名、证件类型、证件号码和手机号码等信息，❷单击“下一步”按钮，如图3-2所示。

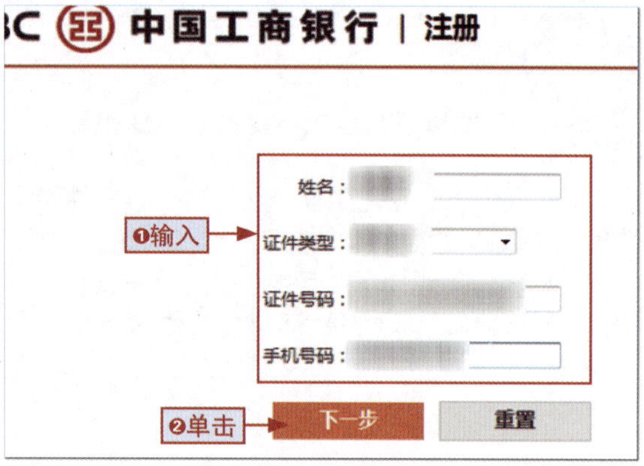

图 3-2　填写个人信息

步骤03 进入网上银行开通确认页面，详细阅读《中国工商银行个人客户服务协议》，单击“接受此协议”按钮，如图3-3所示。

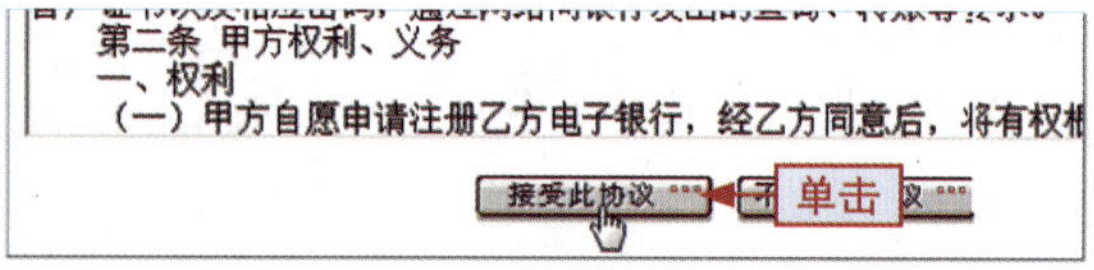

图 3-3　接受协议

步骤04 ❶在打开的页面中输入账户密码、身份证号码、网上银行登录密码及验证码等信息，❷单击“提交”按钮，如图3-4所示。

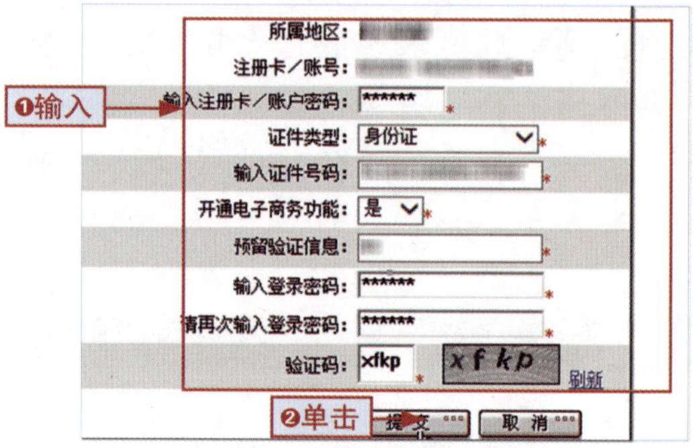

图 3-4　填写注册信息

步骤05 进入确认开通页面，单击“确定”按钮就完成了网上银行的自助注册，如图3-5所示。

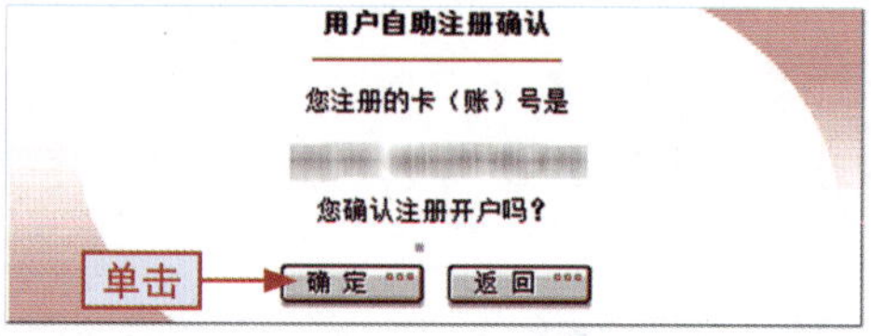

图 3-5　完成注册

长知识 | 自助注册网银要注意的问题

在网上银行自助注册的流程中，我们要注意一些细节，具体内容如图 3-6 所示。

1. 在注册网上银行时，使用的证件类型及证件号码要和申领该卡时所使用的证件一致，否则注册不能成功。
2. 为了保证资金安全，如果有大额转账或是该卡主要用于投资理财，那么最好到营业网点注册办理网银。
3. 自助注册时，一张身份证只能注册一次，如果需要为该行其他银行卡注册网银，则需要设置下挂账户。
4. 在修改初始密码时，新密码长度必须为6~30个字符，且密码是数字和字母的组合，并注意区分字母的大小写。
5. 自助注册或在银行柜台注册的网银都可以在网上自助注销。但是在自助销户当天，一般不能做任何开户交易。

图3-6　自助注册网银要注意的问题

3.1.3 登录网上银行查看信息

网银注册成功后，我们可以登录网银，查看相关信息，如账户信息、理财产品和各项金融服务等。下面详细介绍登录网上银行的具体操作。

学习目标 登录工商银行网银的操作
难度指数 ★★

步骤01 进入中国工商银行官网首页，在页面左上方单击“个人网上银行”按钮，进入登录页面，如图3-7所示。

图 3-7 单击“个人网上银行”按钮

步骤02 在登录页面最下方单击“登录”超链接，系统将跳转到相应的登录页面，如图3-8所示。

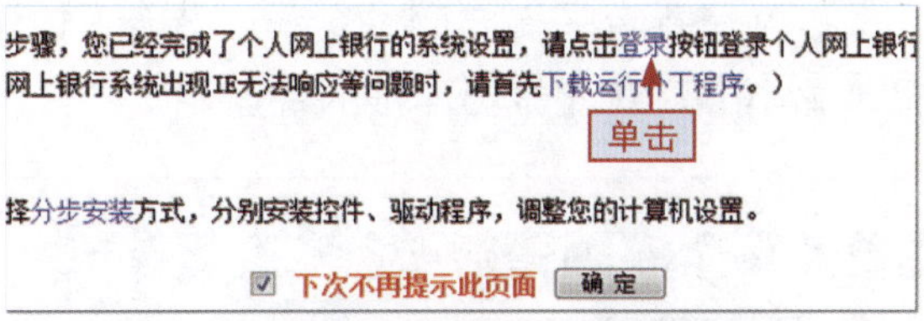

图 3-8 进入登录页面

步骤03 ❶在登录页面中输入登录名(卡号/手机号/用户名)、登录密码和验证码，❷然后单击“登录”按钮，如图3-9所示。

图 3-9 填写登录信息

步骤04 成功登录后就会看到个人网银欢迎页面，在其中即可查看账户信息、理财产品和各项金融服务等，如图3-10所示。

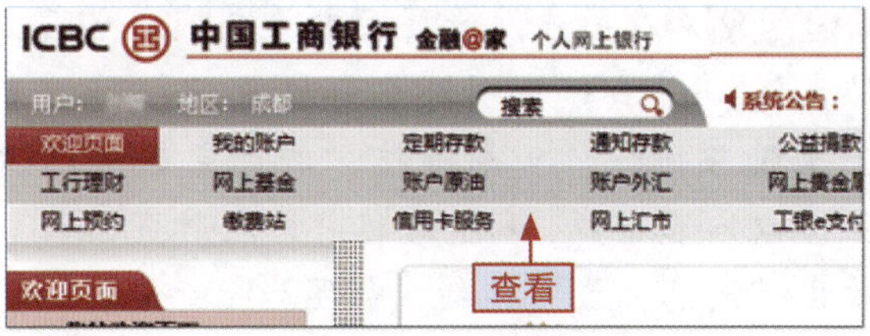

图 3-10 成功登录

3.2 成为淘宝会员

阿智：你有淘宝账号吗，如果有的话，是可以直接利用这个账号来开店的哦！如果没有，就得先注册一个淘宝账号，成为其会员才行。

小白：淘宝账号？我没有啊！快教教我怎么操作吧。

不仅消费者是淘宝网的会员，淘宝网上的卖家也是淘宝会员。那么要怎样成为淘宝会员呢？本小节将对此做出详细的讲述。

3.2.1 注册淘宝账号

只有拥有自己的淘宝账号，成为淘宝会员，才能免费开店，具体的操作步骤如下。

学习目标	掌握在淘宝网免费注册账号的方法
难度指数	★★

步骤01 进入淘宝网首页(https://www.taobao.com)，在该页面右侧“公告”栏中单击“免费注册”按钮，进入注册页面，如图3-11所示。

图 3-11　进入淘宝注册页面

步骤02 ❶在用户注册页面中单击“淘宝服务协议”、“法律声明及隐私权政策”和“支付宝服务协议”等超链接，阅读完后关闭这些协议内容窗口，❷返回到用户注册页面窗口单击“同意协议”按钮，如图3-12所示。

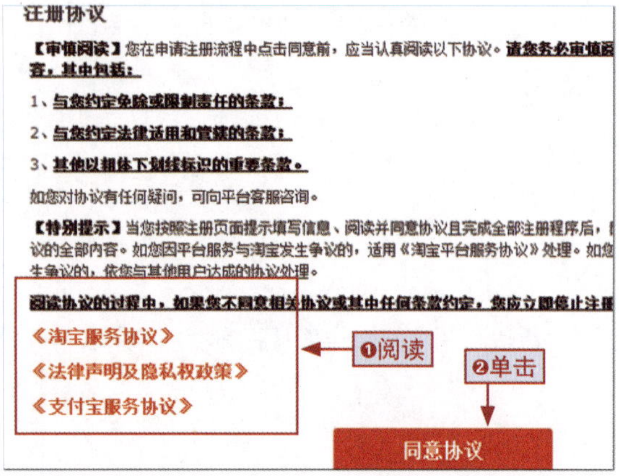

图 3-12　阅读协议并同意协议

步骤03 ❶此时系统自动关闭“注册协议”窗口，然后填写手机号码，❷在“验证”选项处，按住鼠标左键拖动，❸通过验证后，单击“下一步”按钮，进入校验码验证页面，如图3-13所示。

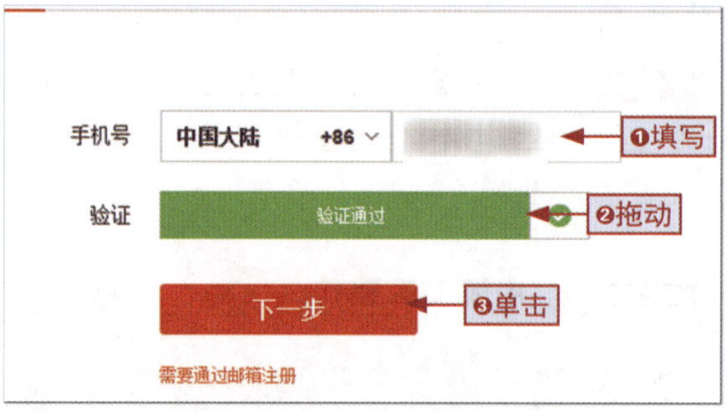

图3-13　获取验证码

步骤04 ❶在校验码验证页面及时输入系统发送到手机上的验证码，❷然后单击“确认”按钮。如果在规定的时间内没有及时输入正确的验证码，系统将提示重新获取验证码，然后再次输入，直到输入正确为止，如图3-14所示。

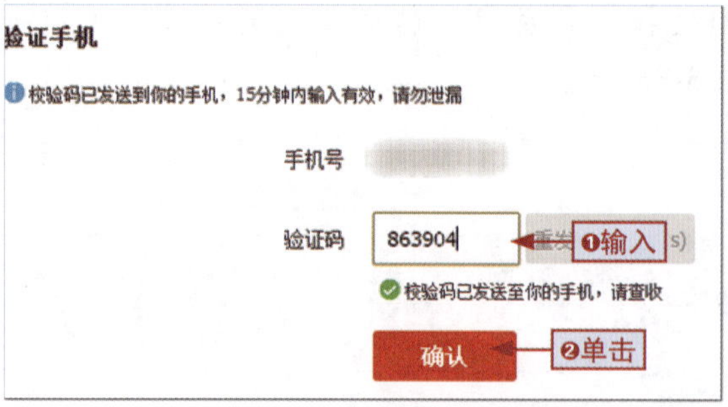

图 3-14　通过验证码校验手机

步骤05 ❶进入账户信息设置页面，设置登录淘宝账户的登录密码和淘宝会员名称，❷单击“提交”按钮，如图3-15所示。

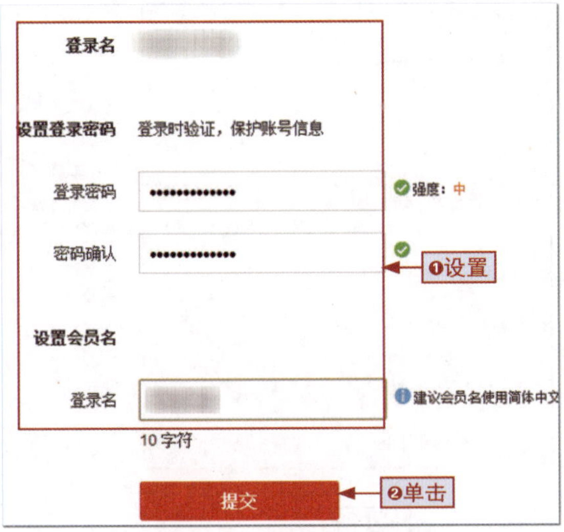

图 3-15 设置账户信息

步骤06 ❶进入支付方式设置页面，填写之前在银行开户的银行卡号和自己的姓名以及身份证号码，❷单击“同意协议并确定”按钮，如图3-16所示。

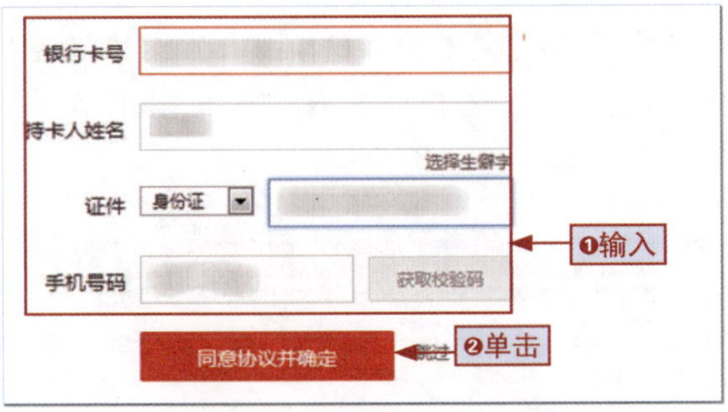

图 3-16 填写银行卡信息

步骤07 此时系统将跳转到注册成功提示页面，表明其已经成功成为淘宝会员，如图3-17所示。

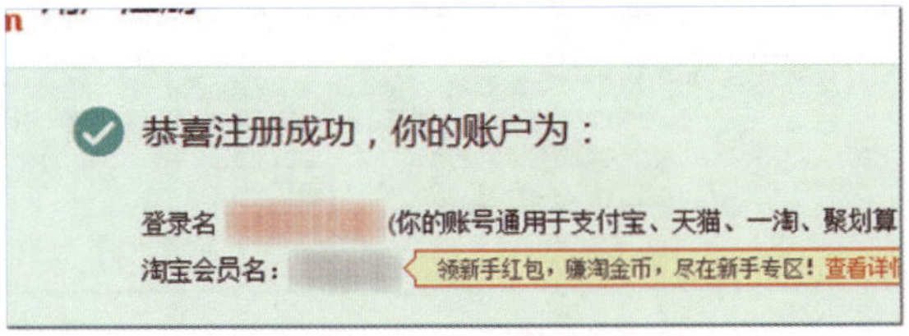

图 3-17 注册成功

3.2.2 绑定支付宝

一般注册了淘宝账号的会员，都会进入自己的账号绑定支付宝，只有通过这个第三方支付平台，买家支付的货款才能进入我们的银行卡。其具体操作步骤如下。

学习目标 掌握将淘宝账户与支付宝绑定的方法

难度指数 ★★

步骤01 进入淘宝网首页，在该页面右侧“公告”栏中单击“登录”按钮，进入淘宝账号登录页面，如图3-18所示。

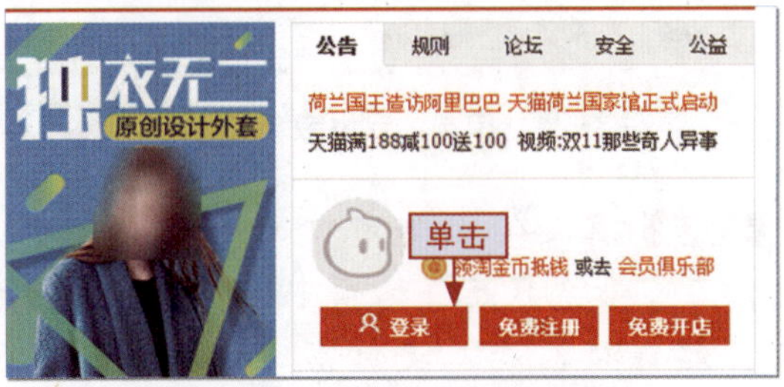

图 3-18 进入淘宝登录页面

步骤02 ❶在登录页面中输入注册时用的手机号或者会员名称以及登录密码，❷单击“登录”按钮，如图3-19所示。

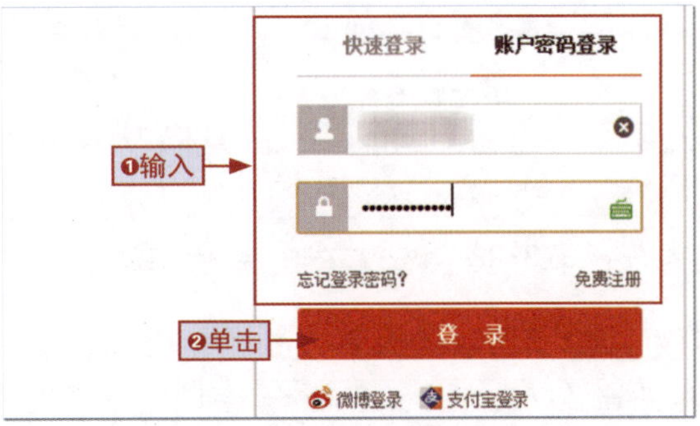

图 3-19 填写登录信息

步骤03 在页面的最上方选择“我的淘宝”选项，进入自己的淘宝账号中心，如图3-20所示。

图 3-20　进入淘宝账户中心

步骤04 在“我的淘宝”页面中，移动鼠标指针到“账户设置”选项的位置，单击“支付宝绑定”选项，如图3-21所示。

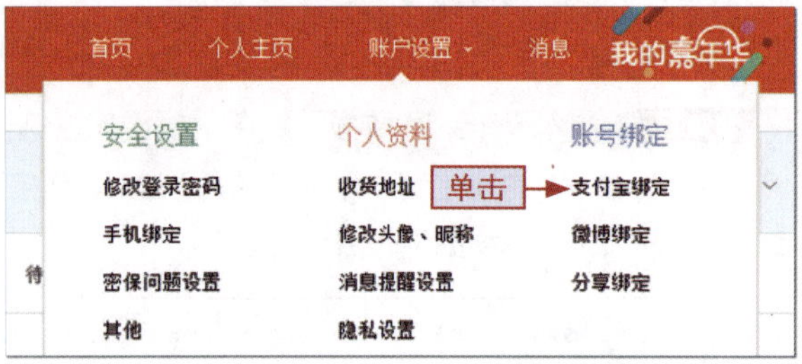

图 3-21　单击“支付宝绑定”选项

步骤05 在支付宝绑定页面中查看账户信息，在“账户状态”选项中，单击“立即补全”超链接，进入支付宝身份信息设置页面，如图3-22所示。

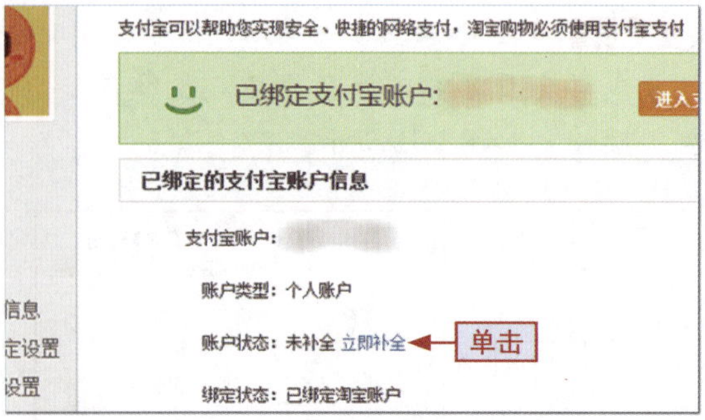

图 3-22　单击“立即补全”超链接

步骤06 ❶在该页面中设置支付密码，填写真实姓名以及身份证号码等详细信息，❷选中“我同意支付宝服务协议”单选按钮，❸再单击“确定”按钮，进入支付宝支付方式设置页面，如图3-23所示。

图 3-23　完善账户信息

步骤07 ❶在该页面中输入开店所需的银行卡卡号以及手机号码等信息，❷选中“免费开通余额宝服务”复选框，❸单击“同意协议并确定”按钮，系统将提示我们支付宝激活并绑定成功，如图3-24所示。

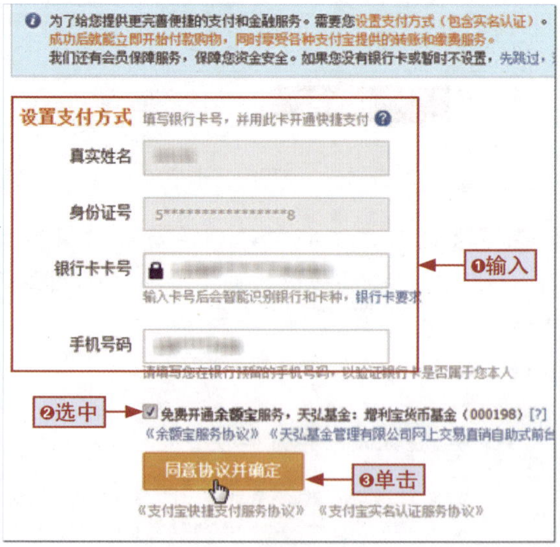

图 3-24　设置支付方式

小绝招

淘宝、支付宝中各种密码的关系

淘宝登录密码就是支付宝登录密码，因为支付宝一般是和淘宝账号绑定在一起的。为了网上交易的安全性，支付宝还会另外要求设置支付密码，这个支付密码和登录密码必须是不同的两个密码，且支付密码的安全性一定要设置得较高，以防止支付宝里面的资金被盗。

3.2.3 账户管理

在淘宝账号中，有很多个人信息可供查询并修改，方便用户管理自己的淘宝账号，比如我的支付宝、已买到的宝贝、我的收藏、天猫积分和账户设置等。

为了加强对账户安全性的管理，用户可通过账户管理中的账户设置修改登录密码、密保问题设置以及隐私设置等内容。

密保问题就是在用户忘记登录密码时，需要回答之前设置的问题，答对了以后系统才会默认是本人在操作，然后同意修改密码。

隐私设置是设置他人访问我们动态的权限，根据自己的需求可选择“所有人”可查看自己的动态，或是“互粉的人”可以查看自己的动态等。

为了能够将淘宝上的信息及时传递给用户，在账户管理中一般要将我们的收件邮箱与账号绑定，这样能方便用户及时得知相关信息。下面以绑定邮箱为例，学习设置账号安全问题的措施，具体的操作步骤如下。

学习目标　了解将账号与邮箱绑定的方法

难度指数　★★

步骤01 在“我的淘宝”页面中，移动鼠标指针到“账户设置”选项，单击“其他”选项，如图3-25所示。

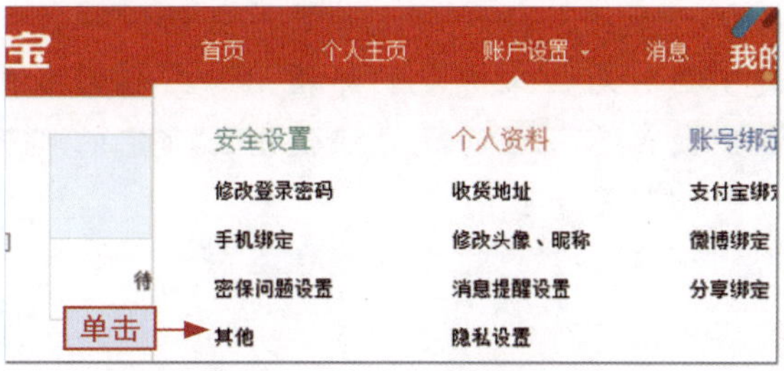

图 3-25　单击“其他”选项

步骤02 在“您的基础信息”栏中，单击“添加邮箱”超链接，如图3-26所示。

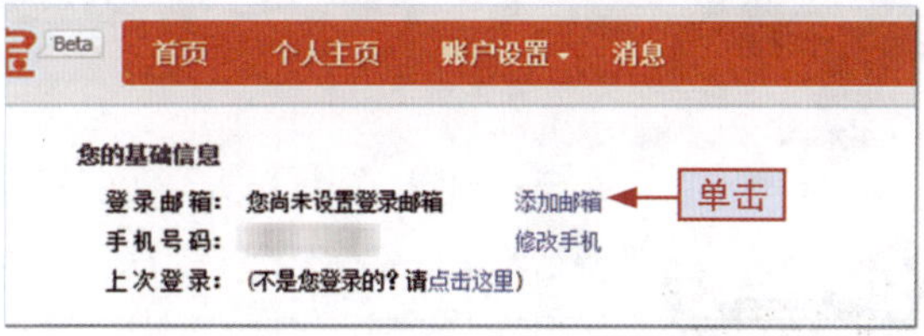

图 3-26　单击“添加邮箱”超链接

步骤03 在“选择添加方式”页面中，单击“立即添加”按钮，如图3-27所示。

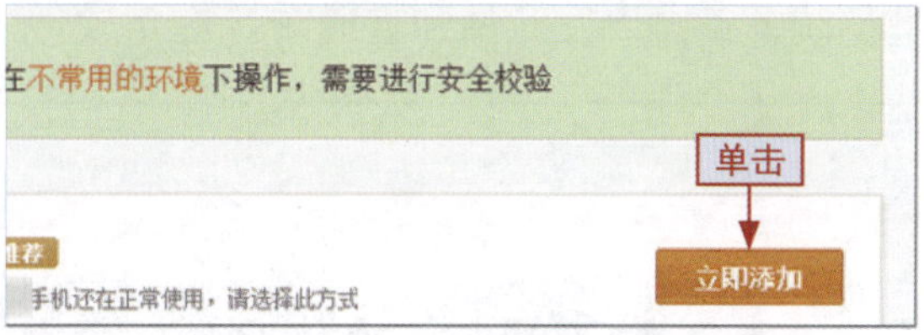

图 3-27　立即添加邮箱

步骤04 ❶在校验身份页面，获取校验码并输入相应的文本框中，❷单击“下一步”按钮，如图3-28所示。

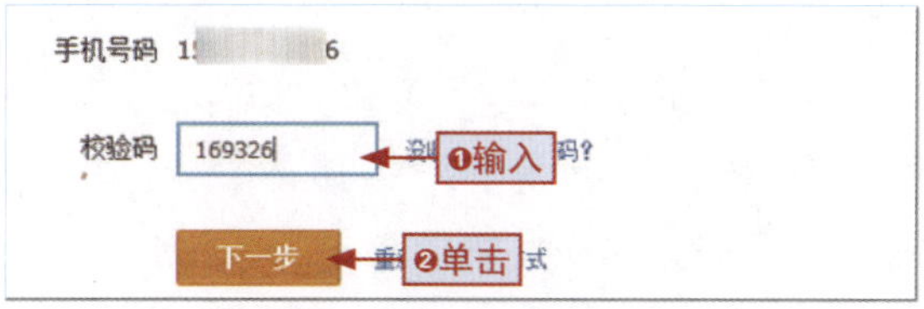

图 3-28　校验身份

步骤05 ❶输入平时常用的邮箱地址，可以是QQ邮箱，或者是163网易邮箱等，❷然后单击“下一步”按钮，系统会提醒我们邮箱绑定成功，如图3-29所示。如果用电话号码注册淘宝账号后，又绑定了邮箱，那么我们在重新申请淘宝账号时就无法使用已绑定的邮箱注册淘宝账号了。

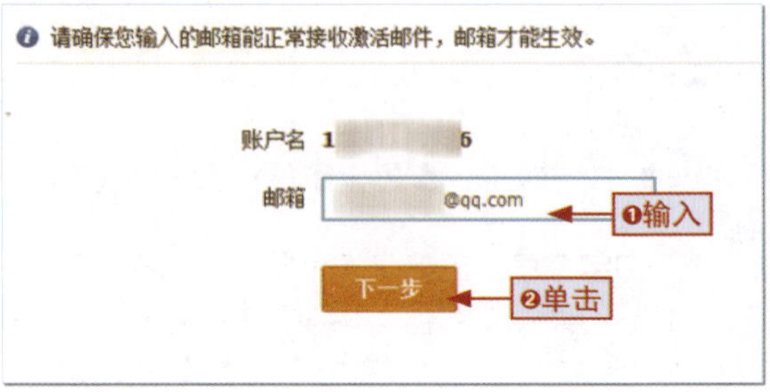

图 3-29　输入绑定的邮箱

3.3 下载安装淘宝工具

小白：阿智，我经常听开淘宝店的人说什么千牛，那是什么啊?

阿智：千牛是一个淘宝工具，在我们开店的过程中会经常用到，除此之外，还有其他的淘宝工具，下面我先给你介绍几个常用的工具吧。

无论是淘宝卖家还是淘宝网的消费群体(即买家)，两者在淘宝网上进行交易时都要用到聊天工具阿里旺旺和数字证书这样的网络交易安全保障软件。而淘宝卖家还可以安装淘宝助手、量子统计工具以及旺铺和直通车等应用软件，这些应用可以帮助网店更好地经营。

3.3.1 千牛工具软件的安装与退出

安装阿里旺旺的目的是方便卖家和买家在淘宝网交易过程中能实时沟通购买意见，也是淘宝开店或淘宝购物中最基本的应用软件。

阿里旺旺分为卖家版和买家版，根据不同的需求下载安装不同的版本。但是目前阿里旺旺的卖家版功能比较少，越来越多的卖家开始使用千牛，只有买家仍然使用阿里旺旺。

1. 安装千牛工具软件

千牛工具是阿里巴巴集团官方出品的一种淘宝工具，淘宝卖家和天猫商家均可使用，该工具包含卖家工作台、消息中心、阿里旺旺、量子恒道、订单管理和商品管理等主要功能。下面具体介绍千牛工具的安装方法。

学习目标	了解在淘宝网下载千牛工具软件并安装的方法
难度指数	★★★

步骤01 ❶在淘宝网首页搜索关键字“阿里旺旺 卖家版”，❷搜索结果中出现千牛卖家工作平台的电脑版和手机版选项，如果是下载到电脑上，那么就单击“电脑版”选项下的“立即下载”按钮，如图3-30所示。

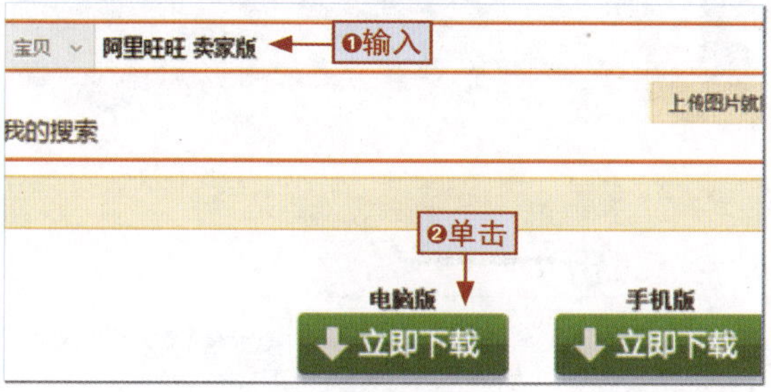

图 3-30　下载电脑版千牛工具

步骤02 ❶系统将跳转到下载任务页面，通过“浏览”按钮设置保存途径，❷单击“下载”按钮，如图3-31所示。

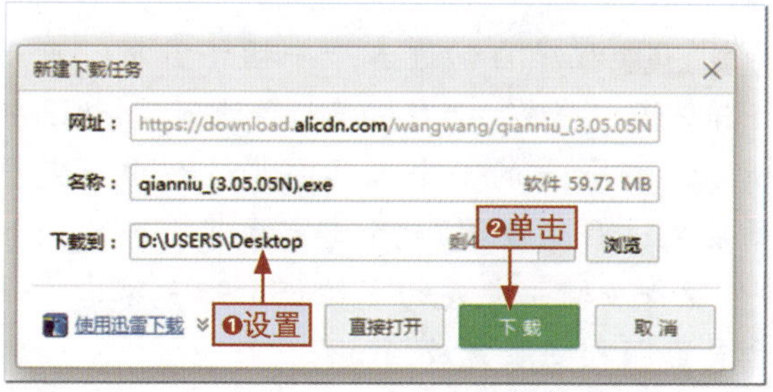

图 3-31　设置文件的下载路径并下载

步骤03 ❶下载完成后单击“打开”按钮，❷单击“运行”按钮，如图3-32所示。

图 3-32　运行下载的程序

步骤04 在弹出的对话框中，单击“自定义安装”按钮(单击“快速安装”按钮可以快速安装千牛工具)，如图3-33所示。

图 3-33　自定义安装千牛工具

步骤05 ❶在打开的对话框中通过单击“浏览”按钮设置安装位置，❷单击“下一步”按钮，如图3-34所示。

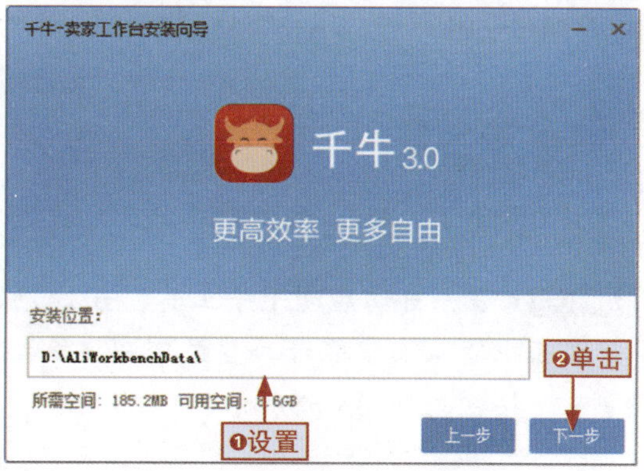

图 3-34　设置软件的安装位置

步骤06 在打开的对话框中单击“安装”按钮，等待系统安装，如图3-35所示。

图 3-35　单击“安装”按钮

步骤07 稍后，在打开的对话框中单击“完成”按钮完成安装，如图3-36所示。

图 3-36　完成安装

步骤08 安装完成后，一般要关闭浏览器的所有窗口。再次打开淘宝页面，随便进入一个商品的销售页面，单击页面右侧的“和我联系”按钮，如图3-37所示。

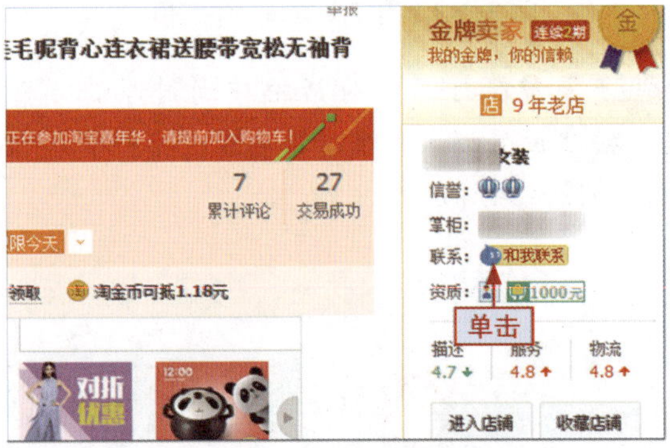

图 3-37　单击“和我联系”按钮

步骤09 ❶程序自动启动千牛工具，在打开的登录页面中输入淘宝账号和登录密码，❷单击“登录”按钮，如图3-38所示。

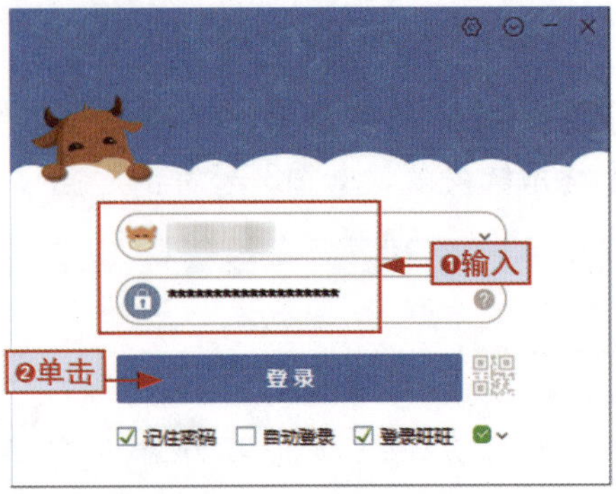

图 3-38　登录账号

步骤10 ❶如果是第一次登录千牛，系统就会跳出一个页面，要求输入验证码，❷单击“确定”按钮，如图3-39所示。

图 3-39　输入验证码登录

步骤11 程序自动进入千牛插件首页，里面包括聊天、消息、市场和网址等选项，如图3-40所示。在如上的千牛工具安装过程中，完整的安装过程到步骤7就全部完成了，而后面的4个操作步骤主要是为了验证千牛卖家工作平台是否顺利安装完成。

图 3-40　进入千牛插件中心

2. 退出千牛工具软件的方法

退出千牛工具软件的方法有两种，一种是通过电脑的通知区域退出；另一种是通过千牛插件首页退出。其具体方法如下。

学习目标 学会通过电脑通知区域和千牛插件退出程序

难度指数 ★

● 在电脑通知区域中退出

在电脑下方状态栏中可以看到千牛软件的图标，将鼠标指针移动到这个图标上，单击鼠标右键，在弹出的快捷菜单中选择“退出”命令，如图3-41所示。

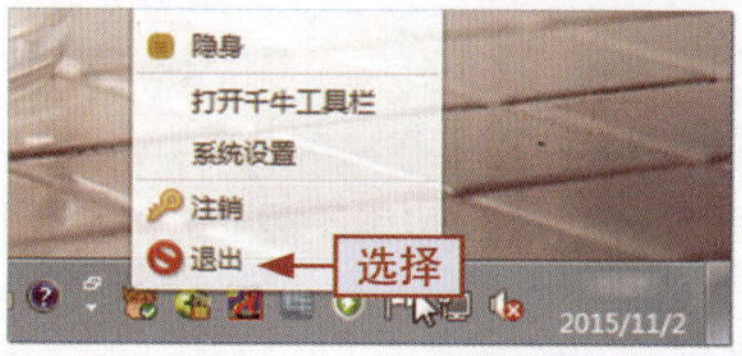

图 3-41　通过通知区域退出千牛工具

● 在千牛插件中退出

在千牛插件首页的工具栏中，❶单击“功能菜单”按钮，❷在打开的菜单中选择“退出”命令，如图3-42所示。

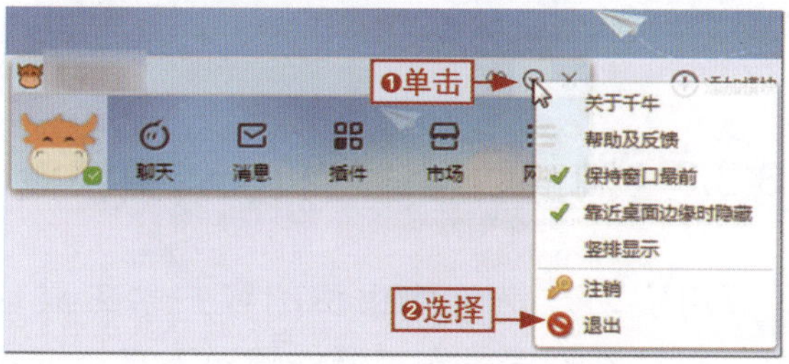

图 3-42　使用千牛插件首页工具栏退出

3.3.2 数字证书保障账户安全

网络环境纷繁复杂，为了保证淘宝账户的安全，卖家和买家都需要通过安装数字证书来验证身份。

数字证书不是数字身份证，而是身份认证机构盖在数字身份证上的一个章或者一个签名。那么如何安装数字证书呢？

学习目标 掌握安装数字证书的具体操作步骤

难度指数 ★★

步骤01 进入我的淘宝页面，单击“我的支付宝”选项，进入我的支付宝页面，如图3-43所示。

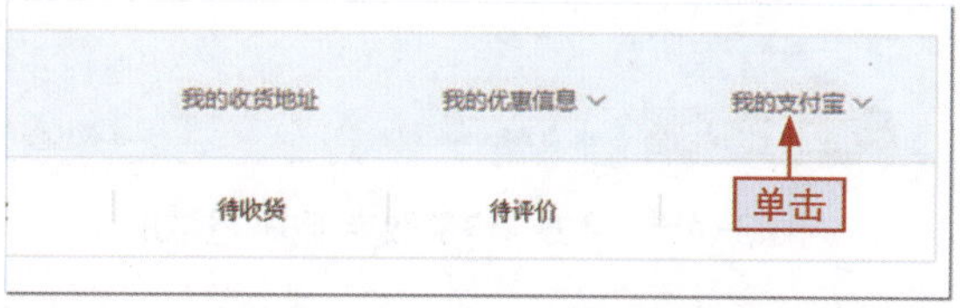

图 3-43　进入我的支付宝页面

步骤02 在打开的页面中单击“安全中心”超链接，进入安全中心管理页面，如图3-44所示。

图 3-44　进入安全中心管理页面

步骤03 在打开的安全中心管理页面中有“保护资金安全”选项，找到数字证书，单击“申请”超链接，如图3-45所示。

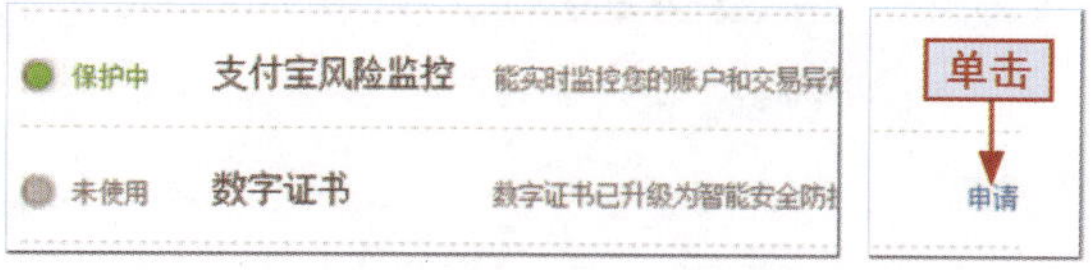

图 3-45　申请安装数字证书

步骤04 在打开的数字证书申请页面中单击“申请数字证书”按钮，如图3-46所示。

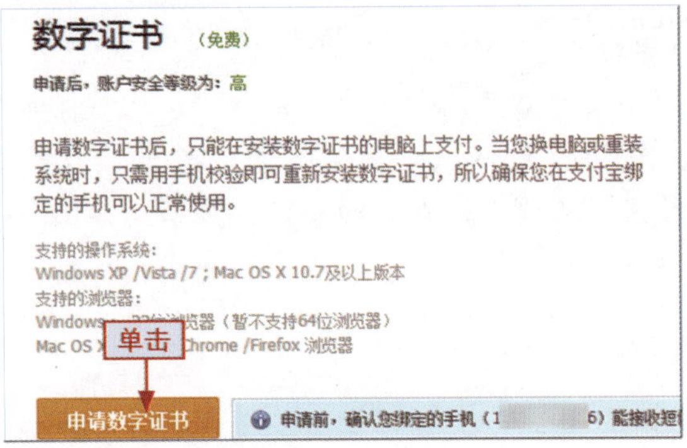

图 3-46 单击“申请数字证书”按钮

步骤05 ❶填写使用地点和验证码，❷单击“提交”按钮，如图3-47所示。

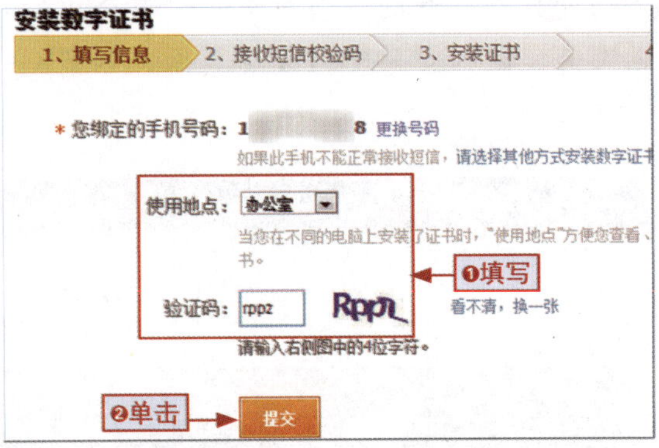

图 3-47 填写基本信息

步骤06 ❶查看手机接收的校验码，将其输入相应的文本框中，❷单击“确定”按钮，系统将告知我们数字证书安装成功，如图3-48所示。

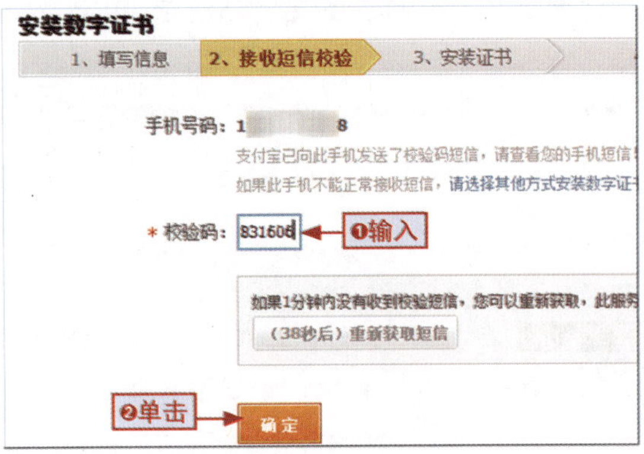

图 3-48 输入校验码

步骤07 数字证书安装成功后，系统会自动返回数字证书管理页面，在这个页面中，可以进行数字证书的删除操作，把以前安装过的但现在不需要的数字证书删除，以保证账户的安全，如图3-49所示。

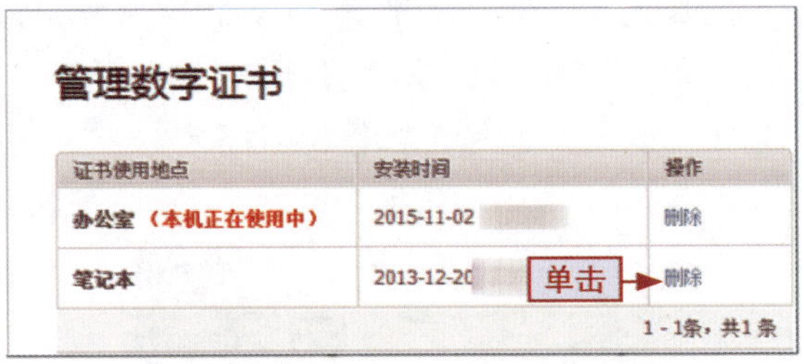

图 3-49 删除以前不需要的数字证书

小绝招 数字证书的安装说明

数字证书一般在支付宝激活的状态下才能够安装，针对同一个淘宝账号，可以在不同的电脑上安装数字证书，目的都是为了保障淘宝交易的安全性。

3.3.3 淘宝助理让宝贝上传更快捷

淘宝助理是一款免费的客户端工具软件，可以在不登录淘宝网的情况下直接编辑宝贝信息，快捷批量上传宝贝，是一个店铺管理工具。

1. 淘宝助理的特色功能

淘宝助理具有的特色功能如下。

学习目标	认识淘宝助理具有的功能
难度指数	★★

● 下载宝贝

通过淘宝助理工具可以将已经发布到淘宝网上的宝贝下载下来，为卖家提供修改和拷贝的资源。

● 增加宝贝链接

选择各种宝贝分组下的某个宝贝，单击右键打开宝贝页面或单击宝贝链接，直接跳转到宝贝的详细页面，减少手动操作，方便与买家交流。

● 交易管理批量链接

对选中的若干订单，可以进行批量编辑物流公司和运单号，如果快递单的运单号是连续的，淘宝助手还能自动帮助卖家填写运单号，同时还支持合并编辑，但此功能需要卖家有一台针式打印机。

● 数据库修复

帮助卖家修复损坏的数据库，防止买家的信息丢失；还能帮助卖家快速创建新宝贝。

● 批量上传

当卖家新建了或者修改了宝贝信息后，可以通过淘宝助理将这些宝贝上传到淘宝网上。卖家也可使用其他编辑工具把宝贝编辑好以后再将其导入淘宝助手中。

● 备份和恢复宝贝

通过淘宝助理可以将宝贝信息数据导入到一个备份文件中保存在安全的地方。如果在日常交易中发生磁盘损毁等情况，就可以将备份的信息重新恢复到淘宝助手中，然后再上传到淘宝网。

● 批量编辑宝贝属性

对选中的具有相同类目的宝贝可以批量编辑宝贝属性，包括对出售中的宝贝、线上仓库中的宝贝和待处理违规宝贝进行批量编辑。

2. 下载淘宝助理

了解了这么多淘宝助理的功能后，你一定在想，我们应该怎么下载淘宝助理工具呢？其具体操作方法如下。

学习目标	掌握如何在淘宝网下载淘宝助理工具
难度指数	★★

步骤01 ❶进入淘宝网首页，在“搜索”文本框中输入关键字“淘宝助理”，❷单击“搜索”按钮，如图3-50所示。

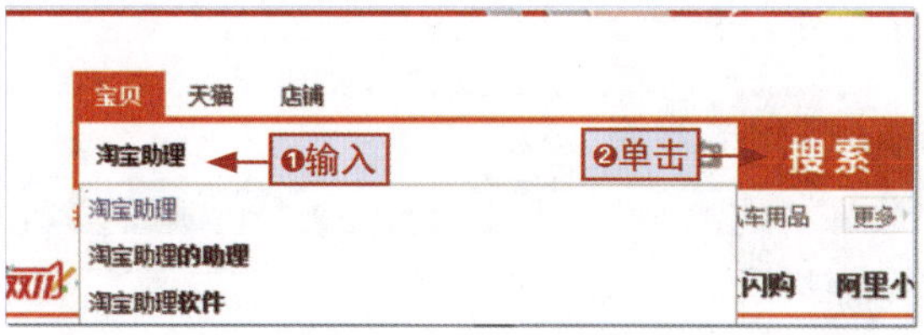

图3-50　输入搜索关键字

步骤02 在搜索结果中单击“立即下载”按钮，如图3-51所示。

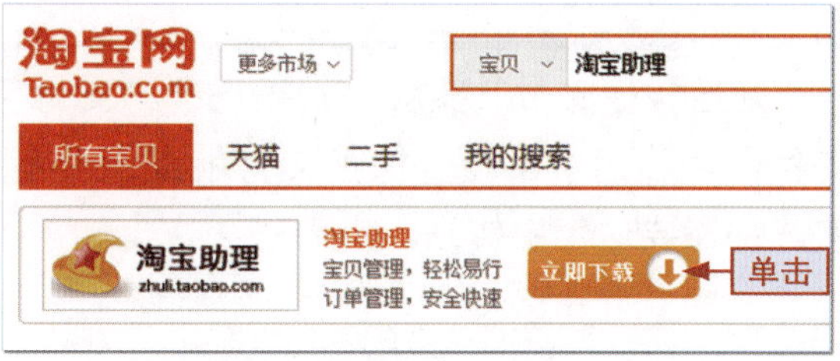

图3-51　单击“立即下载”按钮

步骤03 在弹出的对话框中设置下载文件保存的位置，单击“下载”按钮，如图3-52所示，稍后程序将自动完成软件的下载工作。

淘宝助手的安装方法与千牛工具的安装方法类似，都是通过下载的安装软件进行安装，这里就不再赘述。

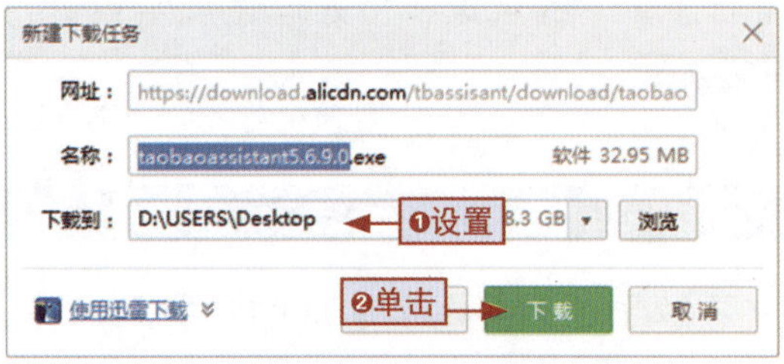

图 3-52　设置保存路径并下载

步骤04 安装完成后，在电脑桌面上双击淘宝助理的快捷图标进入淘宝助理登录页面，❶输入会员名和密码(即淘宝账号和登录密码)，❷单击“登录”按钮就可进入淘宝助理工作平台，如图3-53所示。

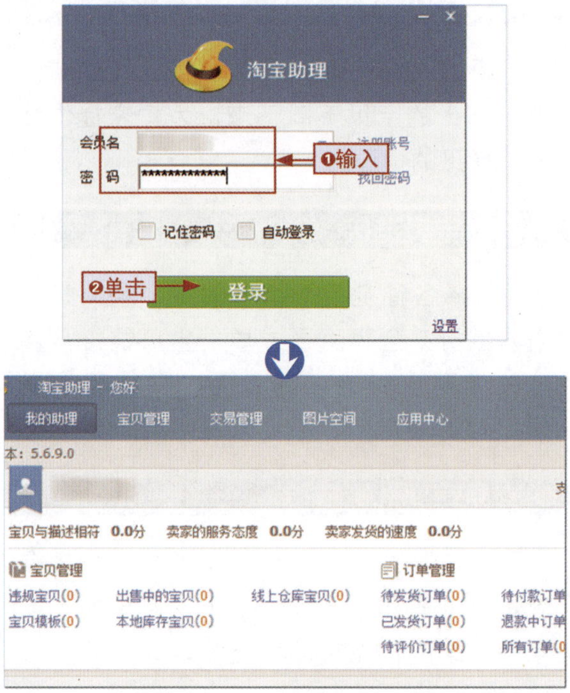

图 3-53　登录淘宝助理

3.4 开通快捷支付

小白：阿智，我们目前只将支付宝绑定到淘宝账户，这样应该不能直接收到款项吧？

阿智：当然不能，你还需要将银行卡与支付宝账户进行绑定，下面我就来教你怎么操作。

开通快捷支付其实就是把银行卡与支付宝账户绑定在一起，一般只有储蓄卡能够开通快捷支付，而信用卡不能。快捷支付就是消费者在购买商品时不需开通网银，不论是卖家还是买家，都需要这个中转站。

3.4.1 添加银行卡，默认快捷支付

消费者在使用快捷支付时，只需要提供银行卡卡号、户名和手机号码等信息，银行验证手机号码正确后，由第三方支付(即支付宝)发送动态口令到用户手机号上，用户输入正确的手机动态口令即可以完成支付。

如果用户保存了银行卡信息，则用户在

下次支付时只需输入支付宝的支付密码或是支付密码和手机动态口令就可完成支付。其具体操作如下。

学习目标 掌握开通快捷支付的操作步骤
难度指数 ★★

步骤01 进入淘宝网首页，单击“我的淘宝”选项，进入我的淘宝页面，如图3-54所示。

图 3-54 进入我的淘宝页面

步骤02 在我的淘宝页面中单击“我的支付宝”选项，进入我的支付宝页面，如图3-55所示。

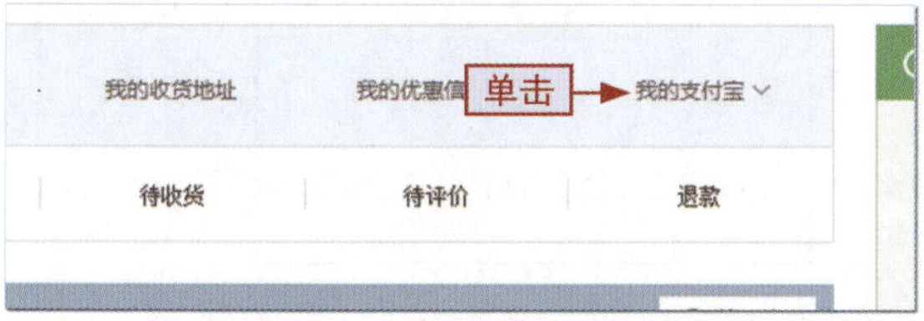

图 3-55 进入我的支付宝页面

步骤03 在我的支付宝页面的“其他账户”栏中单击“添加银行卡”选项，如图3-56所示。

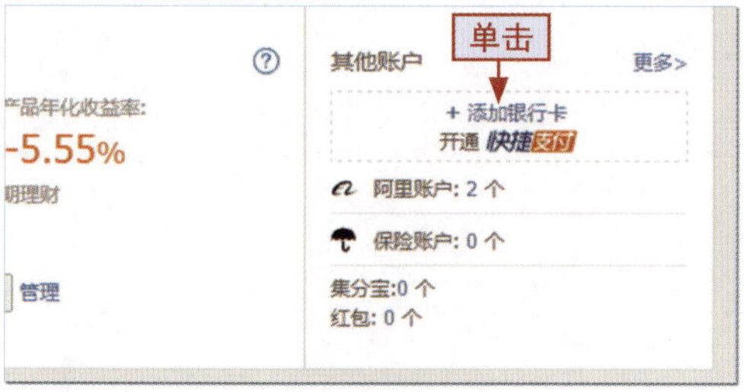

图 3-56 单击“添加银行卡”选项

步骤04 在我的支付宝页面的“金融”选项栏中找到“我的银行卡”选项，单击“添加银行卡”超链接，如图3-57所示。

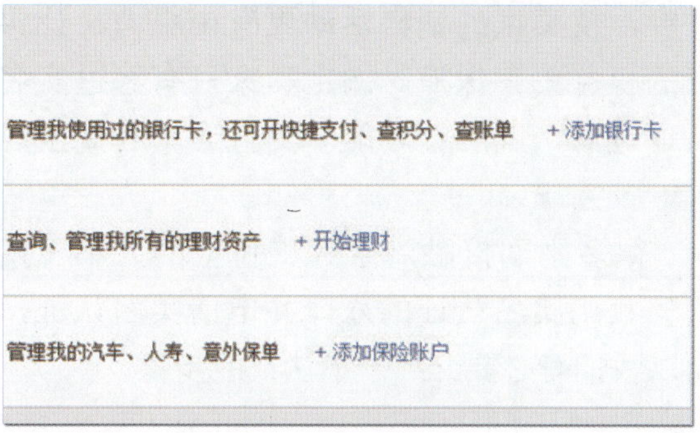

图 3-57 添加银行卡

步骤05 ❶在弹出的对话框中，输入自己的姓名、身份证号、银行卡号和手机号码等信息，❷单击“同意协议并确定”按钮，即可添加银行卡，如图3-58所示。

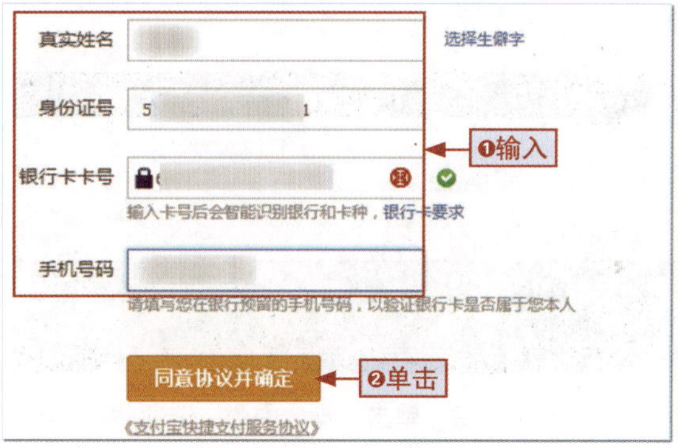

图 3-58 完成添加

小绝招

添加快捷支付的补充说明

在支付宝中添加银行卡，系统将默认此银行卡开通快捷支付。所以快捷支付不仅在支付时很方便，开通也很方便。支付宝可以添加多张银行卡，方便了用户的购物需求，让用户不再受支付需要网银的困扰。但快捷支付也存在网络风险，用户要谨慎使用。

3.4.2 实名认证，享受更多功能

实名认证后可提高卖家和买家之间的信

任度，使卖家的销售活动更有说服力，让买家的权益更有保障。淘宝卖家只有经过实名认证过后，其店铺才能享受直通车和淘宝旺铺等服务。

很多刚刚接触淘宝和支付宝的人不了解如何找到实名认证的入口并申请实名认证，所以我们有必要介绍一下认证的步骤。

学习目标	掌握如何申请实名认证
难度指数	★★

步骤01 根据本章前面几节介绍的进入个人支付宝的步骤先进入“我的支付宝”页面，在这个页面的最上方单击“安全中心”选项，如图3-59所示。

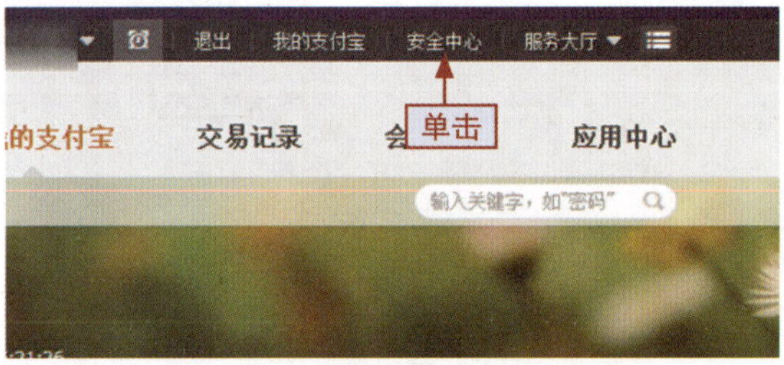

图 3-59　单击“安全中心”选项

步骤02 在安全中心页面中单击“保护账户安全”选项，单击“实名认证”选项后面的“申请”超链接，如图3-60所示。

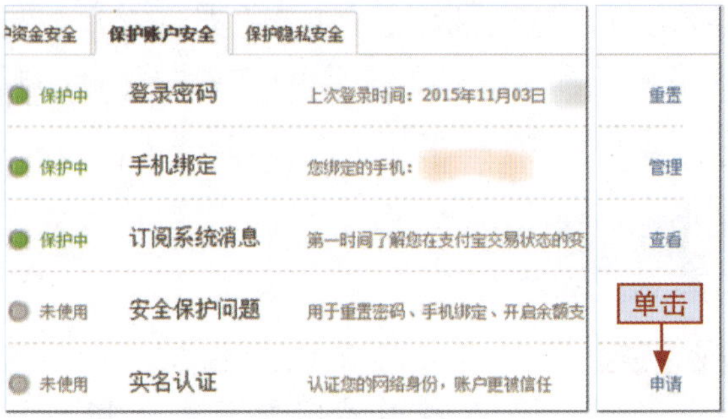

图 3-60　申请实名认证

步骤03 ❶在跳出的页面中设置支付宝的支付密码，填写个人真实姓名、身份证号和常用地址等，❷选中“我同意支付宝服务协议”复选框，❸单击“确定”按钮即可完成实名认证，如图3-61所示。

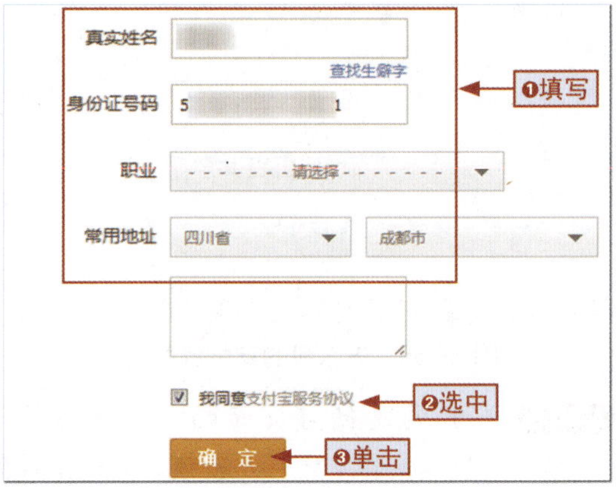

图 3-61　完成实名认证

3.5 申请店铺

阿智： 小白，到此刻为止，开店前的各种需要了解的内容和准备工作差不多已经介绍完了，现在可以教你怎么申请店铺了。

小白： 真的吗？有点兴奋，我即将要有自己的店铺了，那赶快教我吧。

越来越多的人为了提高生活水平，不仅在给别人打工，同时也想要自己开店当老板。但是现在开实体店的租金不是人人都能接受的，所以很多人开始选择在淘宝网上开店。那么要如何在淘宝上申请店铺呢？

3.5.1　现有账户开店

现在淘宝网有相当数量的用户，很多淘宝卖家同时也是淘宝的买家，因为同一个手机号码只能注册一个淘宝账号，所以很多人都愿意选择用自己的现有账号申请店铺。下面以个人开店为例来具体讲解开店的步骤。

学习目标　掌握使用现有账户开个人店铺的方法
难度指数　★★

步骤01 进入淘宝网首页，登录淘宝账号，将鼠标指针移动到页面最上方的“卖家中心”选项，单击“免费开店”选项，如图3-62所示。

图3-62　单击“免费开店”选项

步骤02 在卖家中心页面选择开店类型，在个人店铺权益选项中，单击“个人开店”按钮，如图3-63所示。

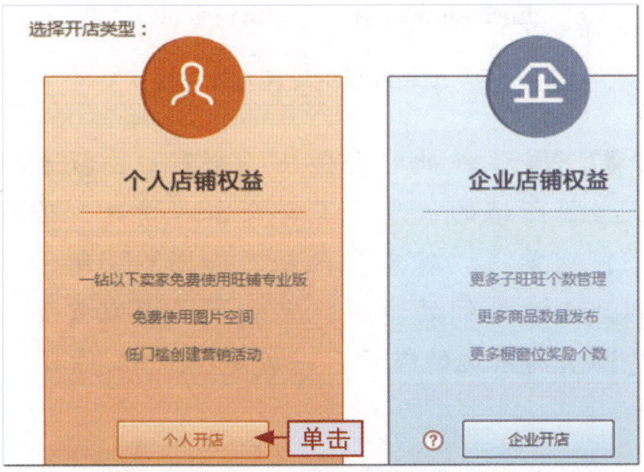

图3-63　选择开店类型

步骤03 ❶在申请开店认证页面，选中本人所在地“中国大陆”单选按钮，❷单击“立即认证”超链接，如图3-64所示。

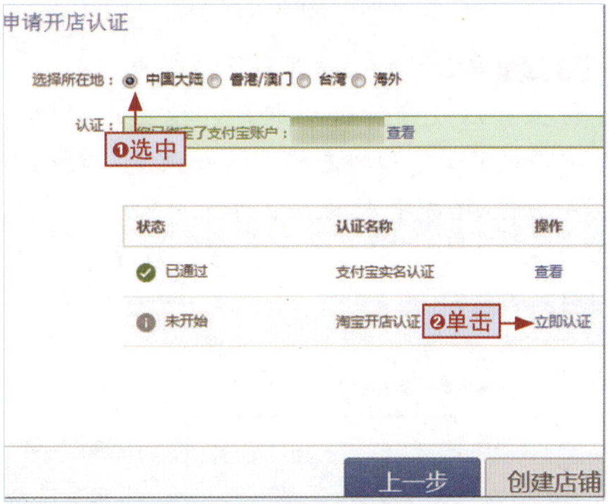

图3-64　立即申请开店认证

步骤04 在打开的身份认证页面中单击“立即认证”按钮，如图3-65所示。

图3-65　单击“立即认证”按钮

步骤05 在打开的页面中提供了电脑认证和手机认证两种认证方式，这里单击“电脑认证”选项，如图3-66所示。

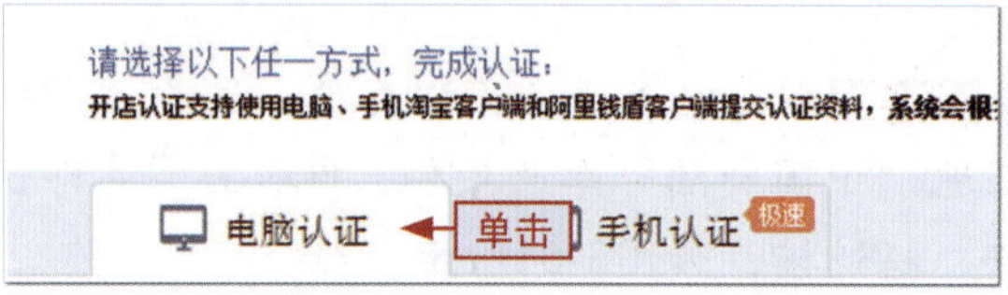

图3-66　选择认证方式

步骤06 ❶填写本人的真实资料，包括姓名、身份证号以及身份证到期日，按要求提供符合条件的照片，❷单击“上传并预览”按钮将照片上传(照片中人的五官可见，证件全部信息清晰无阻挡，并且要完整露出双手手臂)，如图3-67所示。

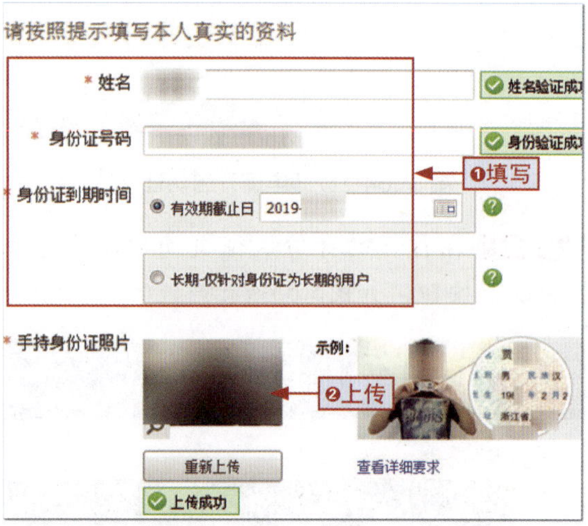

图3-67　填写资料并上传手持身份证照片

步骤07 用相同的方法将身份证件的正面和背面的照片都按要求上传，如图3-68所示。

小绝招

重新上传

对于上传的图片，若图片不清晰，或者图片大小超过了10MB，系统都会提示上传失败，此时需要单击“重新上传”按钮再次上传。

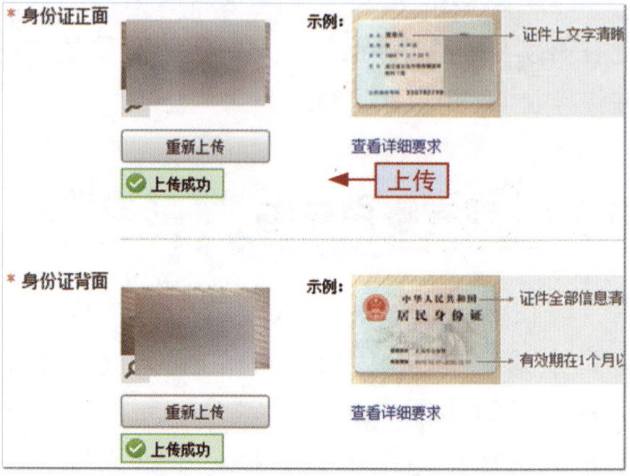

图3-68　上传身份证的正反面图片

步骤08 ❶上传照片完成后，紧接着要填写联系地址和联系电话，单击“获取验证码”按钮，等待客服的电话，将其告知的验证码输入到相应的文本框中，❷单击“提交”按钮，如图3-69所示。

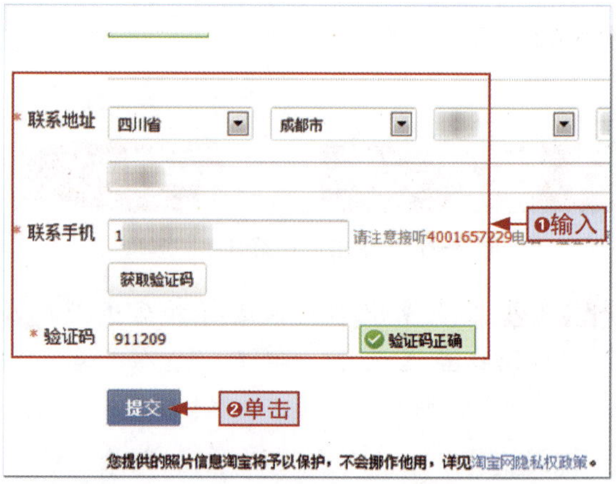

图3-69　填写联系地址和方式并提交资料

步骤09 系统此时会弹出一个窗口，提示确认当前所填的信息是否符合本人情况，若符合，则单击“确定”按钮，如图3-70所示。到此申请店铺的步骤就完成了，卖家需要等待淘宝网系统的审核，一般是1~3个工作日。

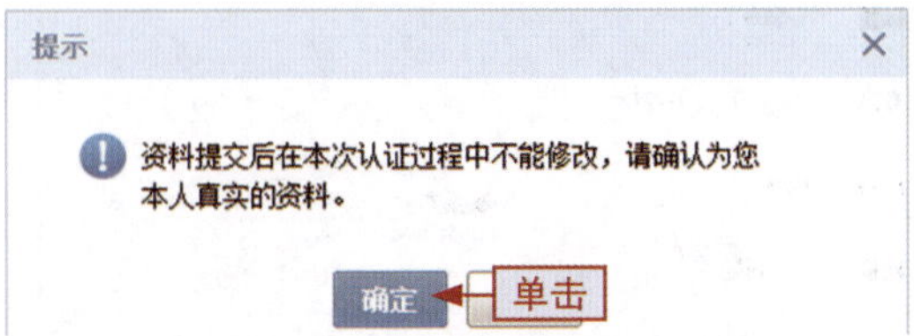

图 3-70　单击“确定”按钮

步骤10 在淘宝网系统短信提示通过身份认证审核后，我们就可以进入卖家中心查看并创建店铺了。进入淘宝网卖家中心后，可以看到自己的账号显示为开店进行中，❶单击“个人开店”按钮查看详情，如图3-71所示。

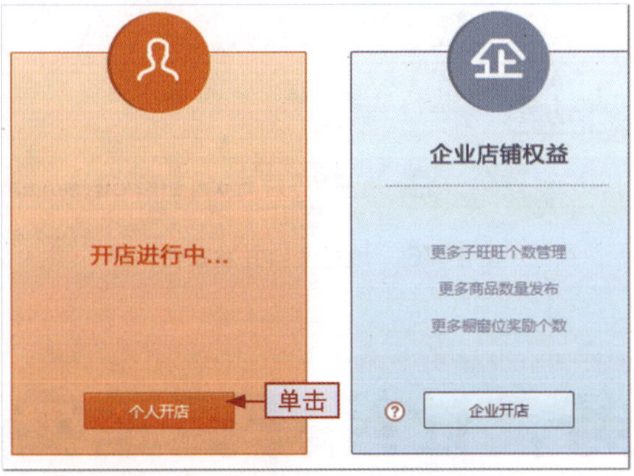

图 3-71　单击“个人开店”按钮

步骤11 确认淘宝开店认证已通过，单击“创建店铺”按钮，如图3-72所示。

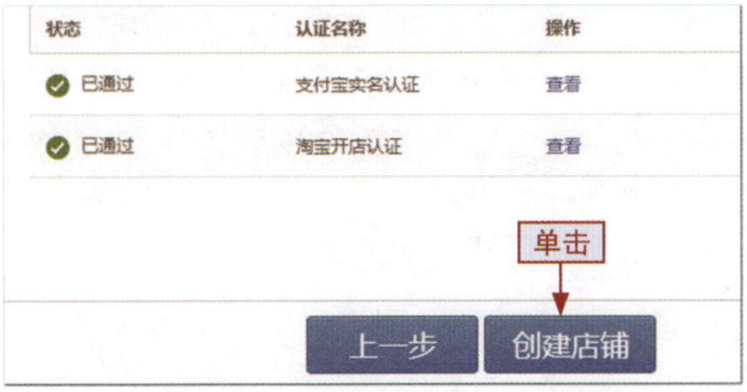

图 3-72　单击“创建店铺”按钮

步骤12 在弹出的窗口中认真阅读相关协议，单击“同意”按钮，系统就会提示店铺创建成功，如图3-73所示。

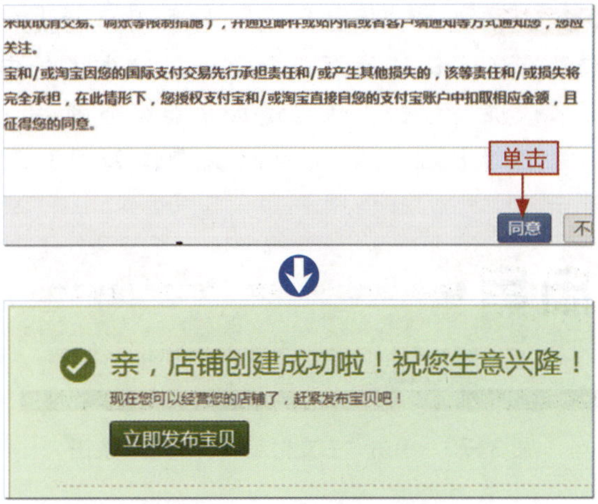

图 3-73　成功创建店铺

小绝招

重新申请账号开店

重新申请账号开店就是将本章第 2 节内容与本节内容相结合，成为淘宝新用户后就可以利用这个淘宝账号进行开店操作。具体的操作流程参考本章第 2 节和本节的内容。

3.5.2　无须开店就可出售闲置物品

如果你不想在淘宝网上开店，但又想通过出售手中的闲置物品来赚钱，同样也有办法让你如愿。其具体操作方法如下。

学习目标	了解在无店铺的情况下如何出售闲置物品
难度指数	★★

步骤01 进入淘宝卖家中心首页，在页面最下方找到“出售二手闲置”栏，单击“发布商品”按钮，如图3-74所示。

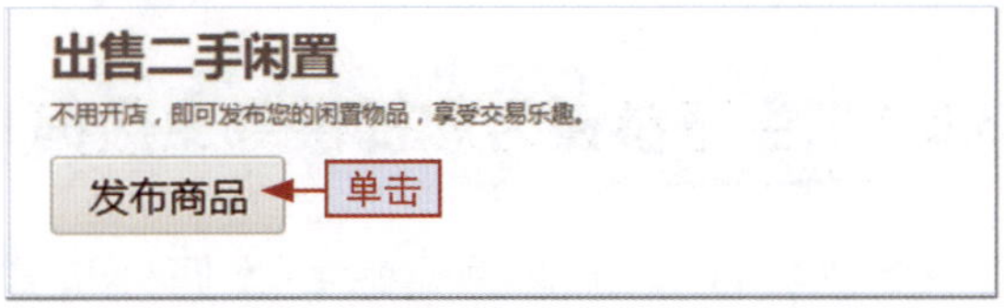

图3-74　单击“发布商品”按钮

步骤02 进入“闲鱼”网，如果用户的支付宝没有实名认证，页面中会出现“去支付宝实名认证”按钮，认证过后才能发布商品。如果已经认证，则没有此步骤，如图3-75所示。

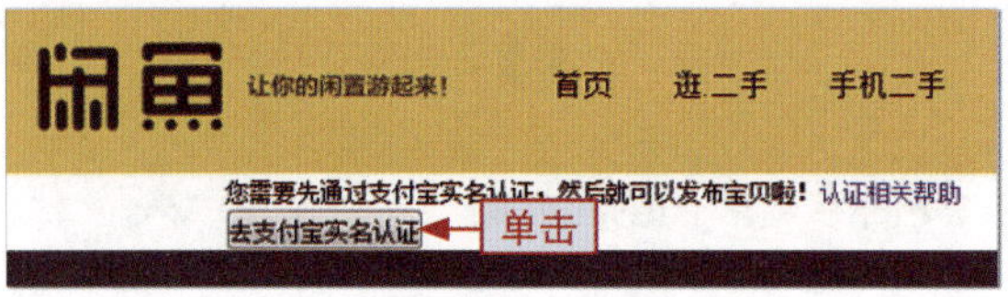

图 3-75 单击“去支付宝实名认证”按钮

步骤03 如果支付宝已经认证，则单击“发布商品”按钮之后，系统就会跳转到发布商品的页面。❶填写商品的价格、是否讲价、运费、联系方式、地址以及宝贝描述等信息，上传宝贝图片，❷单击“立刻发布”按钮，如图3-76所示。

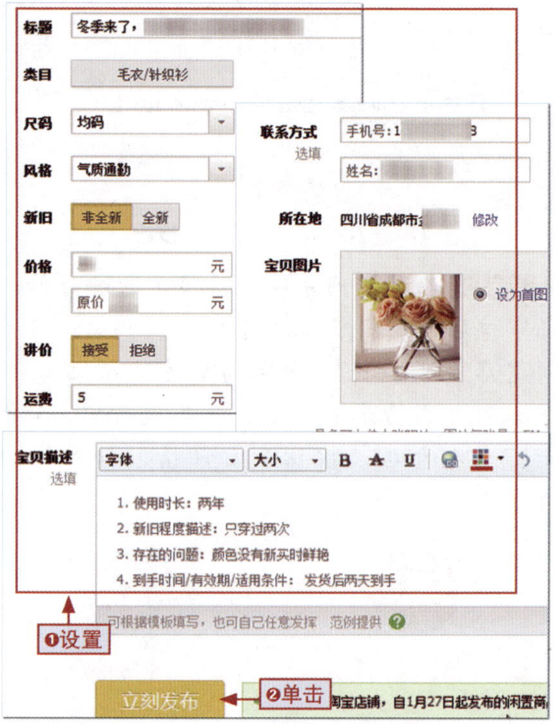

图 3-76 填写资料并发布资料

3.6 免费 / 订购服务，让经营更踏实

小白： 阿智，我的店铺怎么不能使用淘宝直通车啊？

阿智： 这个功能是要付费的，你没有订购当然不能使用了，现在我给你说说我们常用的一些服务功能吧。

很多卖家在创建了店铺以后，以为发布了宝贝就万事大吉了，殊不知在这其中还有很多服务是卖家需要购买的。在卖家中心，诸如淘宝旺铺、生意参谋和直通车等，都是为了使卖家更好地经营店铺而设置的，有些服务可以免费开通，有些则需要付费才能开通。

3.6.1 生意参谋为您提供专业数据

生意参谋是专业的一站式数据分析产品，包括客户点击率和市场动态等信息。它可以分析数据，诊断问题，优化，帮助用户分析曝光、点击和反馈等效果，针对性地给出诊断结果，同时提供解决方案，帮助卖家更好地经营店铺。

因为生意参谋是淘宝为卖家提供的免费服务，所以卖家不需要花钱购买就能在卖家中心使用，其具体操作如下。

学习目标 了解生意参谋的作用和进入方法
难度指数 ★

步骤01 进入淘宝卖家中心，在页面左侧"快捷应用"栏里找到"营销中心"选项组，单击"生意参谋"超链接，如图3-77所示。

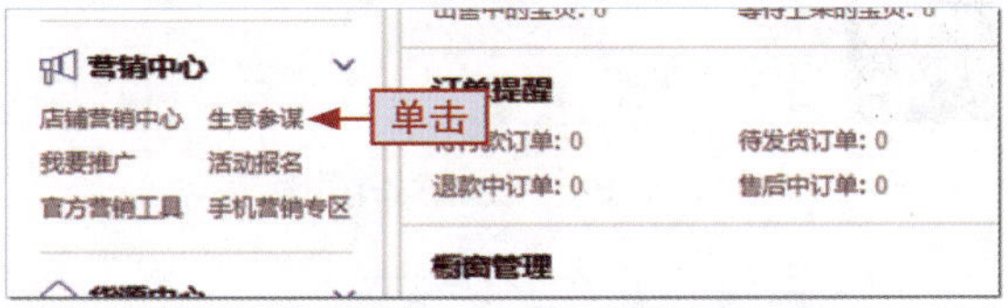

图 3-77 单击"生意参谋"超链接

步骤02 生意参谋的页面有实时指标、行业排名、经营状况、流量分析、商品分析、交易分析以及市场行情等大数据，还有下单转化率、访客数、支付金额和支付买家数等指标，如图3-78所示。

图 3-78 生意参谋的页面

3.6.2 购买淘宝旺铺

淘宝旺铺是淘宝网开发的一项增值服务，是一种更加个性豪华的店铺界面。淘宝旺铺分为免费的和付费的两种，如图3-79所示。

在经营过程中，店铺的等级一旦超过了一钻，就要购买付费的淘宝旺铺，这样才能继续使用淘宝旺铺服务。

付费标准版

购买这种旺铺的卖家可以享受旺铺服务，并附赠30MB的图片空间，可提升宝贝浏览量，宝贝图片更大，店铺更漂亮。

免费创业扶植版

此版本只对一钻以下的卖家开放订购，目的是更好地扶植低星级卖家成长，相对于标准版，创业扶植版固定了店铺页面的模块，并且不赠送图片空间。

图 3-79 淘宝旺铺的两种类型

2011年淘宝做出最新的调整，全网卖家用户订购旺铺均为30元/月，消保用户和非消保用户没有价格差异。旺铺订购周期为1个月、3个月、6个月和1年。

购买淘宝旺铺也要在申请注册店铺以后进行。那么要怎样才能买到淘宝旺铺呢？下面就以在淘宝网购买为例，介绍具体操作。

学习目标 了解在淘宝网购买旺铺的方法
难度指数 ★★

步骤01 进入淘宝卖家中心页面，在页面左侧"快捷应用"栏里，找到"软件服务"选项组，单击"我要订购"超链接，进入服务市场页面，如图3-80所示。

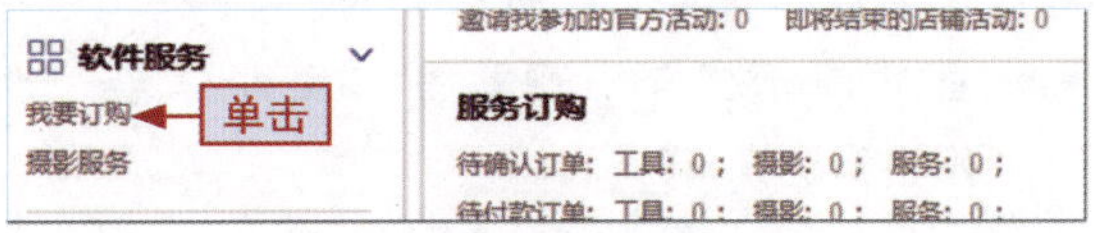

图 3-80 进入服务市场页面

步骤02 ❶在服务市场页面的最上方的搜索文本框中输入关键字"淘宝旺铺"，❷单击"搜索"按钮，❸将鼠标指针移动到淘宝旺铺的图片位置，单击图片进入购买页面，如图3-81所示。

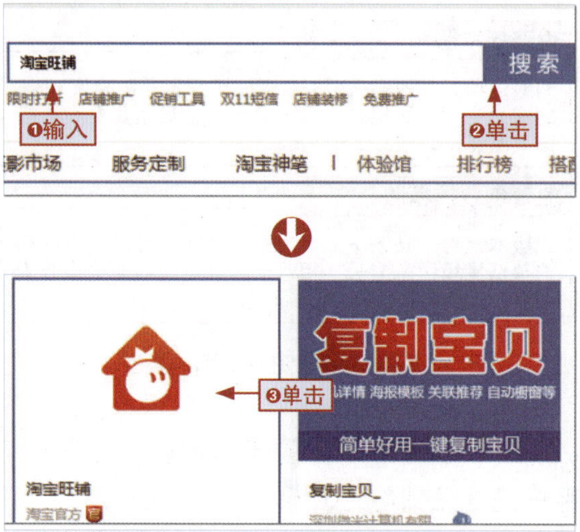

图 3-81　进入购买旺铺页面

步骤03 在购买页面将鼠标指针移动到旺铺图片的右侧，系统会显示一钻以下的卖家可免费使用专业版，单击“这里”超链接即可立即使用，如图3-82所示。

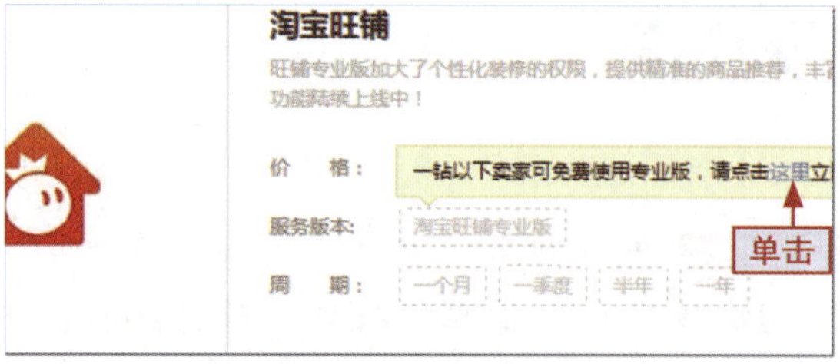

图 3-82　单击“这里”超链接

步骤04 新用户第一次进入旺铺，系统会提醒新版上线，❶单击“新版介绍”按钮。等待系统自动演示完毕，❷单击“立即体验”按钮，如图3-83所示。

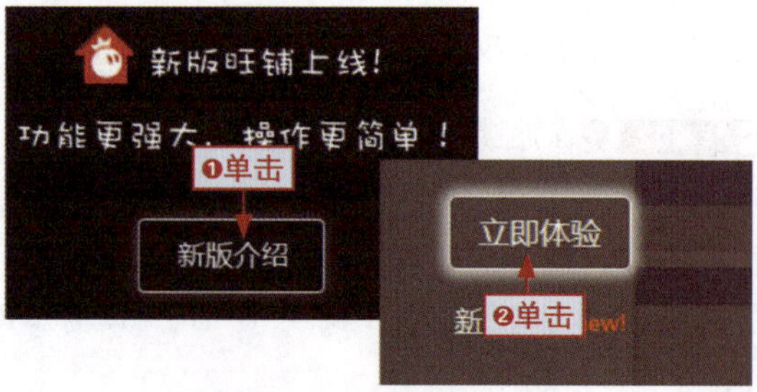

图 3-83　体验新版旺铺

步骤05 在该页面，卖家可以根据自己的需求对店铺进行装修、宝贝信息上传和修改等操作，如图3-84所示。

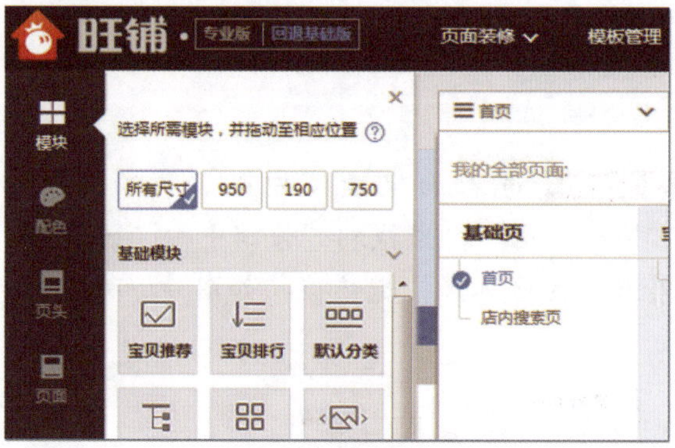

图 3-84　旺铺编辑页面

3.6.3　淘宝直通车

淘宝直通车是由阿里巴巴旗下的雅虎中国和淘宝网进行资源整合后，推出的一种全新搜索竞价模式。其竞价结果可以在雅虎搜索引擎和淘宝网(以全新的图片+文字的形式显示)上充分展示。

每件商品可以设置200个关键字，卖家可以针对每个竞价产品自由定价。同时卖家还可以在雅虎和淘宝网上看到自己的商品排名，排名位置可用淘大搜查询。那么卖家应如何购买和应用淘宝直通车呢？

学习目标　了解在淘宝网购买淘宝直通车的方法
难度指数　★★

步骤01 进入淘宝卖家中心，在页面左侧“快捷应用”栏中找到“营销中心”选项组，单击“我要推广”超链接，进入我要推广页面，如图3-85所示。

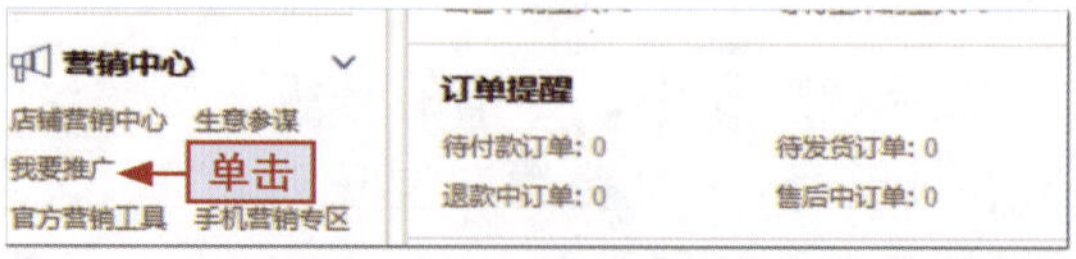

图 3-85　进入我要推广页面

步骤02 在该页面可以看到很多服务入口和热门营销工具。单击直通车的图标，如图3-86所示。

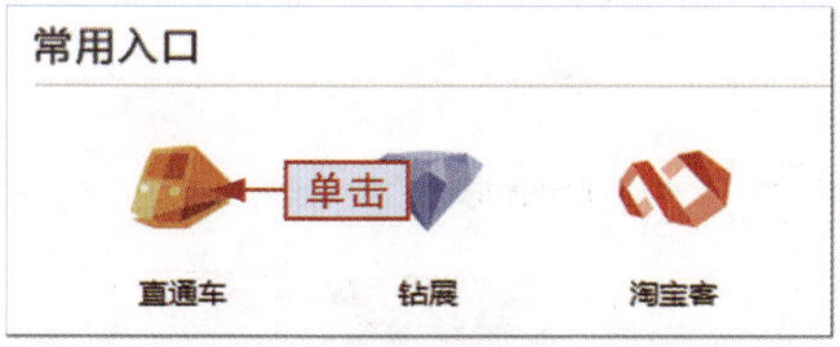

图 3-86 单击直通车的图标

步骤03 此时，系统会出现如图3-87所示的页面，提示不能开通直通车的原因。

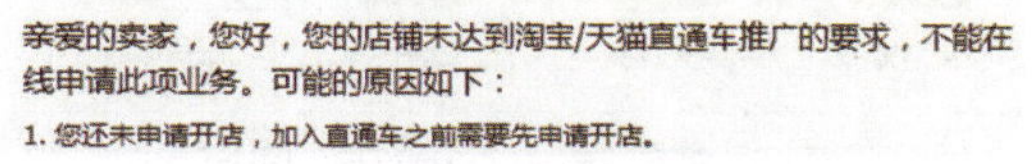

图 3-87 提示暂时还不能开通的信息

长知识 | 申请直通车的条件

为什么会出现上面操作步骤 3 的情况呢？原来，直通车的购买和使用是有一定条件的，具体条件内容如图 3-88 所示。

1. 您还未申请开店，而加入直通车的首要条件就是开店。
2. (淘宝用户)目前申请加入淘宝直通车，店铺需要同时满足信用等级≥两星、店铺动态评分各项≥4.4分。
3. (淘宝用户)店铺主营商品所属的类目需要先加入“消保”并缴纳保证金后才能申请使用淘宝直通车软件服务。
4. (天猫客户)不符合天猫直通车申请条件。申请天猫直通车必须要满足店铺动态评分各项≥4.4分。

图3-88 申请直通车的条件

所以，根据目前我们所处的环节和具体情况，分析购买直通车服务失败的原因是店铺的信用等级不满足两颗星，并且店铺动态评分各项要求也不达标。

我们是开店的新手，店铺自然还没有信用等级，也没有销售业绩，更不用说有动态评分了。所以购买直通车服务只能在我们的店铺等级满足条件的时候才行，具体购买流程参照上述步骤。

3.6.4 其他服务的使用

在“卖家中心-我要推广”页面还有很多常用服务的入口，比如淘金币、聚划算、试用中心和天天特价等，这些服务只需要提交申请并通过审核就可以使用了，不需要花钱购买。下面以淘金币服务为例，来了解具体的申请步骤。

学习目标 了解如何开通淘金币服务
难度指数 ★★

步骤01 在“卖家中心-我要推广”页面，单击“淘金币”图标，如图3-89所示。

图 3-89　单击“淘金币”图标

步骤02 进入淘金币卖家服务中心后，在页面右上方单击“报名活动”按钮，如图3-90所示。

图 3-90　单击“报名活动”按钮

步骤03 进入淘金币主题活动入驻协议的页面，认真阅读完协议内容后，❶选中“我已同意并认同上述所有内容”复选框，❷单击“我要入驻”按钮，如图3-91所示。

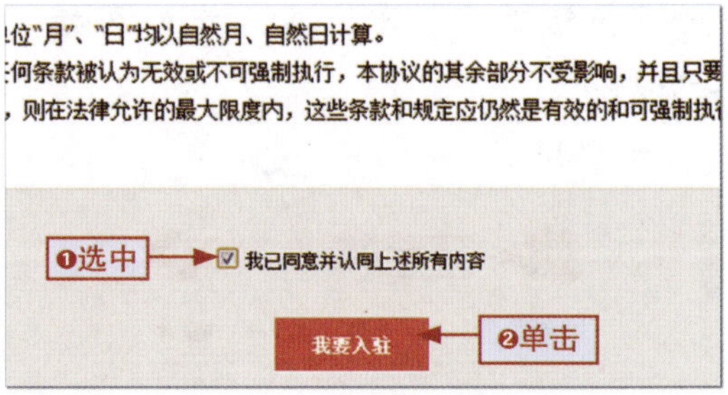

图 3-91　进入我要推广页面

步骤04 在该页面内选择要参加的活动，然后单击页面右侧的“报名”按钮，如图3-92所示。

图3-92　报名参加淘金币活动

像淘金币这样的报名参加服务，一般都需要卖家签署支付宝代扣协议，作为开淘宝店的新手，我们可以忽略这些活动，正常营业即可。

给你支招 | 将支付宝余额转入余额宝获取额外收益

小白： 我在收到买家发来的货款后，是不是只能将钱存在支付宝账户里？可不可以用这笔钱进行简单的理财？

阿智： 当然可以，你只需要把支付宝账户中的钱转入余额宝，就可以收获利息，具体操作如下。

步骤01 登录支付宝账号，在“我的支付宝”页面的“余额宝”选项下单击“转入”按钮，如图3-93所示。

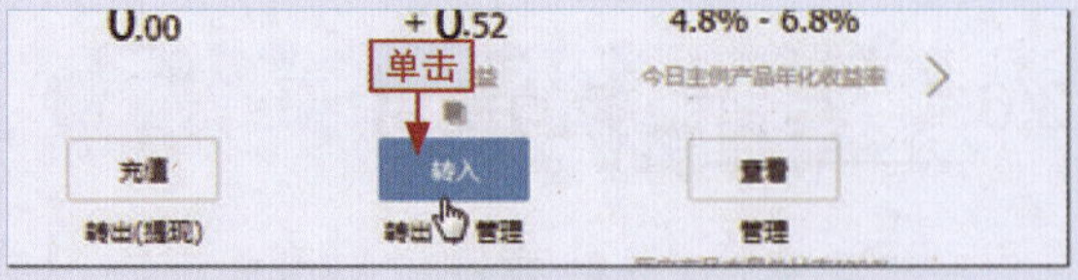

图 3-93　单击“转入”按钮

步骤02 ❶在打开的页面中输入转入金额，❷单击“电脑转入”选项，❸单击“下一步”按钮，如图3-94所示。

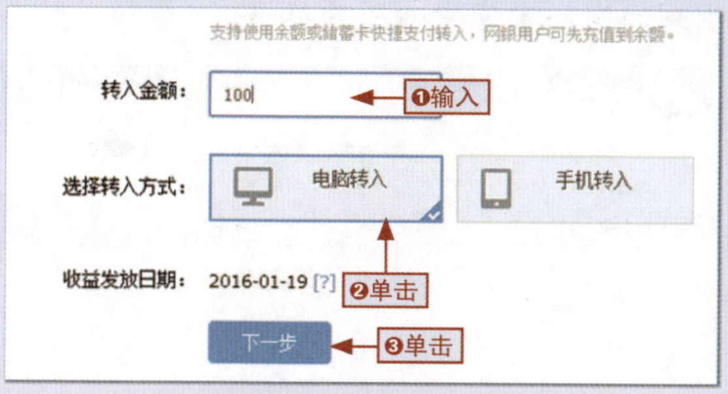

图 3-94　输入转入金额

步骤03 ❶填写支付宝支付密码，❷单击“确认付款”按钮，即可成功将支付宝账户中的余额转入余额宝，随后就能获取利息收益，如图3-95所示。

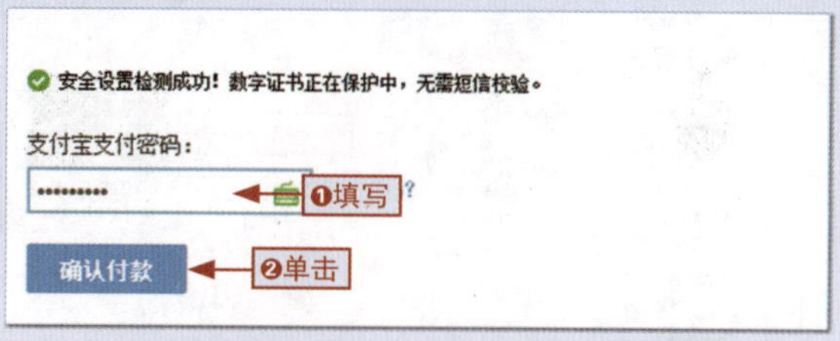

图 3-95　单击“确认付款”按钮

给你支招 | 利用淘宝助理，可离线同步宝贝图片

小白： 有时我不在电脑跟前，也没有登录淘宝账号，但是刚好手中有漂亮的宝贝图片想要上传。有没有办法能让我不登录淘宝就能同步上传宝贝图片？

阿智： 有办法啊，通过淘宝助理就可以达到你的目的。在淘宝助理中上传的宝贝图片会自动同步到淘宝的图片库中，具体操作如下。

步骤01 首先要下载“淘宝助理”软件到电脑或手机上，❶输入登录名和密码(即淘宝的登录名和登录密码)，❷单击“登录”按钮，如图3-96所示。

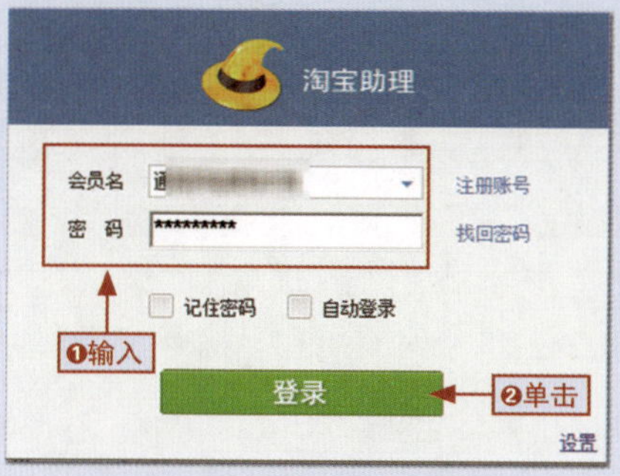

图 3-96　登录淘宝助理

步骤02 ❶单击“图片空间”选项，❷单击“上传新图”按钮，如图3-97所示。

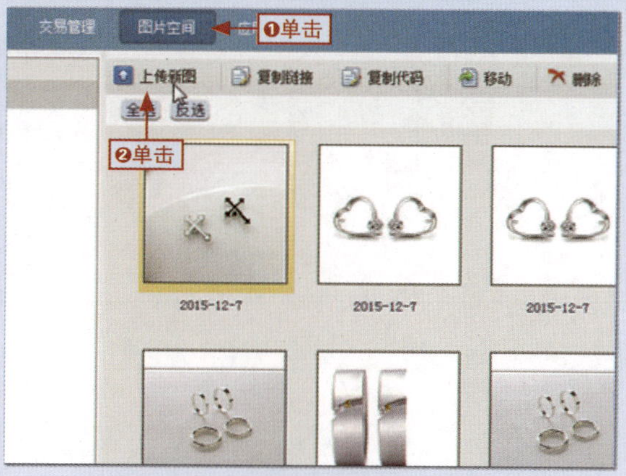

图 3-97　单击“上传新图”按钮

步骤03 ❶选择要上传的图片，❷单击“打开”按钮，如图3-98所示。

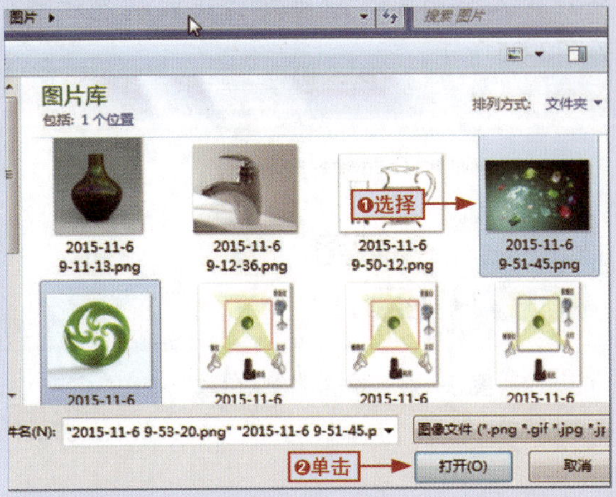

图3-98 选择图片

步骤04 在打开的对话框中确认图片准确无误后，单击“上传新图”按钮，即可上传新的图片，如图3-99所示。

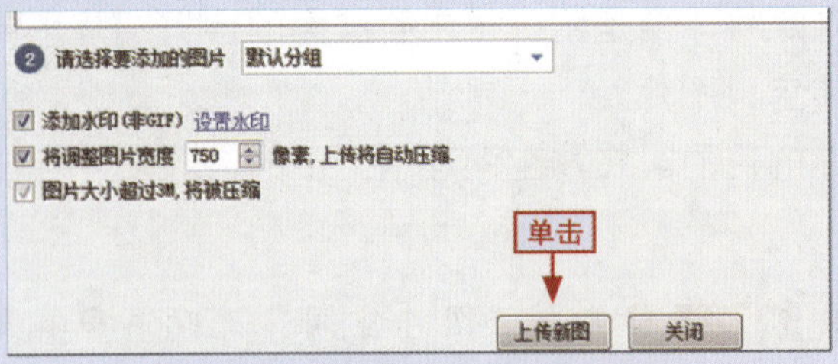

图3-99 单击“上传新图”按钮

步骤05 上传完成后单击“关闭”按钮，如图3-100所示，随后就能在淘宝助理的图片空间中查看到新上传的图片，同时图片会被同步到淘宝的卖家中心图片库中。

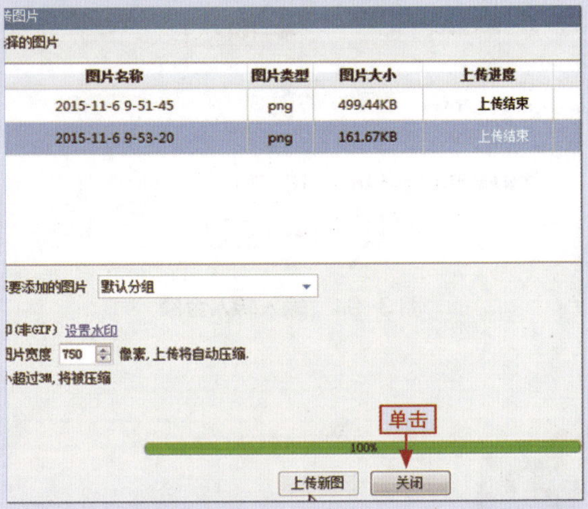

图3-100 完成上传

Chapter 4 给宝贝拍照，准备商品信息

学习目标

正所谓“人靠衣装，佛靠金装”。很多职业对外貌的要求很严格，比如空姐、企业公关部职员以及公司人事前台等。宝贝和店铺的装饰其实就是淘宝店铺的门面。因此，给宝贝拍出漂亮的照片是吸引买家的第一步。

本章要点

- 灯光器材的选择
- 拍摄角度尽显宝贝优势
- 适当的工具让拍摄更轻松
- 合适的环境凸显商品价值
- 不同商品的拍摄技巧
- 黄金分割配色法
- 更改图片大小
- 调整曝光不足的照片
- 背景虚化下的朦胧美
- 批量处理产品图片

知识要点	学习时间	学习难度
商品拍摄场所	30 分钟	★★
宝贝图片处理技巧	60 分钟	★★★★
为宝贝的照片化妆	60 分钟	★★★★

4.1 选择商品拍摄场所

阿智：小白，平常你都是在什么地方给你家宝贝拍照的啊？

小白：嗯，就室内吧。

阿智：有些商品确实在室内拍摄比较好，但是你也可以试试在室外拍摄，这样可以达到不同的效果。

你在拍照片的时候会选择场所和背景吗？答案是肯定的。爱美之心人皆有之。因为爱美，所以自己要美，也喜欢其他美的事物。作为淘宝卖家，为了能够让店铺的宝贝更受买家欢迎，我们就要采取措施让宝贝的照片达到最佳的展示效果。

学习目标 了解可以在哪些地方给宝贝拍照

难度指数 ★

● 室内拍摄

室内拍摄，顾名思义就是在房间里进行拍摄，是一种比较有技术含量的拍摄方式，因为牵涉到光与影的结合，如果不能把光调好，图片的效果就不好，因此室内拍摄面临的最大问题就是光线的问题，如图4-1所示。

图 4-1　室内拍摄

● 户外拍摄

户外拍摄与室内拍摄是对应关系，有室内拍摄就有户外拍摄(即室外拍摄)。户外拍摄的重点是要选好环境，符合商品属性的环境作为宝贝照片的背景，可以充分体现宝贝的特性和用途等，如图4-2所示。

图 4-2　户外拍摄

4.2 室内拍摄要点

阿智：我看了一下你店铺里面的宝贝，感觉照片的效果不是很好。

小白：是吗？那应该是我照相技术不好，要怎么才能拍出好看的照片啊？

阿智：别急，我就是来跟你说说室内拍摄要注意的问题，掌握这些东西，你拍出的照片效果应该会更好。

室内拍摄和户外拍摄都有其独特的拍摄要点。因为所处的周围环境不同，所以在拍摄时要注意的问题也有所不同。那么具体有什么样的拍摄要点呢？本节我们就来一起学习室内拍摄照片的要点。

4.2.1 拍摄工具

首先我们要了解室内拍摄需要的工具，这样才能做好拍摄的准备工作，让拍摄工作进行得有条不紊。

学习目标	了解室内拍摄需要的工具
难度指数	★★

室内拍摄要用到照相机、摄像机、灯光以及摆放商品的桌椅等。有条件的淘宝卖家最好能准备有柔光罩和聚光板的拍摄灯具。当然，如果实在没有这些硬件条件，卖家也可以直接利用手机进行拍照，但是这样一般需要对照片进行美化处理，让照片看起来更好看。

拍摄灯具最好要有3盏灯，一个作为拍摄时的主灯，另外两个灯作为副灯。一个副灯放在主灯侧面，用来补光；另一个副灯放在物体或人的背后，用来打光。3个光源的变化可以将商品拍成高调类或者环境类的风格。

摄像机镜头

室内拍摄时，摄像机的镜头选择标准广角镜头最好。因为室内拍摄时空间狭小，如果没有广角，那么拍摄全角度的照片就很困难。标准广角镜头的焦距比标准镜头短，视角比标准镜头大，焦距比鱼眼镜头长，视角比鱼眼镜头小。但如果卖家讲究商品样子的真实性，还是选择标准镜头更好，而标准广角镜头适合拍风景和建筑，如图4-3所示。

图 4-3 摄像机镜头

● 主机

主机包括摄像头、各视频信号处理单元、同步信号发生器、编码器及供电系统等。摄像头包括光学系统摄像器件以及电子快门和光圈等；各视频信号处理单元分别是各种电子补偿、校正电路和调整、黑白切割和颜色调整等；同步信号发生器保证整个系统能同步工作；编码器可调节颜色信号输出；供电系统可以将输入摄像机的直流电压转化成不同的电压供摄像机内部不同部件使用，如图4-4所示。

图 4-4 摄像机主机

● 电源

一般是12V的电池块，可以由摄像机控制单元通过电缆提供，也可利用交流电源附加器。在室外拍摄时，可以通过电缆使用便携式摄像机的电源或直接使用自身携带的电池供电。

● 寻像器

通过灯光来表示各操作的进行情况。摄像机录像和演播指示时灯会亮，以此对白平衡进行指示；磁带空间用完、低照度和电池电量不足时，灯亮给予警告。

● 传声器

就是摄像机内部的话筒，可以拍摄声音。为获取较高的灵敏度和较宽的频率，摄像机上的话筒适合选用电容话筒。话筒很耗电，所以不用时最好将其关闭。

● 通信系统

包括内部通话、演播指示和视频返送系统。摄像机上的通信系统可以让控制室的导演和摄像人员联络；当导演使用摄像机拍摄的图片或视频时做出正在使用的指示，提醒摄像人员正确操作；返送系统不仅可以输出信号也能从外部输入信号。

● 摄像机电缆

摄像机与后级设备连接一般用多芯电缆，而14芯最常见。电缆不仅可以输送电源，还能输送信号。

● 摄像机支撑系统

摄像机一般都比较重，长时间拿着不方便，所以一般都会配备支撑架等。这个系统包括三脚架、摇摄云台和摄像机托板。三脚架就是由轻金属或木头制成的3条腿支架，用于调整摄像的高度；摇摄云台就是摄像机托板和三脚架之间的一个部件，可以使机身自由旋转，调整拍摄的角度；摄像机托板一般安装在机身和摇摄云台之间。

因为摄像机的成本比照相机高，所以初创业者一般选用照相机给宝贝拍照，事后再用美图工具对照片进行修剪编辑。了解照相机的基本组成，可以帮助我们准确地选择合适的照相机，如图4-5所示的是照相机的基本构成。

可调焦的镜头

较好的照相机都应该具有调焦机构，使不同位置的物体或人物的成像更加清晰。

取景器

带有测距和对焦功能的取景器，可以确定被摄景物的范围，便于拍摄构图。

快门和光圈

两者的作用是控制照片的曝光率，照相机安装快门和光圈是为了适应亮暗程度不同的拍摄对象，使拍摄对象在胶片上获得正确的感光量，从而使照片更清晰，看起来更自然。

输片技术机构

这个部件用来显示照相机已经拍摄的照片张数，拿走曝光后的照片，指示相机将未曝光的照片重新曝光。

机身

机身既是照相机的暗箱，也是照相机各个组成部分的结合体。

图 4-5　照相机的构成

4.2.2 灯光器材的选择

在拍摄工具中我们已经了解到一些大方向的器具，其实拍摄过程中最核心的器材还属灯光器材。灯光器材选好了，可以给拍摄效果加分不少。

学习目标　了解灯光器材的配套部件
难度指数　★★

专业的拍照需要准备很齐全的灯光配套器材，比如引闪器、聚光板、反光板以及柔光罩等，下面我们来具体介绍。

● 无线引闪器

室内拍摄可能会用到无线引闪器。它通过单反相机的热靴(一个固定的接口槽)向摄影灯发出闪射光源，有缘引闪器需要加入电源连接到摄影灯具上，但是在高压工作下如果操作不当，就会通过热靴烧坏单反相机的主板，因此不常被使用；而无线引闪器没有这种隐患。引闪器的作用就是使图片中的闪光与环境光融合得更好，如图4-6所示。

图 4-6　无线引闪器

● 聚光板

聚光板也称吸光板，具有将光线聚集起来的作用。在拍照的时候，图片的光照效果需要突出某个物体的一个部位，这时就可以用聚光板来实现聚光效果。

● 反光板

反光板一般是电影电视照明的辅助工具，用锡箔纸、白布和米菠萝(即泡沫板)等制成，也可被用来摄影照相取景。反光板主要是解决光线太弱给拍摄带来雪花、色淡和变黑等不良效果的问题，同时提高拍摄的亮度。反光板颜色可分为白色、银色、金色和黑色4种。

● 柔光罩

柔光罩也被称为散光灯、散射罩，可以将散光灯打出来的光线变得柔和，使照片看起来更自然，一般安装在闪光灯上，有反射式、直射式和扩散式3种类型，如图4-7所示。

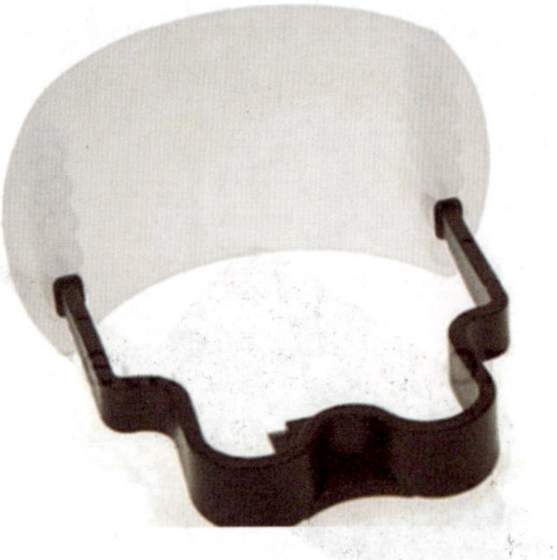

图 4-7　柔光罩

在这其中，利用不同颜色的反光板拍摄的作用和效果都不同。

● 银色反光板

光滑如镜，能够产生较明亮的光，是最常用的一种反光板。这种反光板的效果很容易在被摄物体或人的眼睛里呈现出来，产生一种大而明亮的眼神光。一般在阴天使用，或者光线从被摄对象的上方射过来时使用。

● 白色反光板

白色反光板的反光性能不是很强，其效果显得柔和自然，在对阴影部分进行补光时，需要稍微加一点光。这种光类似于窗户照明光。

● 金色反光板

在日光条件下使用，发挥补光作用。金色反光板也同样光滑如镜，但是比银色反光板产生的光线色调更暖和。金色反光板常作为主光使用，可以在明亮的阳光下拍摄逆光人像，并从侧面和较高处将光线反射到被摄对象的脸上或身上，还能调节照片的曝光率。

● 黑色反光板

从技术上来说，它并不是反光板，而是“减光板”或“吸光板”。很多时候需要顶光拍摄，而这种拍摄方法中的光线会使拍出的人脸产生“浣熊眼”，此时可以将黑色反光板放在被摄者头上以期减少顶光。

其实，光线的不同本质上是受天气影响和拍摄角度限制的，所以为了使光线符合拍摄要求，不仅可以在拍摄时做辅助处理，也可以从拍摄角度上解决光线问题。

4.2.3 拍摄角度尽显宝贝优势

人们都在说哪些明星的脸是360度无死角，意思就是在给这些明星拍照时，无论从哪个角度拍都能显示明星的漂亮脸蛋。对于宝贝的拍摄也是如此，卖家应尽量选好角度，争取拍摄出“360度无死角”的宝贝。

学习目标	学会在拍照时选择恰当的角度
难度指数	★★

为了能让店铺的宝贝呈现最漂亮的一面，选好拍摄角度才能获取适合的光线为宝

贝拍摄靓照。不同的拍摄角度可以得到不同的造型效果，具有不同的表现强度。

拍摄角度包括拍摄高度、方向和距离。拍摄高度分为平拍、俯拍和仰拍；拍摄方向包括正面、侧面、斜侧和背面；拍摄距离就是远近之分。

我们需要了解不同拍摄角度的效果和优点，从而帮助我们在给不同商品拍摄照片时选择好相应的角度，使拍摄工作更顺利。

平拍

平拍是让拍摄工具与被拍摄对象处于同一水平线上，这样拍出的照片给人端正严肃、正规不可侵犯的感觉，也是最平淡无奇的拍摄高度，充满温馨气息的商品不宜采用平拍。

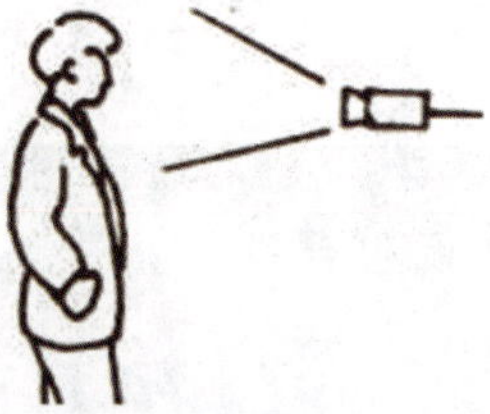

俯拍

拍摄工具高于被拍摄对象，由高处向下拍摄，给人低头俯视的感觉。俯拍镜头视野开阔，用来表现浩大的场景。在淘宝店的宝贝拍摄中，可以用于功能集中在物体顶部的商品拍摄中，或者用于表现商品的整体效果等。

仰拍

拍摄工具处于被拍摄对象的底部，由低处向上拍摄。仰拍适用于拍摄高处的对象，能够显示对象的高大宏伟，代表人的习惯性视线。在给店铺宝贝拍摄时，可以对衣服、帽子和围巾等女性服饰进行仰拍，这样显得商品更高贵。

正面

正面拍摄的画面显得端庄，构图具有对称美。可拍摄气势宏伟的建筑物，同时也能真实地反映被摄对象的特点。其缺点是立体感差。需要进行图片编辑调整，需要凸显商品的品牌或者正面外观的商品可以采用正面拍摄。反之正面外观不好看的商品最好不要选择这种拍摄角度。对于个性突出的商品如玩具等就可以使用正面拍摄。

侧面

优点是勾勒对象的侧面轮廓，规避被摄对象的正面缺陷，将漂亮的一面呈现给买家。商品的特性或款式突出在侧面时，就可采用侧面拍摄；想多角度表现商品的漂亮外观时也可以使用。比如耳钉、耳坠和耳环等，从正面不能很好突出特性的商品就适合采用侧面拍摄。

斜侧及背面

斜侧指的是正面与侧面之间的角度，斜侧的拍摄优点是能同时表现对象正面和侧面的形象特征，使被摄对象的形象丰富多样化；背面拍摄可用于突出商品背面的特征和外观。这两种拍摄角度都是充分展现商品的形象，突出商品除正面和侧面以外的外观特性，在采用时只要避免角度拍摄的缺陷就可以了。

距离远近

在使用同一焦距的镜头时，拍摄工具与被摄对象之间的距离越近，拍摄到的范围越小，对象主体在画面中占据的位置越大；反之范围越大，对象主体的占地面积越小。通常根据需要画面的大小和远近，将照片分为特写、近景、中景、全景和远景。要突出店铺宝贝的整体效果就用全景，如果是突出宝贝的某一方面的特征就用特写或近景。

4.2.4 选好拍摄背景

拍摄背景虽然是整个宝贝图片的陪衬，但是同时也是不容忽视的细节。有句古话叫作“一颗耗子屎坏一锅汤”，细节决定成败的道理我们应该已经领教过。

学习目标	学会选取拍摄背景
难度指数	★

有时图片里面涉及的物体过多，会让看到图片的人感到茫然，不知道图片要表现的东西到底是什么，如图4-8所示。

图 4-8　背景过于复杂

乍一看好像是在凸显花的外观，但是花后面的相框和摆放围巾的柜子也进入了视线，而且围巾柜子的位置也较明显。消费者如果看到这样的图片，在不知道店铺经营的商品是什么时，可能就会猜想该店卖的是花还是围巾。再看如图4-9所示的照片，其主题就很明显。

图 4-9　背景简单主体突出

这张图很明显是在宣传这款围巾，整个画面和谐，且背景简单。背景实在太复杂但又没法去掉时，我们可以将其虚化，这样就能把主体凸显出来，使得复杂的背景不再是影响商品的多余内容。

有些图片的背景简单，运用适当的人体部位来凸显商品的功能，不仅不会影响主体事物的表现，反而能凸显主体事物的特性。这时只要掌握好人体部位在照片中所占的比例即可达到不错的效果，如图4-10所示。

图 4-10　借助人体部位拍照

4.3 室外取景

阿智：小白，想不想把你家宝贝的特性拍得更鲜明。

小白：想啊！我觉得室内空间有限，而且我也不怎么会用光！

阿智：好！我们可以去外面取景，但是在这之前我们要先了解室外取景需要的一些基础知识，因为室外取景可不是一件简单的事。

有些时候为了展现商品的使用价值和美感，拍摄者或者卖家不得不选择到室外进行拍摄活动。比如婚纱、骑行工具、户外运动所需器材以及最常见的服装等。那么室外取景又有哪些注意事项和技巧呢？

4.3.1 适当的工具让拍摄更轻松

户外取景很显然是要行走的，那么如果带太重的拍摄工具就会影响拍摄的行程和进度。同时，如果在出发到户外拍摄前没有准备好适当的拍摄工具，或者没有准备应急工具，那么到了户外拍摄地时发现所带的工具不符合拍摄的要求，这样就会白白耽搁时间，做无用功。

学习目标	知道室外取景需要的工具
难度指数	★★

户外拍摄除了携带摄像机或照相机之外，还应携带聚光板和反光板。如果是携带摄像机，还应带足换用的电池或电源，而照相机也要准备足够的电池，保证在外拍摄的时间不会受电量低的情况影响。最重要的是把店铺宣传的宝贝带上，否则做再多的准备工作也是没有用的，“主角”都不能上场，“配角”就派不上用场了。

● 正常天气和晴天的拍摄

一般的反光板都是同时具有多种颜色的，所以拍摄者可以不用担心所带的反光板不适合当前的拍摄环境。如图4-11所示是一般反光板的组成部分。

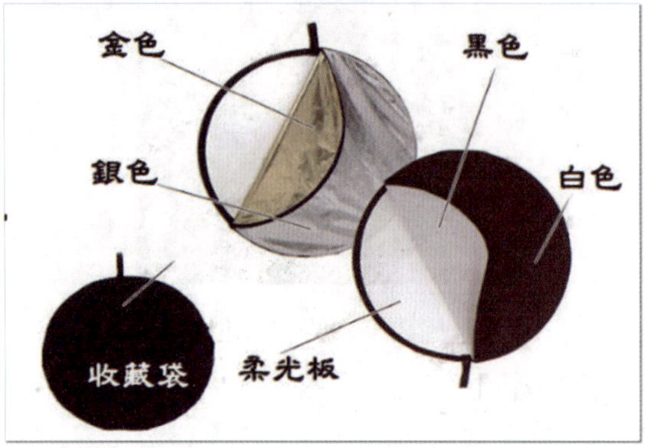

图 4-11　一般反光板套装

可以将两个板儿同时装在收藏袋里，反光板的重量很轻，可以随身携带，一般收藏袋都有方便手提的带子。

晴天拍摄时为了减弱光线，可以使用黑色反光板或者白色反光板。虽然白色反光板有增加光线的作用，但强度比较小，所以可以在提升照片曝光率的同时减少光线对拍摄的影响；而黑色反光板就真的是减光板，大多时候被用在大晴天拍摄，以减弱光线，使照片呈现清晰可观的状态。

● 阴天和雨天的拍摄

雨天光线一般都比较弱，如果直接使用拍摄工具进行拍摄，就算调好了工具的曝光率，但是也会显得整个画面很暗淡。所以雨天一般采用银色反光板和金色反光板，但银色是冷色调，会加重人对寒冷的感知度。此时需要使用金色反光板，不仅可以提升亮度，而且可以让整个画面处于一种淡淡的暖色调中。

一般情况下，阴天仅仅是光线比较暗，还不会给人很冷的感觉，所以可以使用银色反光板对光线加强。在拍摄人物时，如果人的肤色比较暗沉或者偏黄，也最好使用银色反光板提亮肤色。

● 雪天的拍摄

雪天的光线其实很强，而且和雨天一样给人一种很冷的感知效果。所以也最好采用金色反光板增加整体的温馨感，让人看见图片有一种身在雪天心情舒畅而又暖和的感觉，瞬间营造一种浪漫温馨的氛围。在拍摄婚纱照时可以采用雪天拍摄，然后使用金色反光板。

4.3.2 合适的环境凸显商品价值

不同的宝贝需要的背景和拍摄环境有较大的差异，只有选好适合宝贝的拍摄环境才能有效凸显商品的价值，让买家买得更舒心。

学习目标	掌握部分商品选取拍摄环境的方法
难度指数	★★

● 女装

春秋装的拍摄可以是室内，也可以是室外，但是春秋装的拍摄一般要将整个照片的画面光线提亮，并简化照片的内容，让整个图片看起来比较清爽干净；夏装的拍摄可以在户外进行，这样空间够大，并且可以使用电风扇等将夏装照出一种飘逸凉爽的感觉，周围的环境也要尽量简单；冬装的拍摄可以选择在雪地中进行，这样更能凸显冬装的保暖功效，最好使用金色反光板增强画面的温馨感。

●鞋靴

拍摄鞋靴时可直接拍摄商品，但是很多时候为了凸显鞋靴的美感，都会借助人体，让人穿上鞋子后再拍照。因为鞋子占用的位置不大，所以一般要用特写拍摄。如果在室内采用背景拍摄，那么最好将光线提亮，增加商品的亮泽度；如果只是选用特殊的背景，比如白色背景或者黑色背景，那么在对图片进行编辑时要做好色彩的搭配；拍鞋子，还可用俯拍，凸显鞋子的整体效果。

●箱包

款式比较方正，给人正式的感受，一般在室内拍摄，可以选择办公桌为背景，也可用淘女郎凸显箱包的价值；如果箱包的款式比较休闲，那么可以选择在室外拍摄，用舒适的环境来衬托箱包的休闲感；如果是很可爱的箱包，在选择淘女郎拍照时也最好选择长相甜美的人，这样人与箱包协调好才能显示箱包的价值。

●食品

对食品的拍摄较简单，一般在室内就可以了。最主要的是注意提亮画面的光线，让食物处于明亮的环境中，这样可以让食物看起来更诱人、更卫生。食物的拍摄背景一般选取桌椅、桌布或者果盘等，最好不要使用同一颜色的全背景，整个画面的颜色色调最好统一，比如都是暖色调或者都是冷色调，但食品的包装颜色除外。

●珠宝

珠宝的拍摄一般在室内，这样聚光效果比较好，如果在室外，光线比较分散，不利于凸显珠宝的光泽。在室内拍摄时，要用到聚光板聚集光线，增加光线的强度，提升珠宝的光泽度，使其看起来更闪亮尊贵。但在提亮光线时要防止光线太强而看不清楚商品的情况发生。因为珠宝的体积较小，所以在拍摄时采用特写比较好，如果是通过人的佩戴来表现珠宝的功能和效用，就需要人的特殊动作做辅助。

●家居

对家居的拍摄最好在室内进行，可以有效借助摆放位置来凸显家居用品的功效和使用效果。对床垫的拍摄可以使用光线较强的光，也可以使用光线较柔和的光，不同的光线可以使床垫呈现不同的生活感受；而被褥的拍摄也可以采用不同强度的光线，但最重要的是要凸显被褥的个性，所以需要对被褥进行特写，如夏季凉被要给人凉爽的感受，冬季棉被要给人暖和厚实的感觉等。

●婚纱

对婚纱的拍摄最好是室外，因为风景的美丽程度可以提升婚纱给人的幸福感，不过这种拍摄环境一般是针对春夏季拍摄，因为一般的婚纱需要的温度比较高，如果冬天也穿着婚纱在雪地上拍摄就不太现实了(模特愿意的情况除外)；冬天婚纱的拍摄可以在室内进行，这时就要选好照片的背景和灯光，婚纱是结婚的标志，是幸福的代名词，因此室内拍婚纱要将光线调亮，并且采用暖色调的灯光。

●骑行工具

像山地车这样的骑行工具，拍摄时最好结合实物环境，更能凸显骑行的功效，侧面给人一种想要骑行的冲动感受。但是由于很多卖家自身的条件限制，所以也会采用室内拍摄或者自制特殊背景，这样成本较低；骑行工具的拍摄还可以与真人模特结合，让买家觉得骑行工具更贴近生活。

●户外用具

比如爬山要用的背包和登山鞋，可以借助真人模特爬山的动作来表现背包和登山鞋的用途，让实际的行为感染有相应行为想法的顾客，促使其购买商品；如果条件不允许，也可以自己选取风景作为拍摄背景，给商品进行特写，突出商品的个性和独特的款式与功能。

商品的价值其实是客户对商品的主观感受和评价，因此，我们作为卖家要做的就是把商品宝贝拍得更加好看，至于顾客能不能切实地被图片吸引就只有通过销量来衡量了。

4.4 宝贝图片的处理技巧

小白：阿智，我最近要上传出售的宝贝图片了，但是我的照片都还没有准备好。

阿智：没事儿，我教你几招，再把拍照的一些细节问题跟你说说，你就可以快速拍出想要的效果了。

处理宝贝图片的技巧有很多，这些技巧能让宝贝看起来更漂亮，更有吸引力，从而促进商品的销售，方便卖家轻松经营。本节主要学习几个常用的处理技巧。

4.4.1 不同商品的拍摄技巧

不同商品的材质和吸光程度等都有所不同，需要的光线也不同，拍摄的技巧也因此有所差异。

学习目标	掌握不同材质商品的拍摄技巧
难度指数	★★

●吸光类商品

吸光类商品一般表面比较粗糙，如皮毛、棉麻制品和雕刻等，它们的质地或软或硬，表面粗糙不光滑，如图4-12所示。

图 4-12　皮毛、帆布、雕刻

对于吸光类商品来说，过柔过散的顺光(尤其是顺其表面结构纹理的顺光)会弱化商品表面的质感。为了表现吸光类商品的质感，我们在拍摄时可以使用稍硬的光线，以侧光和侧逆光为主，照射的角度适当放低，使商品的表面出现明暗起伏的结构变化，增加立体感。

小绝招　何为硬光

聚光灯、散光灯和直射太阳光等都是硬光，硬光的光线锐利，在凹凸不平的表面会产生细小的投影，可以强化物体的质感。

吸光类商品因为表面不光滑，所以对光的反射比较稳定，即商品的固有色比较稳定统一，并且视觉层次比较丰富，所以布光的灯位通常以侧光为主。

主灯位于商品的右前方，在闪光灯上加反光罩，可以减少照射面积，使光线更集中；顶灯位于商品的左上方，闪光灯装在柔光箱上，使商品均匀受光，可有效减弱主灯照明使商品产生的投射阴影；背景灯位于商品的右后方，最好能给闪光灯加装标准反光罩和挡光板等，以控制背景面积和亮度，如图4-13所示。

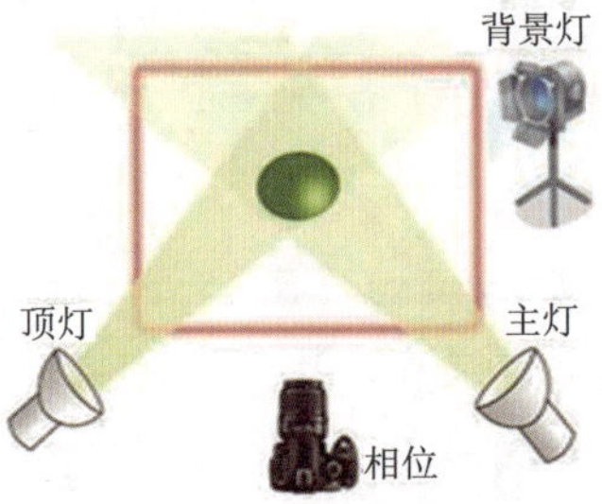

图 4-13　吸光类商品拍摄布光

●反光类商品

反光类商品一般表面光滑，如金银饰品、瓷器、漆器和电镀制品等，这些商品的表面光滑如镜，具有强烈的单向反射能力，直射灯光聚集到这种商品的表面，会使光线改变，产生出强烈的眩光，如图4-14所示。

图 4-14　珠宝、瓷器、不锈钢

拍摄反光类商品时应采用柔和的散射光，也可采用间接照明的方法，使用柔光箱、反光板和硫酸纸等光扩散工具来柔化光线，用反射光来照亮商品。均匀柔和的光线能够有效降低被拍摄对象表面的反光度，使其色调更加丰富，从而表现出光滑的质感。

反光体的表面非常光滑，对光的反射能力较强，所以拍摄反光体一般都会让其出现“黑白分明”的反差视觉效果。要使反光体表现出光滑的质感，就不能使物体的一个立体面中出现多个不统一的光斑或黑斑，因此可以采用大面积照射光或反光板照明，光源面积越大越好。

如果在拍摄对象的反光面上出现高光，就可以通过很弱的直射光源降低高光效果。反光体的布光关键在于对反光效果的处理，特别是有一些圆弧形表面的柱状和球形商品。所以我们在实际拍摄中通常会使用黑色或白色卡纸来打反光，加强其表面的立体感。

小绝招

何为高光

很多时候我们会遇到在拍摄的照片中出现白色区域的反光，导致照片看不清楚，而高光指的就是照片中最接近白色的地方，一般高光区域会给人眩晕感。

在拍摄反光体时要注意，相机和拍摄者的倒影不要反射到商品的反光面上，否则就会出现黑斑，这时可以用大面积的柔光光源来降低商品表面的反射锐度。

拍摄这类商品时，其布光的主灯应位于被拍摄商品的右前方，灯光照射角度为45度左右，闪光灯安装柔光箱。此时需要注意闪灯照射的角度对光滑表面带来的反光影响。

辅助灯位于被拍摄商品的左侧，是一盏带了柔光箱的闪光灯，目的是对暗面进行补光处理，同时减弱由主灯照射带来的商品阴影。

背景灯位于被拍摄商品的右后方，闪光灯上加装标准反光罩和挡光板等，在勾勒商品轮廓的同时照亮背景。拍摄时要注意挡光板位置的调整，从而控制副灯的光照范围，如图4-15所示。

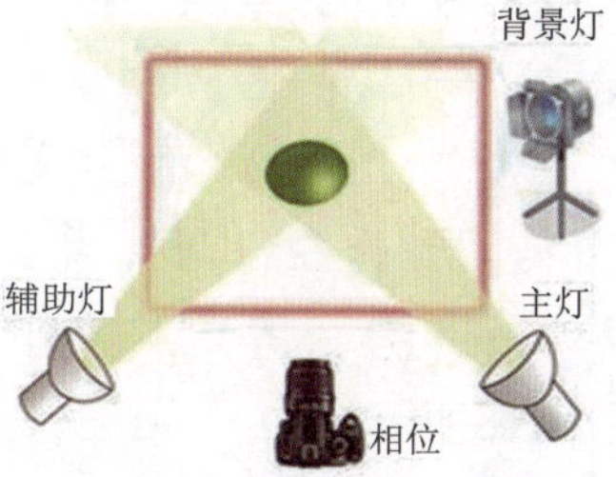

图 4-15 反光类商品拍摄布光

●透光类商品

透光类商品既有反光特性，又有透光特性。如玻璃器皿、水晶和玉器等，如图4-16所示。

图 4-16 透光类商品

因为透光类商品同时具有反光和透光的特性，且能够自由地传导光线而不改变自身的特征，所以在拍摄时，光线的入射角度越小，反射光量越多，但却同时能显示商品的透明质感，产生玲珑剔透的艺术效果。

在拍摄透光类商品时采用侧光、侧逆光和底部光这类生动的照明方式，利用光线穿过透明体时因厚度不同而产生的光亮差别，使商品呈现不同的光感，从而表现其清澈透明的特质。但因其具有反光特性，所以一般不用直接光照明，而要使用间接照明(如折射光)，使商品表面产生少量反光，以便更好地显示其外形和质感。

布光时主灯位于被拍摄商品的侧前方，用一盏柔光闪光灯来对商品的暗面进行补光，同时减弱由主灯和轮廓灯的照射产生的阴影。

轮廓灯位于被拍摄商品的侧后方，主要利用蜂巢来控制光的走向，让挡光板控制光照范围。这盏轮廓灯就可以使光线穿透瓶身，勾勒出商品的外部轮廓和造型，体现出通透质感。

与反光类商品拍摄布光一样，在勾勒商品轮廓的同时需照亮背景，拍摄时要注意挡光板位置的调整，合理控制副灯的光照范围，如图4-17所示。

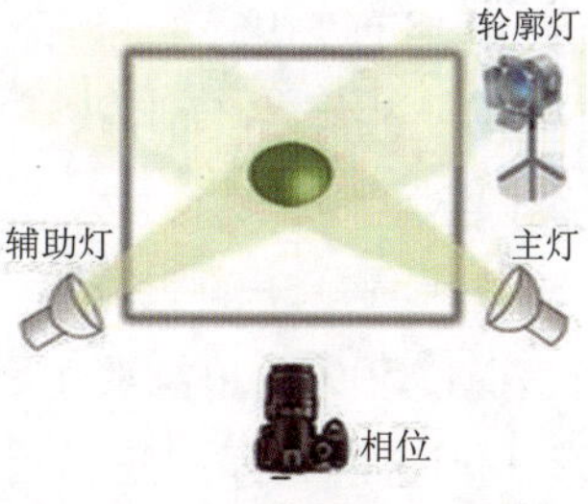

图 4-17 透光类商品拍摄布光

小绝招 **何为蜂巢**

蜂巢就是可以调硬光线的一个部件，其作用与柔光箱刚好相反。之所以叫“蜂巢”，是因为其形状与蜜蜂的巢穴相似。

4.4.2 图片处理的细节知识

图片处理过程中，很多细节问题往往是困扰卖家的“罪魁祸首”，下面我们来系统地了解这些细节知识。

学习目标　了解图片处理的细节知识
难度指数　★

●真人秀更有说服力

所谓的真人秀其实就是我们在淘宝网上常见的模特，在对商品进行拍摄工作时，可以邀请真人模特来为商品代言或者帮衬商品拍摄。

利用真人模特穿戴服饰和鞋帽，可以给人一种实用性强的感受，甚至真人模特的表情动作都能带动买家感受商品的使用效果，让买家相信这个商品确实能给人带来像图片中的模特表现出来的感受。

●遵守图片的规格等要求

不管是淘宝还是天猫，对店铺商品主图的规格大小都有要求，因为图像分辨率不同，有些规格过大的图片被上传到网上后会很模糊以致看不清楚。

在上传图片时，一般有3种大小的规格任由我们选择：500×500像素；800×800像素；1000×1000像素。如果是自己开设的店铺且自主经营，就可按照合适的比例调整图片大小。

有时我们作为代理商或加盟商，店铺里的宝贝图片由分销商或盟主提供，有时就会被要求使用统一规格的图片，因此我们在上传图片时就要设定好图片的大小。但为了方便买家浏览，图片的大小要适中，一般选择800×800像素的。

●美图工具修饰图片

随着科技的发展和人们爱美意识的增强，产生了很多美颜工具。我们平时购买的手机，在照相机软件中一般会自带美颜功能，让我们拍出的照片更好看。

除了手机自带的美颜功能以外，市面上还有很多常见的美图软件，比如美图秀秀、可牛影像、光影魔术手以及Photoshop等，其中美图秀秀在日常生活中最常见，而Photoshop是办公等电脑操作经常使用的，如图4-18所示。

图 4-18　各种美图工具

当我们要对图片的大小、颜色和边框等进行编辑时，就可以把图片放到这些软件中进行编辑操作，然后制作出想要的图片效果。

值得注意的是，我们把宝贝的图片都修改完成后，应将其统一放在一个地方，便于上传到淘宝助理中进行宝贝图片的上架和店铺的装修。

具体的操作我们会在下一小节的内容中具体介绍，在这里我们先知道有这么一些美图工具就可以了。

4.5 为宝贝的照片化妆

小白：我用手机给宝贝拍的照片，发现很多亮度不够，要不然就是背景太复杂，该怎么处理呢？

阿智：这个问题问得好！美化宝贝照片可不是一件轻松的事儿，我们可以通过很多操作来使图片更好看，下面来跟我一起学习吧！

为宝贝的照片化妆就是对宝贝照片进行编辑操作，利用不同的修改方式对宝贝的照片进行修饰更改，以期宝贝照片更好看，更能吸引买家，从而做好淘宝店铺的宣传工作，有利于店铺的经营。

4.5.1 黄金分割配色法

黄金分割配色法，顾名思义就是采用黄金分割点的比例对宝贝图片的颜色进行配色处理。黄金分割点的比值约是0.618，并且分为如下两种调节方式。

学习目标　了解黄金分割配色法的具体内容

难度指数　★★

●颜色色相和饱和度不变，调节亮度值

在颜色色相和饱和度不变的情况下，取亮度值的黄金分割点。一般亮度值的范围是0～240，亮度值的黄金分割点就是240×0.618=148，计算公式如下：

$Y=X+148 \quad 0 \leqslant X \leqslant 92$

$Y=X-148 \quad 148 \leqslant X \leqslant 240$

X代表颜色亮度，这两个式子意在说明调节颜色亮度时，亮度值的选取范围。从上述式子可以看出，颜色的亮度一般不会选取93～147之间的亮度值。

比如黄色和红色的搭配，在不改变两者的色相和饱和度时，改变两者的亮度。根据公式假设红色的亮度比值为0.618，则黄色的亮度比值为0.382。再根据亮度范围计算两种颜色的亮度值：

红色亮度值：240×0.618=148

黄色亮度值：240×0.382=92

如果两者按照这个亮度值进行图片的配色处理，得到的效果不好，那么我们再围绕这两个数据进行左右增减亮度值，使两者的颜色搭配呈现最佳效果即可。比如红色的亮度值为150，黄色的亮度值为90。如果红色的亮度值取成140，黄色的亮度值取成100，可能两种颜色的搭配效果就不好了。

●同一色系调配，亮度不变调色相

同一色系的颜色之间，其相似度比较大，如果保持亮度不变，根据组成颜色的比例不同可以将一种颜色调配成另一种同一色系的颜色。

一般电脑操作中涉及的都是三基色(红、蓝、绿)，并且分量的范围是0～255，不同的分量能够合成不同的颜色。根据黄金分割配色法可知颜色的分量取值范围是0～97，或者158～255。

比如蓝色分量占比0.618，绿色分量占比0.382，那么两种颜色的分量值为：

蓝色分量：255×0.618≈158

绿色分量：255×0.382≈97

围绕黄金分割点改变颜色的色相，如果两种基色属于同一色系，那么分量不同，调配出来的颜色不同，但是都属于同一个色系。比如蓝色与绿色调配出来的一般都是冷色调的颜色，而绿色和红色，或者蓝色和红色，这样的搭配可能会因为分量的改变而调制出暖色调的颜色。

但是我们在实际运用黄金分割配色法时还是要灵活操作，调出合适的颜色。

4.5.2 更改图片大小

不仅图片中宝贝的颜色和背景的颜色会影响买家的感受，宝贝图片的大小也同样会影响店铺版面的整体效果。下面以美图秀秀软件为例，学习如何改变图片的大小。

学习目标	学会更改图片大小的方法
难度指数	★★

步骤01 如果没有美图秀秀软件，需要先下载美图秀秀(可以在360安全卫士中免费下载，也可以在网页上下载)。下载完成后打开美图秀秀，在首页单击“美化图片”选项，进入图片编辑页面，如图4-19所示。

图4-19　单击“美化图片”选项

步骤02 在图片编辑页面单击“打开一张图片”按钮，选择电脑中存储的需要编辑的图片，如图4-20所示。

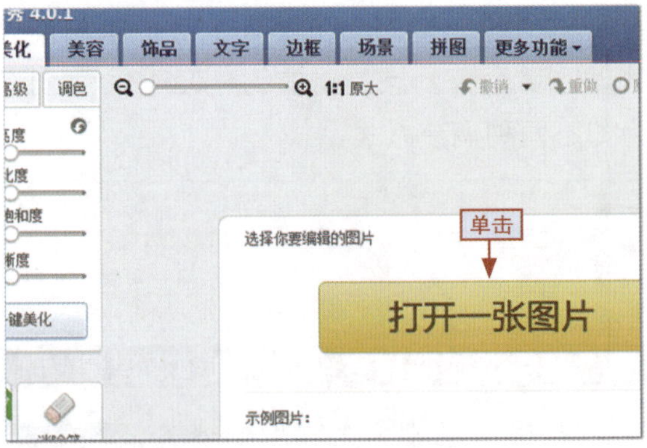

图4-20　单击“打开一张图片”按钮

步骤03 ❶在电脑中相应的位置选择图片，❷单击“打开”按钮，如图4-21所示。

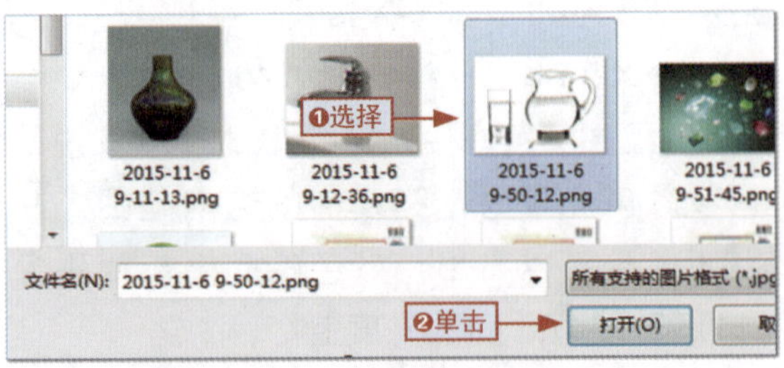

图4-21　选择需要美化的图片

步骤04 图片上传到美图秀秀中后，❶在当前的编辑页面单击“尺寸”按钮，❷在弹出的对话框中选择“常用网络尺寸”选项，❸单击“应用”按钮就完成了图片大小的修改，如图4-22所示。

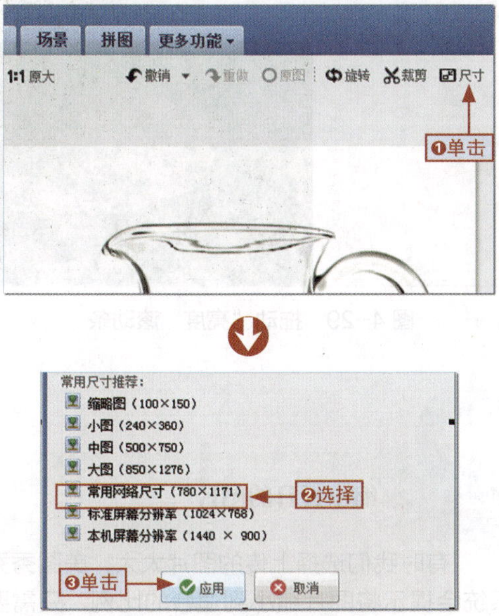

图4-22 选择合适的尺寸

步骤05 若对修改后的图片大小不满意，我们还可重新修改。还是单击“尺寸”按钮，进入尺寸编辑窗口，可以选择已有的图片格式，也可以在窗口的上面自行选择更改方式为“像素”，取消选中“锁定长宽比例”复选框，填写像素宽度为500，高度为400，然后单击“应用”按钮即可，如图4-23所示。

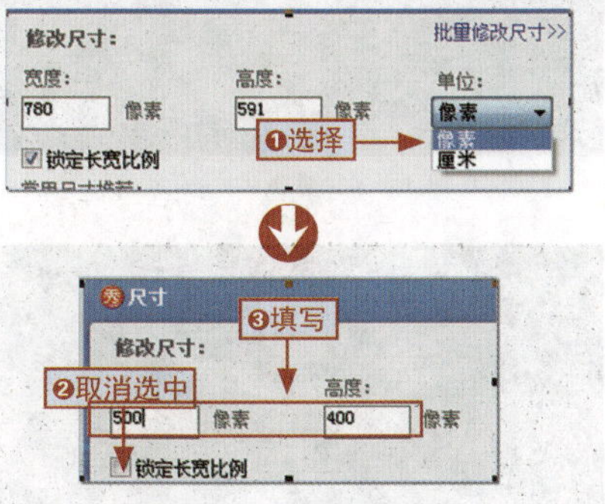

图4-23 自定义尺寸

步骤06 如果觉得修改后的图片大小达到了需要的效果，那么就可以单击编辑页面最上方的“保存与分享”按钮，如图4-24所示。

图4-24 单击“保存与分享”按钮

步骤07 ❶选择保存路径为桌面，单击“保存”按钮。如果觉得以前的原图没有用了，可以在选择保存路径时选择“覆盖原图”单选按钮，❷单击“保存”按钮，如图4-25所示。

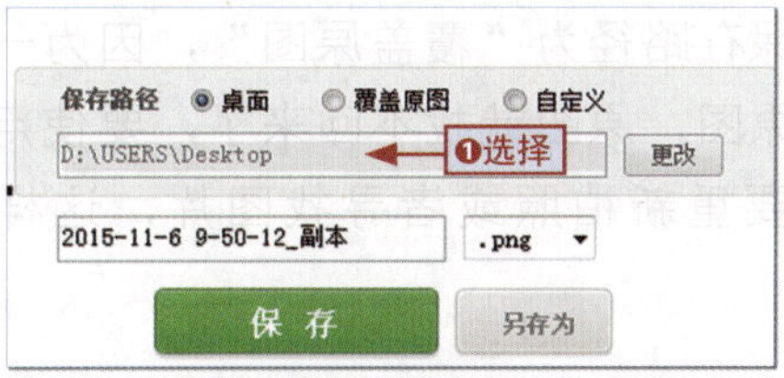

图4-25 选择保存路径

步骤08 如果上述两种保存路径都不合心意，❶那么就选择“自定义”单选按钮，❷单击“更改”按钮，选择图片将要保存的位置后，❸单击“保存”按钮，如图4-26所示。

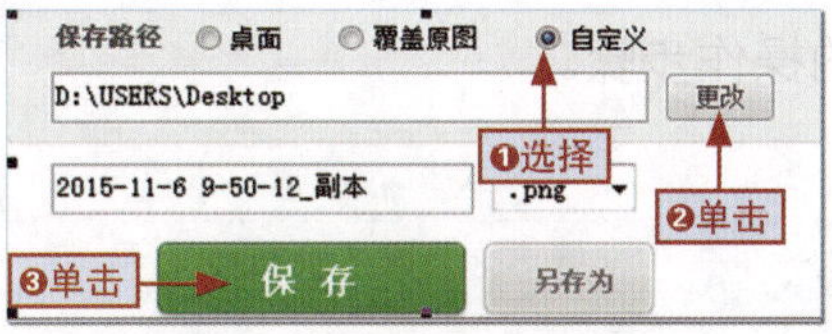

图4-26 自定义保存路径

步骤09 若我们尝试了多种比例修改图片大小后，还是觉得原图的大小比较适合，那么我们在还没有保存的情况下可单击“原图”按钮，将编辑页面中的图片恢复到原始大小。在任意一个步骤完成后想要返回时，可以单击“撤销”按钮，如图4-27所示。

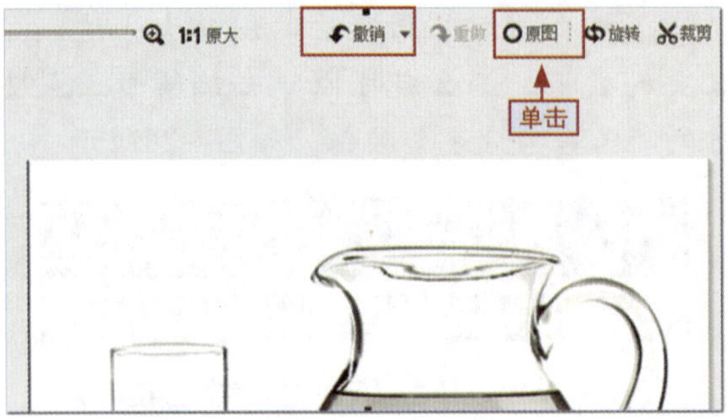

图 4-27　撤销操作或回到原图

这就是美图秀秀软件中更改图片大小的基本操作，根据自身需求对图片的大小进行编辑。没有特殊情况时，建议最好还是不要选择保存路径为“覆盖原图”，因为一旦覆盖了原图，原图就找不回来了，要使用的时候又要重新拍照或者寻找图片，这样比较麻烦。

4.5.3 调整曝光不足的照片

曝光不足是指拍摄过程中，被拍摄对象的亮度不足，使感光材料感受到的光的亮度不足，一般表现为拍出的照片颜色浅淡或者画面模糊暗沉。下面以美图秀秀为例来讲解具体的操作步骤。

学习目标	学会使用美图秀秀调整曝光率
难度指数	★★

步骤01 进入美图秀秀软件，在编辑页面上传要调整曝光率的照片，单击编辑器最上方的“打开”按钮，重新选择需要的图片，如图4-28所示。

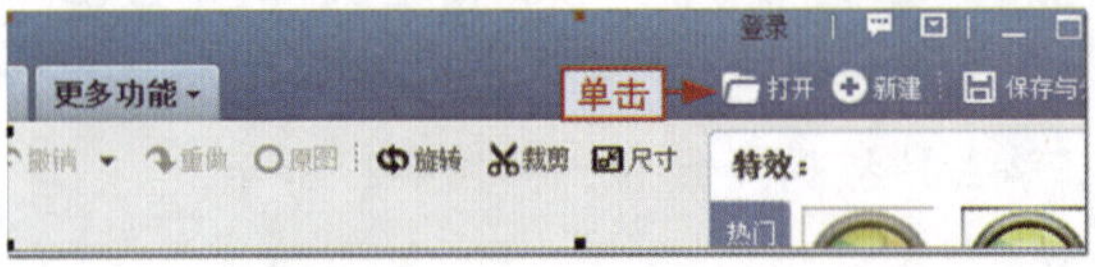

图 4-28　单击“打开”按钮

步骤02 对画面暗沉的图片我们可以使用鼠标，在“亮度”滚动条处拖动鼠标光标调整亮度，如图4-29所示。

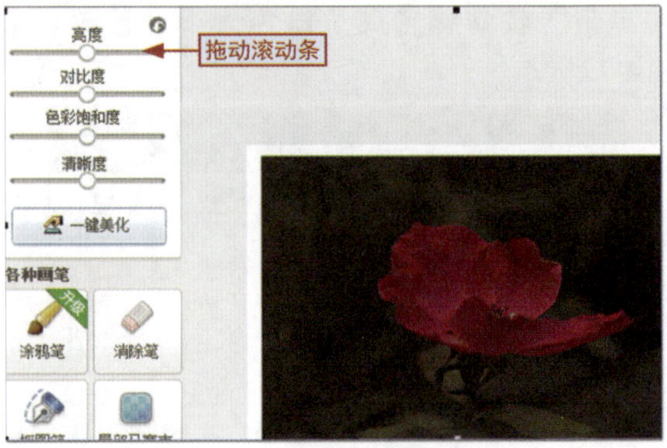

图 4-29　拖动“亮度”滚动条

小绝招

缩小打开的图片

有时我们选择上传的图片太大，美图秀秀系统会提示将图片缩小到适合的比例，只需要单击“是”按钮同意即可。

步骤03 如果对拍摄主体和其背景的曝光对比度程度不满意，我们还可以按照上面的方法修改图片中主体和背景的对比度，如图4-30所示。

图 4-30　调整主体和背景的对比度

举一反三，如果我们拍摄时不小心把照片拍得很模糊，但是当时又没有及时重新拍照，那么我们也可以在美图秀秀中通过调节图片的清晰度来使模糊的图片变得清晰化。

4.5.4 背景虚化下的朦胧美

诗人白居易的《琵琶行》中有这样一句诗：千呼万唤始出来，犹抱琵琶半遮面。描述的就是一种看得见又看不清楚的景象，也就是我们常说的朦胧美。

背景虚化不仅给人朦胧美，还能弱化背景对商品展现效果的影响，从而突出商品本身。那么如何对宝贝照片进行背景虚化呢？

学习目标	学会使用美图秀秀虚化照片背景
难度指数	★★

步骤01 在美图秀秀的编辑页面中上传要虚化背景的照片，在编辑器左侧单击“背景虚化”选项，进入背景虚化编辑窗口，如图4-31所示。

图 4-31　进入背景虚化编辑窗口

步骤02 画面中显示的圆圈定位的地方是虚化后图片中清晰的地方，移动鼠标光标，单击不需要虚化的主体位置，进行多次操作，如图4-32所示。

图 4-32　虚化背景

步骤03 在背景虚化的编辑窗口还可以自由调节虚化的力度，用鼠标光标拖动“虚化力度”滚动条更改虚化的程度，然后再进行虚化操作，如图4-33所示。

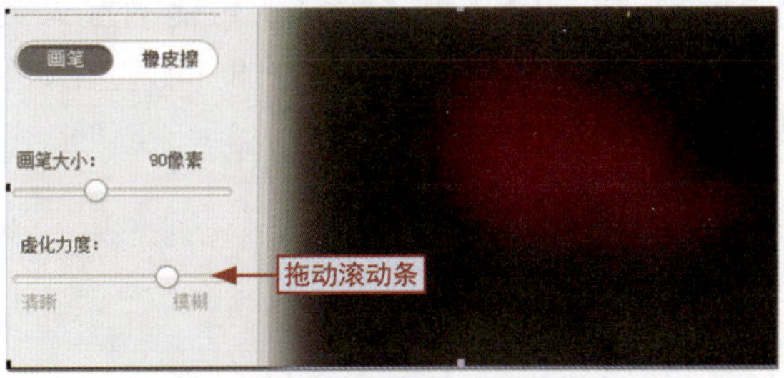

图 4-33　修改图片虚化的力度

步骤04 ❶在多次操作后，如果图片的虚化效果符合预想的标准，那么就单击虚化背景编辑窗口下方的“应用”按钮，❷单击“保存与分享”按钮，将虚化后的宝贝图片保存起来，如图4-34所示。

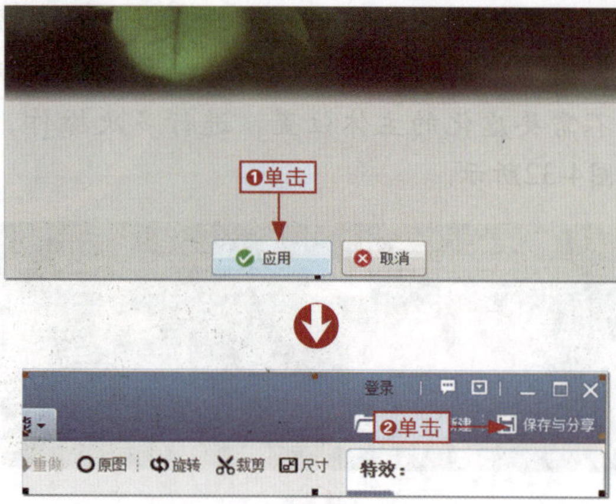

图 4-34　保存修改后的图片

若商品主体的颜色或者大小不显眼，可以在背景虚化时将虚化力度调得较大些；如果主体商品的颜色和大小已经很明显了，就没有必要使用较大的虚化力度，否则主体与背景的对比过于明显，会给人一种矛盾、突兀，甚至不协调的感受。

4.5.5 边框修饰凸显个性

很多淘宝商家为了省事，不对宝贝的图片进行边框修饰，造成大部分商家的宝贝图片样子如出一辙。为了能够让店铺的宝贝更加吸引买家，我们还需要抽出时间对宝贝图片的边框进行修饰。

学习目标	学会使用美图秀秀进行边框修饰
难度指数	★

步骤01 上传图片，在编辑页面的最上方单击“边框”选项卡，进入边框修饰窗口，如图4-35所示。

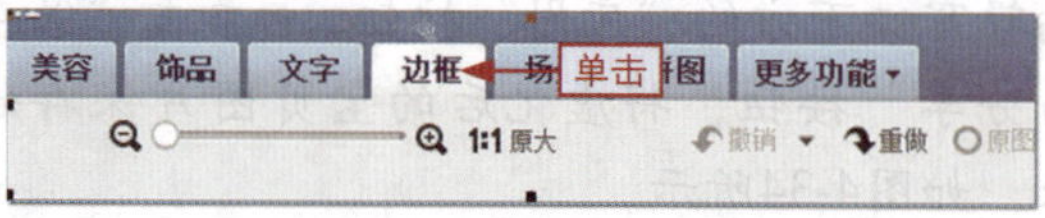

图 4-35　进入边框修改窗口

步骤02 在边框修饰窗口的左侧选择需要的边框类型，比如选择“轻松边框”选项。如果是首次使用美图秀秀还没有下载相应的边框样式时，我们还要在窗口右侧的“在线素材”栏中单击每种边框素材的图片进行下载。只有下载以后才能使用，一般其都有免费的边框素材供下载，如图4-36所示。

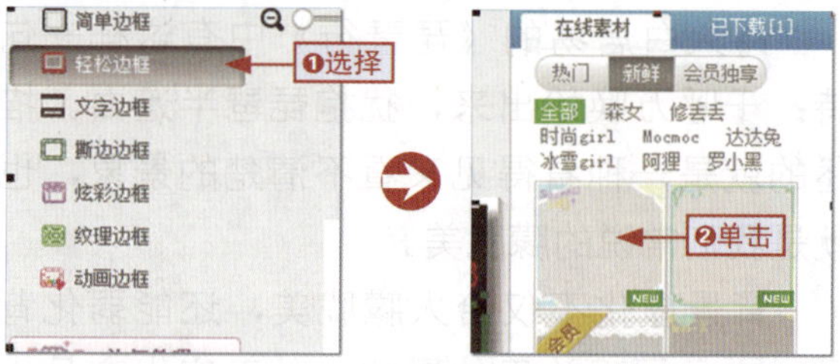

图 4-36　下载边框素材

步骤03 边框修饰完成后单击下方的“确定”按钮，然后单击“保存与分享”按钮，如图4-37所示。

图 4-37　单击“确定”按钮

小绝招

美图自动保存下载素材

边框修饰的过程中如果选择的边框素材没有下载，那么美图秀秀系统会自动下载当前选择的边框样式并保存，同时应用在当前编辑器中的图片上。

如果选择了某一种边框，而看到边框修饰的效果后觉得不合心意，那么我们可以继续选择其他的边框样式进行修改，直到选出符合我们要求的边框为止。

4.5.6 添加水印，更显专业

很多时候我们在刷网页时，特别在打开某一张图片时，这张图片的某一个位置就会有一个类似于商标的东西——水印。

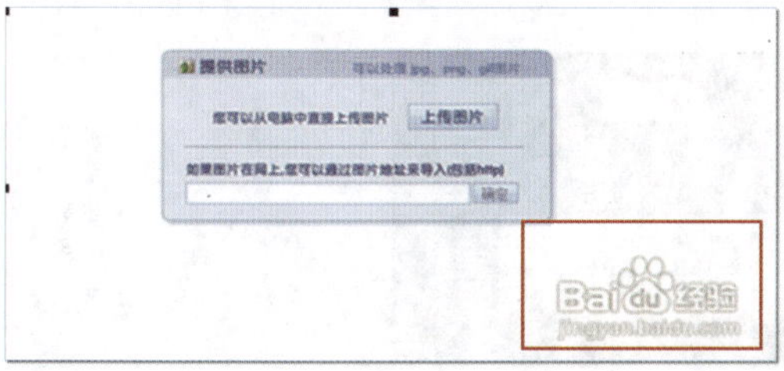

学习目标 学会给图片添加水印
难度指数 ★

步骤01 上传需要添加水印的宝贝图片到编辑框中，❶在编辑页面的最上方单击“饰品”选项卡，❷在编辑器的左侧单击“静态饰品”选项卡，❸单击“炫彩水印”按钮，如图4-38所示。

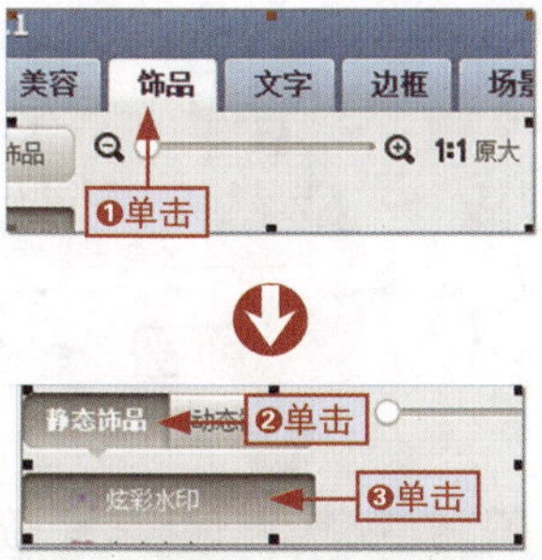

图 4-38 单击“炫彩水印”按钮

步骤02 在编辑器的右侧“在线素材”栏中选择符合要求的水印样式，和添加边框一样，单击水印样式的图片就可同时运用并下载(一般是免费的)，如图4-39所示。

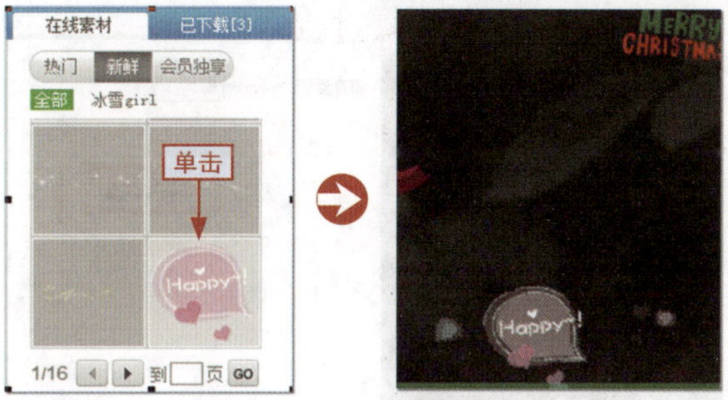

图 4-39 选择合适的水印

小绝招 添加动态饰品

在选择在线素材的水印时还可以选择动态饰品，操作与静态饰品使用时的操作一致。

步骤03 在选好合适的水印后直接单击编辑器右上方的“保存与分享”按钮。如果没有合适的在线素材供我们使用，❶那么我们可以在编辑器最上方选择“文字”选项卡，❷单击编辑器左侧“输入文字”按钮，进入自行编辑图片文字的窗口，如图4-40所示。

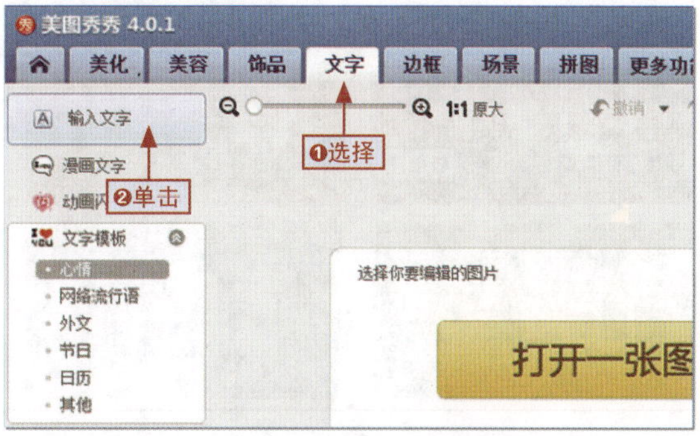

图 4-40 单击“输入文字”按钮

步骤04 ❶在弹出的窗口中找到文字编辑框，输入要在图片上显示的文字，❷选择文字的颜色，❸单击“应用”按钮。有些时候不用单击“应用”按钮就可以自动生成，最后单击“保存与分享”按钮，如图4-41所示。

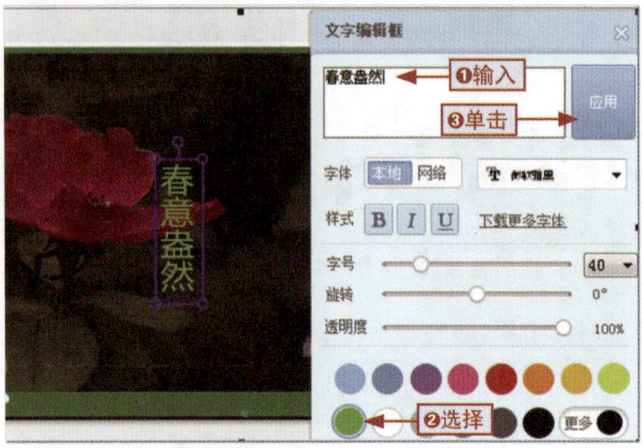

图 4-41　自定义文字

4.5.7 批量处理产品图片

批量处理商品的图片，前提是所有图片都要进行相同的操作，也就是同时上传或同时修改相同边框等。

学习目标　学会对图片进行批量处理
难度指数　★★

步骤01 在美图秀秀首页单击“批量处理”选项卡，如果是首次使用美图秀秀，系统会提示先下载“美图秀秀批处理”软件，单击“确定”按钮进行下载，如图4-42所示。

图 4-42　下载美图秀秀批处理软件

步骤02 当“美图秀秀批处理”软件下载完成后，在弹出的窗口中单击“立即体验”按钮，进入批处理编辑器，在窗口左侧单击“添加多张图片”按钮，如图4-43所示。

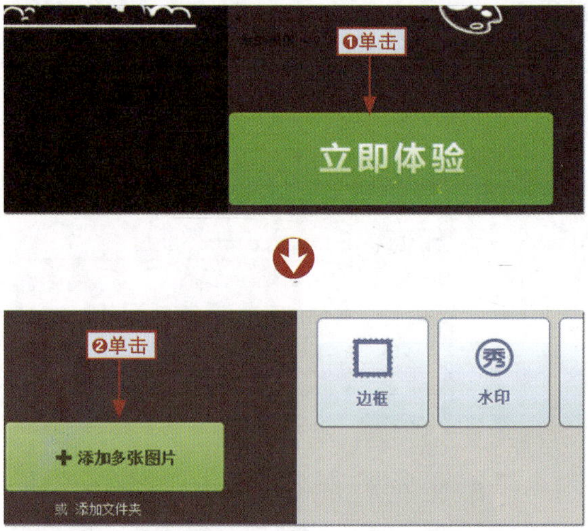

图 4-43　单击“添加多张图片”按钮

步骤03 ❶在相应的存储位置，选择需要批量处理的图片，❷单击“打开”按钮，❸在批处理软件的编辑器左侧单击“+添加图片”按钮继续添加图片。如果所有要上传的图片放在同一个文件夹中。也可以单击“添加文件夹”按钮一次性上传所有图片，如图4-44所示。

图 4-44　添加图片

步骤04 ❶在编辑器左侧选择要编辑的图片，按住Ctrl键的同时选择多张照片，❷在编辑器右侧选择需要的操作，比如单击“边框”选项卡，❸选择相应的边框样式，最后单击窗口最下方的“确定”按钮，然后在跳转的窗口中单击“保存”按钮就完成了批量添加边框的操作，如图4-45所示。

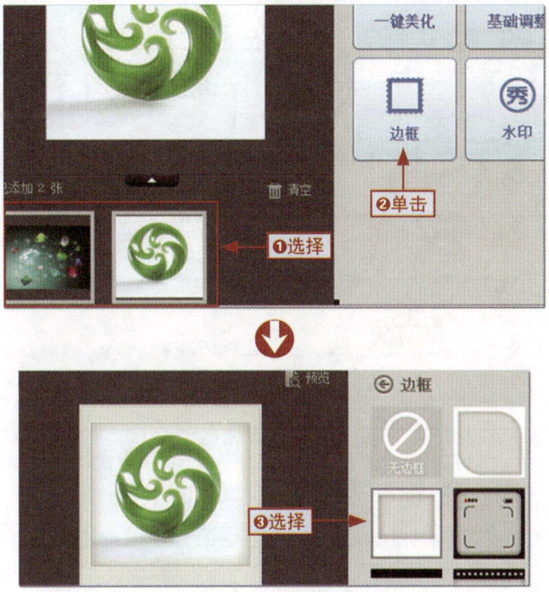

图 4-45 批量修改边框

小绝招

批处理软件

在美图秀秀的批处理软件中还能直接将目标图片拖进编辑器进行编辑，不需要去存储位置进行选择；批量处理软件里面有很多操作与美图秀秀软件中一致，用户可以直接使用批处理软件对图片进行编辑。

给你支招 | 将多张图片进行拼图

小白： 在美图秀秀中，除了能够对图片进行边框修饰、曝光率的调整和水印等的添加操作外，还有没有可以把不同的照片放在一起的功能呢？

阿智： 当然有，这就是美图秀秀中的拼图功能，它也比较好用，其具体操作如下。

步骤01 在美图秀秀首页中单击“拼图”按钮，如图4-46所示。

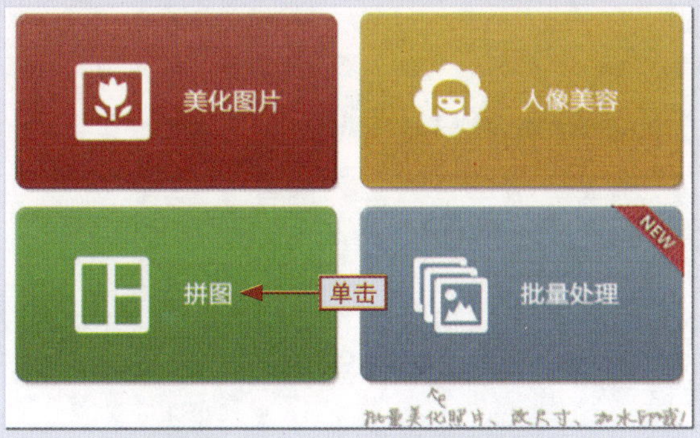

图 4-46 单击“拼图”按钮

步骤02 ❶选择拼图方式，如“自由拼图”，❷单击“添加多张图片”按钮，如图4-47所示。

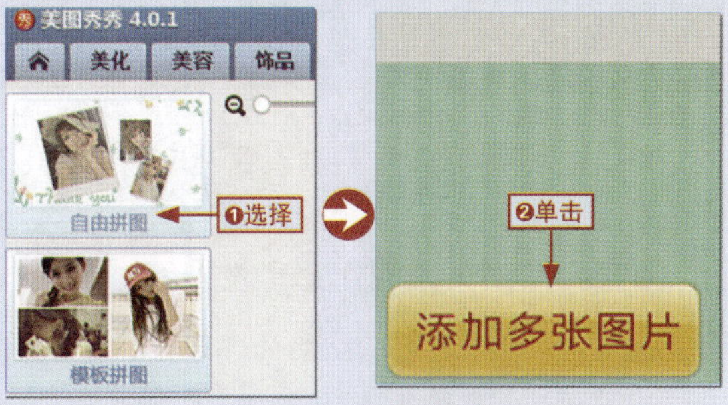

图 4-47 单击“添加多张图片”按钮

步骤03 ❶在打开的对话框中选择图片，❷单击“打开”按钮进行上传，如图4-48所示。

图 4-48　添加图片

步骤04 选中某张图片，对其进行编辑(如大小、透明度和旋转等)，如图4-49所示。

图 4-49　自主拼图

步骤05 确认拼图完成后，可以先单击“确定”按钮查看效果，最后单击编辑器右上角的“保存与分享”按钮，如图4-50所示。

图 4-50　保存拼图

给你支招 | 美图瘦身功能，让你的图片瞬间美美哒

小白： 店铺的宣传有时需要淘女郎的加入，让宝贝的展现更加生动。但是像我们这种白手起家的创业者，没有能力使用淘女郎，该怎么办呢？

阿智： 其实有些淘女郎也没有图片上看起来那么好看，要知道现在科技发达，丑女也能变成绝世美女，你只需要掌握一定的美图技巧，就能达到淘女郎的效果，其具体操作如下。

步骤01 在美图秀秀首页单击“人像美容”按钮，如图4-51所示。

图 4-51　单击“人像美容”按钮

步骤02 单击“打开一张图片”按钮上传需要美容的人物照片，如图4-52所示。

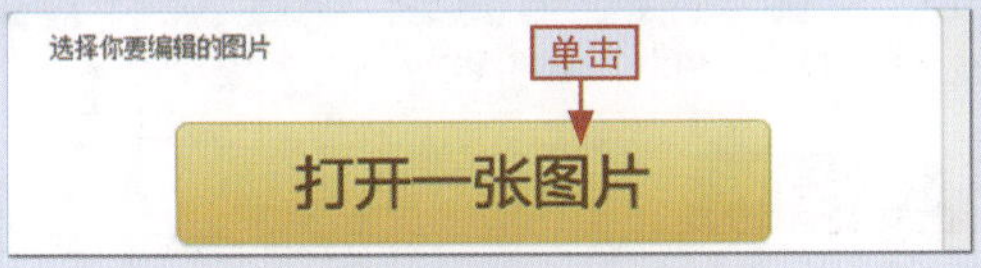

图 4-52　单击“打开一张图片”按钮

步骤03 ❶选择“瘦脸瘦身”选项，❷在打开的编辑器中，按住鼠标左键并拖动就可以对图片的人物瘦脸或瘦身，如图4-53所示。

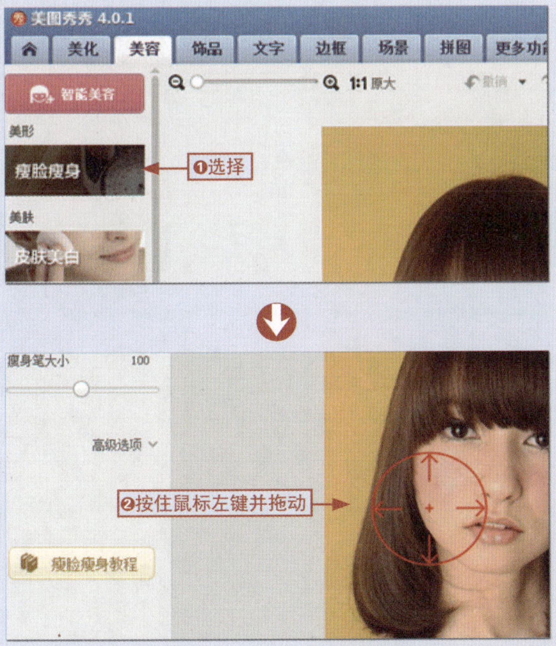

图 4-53　瘦脸操作

步骤04 查看效果，确定合适后单击“应用”按钮，如图4-54所示。

图 4-54　单击“应用”按钮

步骤05 保持瘦脸后的图片，选择“祛痘祛斑”选项，如图4-55所示。

图 4-55　选择“祛痘祛斑”选项

步骤06 在打开的编辑器中，将鼠标光标移动到需要祛痘祛斑的地方，❶单击鼠标左键即可消除对应位置的痘痘和斑点等，❷确认修改完成后单击“应用”按钮，如图4-56所示。

图 4-56　应用祛痘祛斑后的图片

步骤07 在进行多种美容操作后，确认人物形象达到了想要的效果，单击编辑器右上角的“保存与分享”按钮，如图4-57所示。

图 4-57　保存更改后的图片

Chapter 5

上架装修，创造知名度

学习目标

学习宝贝图片上传到店铺的方法和操作，了解手机端发布和查看宝贝的具体操作流程，让我们随时随地掌握店铺的经营状态。学会店铺页面的布局管理和外观设计方法，掌握店铺装修的相关技术，打造引人注目的店铺页面，升级店铺的信用等级，在客户群体中创造知名度。

本章要点

- 发布手机端宝贝详情
- 使用淘宝助理发布宝贝
- 用淘宝助理发布手机端宝贝
- 更换店招背景
- 自定义招牌
- 模块属性编辑
- 图片轮播模块设置
- 特价模块设置
- 使用图片作为页面背景
- 旺铺页面装修要点

知识要点	学习时间	学习难度
宝贝的发布与管理	50 分钟	★★★
店铺首页模块布局管理及设置	60 分钟	★★★★
旺铺的申请与装修	30 分钟	★★

5.1 发布与管理宝贝

阿智：小白，你知道怎么在店铺中发布你的宝贝吗?

小白：知道啊！就是在卖家中心的宝贝管理中发布呗！

阿智：那只是在电脑上发布和管理宝贝，为了实时管理我们的店铺，我们还需要掌握用淘宝助手发布宝贝，并且熟悉手机端发布和查看宝贝的操作。下面我就来教教你怎么使用这3种方法发布和管理宝贝。

发布和管理宝贝是店铺经营管理的首要工作。买家进入店铺浏览商品主要依靠的就是宝贝的图片，通过查看宝贝的图片和详细信息决定是否下单购买。所以发布并管理宝贝是店铺经营必须要做的事。

5.1.1 发布宝贝

发布宝贝主要是通过卖家中心的“发布宝贝”超链接进入发布程序的。发布宝贝之前应准备好宝贝的图片和基本信息。

学习目标	掌握电脑发布宝贝的操作流程
难度指数	★

步骤01 进入淘宝网首页，登录淘宝账号，进入“卖家中心”页面，在页面最左侧单击“发布宝贝”超链接，如图5-1所示。

图5-1 进入发布宝贝页面

步骤02 ❶在当前页面的“类目搜索”文本框中输入要上传的宝贝的名字，比如“戒指”，❷单击“快速找到类目”按钮，如图5-2所示。

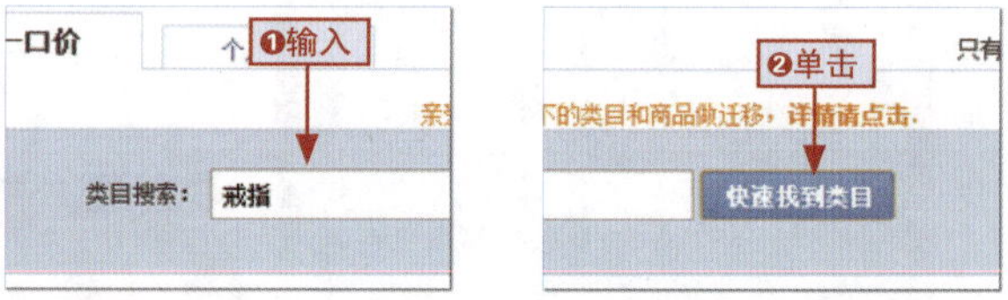

图5-2 搜索相关类目

步骤03 ❶在搜索结果中选择要发布的宝贝类别，❷单击“我已阅读以下规则，现在发布宝贝”按钮，如图5-3所示。

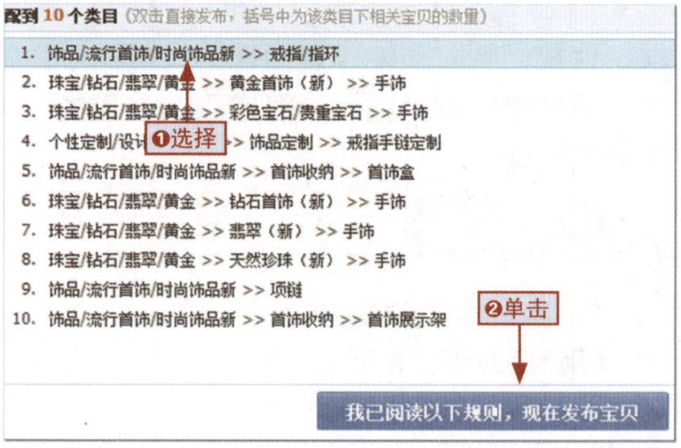

图5-3 选择要发布的宝贝类型

步骤04 填写和设置部分宝贝属性(带红色*号为必填项，不知道的可以不填，一般宝贝的类型是全新，如果是二手商品，可直接发布闲置宝贝)，如图5-4所示。

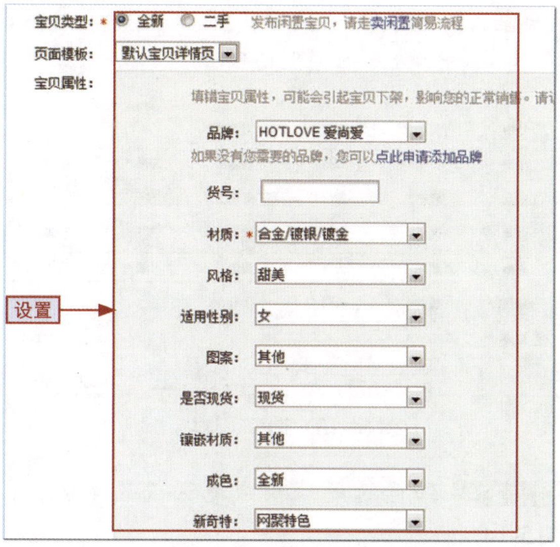

图 5-4　设置宝贝属性

步骤05 继续完善宝贝的基本信息，其中宝贝标题尽量包含宝贝的所有关键信息，如图5-5所示。

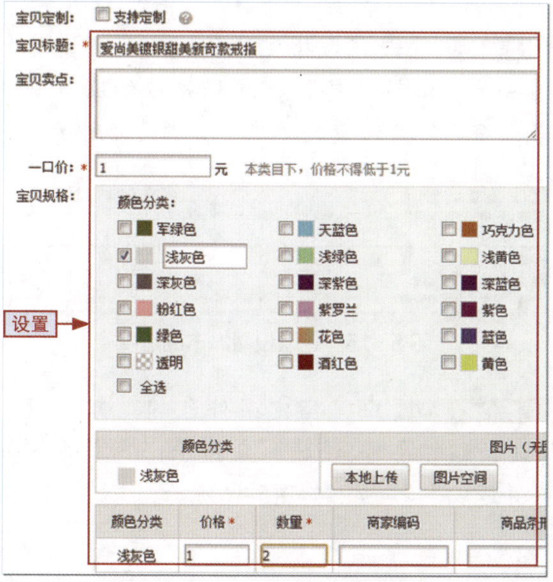

图 5-5　完善宝贝基本信息

步骤06 ❶设置宝贝的数量和采购地，❷单击“文件上传”按钮(本地上传图片大小不能超过3M，且不同的商品类目允许上传的图片数量不同)，上传本地文件，如图5-6所示。

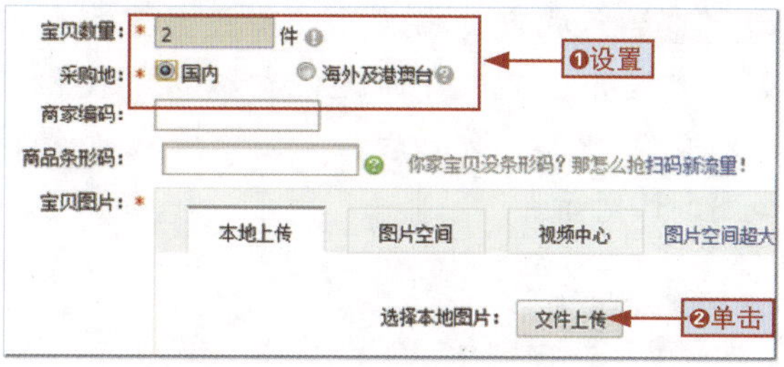

图 5-6　上传宝贝图片

步骤07 ❶选择准备好的宝贝图片，❷单击下方的“打开”按钮，如图5-7所示。

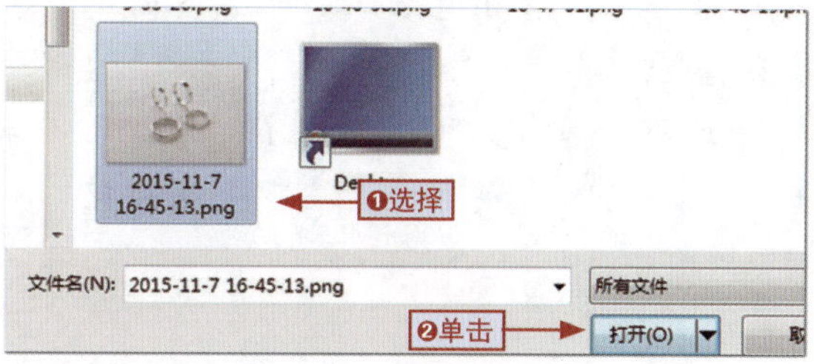

图 5-7　选择宝贝图片

步骤08 稍等片刻图片就可上传成功，继续单击“上传文件”按钮上传其余4张主图，如图5-8所示。

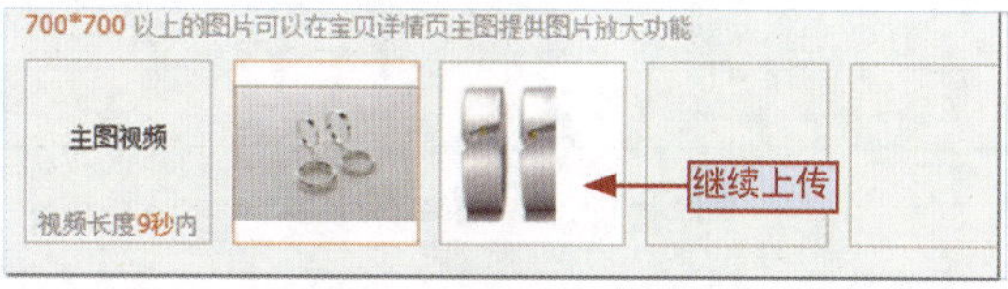

图 5-8　继续上传图片

步骤09 ❶在“宝贝描述”编辑器中填写宝贝的简单描述，❷单击“插入图片”按钮，❸单击“保存”按钮，如图5-9所示。

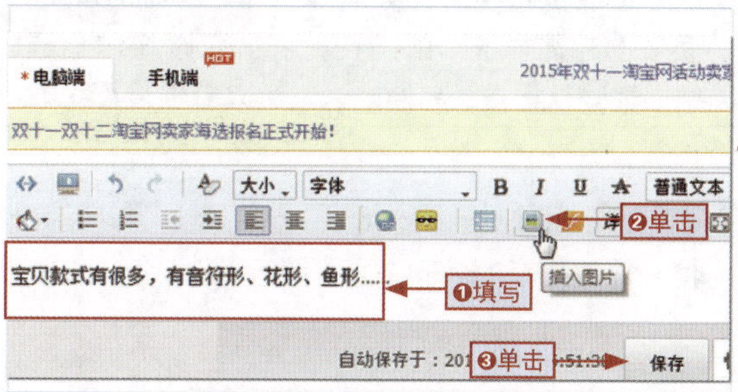

图 5-9　编辑宝贝详情

步骤10 完成宝贝描述后就要设置宝贝物流及安装服务。单击“新建运费板板”按钮，进入卖家中心-物流管理-运费模板设置，如图5-10所示。

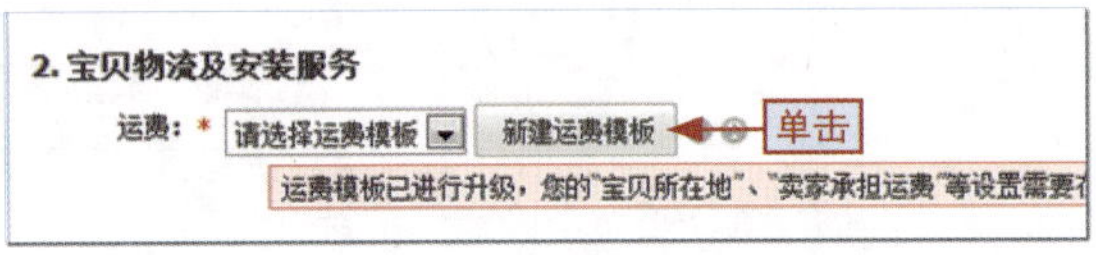

图5-10 进入运费模板设置页面

步骤11 ❶在运费模板设置页面中设置“模板名称”、“宝贝地址”、“发货时间”、“是否包邮”、“计价方式”和“运送方式”(所有项目都必须填写，不能为空)，❷单击“为指定地区城市设置运费”超链接，如图5-11所示。

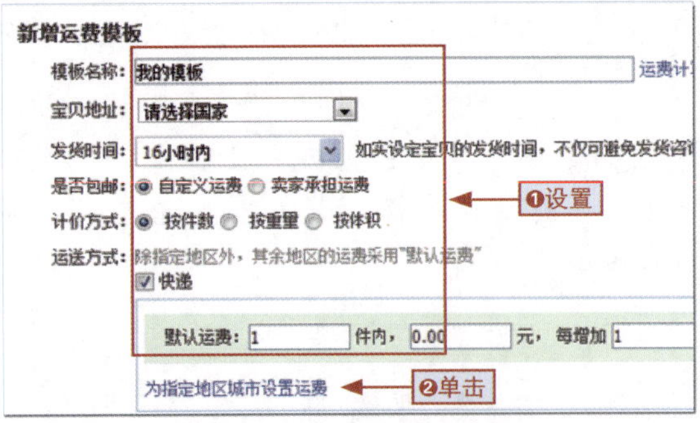

图5-11 设置运费模板

小绝招 默认运费的设置

在设置运费时，默认运费一般是指大多数地方运费的价格，比如华东、华北和西部地区很多地方需要统一的运费，那么可以将这个运费设为默认运费，其他地区就可以单独设置了。

步骤12 在弹出的对话框中单击“编辑”超链接，如图5-12所示。

图5-12 查看排序结果

步骤13 ❶选择相应的省市或地区，❷单击“确定”按钮，如图5-13所示。

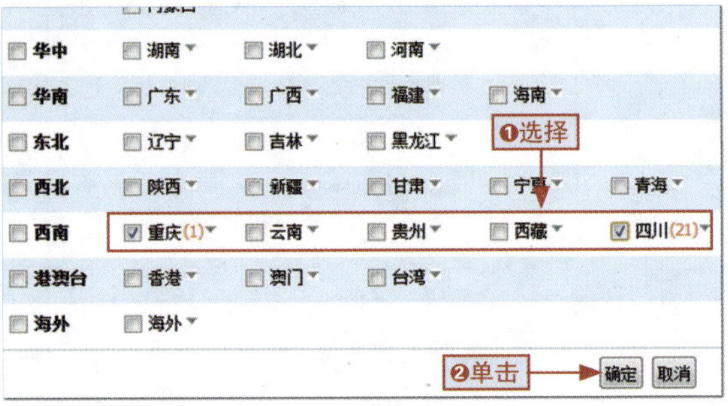

图5-13 选择运送城市

步骤14 给已选的城市或地区设置运费，如图5-14所示。

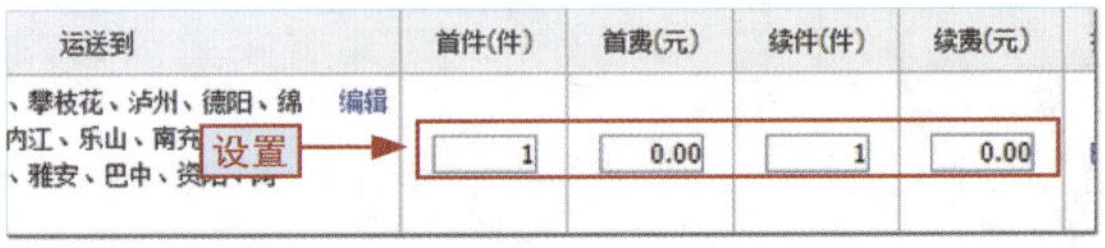

图5-14 给已选择的城市设置运费

步骤15 单击“为指定地区城市设置运费”按钮和“编辑”按钮，选择相应的城市，单击“确定”按钮设置运费，如图5-15所示。

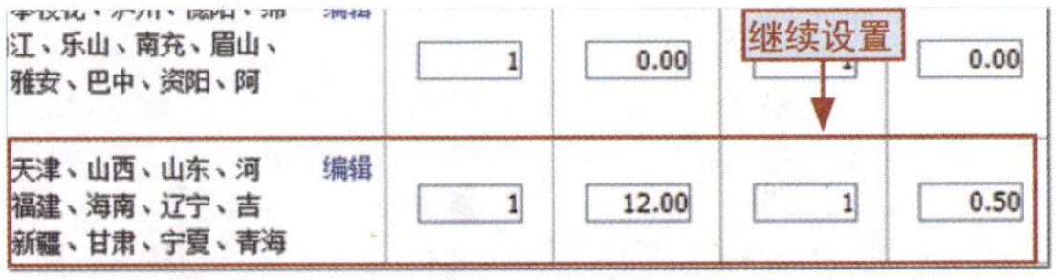

图5-15 继续设置城市的运费

步骤16 ❶选中“指定条件包邮”复选框，❷设置包邮条件(件数和金额等)，❸单击“保存并返回”按钮，如图5-16所示。

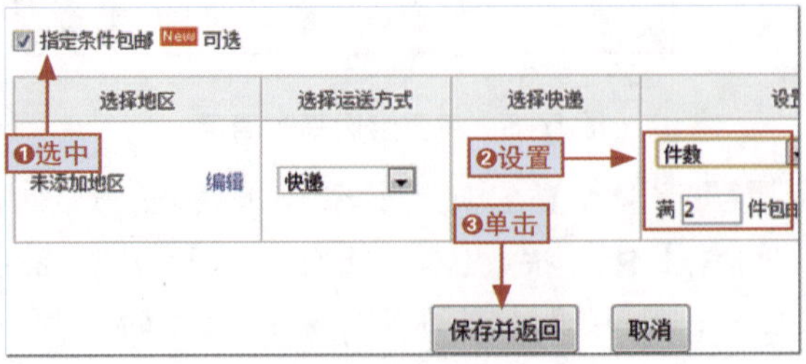

图5-16 设置指定条件包邮

步骤17 ❶此时系统跳转到“宝贝发布”页面，查看系统显示的物流和安装服务、售后保障信息及其他信息的默认情况是否符合要求，❷修改完后单击“发布”按钮，如图5-17所示。

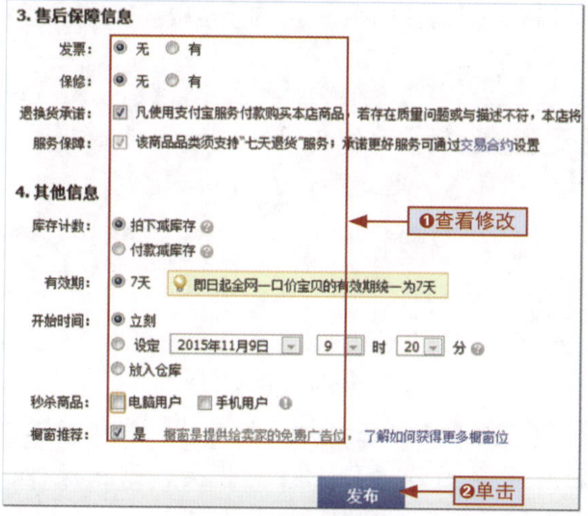

图 5-17 发布宝贝

步骤18 系统提示发布宝贝成功，30分钟后可在此页面单击“查看该宝贝”超链接查看宝贝，如图5-18所示。

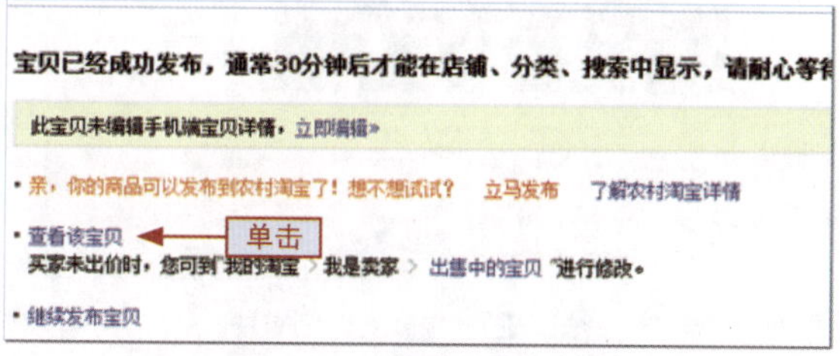

图 5-18 宝贝发布成功

5.1.2 发布手机端宝贝详情

由于大屏智能手机的普及，越来越多的用户选择使用手机客户端购物，为了方便使用手机客户端购物的用户，我们需要在电脑上发布手机端宝贝详情。

学习目标 掌握发布手机端宝贝详情的操作流程
难度指数 ★★

步骤01 进入个人卖家中心，在页面左侧“宝贝管理”栏中单击“出售中的宝贝”超链接，如图5-19所示。

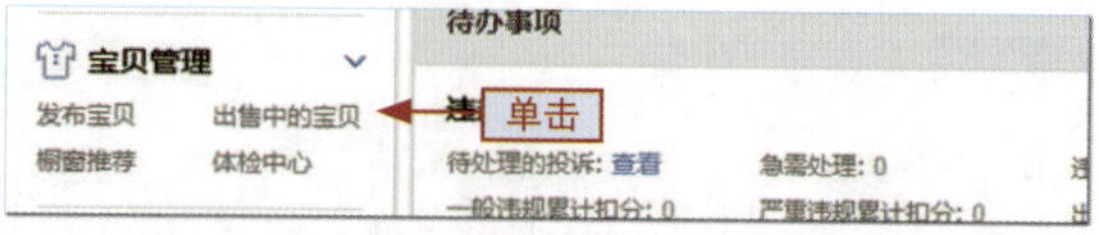

图 5-19 单击“出售中的宝贝”超链接

步骤02 在要发布手机端页面详情的宝贝列表右侧，单击“编辑宝贝”超链接，如图5-20所示。

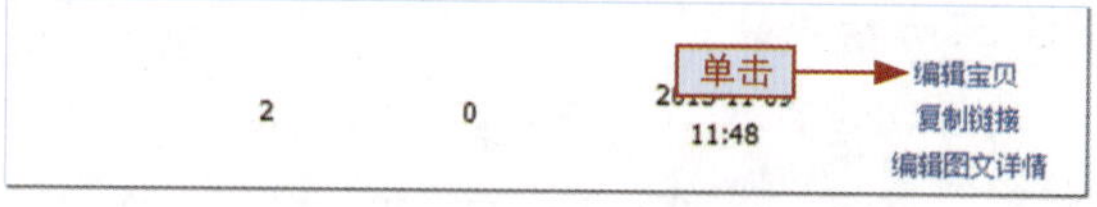

图 5-20 单击“编辑宝贝”超链接

步骤03 滚动鼠标滚轮向下翻看页面，在“手机端”编辑器处，将鼠标光标移动到“添加”按钮上，接着单击“文字”按钮，如图5-21所示。

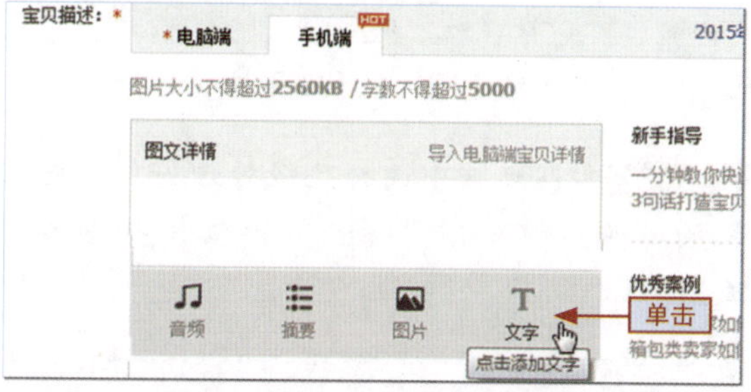

图 5-21 单击“文字”按钮

步骤04 ❶在下方出现的文本框中输入宝贝的文本描述，❷单击“确认”按钮，如图5-22所示。

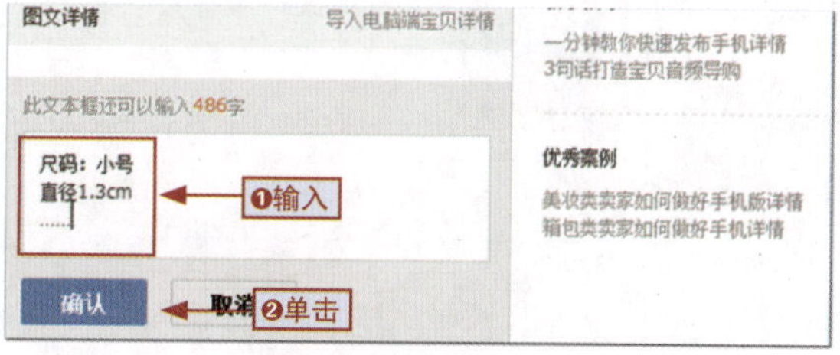

图 5-22 输入文本

步骤05 再次将鼠标光标移动到“添加”按钮上，单击“图片”按钮，如图5-23所示。

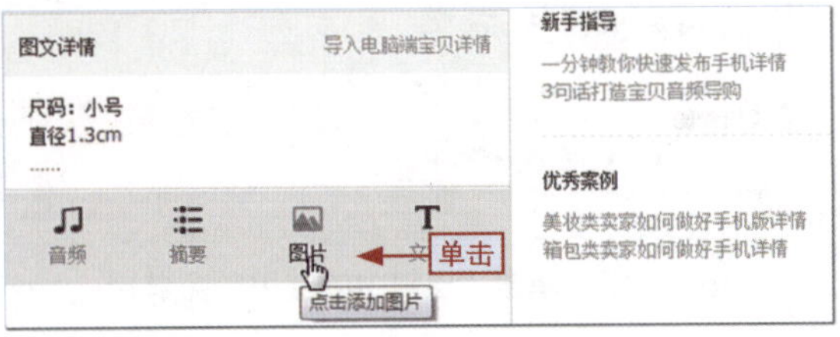

图5-23 单击“图片”按钮

步骤06 ❶在打开的窗口中切换到“上传新图片”选项卡，❷单击“添加图片”超链接，如图5-24所示。

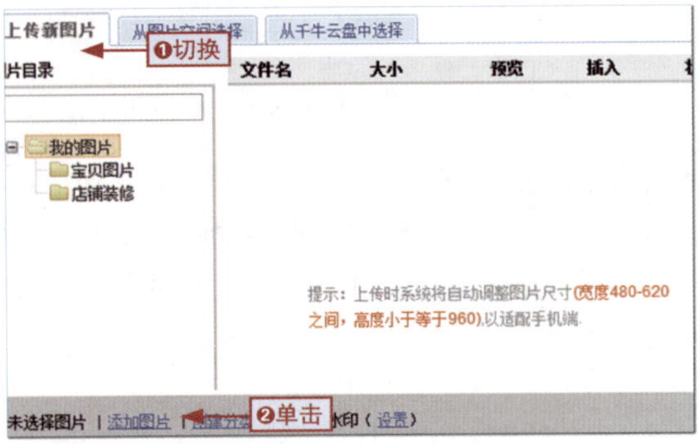

图5-24 上传新图片

步骤07 ❶在电脑中选择已经处理好的一张或多张图片，❷单击“打开”按钮，如图5-25所示。

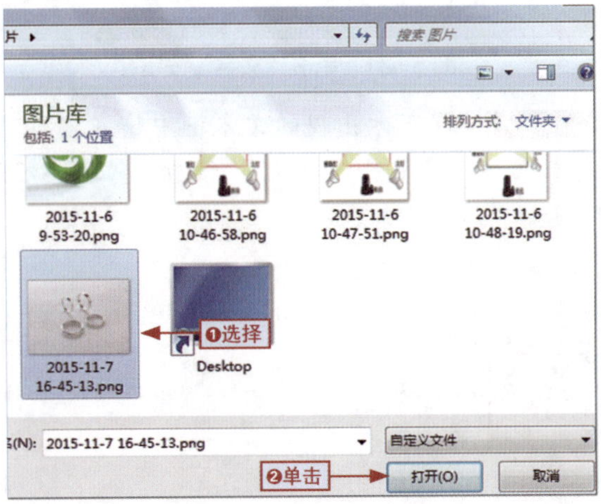

图5-25 选择图片

小绝招

设置手机端的图片规格

上传到手机端的图片宽度为480~620像素，高度小于等于960像素，格式为JPG/PNG/GIF等，上传之前需要用软件处理好图片大小。

步骤08 在“上传新图片”的编辑器右侧，单击“插入”超链接，如图5-26所示。

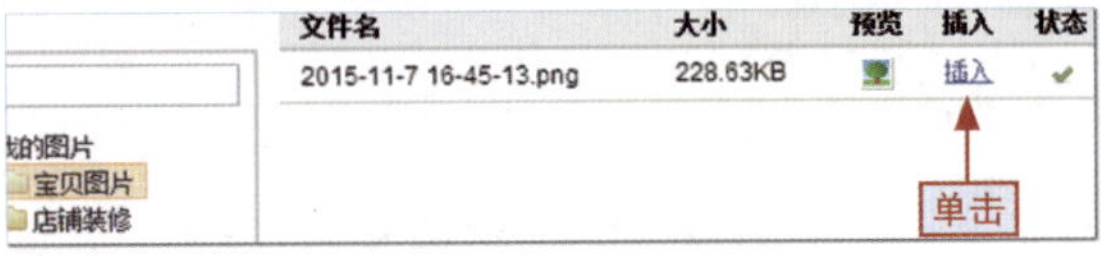

图5-26 插入图片

步骤09 ❶单击已经插入的图片，激活的工具栏可以对图片进行上移、替换和删除操作，❷单击“确认”按钮，如图5-27所示。

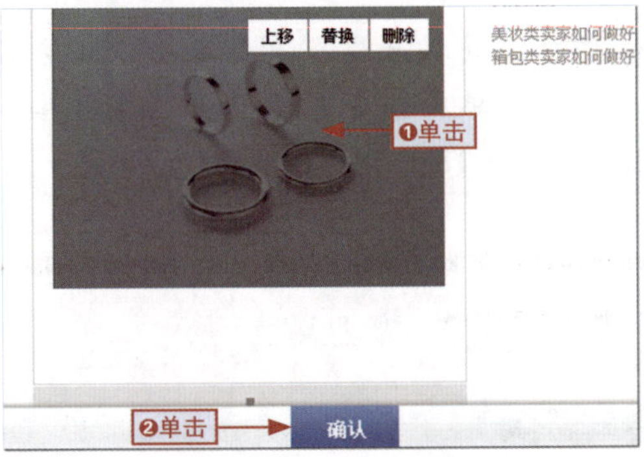

图5-27 确认上传图片

步骤10 系统跳转到宝贝销售页面，如图5-28所示。

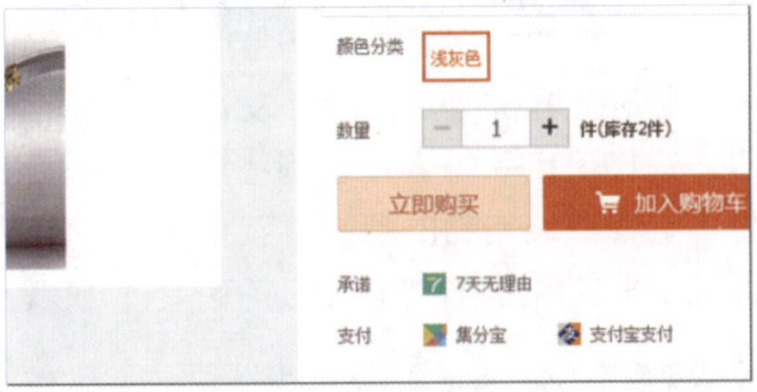

图5-28 完成手机端宝贝详情的发布

长知识 | 善于查看新手指导

新手卖家在进行操作的时候，可以先查看新手指导，比如发布手机端图文详情，这样可以避免自己做无用功。

在手机端编辑器旁边单击“一分钟教你快速发布手机详情……”超链接，在打开的页面中有图文和视频操作的详细说明。

卖家在发布宝贝时，在宝贝描述编辑器上方会有一句红色的提示标语，提示发布手机端详情可以获得流量倾斜等优势，如图 5-29 所示。

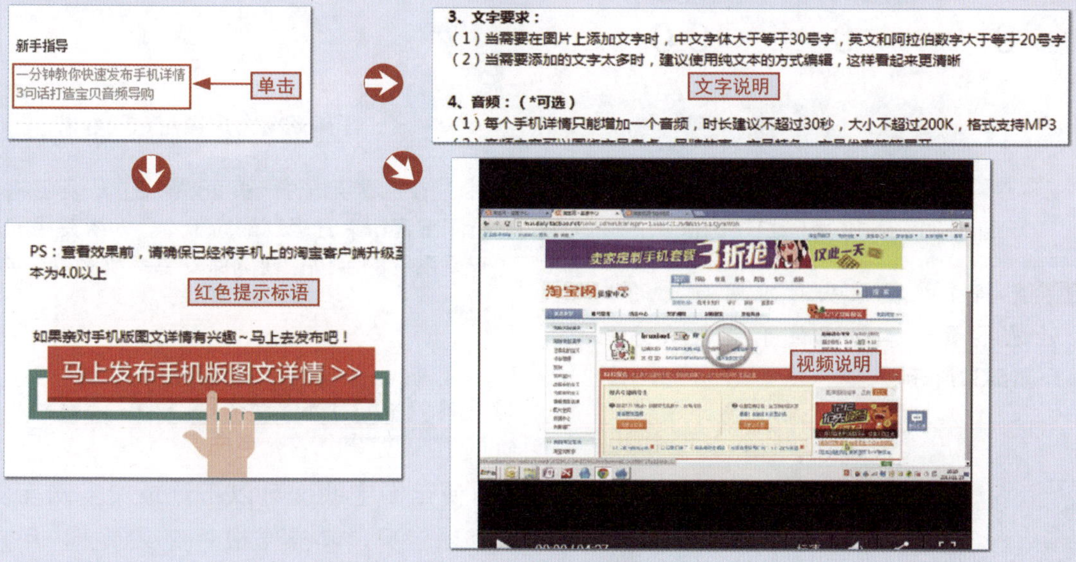

图5-29　查看新手指导

5.1.3 查看手机端宝贝详情

发布手机端宝贝图文详情后，可以自己查看一下手机端的宝贝效果，一方面看看自己的设计成果，另一方面是为了发现是否有不妥的地方。

学习目标　学会查看手机端宝贝详情的操作步骤

难度指数　★★

步骤01 ❶从电脑端进入卖家中心，在“宝贝管理”栏中单击“出售中的宝贝”超链接，❷将鼠标光标移动到宝贝图片旁边的“码”字图标处，查看二维码如图5-30所示。

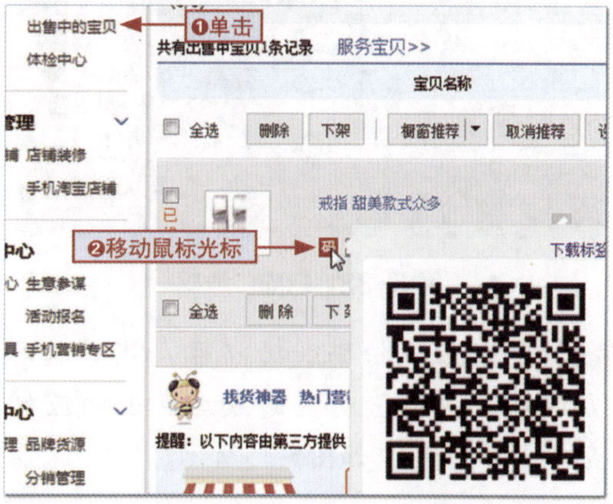

图 5-30　查看二维码

步骤02 进入手机上的“千牛”客户端，在工作台右上角点击“扫一扫”按钮，如图5-31所示。

图5-31 点击“扫一扫”按钮

步骤03 将手机摄像头对准网页上的二维码，注意尽量让二维码位于摄像头方框里面，如图5-32所示。

图5-32 扫描二维码

步骤04 二维码扫描成功以后，就可以看到宝贝详情，向下滑动页面或者点击相应的按钮查看更多信息，如图5-33所示。

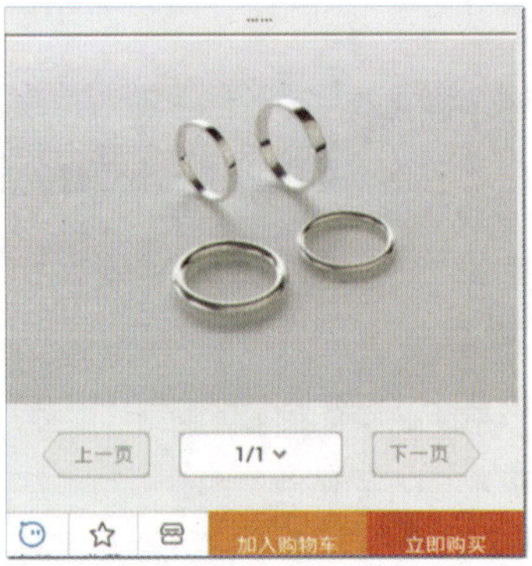

图5-33 浏览宝贝

小绝招 手机淘宝客户端版本的要求

在查看手机详情页面效果之前，尽量将手机淘宝客户端升级到最新版本，如果使用的是安卓系统的手机，要确保安卓系统版本为4.0以上。

5.1.4 使用淘宝助理发布宝贝

使用淘宝助理可以不登录淘宝网而发布或编辑宝贝，其操作相对直观便捷，用户还可以随时在桌面上进行管理。

学习目标	掌握淘宝助理发布宝贝的操作步骤
难度指数	★★

步骤01 ❶在电脑上进入淘宝助理登录页面，输入会员名和密码，❷单击“登录”按钮，如图5-34所示。

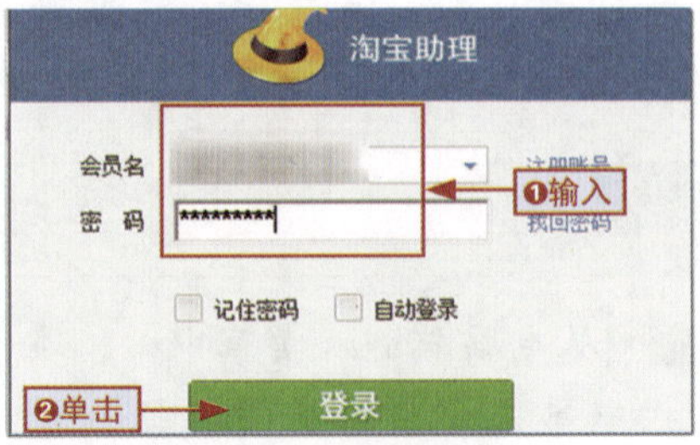

图5-34 登录淘宝助理

步骤02 ❶单击“宝贝管理”选项卡，切换页面，❷单击“+创建宝贝”按钮，如图5-35所示。

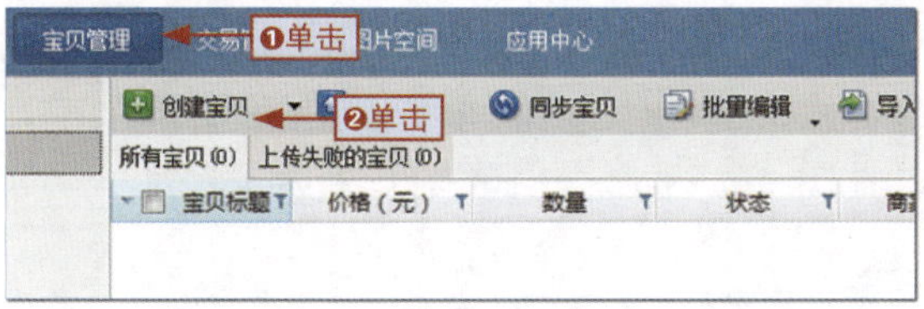

图 5-35　单击“+ 创建宝贝”按钮

步骤03 ❶单击“选类目”按钮，❷选择宝贝所属类目，❸单击“确定”按钮，如图5-36所示。

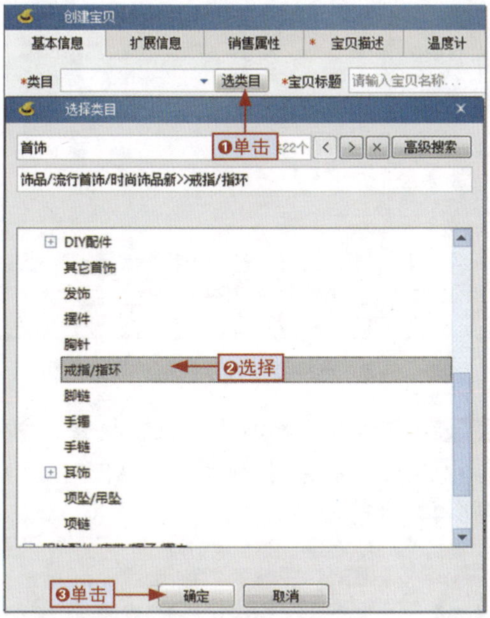

图 5-36　选择宝贝类目

步骤04 在“类目属性”编辑器中编辑宝贝的各种属性，(其中，有的信息可填可不填)，如图5-37所示。

步骤05 在“基本信息”选项卡中填写宝贝的其他销售信息，如图5-38所示。

步骤06 单击“+添加图片”按钮，然后在打开的对话框中选择图片作为宝贝主图，如图5-39所示。

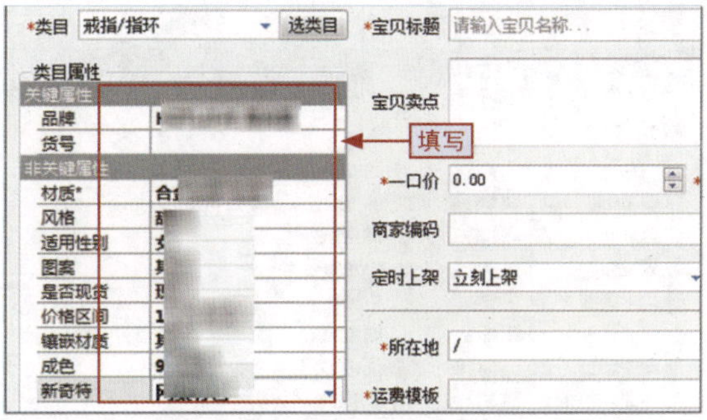

图 5-37　填写类目属性

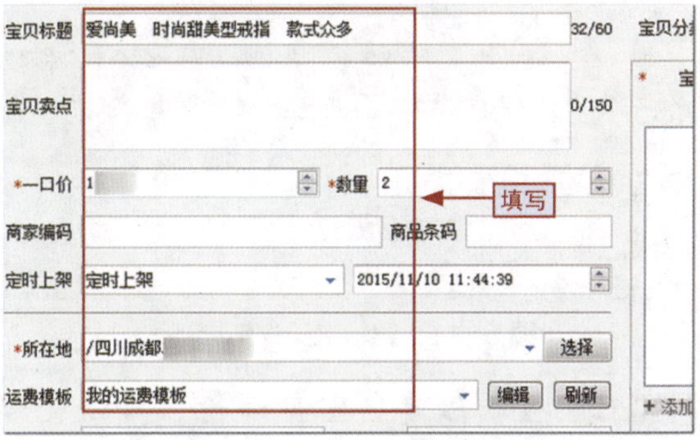

图 5-38　填写其他基本信息

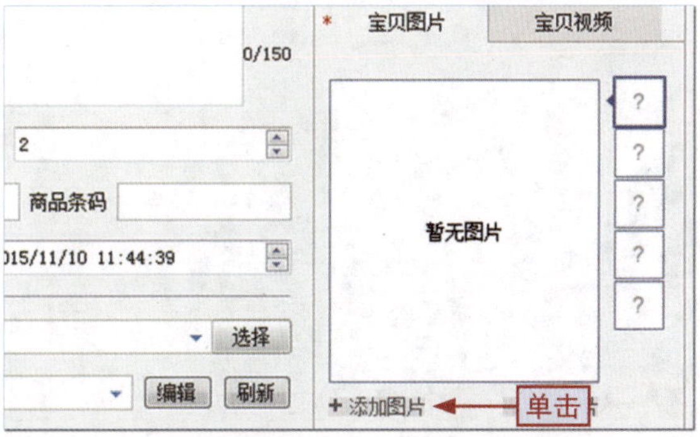

图 5-39　添加宝贝图片

步骤07 ❶在“创建宝贝”页面中单击“销售属性”选项卡，❷在其中设置宝贝的颜色和尺码等属性，如图5-40所示。

步骤08 ❶在“创建宝贝”页面中单击“宝贝描述”选项卡，❷在编辑框中编辑宝贝的详细图文描述，❸单击“插入本地图片”按钮，在打开的对话框中选择图片，如图5-41所示。

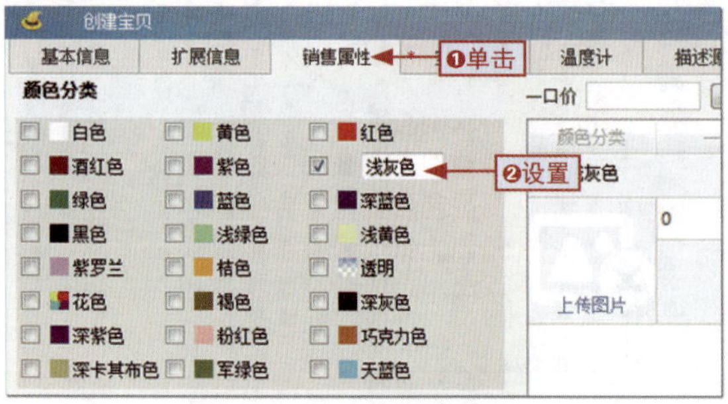

图 5-40 设置销售属性

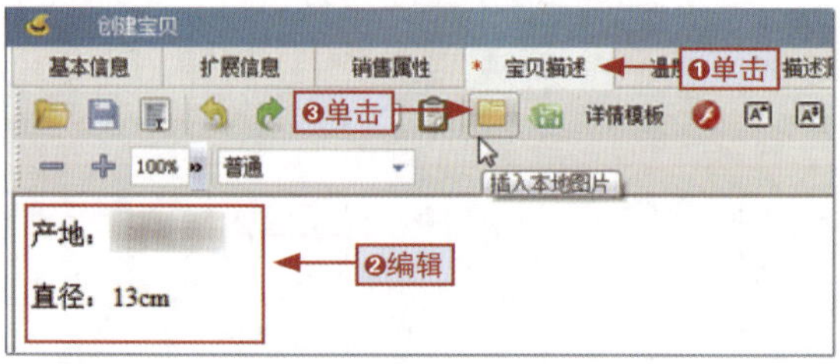

图 5-41 编辑宝贝详情描述

步骤09 查看编辑的宝贝详情，确认无误后，单击页面下方的“保存并上传”按钮上传宝贝，如图5-42所示。

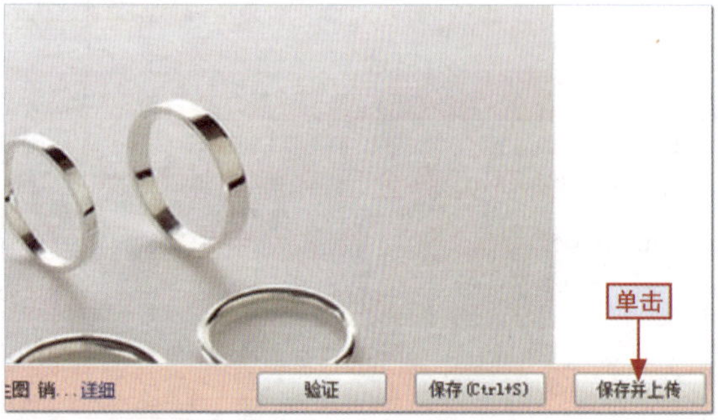

图 5-42 保存并上传宝贝

步骤10 宝贝上传成功后稍等片刻，即可打开页面查看宝贝详情。

> **小绝招**
>
> **宝贝的信息一定要编辑完整**
>
> 在淘宝助理里面发布宝贝图文详情等内容，一定要把带红色 * 的选项填写完整，否则上传宝贝时会受到影响。

5.1.5 用淘宝助理发布手机端宝贝

使用淘宝助理也可以发布手机端宝贝详情，而且操作比较简单。只是在发布之前，卖家同样应该将合适的图片准备好。

学习目标	学会用淘宝助理发布手机端宝贝的操作步骤
难度指数	★★

步骤01 ❶在宝贝列表中选择要发布手机端详情的宝贝，❷单击“手机详情”选项卡，如图5-43所示。

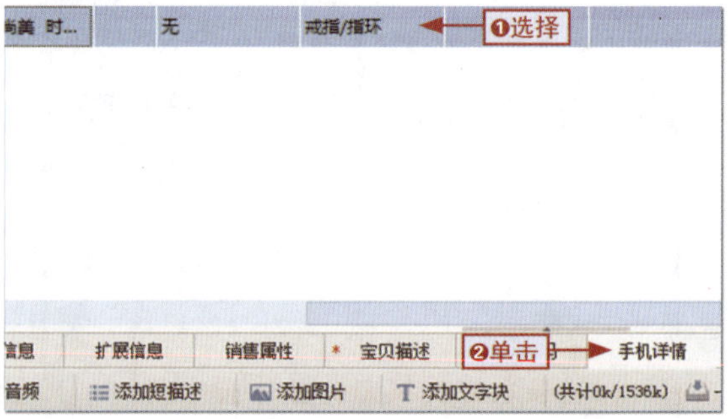

图 5-43 选择要发布手机端详情的宝贝

步骤02 ❶单击“添加文字块”按钮，❷在对话框中输入文字说明，❸单击“确定”按钮，如图5-44所示。

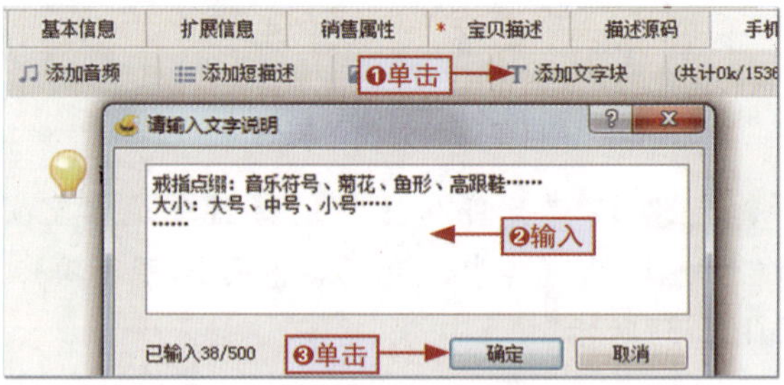

图 5-44 输入文字说明

步骤03 ❶单击“添加图片”按钮，❷在打开的对话框中单击“选择要上传的图片”按钮，如图5-45所示。

步骤04 ❶选择图片，❷单击“打开”按钮，如图5-46所示。

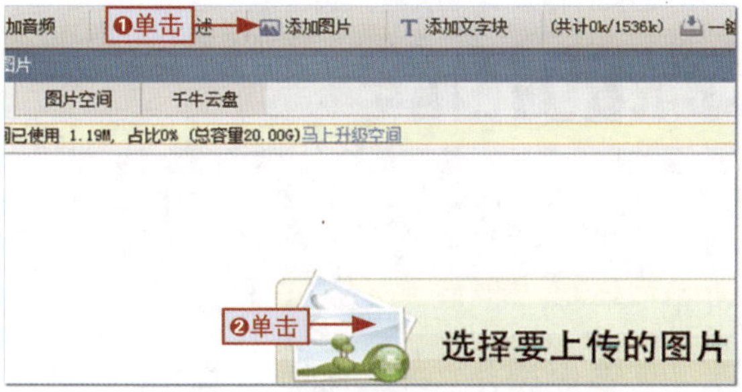

图 5-45　单击“添加”图片按钮

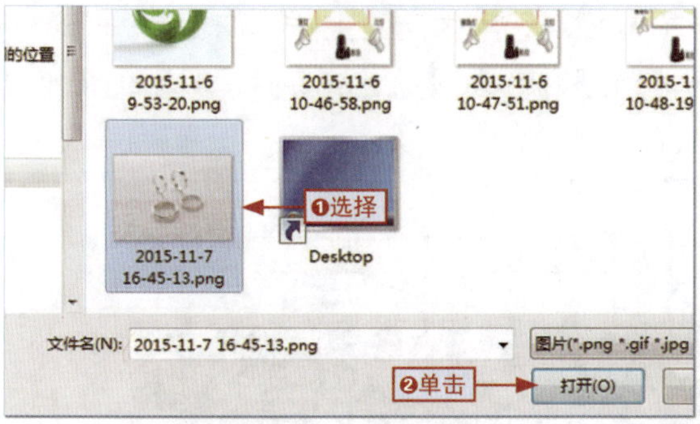

图 5-46　选择图片

步骤05 在打开的对话框中单击“插入”按钮，添加图片，如图5-47所示。

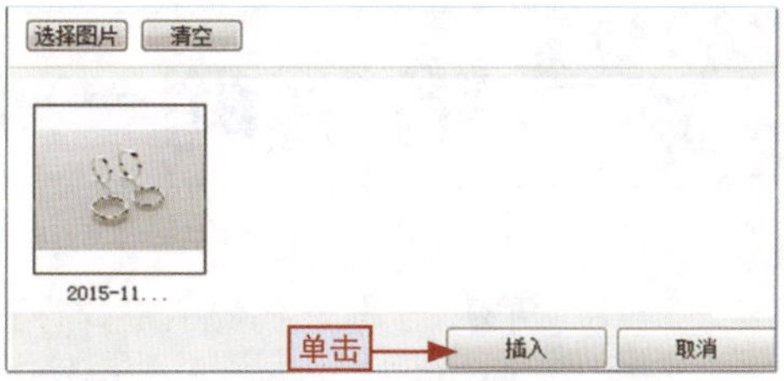

图 5-47　添加图片

步骤06 添加完文字信息和宝贝图片后，❶在“手机端模拟”栏中可以查看宝贝详情的效果，❷确认无误后单击“保存并上传”按钮，完成上传操作，如图5-48所示。

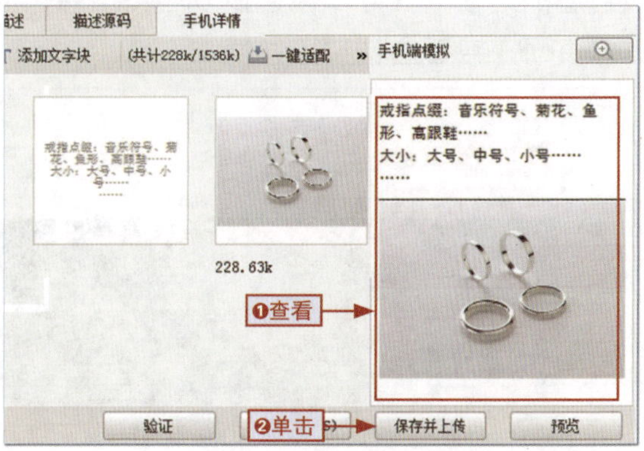

图 5-48　保存并上传

长知识 | 解决系统繁忙或者网络不给力，无法上传宝贝的问题

在使用淘宝助理上传宝贝时，我们可能会遇到上传不成功的情况，有时出现提示网络错误等类似的信息。如果用户的网络此时是正常运行的，通常是网络拥堵造成宝贝上传不成功。当淘宝助理服务器繁忙时，就会出现暂时无法处理所有用户请求的状况。

遇到这样的情况时，可先退出淘宝助理，然后重新登录。不用担心我们编辑的宝贝信息丢失或没有保存，只要单击了“保存并上传”按钮，宝贝的信息就会保存在本地仓库中。重新登录后选中宝贝再次上传，通常都能上传成功，如图 5-49 所示。如果上传的图片较多，则需等待较长一点的时间。

图5-49　宝贝信息上传成功的标志

5.2 给店铺一个漂亮的招牌

阿智：小白，你家店铺有漂亮的招牌吗？

小白：额……我好像没有理会过什么店铺招牌啊！

阿智：那你家店铺的生意应该不会很好吧！我教教你怎样给你的店铺做一个漂亮的招牌吧，这样更能吸引买家浏览宝贝哦！

店铺招牌就是网店最上方的一块页头区域，店招就相当于实体店正上方的门面。一个漂亮又合适的店招不仅可以传递很多店铺信息，而且还能给顾客带去视觉上的好感，吸引他们继续浏览页面，查看店铺宝贝详情。

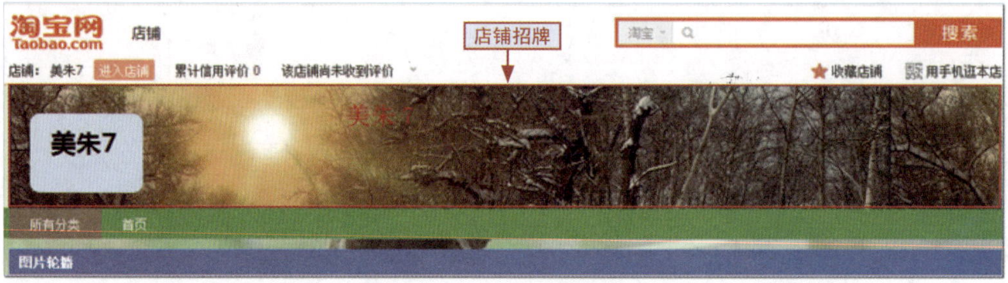

图 5-50 店铺招牌的位置

5.2.1 获取店招尺寸大小

用户可以用Photoshop软件自己设计店招，但在设计店招之前，一定要知道店招区域的尺寸大小，这样才能设计出合适的店招图片。

学习目标	掌握获取店铺招牌尺寸大小的步骤
难度指数	★★

步骤01 启动Photoshop软件，然后进入卖家中心，在页面个人店铺名称下方选择“查看淘宝店铺”选项，如图5-51所示。

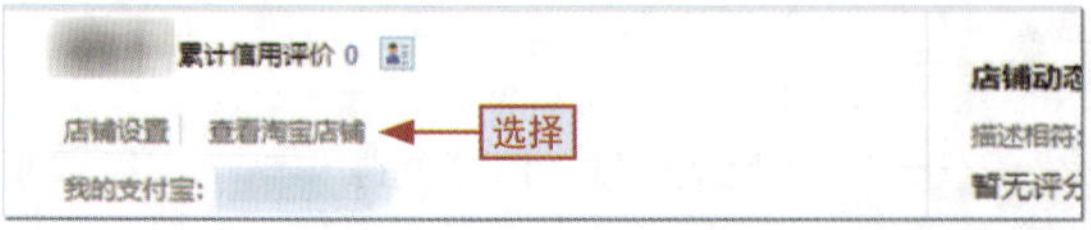

图 5-51 进入店铺

步骤02 在打开的页面中单击右上方的“装修此页面”超链接，如图5-52所示。

图 5-52 进入装修页面程序

步骤03 将鼠标光标移动到店招区域，等鼠标光标变成四向箭头后就可以停止移动鼠标，如图5-53所示。

图 5-53 移动鼠标光标

步骤04 在登录QQ软件的情况下按Ctrl+Alt+A组合键，拖动鼠标截取店招区域。在鼠标右下方会显示当前覆盖区域的尺寸信息，如图5-54所示。

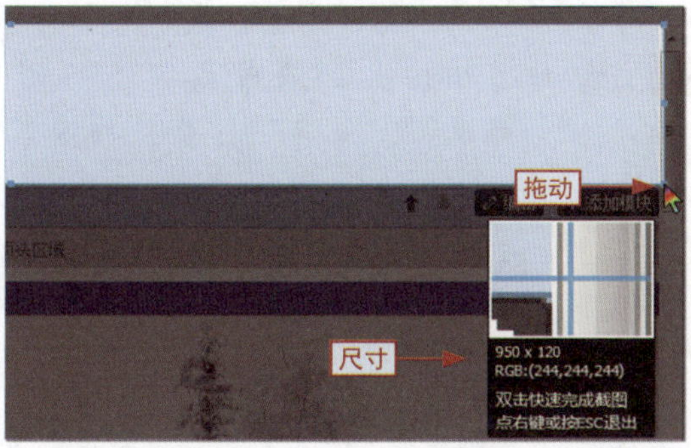

图 5-54 截取店招区域

步骤05 在拖动的区域刚好覆盖住店招区域后，尺寸大概是950×120，释放鼠标，单击“完成”按钮，如图5-55所示。

图 5-55 完成截图

步骤06 ❶切换到Photoshop，单击左上方的“文件”菜单项，❷选择“新建”命令，如图5-56所示。

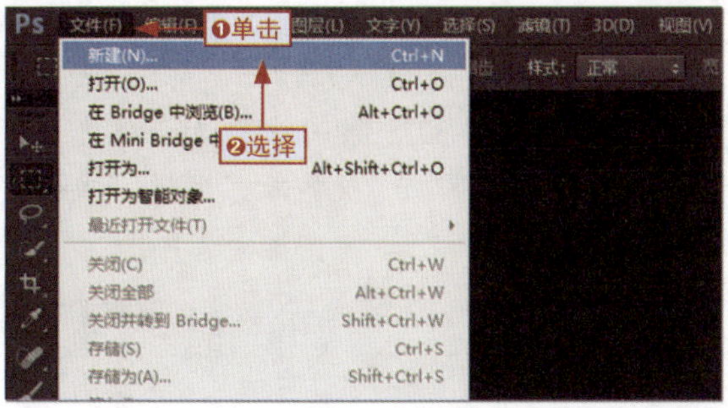

图 5-56 新建文件

步骤07 在“新建”对话框中会自动拾取刚刚截图区域的宽高尺寸，单击“确定”按钮即可新建一个与店招大小相符的文件(如果没有自动获取店招区域的大小，也可以自动输入相应的数据)，如图5-57所示。

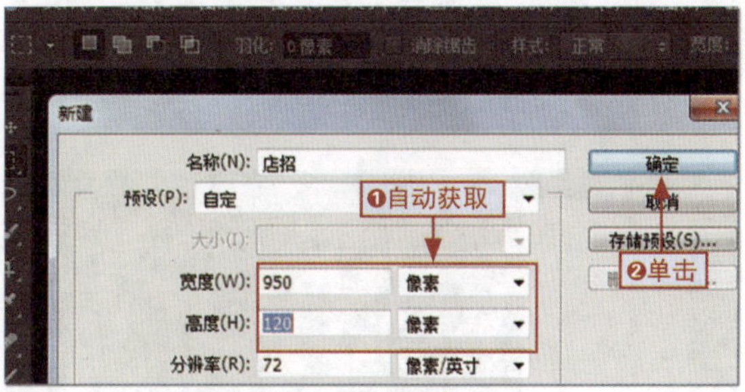

图 5-57 完成新建文件

5.2.2 更换店招背景

自己在Photoshop软件里设计店招，之后将其上传到网站上，更换掉默认的店招，使店招更具个性化，同时还可以设置是否显示店名等信息。

学习目标 掌握更换店招背景的操作步骤

难度指数 ★★★★

步骤01 ❶在Photoshop编辑器中单击“文件”菜单项，❷选择“打开”命令，如图5-58所示。

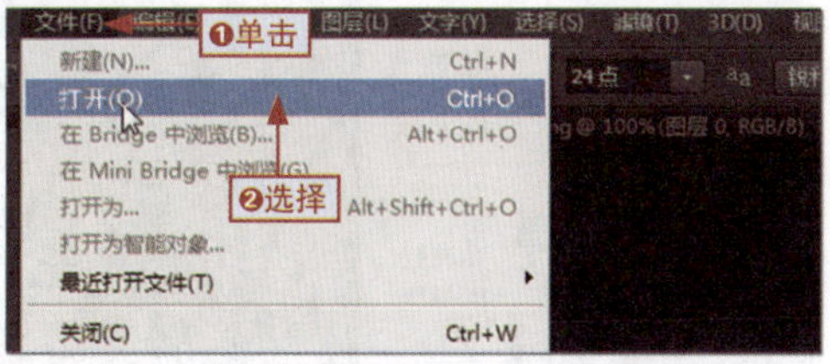

图 5-58 打开准备好的店招图片

步骤02 选中要应用的图片，单击“打开”按钮进入到Photoshop的编辑器中，对插入的图片进行编辑。❶单击编辑器左侧的“T”选项卡，❷移动鼠标光标到相应位置，单击鼠标左键，如图5-59所示。

图 5-59　应用编辑店招图片

步骤03 选中店铺名称，❶单击“T”按钮的下拉按钮，❷选择字体大小如“12点”，如图5-60所示。

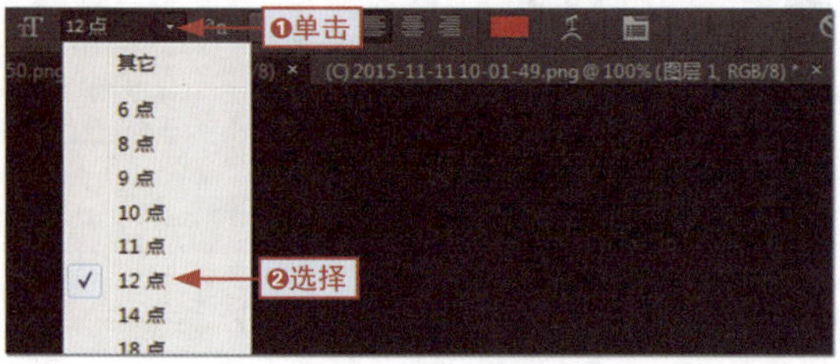

图 5-60　更改店铺名称大小

步骤04 选中店铺名称，❶单击编辑器右上方的“色板”选项卡，❷选择字体颜色(如红色)，如图5-61所示。

图 5-61　更改店铺名称颜色

步骤05 ❶单击“文件”选项卡，❷选择“存储”命令，如图5-62所示。

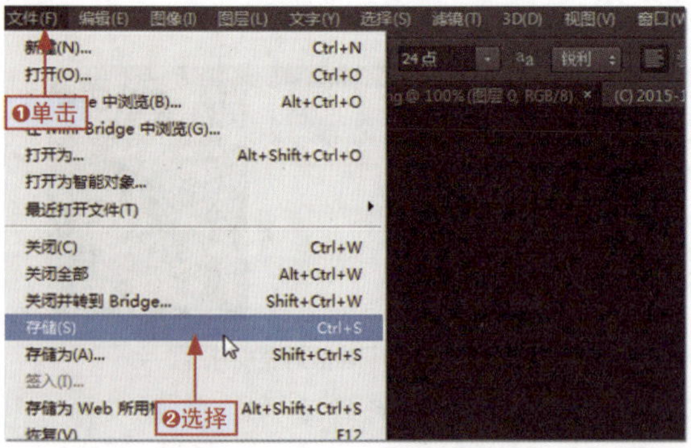

图 5-62　存储店招图片

步骤06 在打开的对话框中选择图片的存储位置，如图5-63所示。

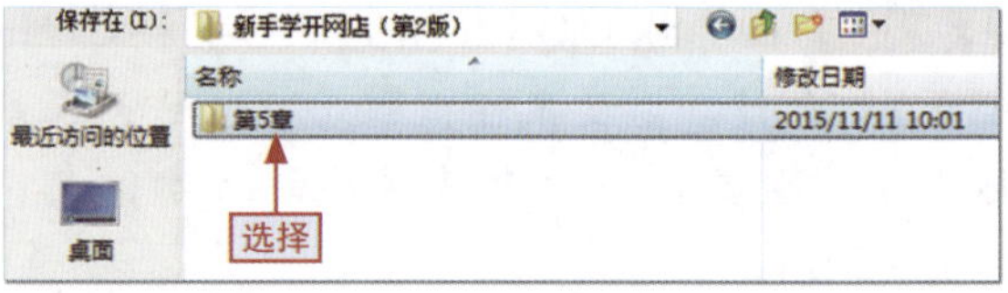

图 5-63　选择店招图片存储位置

步骤07 ❶选择图片的存储格式，一般是JPEG格式，❷单击“保存”按钮，如图5-64所示。

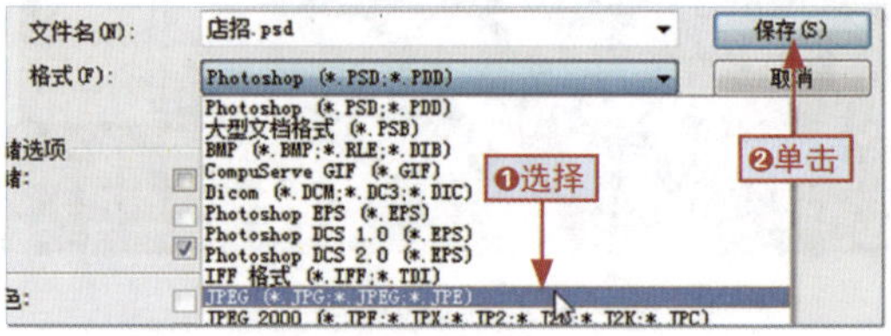

图 5-64　更改店招图片的格式并保存

> **小绝招**
>
> **店招图片的格式选择**
>
> 在更改店招图片的存储格式时，一般使用JPEG格式，属于不可编辑的图片；如果担心以后会更改图片，那么就存为PSD格式，属于可编辑的图片，只需要再存储一次即可。

步骤08 在打开的对话框中单击“确定”按钮，如图5-65所示。

图 5-65　完成保存

步骤09 进入淘宝店铺装修页面，❶将鼠标光标移动到店招区域，❷单击“编辑”按钮，如图5-66所示。

图 5-66　进入店招编辑程序

步骤10 保持单选按钮“默认招牌”的选中状态，然后单击“选择文件”按钮，如图5-67所示。

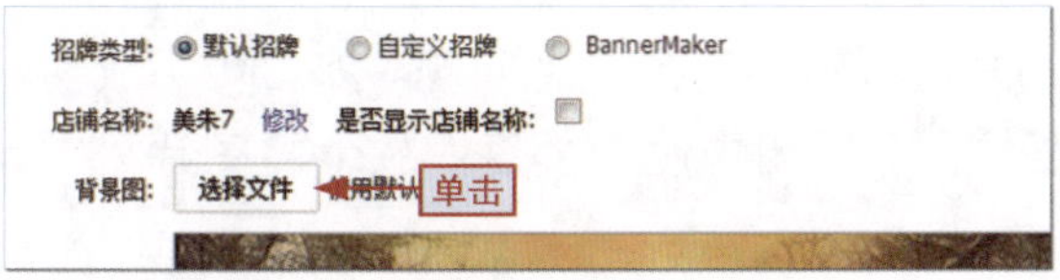

图5-67 单击“选择文件”按钮

步骤11 ❶单击“上传新图片”选项卡，❷选择“添加图片”选项，如图5-68所示。

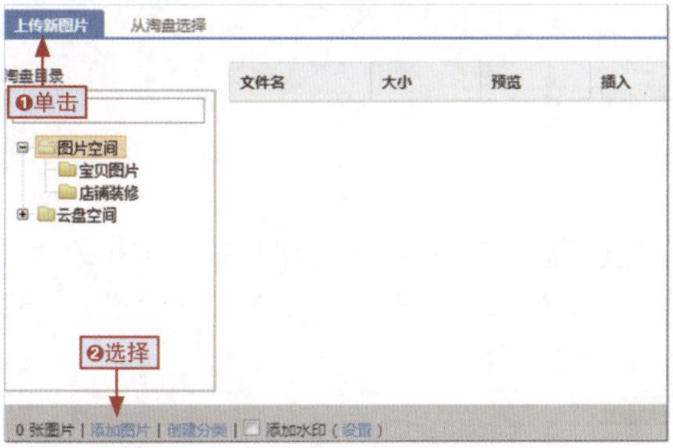

图5-68 选择“添加图片”选项

步骤12 ❶选择要上传的图片，❷单击“打开”按钮，如图5-69所示。

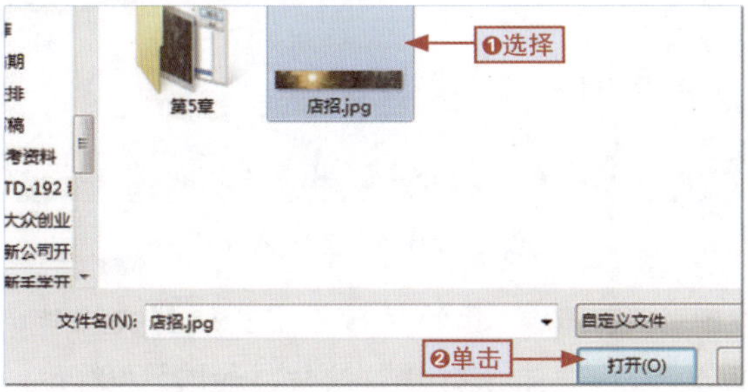

图5-69 选择店招图片

步骤13 在“上传新图片”选项卡下方，单击“插入”按钮，如图5-70所示。

图5-70 插入店招图片

步骤14 ❶取消选中“是否显示店铺名称”复选框，❷单击对话框最下方的“保存”按钮，如图5-71所示。

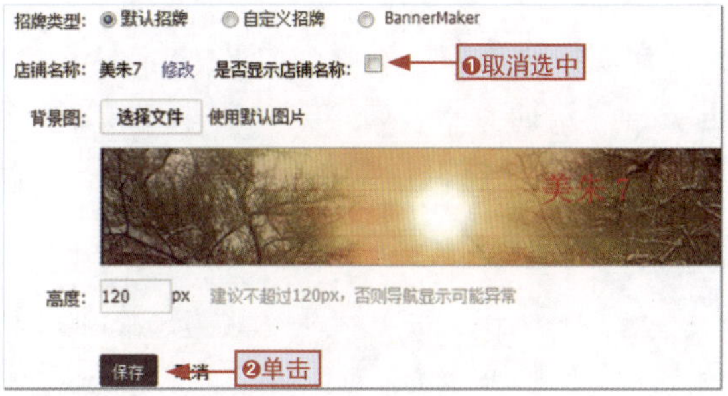

图5-71 取消店招中的店名

步骤15 保存后，在退回的装修页面中可以看到店招效果，确认无误后单击右上角的“发布”按钮，如图5-72所示。

图5-72 发布图片

步骤16 在打开的对话框中单击“确定”按钮，在返回的页面中即可看到装修效果，如图5-73所示。

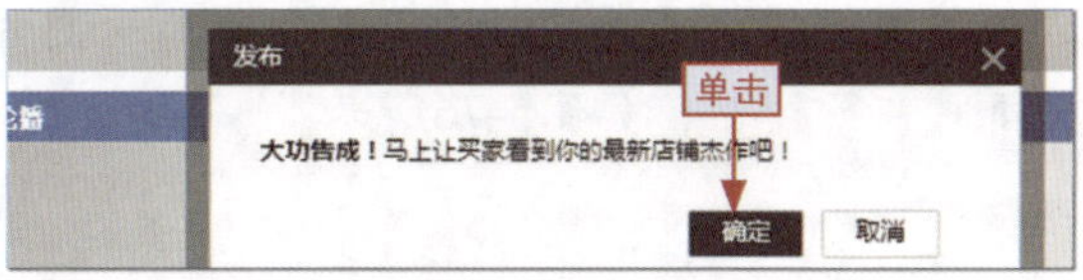

图5-73 确定发布

步骤17 单击“查看店铺”按钮，系统将跳转到买家眼中的店铺页面，如图5-74所示。

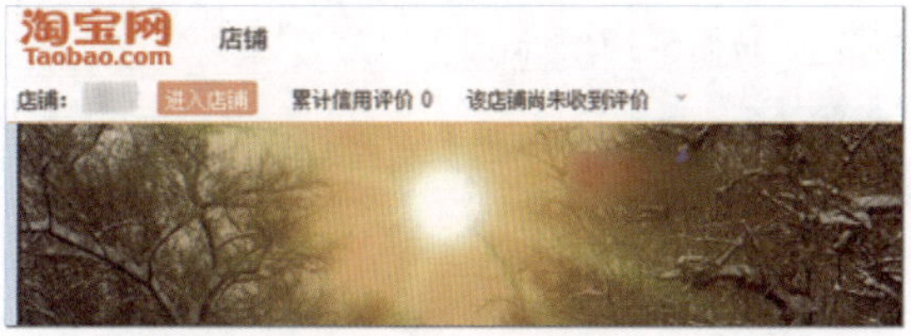

图5-74 确定发布

长知识 | 店招图片的格式不能是 CMYK 格式

在上传店招图片时，不能上传 CMYK 格式的图片，否则上传会遇到问题，如上传不成功，也没有办法插入到页面中去。如果要使图片符合要求，可以用电脑中的画图软件将图片另存为 JPG 或者 PNG 格式，如图 5-75 所示，这样就可以顺利上传了。

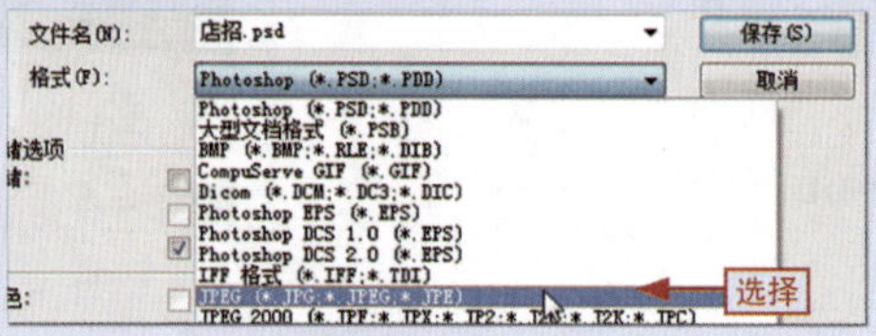

图5-75　选择正确的图片格式

5.2.3 自定义招牌

卖家在设计自家店铺招牌时，如果不喜欢默认显示方式的店招，也可以自定义招牌。自定义店招可以链接网址，对于要求稍高的卖家而言，可尝试自定义招牌。

学习目标	学会自定义招牌的操作流程
难度指数	★★★★

步骤01 ❶进入店铺招牌的编辑模式，选中“自定义招牌”单选按钮，❷单击“插入图片空间图片”按钮，如图5-76所示。

图 5-76　自定义店招

步骤02 在下方的图片列表中选择要插入的图片，如图5-77所示。

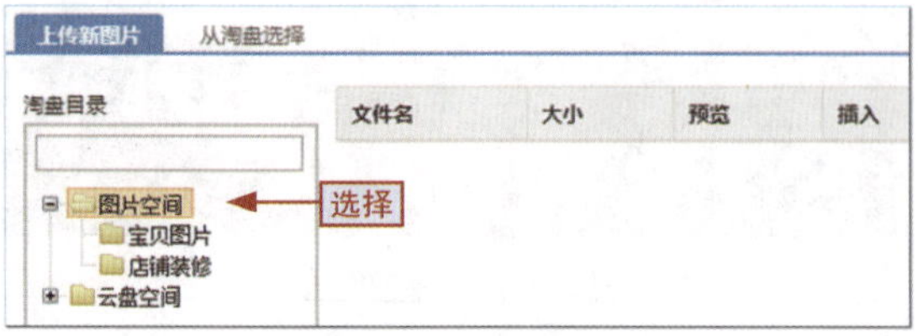

图 5-77　选择图片

步骤03 也可以上传新的图片，并非必须选择图片空间里的图片，选择“添加图片”选项，如图5-78所示。

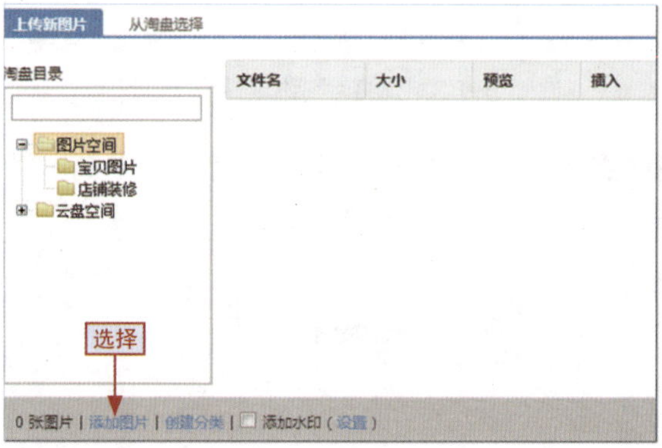

图 5-78　添加新图片

步骤04 ❶在打开的对话框中，选择要上传的新图片，❷单击“打开”按钮，如图5-79所示。

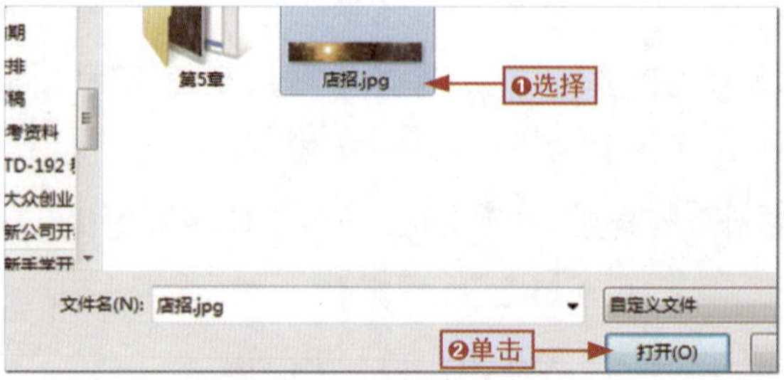

图 5-79　选择店招图片

步骤05 在“上传新图片”选项卡下方，单击“插入”按钮，如图5-80所示。

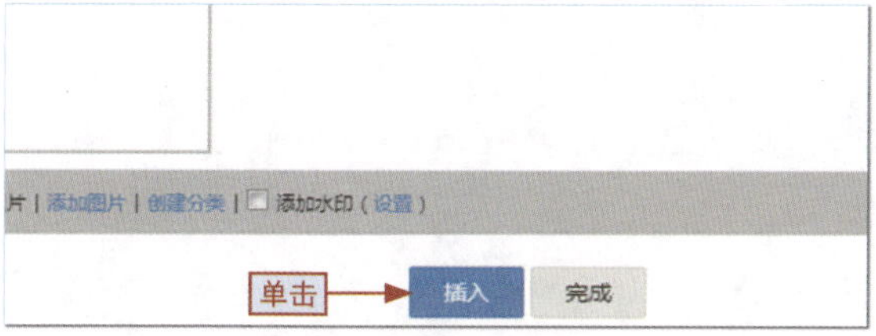

图 5-80 插入店招图片

步骤06 在“自定义内容”编辑框上方，单击“插入链接”按钮，如图5-81所示。

图 5-81 单击“插入链接”按钮

步骤07 ❶在打开对话框的“链接网址”文本框中输入要链接的网址(通常是店铺首页的网址)，❷单击“确定”按钮，如图5-82所示。

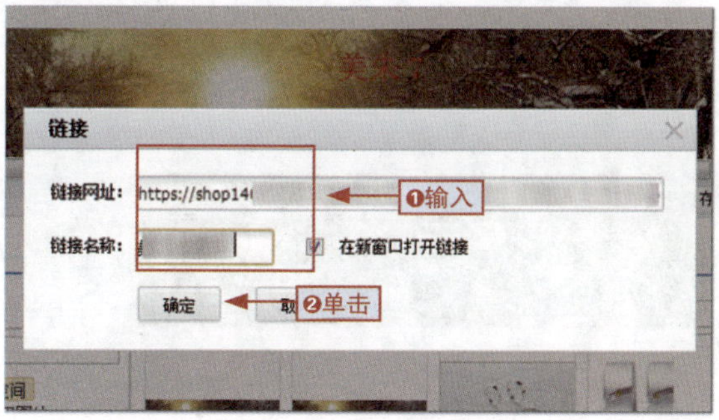

图 5-82 输入链接网址

步骤08 ❶在“自定义内容”编辑框上方单击“选择并设置背景颜色”下拉按钮，❷在打开的颜色面板中选择一种合适的背景颜色，如图5-83所示。

步骤09 在“自定义内容”选项卡的编辑框中会显示刚刚上传的店招图片，单击编辑框最下方的“保存”按钮，如图5-84所示。

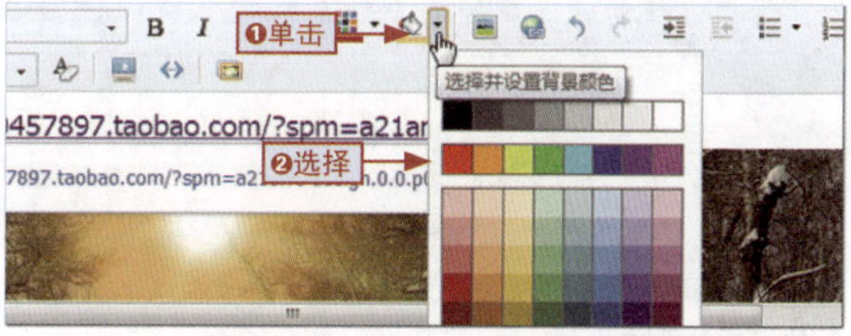

图 5-83 选择背景颜色

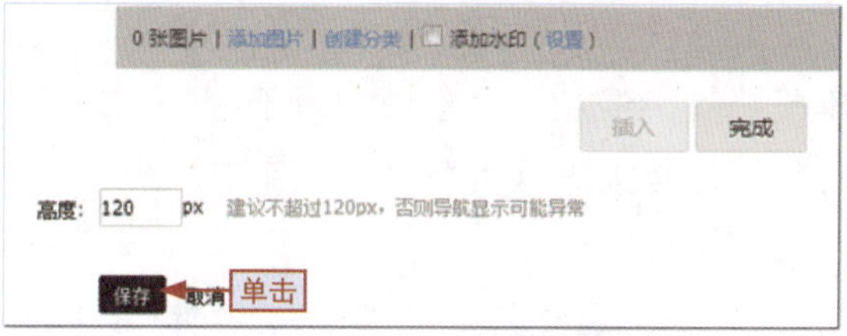

图 5-84 完成店招图片的上传

步骤10 此时单击图片就可以打开店铺首页，如图5-85所示。

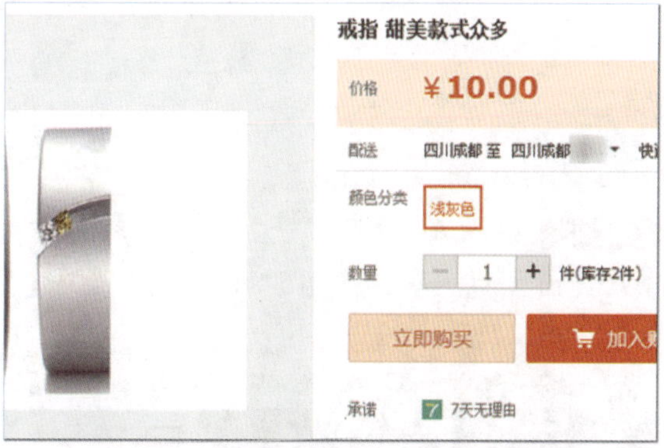

图 5-85 单击图片进入宝贝详情页面

小绝招

店招链接的作用

给店招图片设置链接网址，一般在买家浏览宝贝详情页时有用，以此方便买家进入店铺首页查看其他宝贝。

5.3 店铺首页模块布局管理及设置

阿智： 小白，你会管理你家店铺首页各模块的布局吗？

小白： 哎哟！不懂啊！那你懂吗？

阿智： 那当然了，管理好店铺首页各个模块，才能让我们的店铺看起来更专业，更吸引人！

淘宝店铺首页是由一个个模块拼建起来的，如宝贝推荐模块、图片轮播模块以及宝贝排行榜模块等。但是各个模块却有不同的展现方式，用户可以对首页的模块布局进行自定义摆放和增删，使首页更符合自己的需求。

5.3.1 删除模块

在进入店铺的装修模式后，首页就会默认添加很多模块，有些模块是卖家不需要的。为了让店铺页面看起来更精致，我们要将不需要的模块删除。

学习目标	学会删除不需要的模块
难度指数	★

步骤01 进入店铺首页，在右上角单击“装修此页面”超链接，如图5-86所示。

图 5-86　进入装修模式

步骤02 滚动鼠标中键滑动页面，在需要删除的模块右上角单击“删除”按钮，如图5-87所示。

图 5-87　删除模块

步骤03 继续滑动页面，将自己认为不需要的模块全部删除，如图5-88所示。

图 5-88　继续删除模块

步骤04 删除完成后，单击页面右上角的“发布”按钮，将更改后的页面进行保存并发布，如图5-89所示。

图 5-89　发布更改

5.3.2 添加模块

卖家可以在需要的时候为页面添加模块，或者删除某一模块后悔了，也可以通过添加模块的方式将删掉的模块找回来。

学习目标	学会添加缺少模块的操作
难度指数	★★

步骤01 进入店铺装修模式，❶将鼠标光标移动到任意模块，❷在其右下角单击“+添加模块”按钮，如图5-90所示。

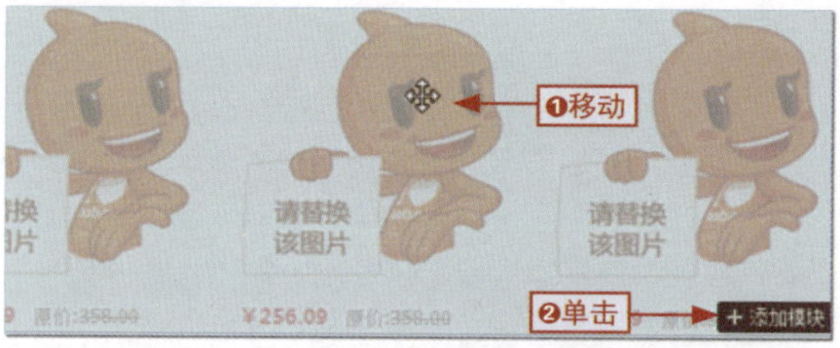

图 5-90　单击“+ 添加模块”按钮

步骤02 在页面左侧打开的对话框中选择模块的类型，比如“设计师模块”，如图5-91所示。

图 5-91　选择模块类型

步骤03 在模块列表中找到自己想要添加的模块，❶将鼠标光标移动到该模块的位置，❷拖动鼠标到右侧的装修页面即可完成模块的添加，如图5-92所示。

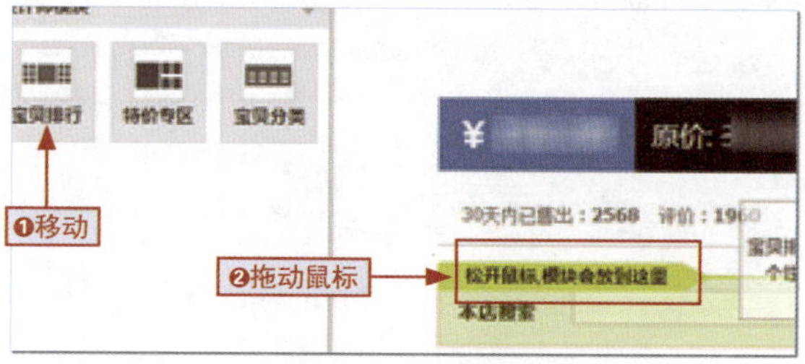

图 5-92　添加模块

小绝招　使用模块的费用问题

如果卖家选择的是基础模块和设计师模块中的模块，则这些模块一般是免费的；如果卖家选择模块市场中的模块，通常是需要付费的。

5.3.3　模块属性编辑

页面中各个模块的名称、位置以及宝贝显示的方式都是可以自行编辑的，卖家可以根据自己店铺的实际情况进行设置。

学习目标	学会编辑模块的属性
难度指数	★★

● 宝贝排行

“宝贝排行”模块可设置宝贝分类、关键字、最高价格、最低价格、是否显示标题、标题名称以及显示宝贝的数量，如图5-93所示。

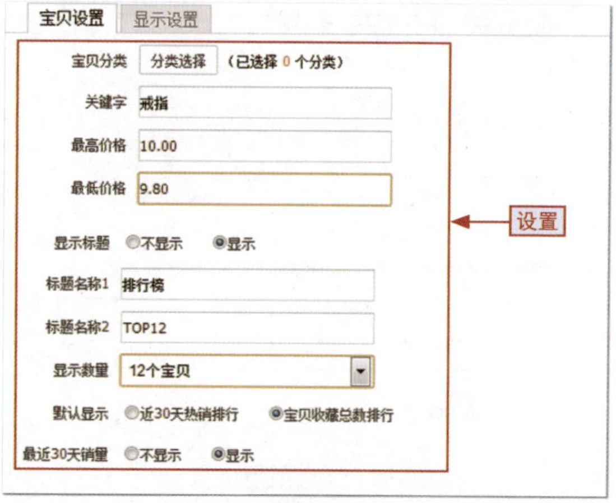

图 5-93　设置宝贝排行榜

● 本店搜索

“本店搜索”模块可设置模块的标题和显示与否、预置关键字、推荐关键字以及是否显示“价格筛选”字样，如图5-94所示。

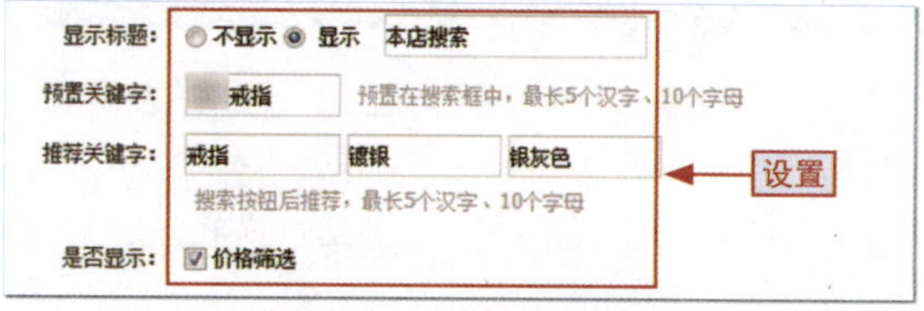

图 5-94　设置本店搜索

宝贝推荐

“宝贝推荐”模块可设置推荐方式、关键字、价格范围、宝贝数量、是否显示标题、展示方式以及排序方式等信息，如图5-95、图5-96所示。

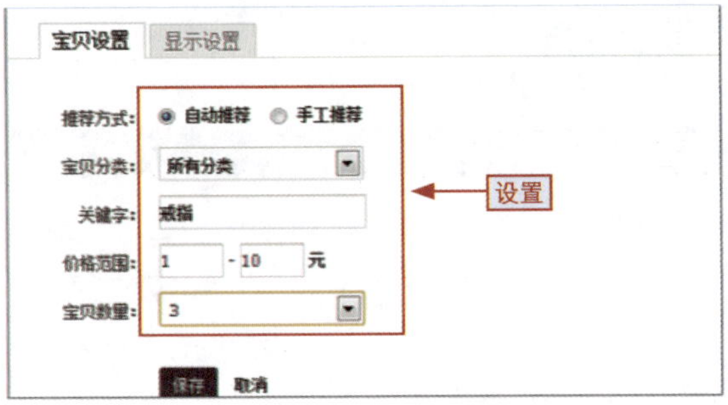

图 5-95　宝贝设置

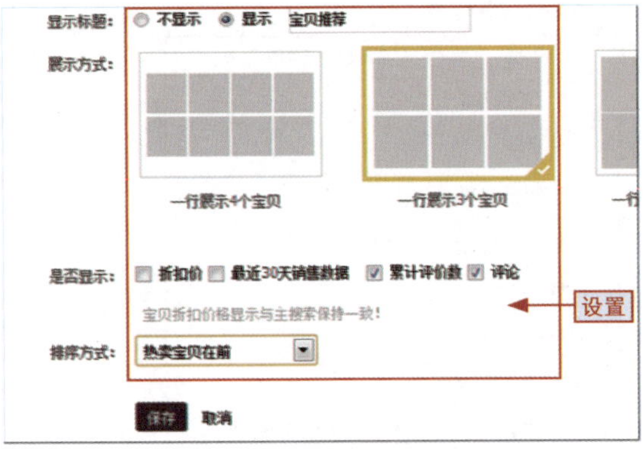

图 5-96　显示设置

小绝招

宝贝数量设置个数要求

在“宝贝设置”选项卡中可自定义设置宝贝显示的数量，但是其最多不能超过 28 个。

导航模块

“导航”模块位于店招下方的一块狭长区域，在导航模块中可以放置店铺最重要的信息，也可添加或删除一些内容，如图5-97所示。

图 5-97　设置导航模块

模块的移动

各个模块的位置不一定要放在默认的地方，我们可以对模块的位置进行移动，将鼠标光标移动到要移动的模块位置，按住鼠标左键拖动模块到想要放置的位置释放鼠标即可，如图5-98所示。

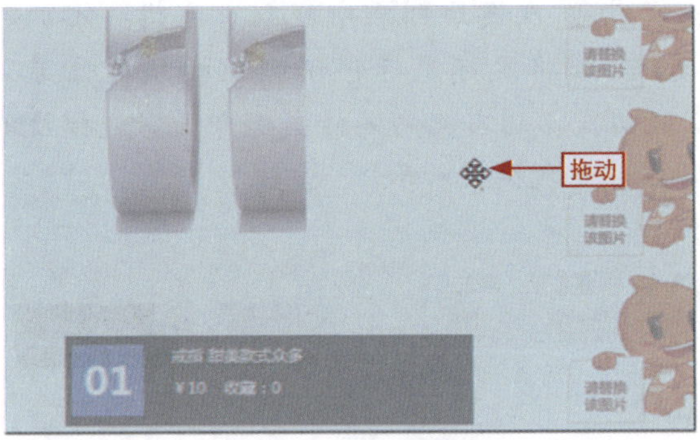

图 5-98　移动模块的位置

5.3.4 宝贝分类管理

宝贝分类管理是对店铺中的宝贝进行分类并设置分类导航，这样可以方便买家快速找到自己喜欢的商品。

学习目标　学会对宝贝进行分类
难度指数　★★

步骤01 进入店铺装修模式，在“宝贝分类”模块右上角单击“编辑”按钮，如图5-99所示。

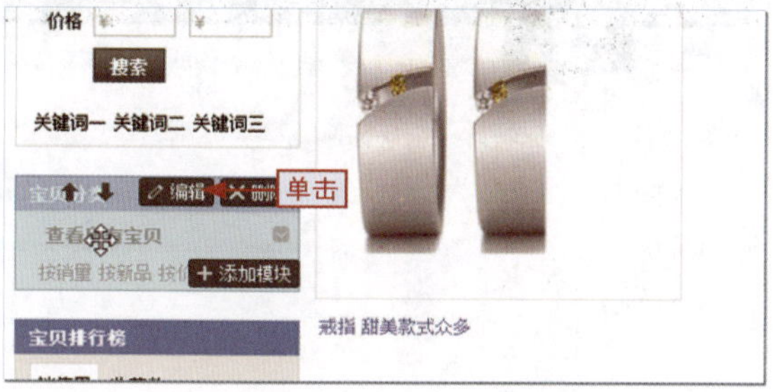

图 5-99　单击“编辑”按钮

步骤02 ❶在新页面中单击“+添加手工分类”按钮，❷在下方的分类名称框中输入分类名称，如图5-100所示。

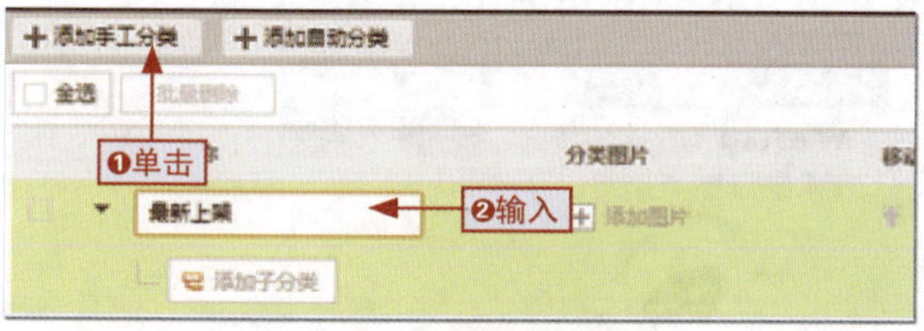

图 5-100　添加手工分类

步骤03 重复步骤2的操作方式，继续添加其他的宝贝分类，如图5-101所示。

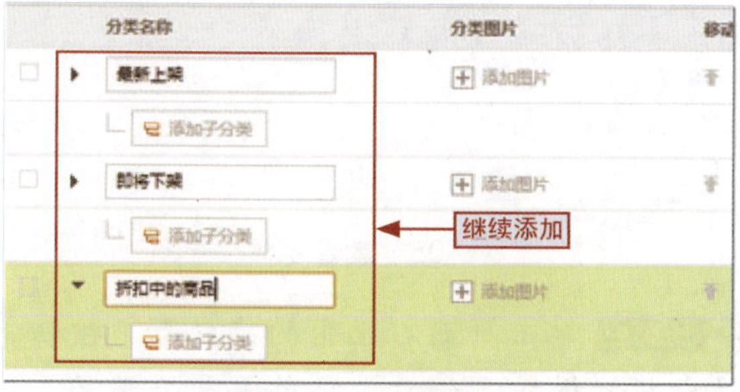

图 5-101　继续添加分类

步骤04 ❶在第一项分类后单击“+添加图片”按钮，❷选中“插入图片空间图片”单选按钮，如图5-102所示。

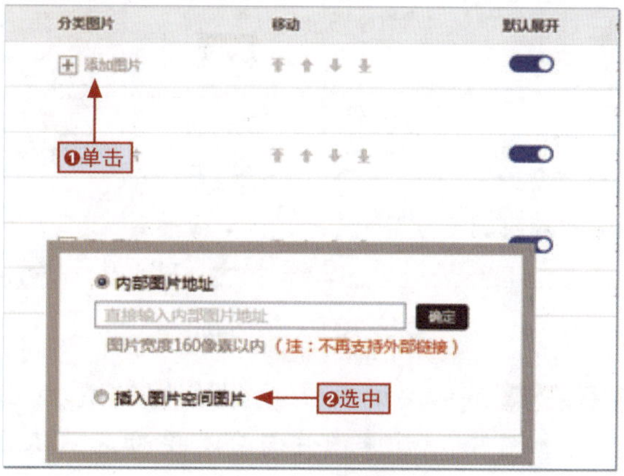

图 5-102　添加图片

步骤05 ❶在打开的对话框中单击“上传新图片”选项卡，❷单击“添加图片”超链接，如图5-103所示。

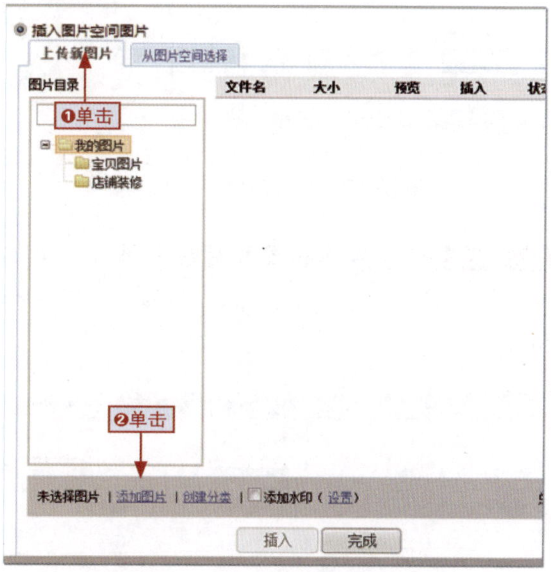

图 5-103　单击“添加图片”超链接

步骤06 ❶在打开的对话框中选择准备好的分类图片，❷单击“打开”按钮即可成功添加图片，如图5-104所示。

小绝招

添加分类前要明确分类界限

在输入分类名称时，注意一定要对自己店铺所售的和要售的宝贝进行比较准确的分类。

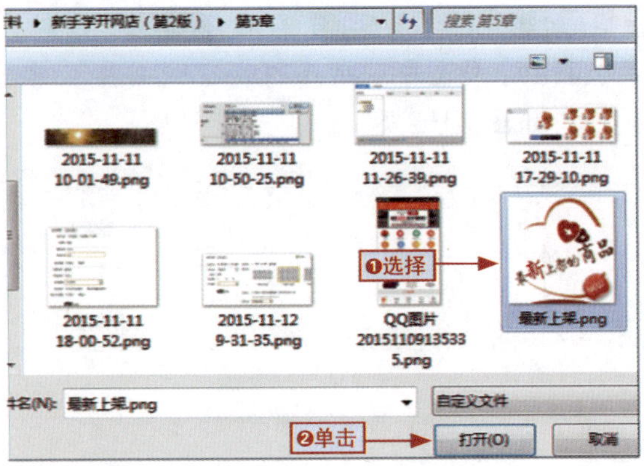

图 5-104　选择图片

步骤07 继续按照步骤6的方法为其他宝贝分类添加图片，(注意图片与分类要对应，不要张冠李戴)，如图5-105所示。

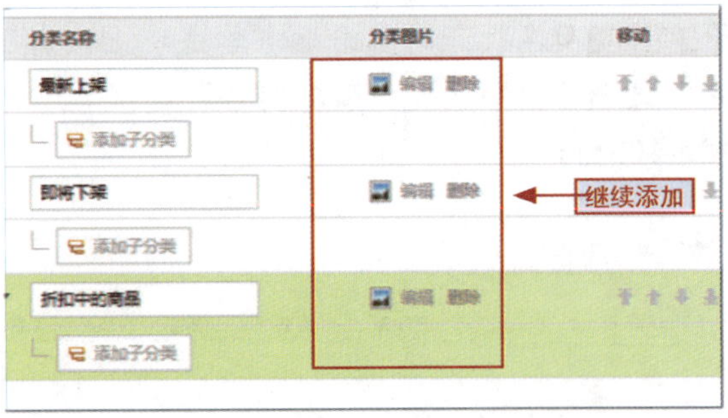

图 5-105　添加其他分类图片

步骤08 确认名称和图片对应关系无误后，单击页面右上角的“保存更改”按钮，如图5-106所示。

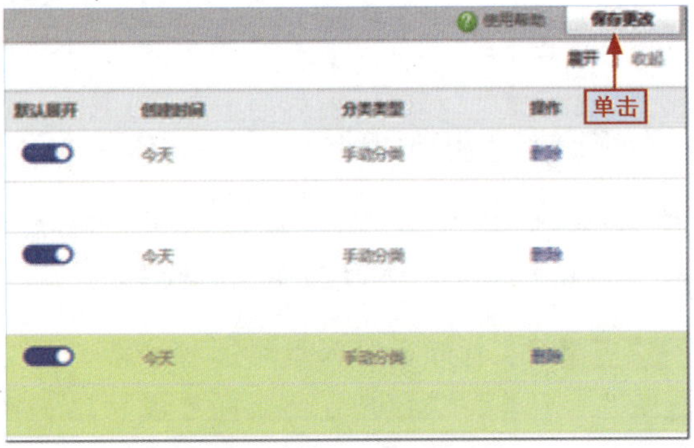

图 5-106　选择图片

步骤09 在当前页面中单击“页面装修”选项卡，返回装修模式首页，如图5-107所示。

图 5-107　返回装修首页

步骤10 返回装修首页后，可以刷新页面查看分类效果，如图5-108所示。

图 5-108　查看分类效果

步骤11 单击页面右上角的“发布”按钮，退出装修模式，查看最终效果是否满意，如图5-109所示。

图 5-109　发布更改后查看最终效果

长知识丨分类图片尺寸要求及素材的查找

淘宝分类图片的尺寸是有限制的，宽度限制在 160 像素以内，高度不限。但是为了店铺页面美观整洁，高度一般设置为 50~90 像素之间。

如果宽度超过了 160 像素，分类图片就会显示不完全，严重影响页面效果。

另外，分类图片既可以是动态的，也可以是静态的，直接在百度图片中输入“宝贝分类图片模板”就可以找到很多素材，这些素材一般都是免费使用的，如图 5-110 所示。将模板下载之后，自己经过一些简单的加工处理就可以使用了。

图5-110　宝贝分类图片模板

5.3.5 图片轮播模块设置

图片轮播是由两张及两张以上的图片以轮换滚动的方式形成的。图片轮播区域通常在页面中非常显眼的位置，适合用来做重点商品的宣传和推广。

学习目标	学会如何设置图片轮播
难度指数	★★★

步骤01 打开图片轮播区域的“编辑”对话框，单击图片地址文本框右侧的图标型按钮，如图5-111所示。

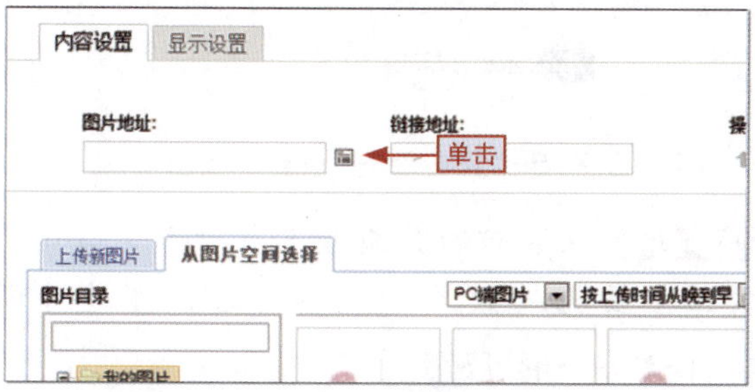

图 5-111　打开“编辑”对话框

步骤02 ❶切换到“上传新图片”选项卡，❷单击“添加图片”超链接，如图5-112所示。

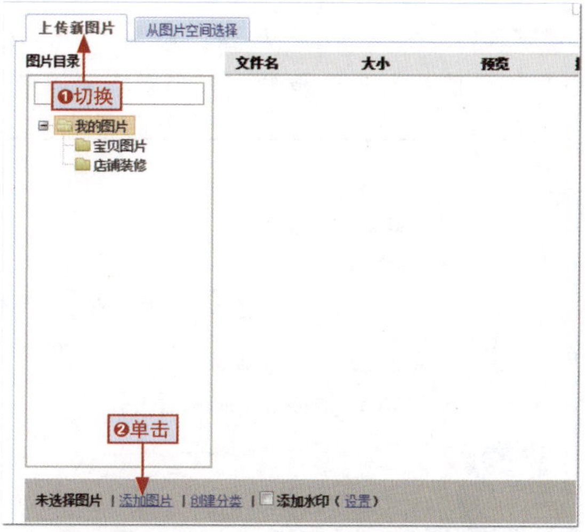

图 5-112　单击“添加图片”超链接

步骤03 ❶在打开的对话框中选择准备好的宝贝图片，❷单击“打开”按钮，如图5-113所示。

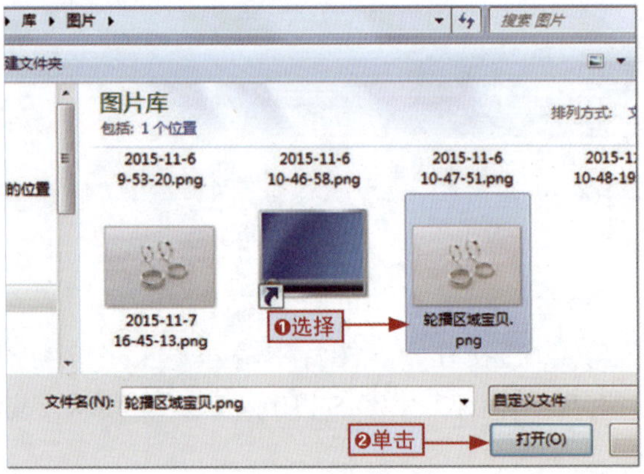

图 5-113　选择轮播图片

步骤04 在"链接地址"文本框中输入该轮播图片要链接到的地址，一般是与图片相关的详情页面，如图5-114所示。

图 5-114　输入链接地址

步骤05 单击"添加"按钮，添加另一条参与轮播的图片列表，如图5-115所示。

图 5-115　添加另一张轮播图片

小绝招　设置图片轮播要做好事前准备

所谓轮播，肯定需要两张或两张以上的图片才能完成轮换行为，所以卖家要提前准备好参与轮播的多张图片和需要链接的页面地址。

步骤06 按照步骤3和步骤4添加其他的轮播图片，并设置链接地址，如图5-116所示。

图 5-116　添加其他轮播图片

步骤07 ❶切换到"显示设置"选项卡，❷在"切换效果"下拉按钮处选择喜欢的切换效果，如图5-117所示。

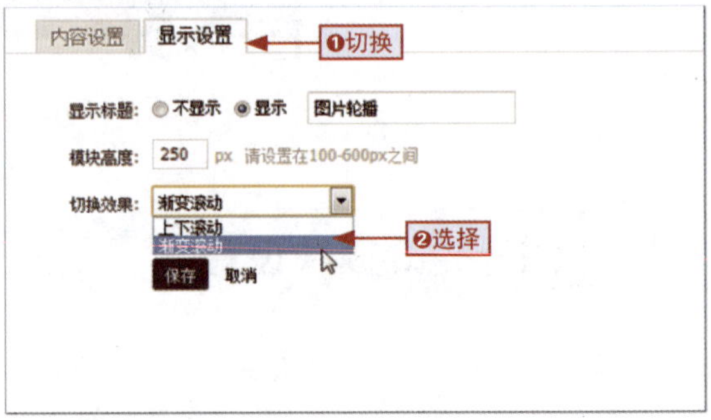

图 5-117　显示设置

步骤08 确认设置妥当以后，单击"保存"按钮保存设置，如图5-118所示。

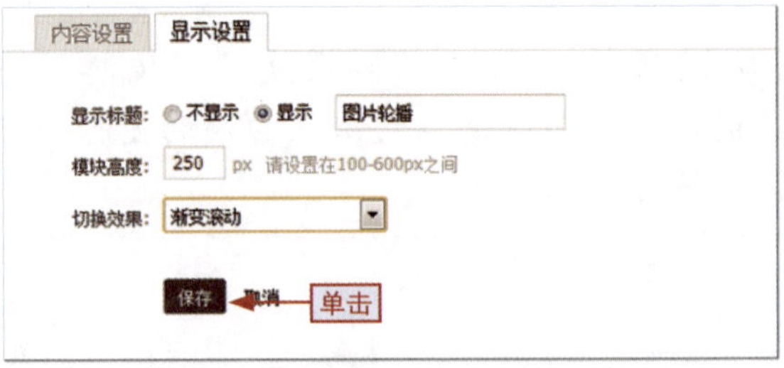

图 5-118　单击"保存"按钮

步骤09 在返回的页面右上角单击"预览"按钮查看轮播效果，若不满意，可进行调整，如图5-119所示。

图 5-119 预览设置效果

小绝招 **查看链接地址是否正确**

在我们预览图片轮播设置的效果时，可以单击图片，系统会自动跳转到设置的链接地址页面，借此可以查看链接地址的正确性。

5.3.6 特价模块设置

特价模块可以用来显示最近正在促销的宝贝，该模块添加之后是默认图片占位，也就是说卖家需要手动设置才能显示相应区域的宝贝。

学习目标 学会特价模块的设置方法

难度指数 ★★

步骤01 进入店铺的装修模式，单击“特价”模块右上角的“编辑”按钮，如图5-120所示。

图 5-120 进入特价模块编辑模式

步骤02 单击“左侧大图宝贝”右边的“选择宝贝”超链接，如图5-121所示。

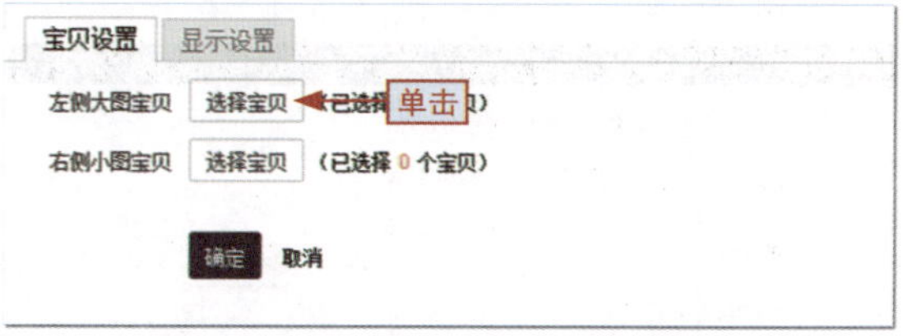

图 5-121 单击“选择宝贝”超链接

步骤03 在打开的对话框中选择要显示在左边大图中的宝贝，单击“选择”超链接，如图5-122所示。

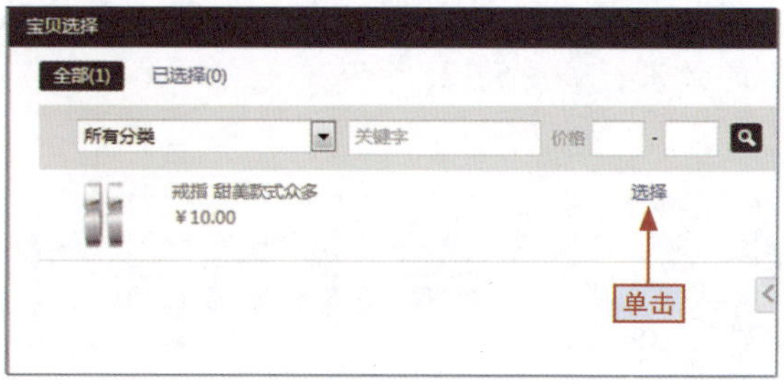

图 5-122 选择左侧大图宝贝

步骤04 关闭宝贝选择对话框，❶单击“右侧小图宝贝”右边的“选择宝贝”超链接，❷在对话框中单击“选择”选项卡，添加多个宝贝，如图5-123所示。

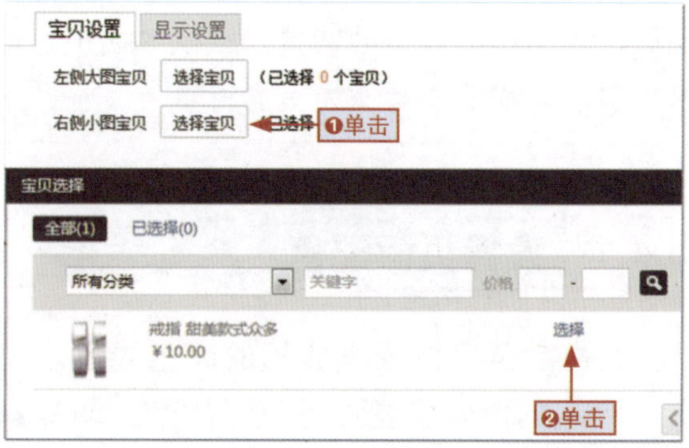

图 5-123 选择右侧小图宝贝

步骤05 ❶切换到“显示设置”选项卡，❷在对话框中根据个人需求设置模块的标题，❸设置完成后，单击“确定”按钮，保存该模块的设置，如图5-124所示。

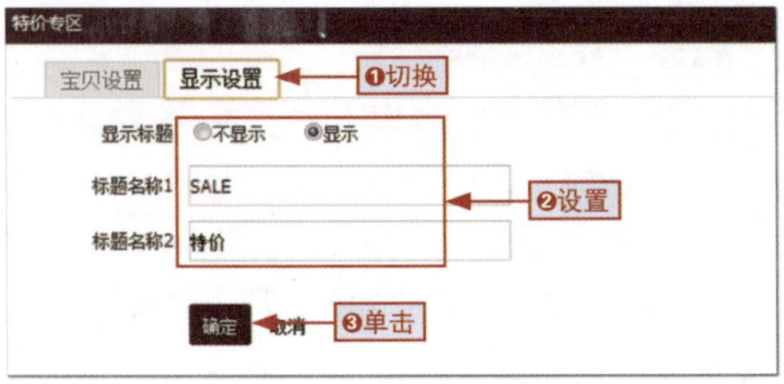

图 5-124　显示设置

步骤06 在返回的装修模式页面中可以看到该模块的设置效果，若满意，则可发布更改后的效果，如图5-125所示。

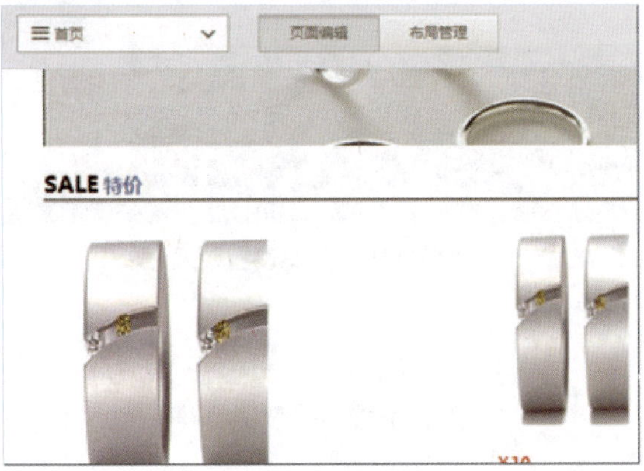

图 5-125　查看设置效果

5.4 美化页面外观

阿智： 小白，我觉得你家店铺页面的配色和店铺的风格不太搭呢！

小白： 是吗？那怎样美化呢？

阿智： 我觉得进入你家店铺的第一感觉就是颜色搭配不协调，整个页面的美感不强。来，我教你怎么美化店铺页面吧！

店铺页面默认配色为天蓝色，有时店主为了配合整个店铺的装修风格，可能需要更改默认配色。作为店铺首页的背景，默认的白色可能也缺乏个性，店主可以更改背景颜色，甚至还可以用自己喜欢的图片作为页面背景。

5.4.1 设置页面配色

页面配色可以根据店招的颜色或者店铺宝贝给人的色彩感觉进行设置，淘宝网提供了多达24种配色方案供卖家选择。

学习目标	学习为店铺页面选择配色方案
难度指数	★

步骤01 进入装修模式，❶选择页面左侧的“配色”选项，❷在展开的方案列表中选择一种适合店铺风格的配色，如图5-126所示。

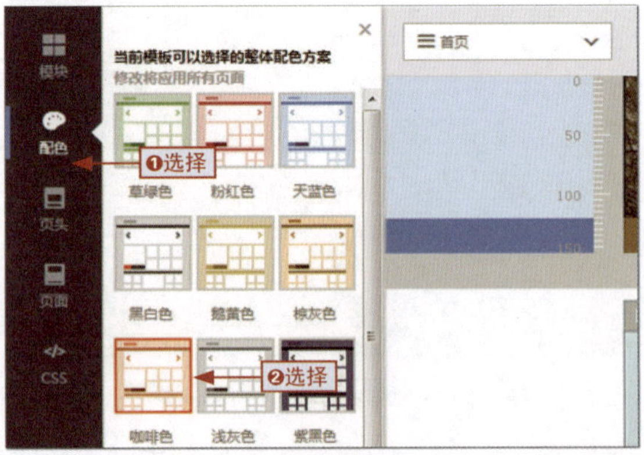

图 5-126　选择配色方案

步骤02 选择方案后单击页面右上角的“发布”按钮，保存当前设置的页面配色，如图5-127所示。

图 5-127　保存设置的页面配色

小绝招

最新淘宝店铺预览效果更直接

我们在选择页面的配色方案时，页面右边的所有模块会跟着变动配色，不用执行另外的操作就能预览更改配色的效果。

5.4.2 设置页面背景颜色

页面背景包括页头和所有页面的背景颜色，淘宝默认的背景颜色为白色，为了使画面更好看，卖家可更改背景颜色。

学习目标	熟练掌握更改页面背景颜色的操作
难度指数	★★

步骤01 进入店铺装修模式，在页面左侧选择“页头”选项，如图5-128所示。

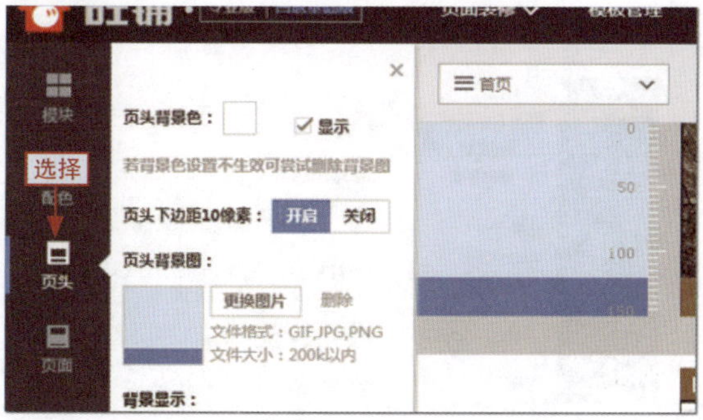

图 5-128　进入页头背景色设置程序

步骤02 ❶单击“页头背景色”旁边的白色小图标按钮，❷在弹出的调色器中选择一种合适的颜色，❸单击“确定”按钮应用背景颜色，如图5-129所示。

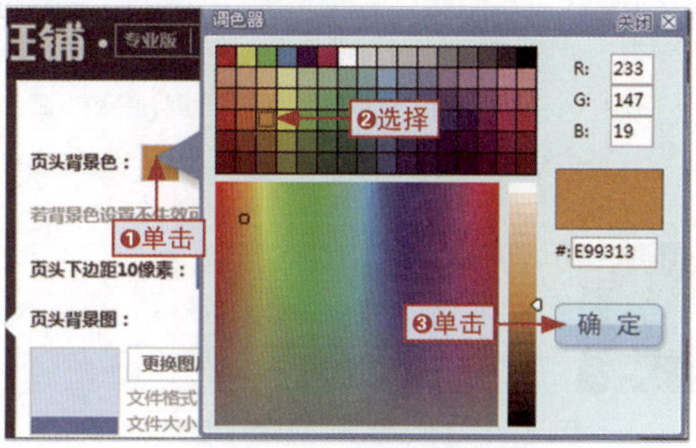

图 5-129　设置页头背景色

步骤03 切换到“页面”选项，如图5-130所示。

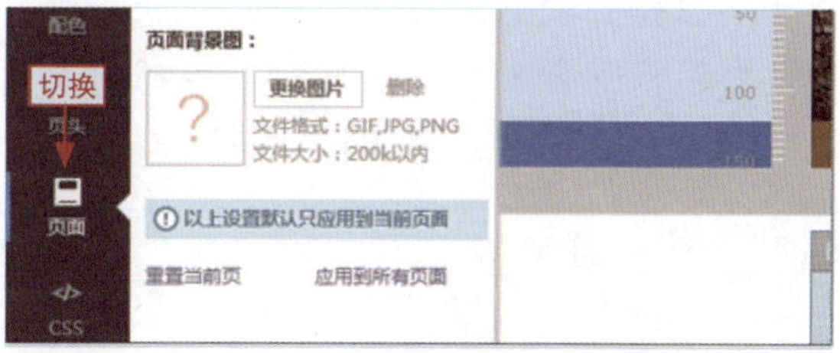

图 5-130　进入页面背景色设置程序

步骤04 ❶单击“页面背景色”旁边的白色图标按钮，❷在弹出的调色器中选择合适的颜色，❸单击“确定”按钮，如图5-131所示。

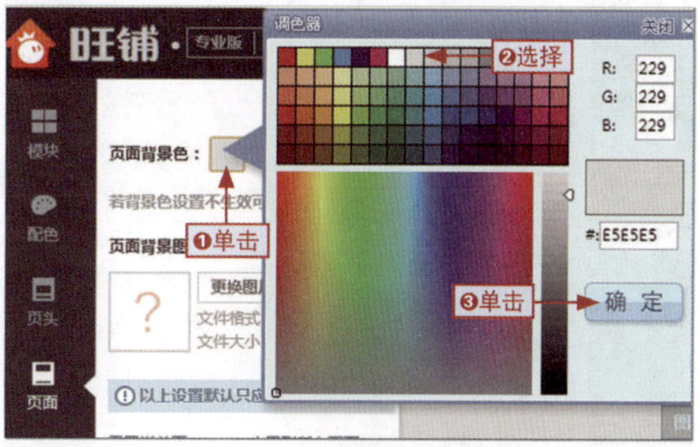

图 5-131　设置页面背景色

小绝招

解决背景颜色设置不生效的问题

如果设置完背景颜色，在返回的页面中却发现设置没有生效，则可能是在设置时没有选中颜色图标后面的“显示”复选框。此时只需重新进入设置页面，选中“显示”复选框即可，如图 5-132 所示。

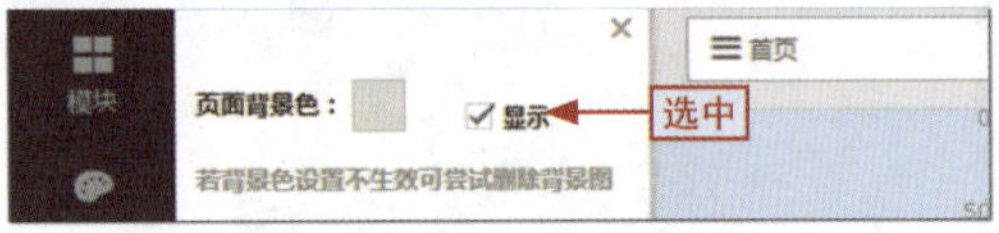

图 5-132　选中“显示”复选框

5.4.3 使用图片作为页面背景

有时卖家会觉得页面的背景单调而没有个性，想将喜欢的图片作为页面背景，这样页面看起来就会更美观更独特。当然，卖家首先要自行准备好合适的背景图片。

学习目标	学会将图片设置为页面的背景
难度指数	★

步骤01 进入店铺装修模式，❶在页面左侧选择“页面”选项，❷单击“更换图片”按钮，如图5-133所示。

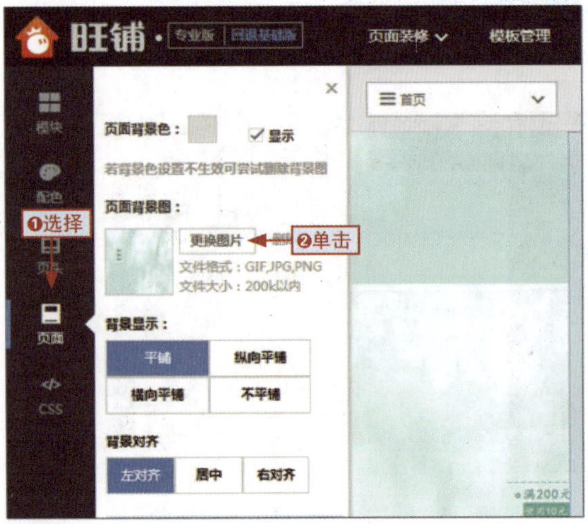

图 5-133　进入页面背景设置

步骤02 ❶在对话框中选择准备好的背景图，❷单击“打开”按钮，如图5-134所示。

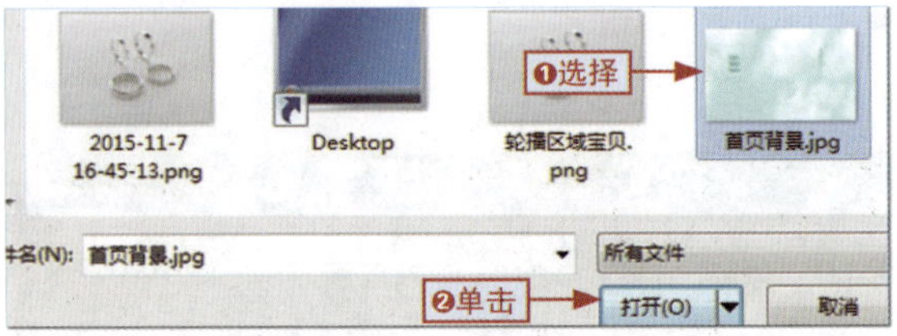

图 5-134　选择背景图片

步骤03 如果背景图的效果不好，可再次选择另外的背景图，❶若确认无误后就可单击页面右上角的“发布”按钮，❷然后在打开的对话框中单击“确定”按钮，如图5-135所示。

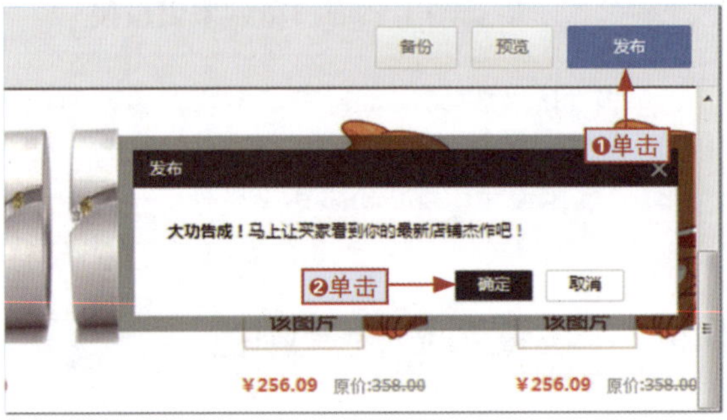

图 5-135　发布更改

小绝招

设置背景显示方式

在设置页面背景时，卖家可根据自己的需求和图片的实际大小设置合适的背景显示方式和对齐方式，如图 5-136 所示。

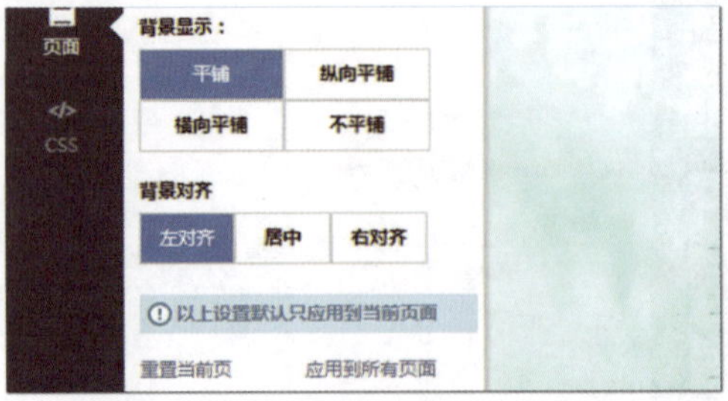

图 5-136　设置背景图的显示方式

长知识 | 解决店招背景设置不生效的问题

在设置店招背景时，很多卖家可能会发现，自己设置的背景颜色在预览时能看到效果，但是发布之后却没有显示更改的背景，即使再重新设置一遍依然还是不能显示。这是为什么呢？

其实在设置页头背景时，页面中就提示了可能会存在设置不生效的情况，而淘宝网系统的建议是试一下删除背景图。所以卖家可以尝试单击页面背景图旁边的“删除”按钮，就能预览到背景颜色了，如图 5-137 所示。

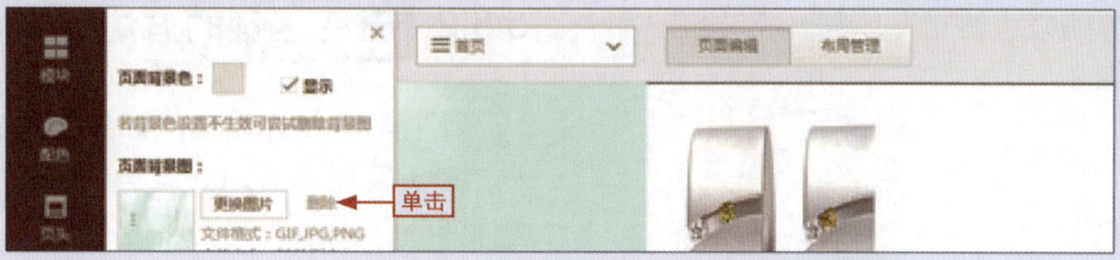

图5-137 单击“删除”按钮

5.5 升级店铺信用等级

阿智： 小白，你的店铺是什么等级了啊？

小白： 还是星级呢！

阿智： 今天我跟你说说怎么提升你的店铺信用等级吧！这样可以帮助你更好地经营淘宝店。

店铺信用等级是淘宝网对会员购物实行评分累积等级模式的设计，一般分为4个等级，即星级、钻级、皇冠级和金冠级。淘宝店铺的信用等级越高，就越能给顾客一种可靠的感受，从而坚定顾客购买店铺商品的决心。

5.5.1 店铺信用等级有哪些

店铺信用等级在一定程度上表明了店铺的经营理念和经营状况的好坏。了解店铺信用等级的划分标准，可以帮助卖家进行自我约束，规范卖家自己的行为，从而做好网店的销售。

学习目标	了解店铺的 4 种信用等级
难度指数	★

● 星级

星级是店铺最低的等级，一般用红星表示，且星级还分成5个小的等级，如图5-138所示。

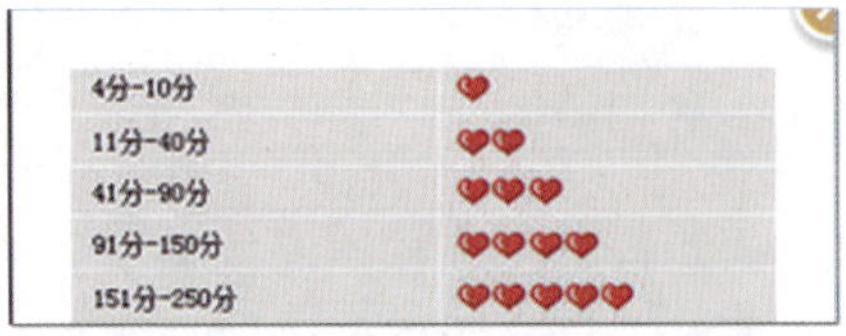

图 5-138　淘宝店铺星级的划分

钻级

当淘宝店铺的评分达到251分就会升级为钻级，钻级也分成了5个小的等级，如图5-139所示。

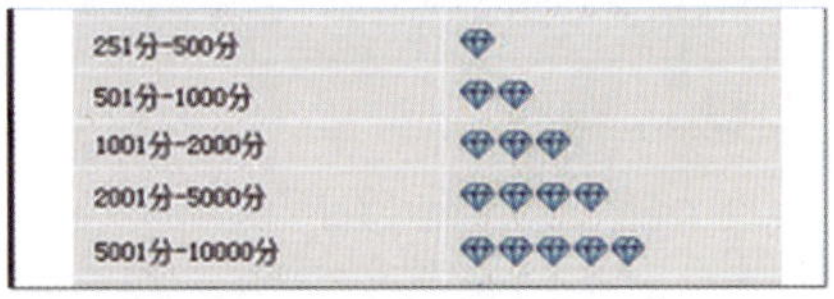

图 5-139　淘宝店铺钻级的划分

皇冠级

如果店铺是皇冠级，那就说明店铺的评分达到了10001分。和星级与钻级一样，皇冠级也分了5个小等级，如图5-140所示。

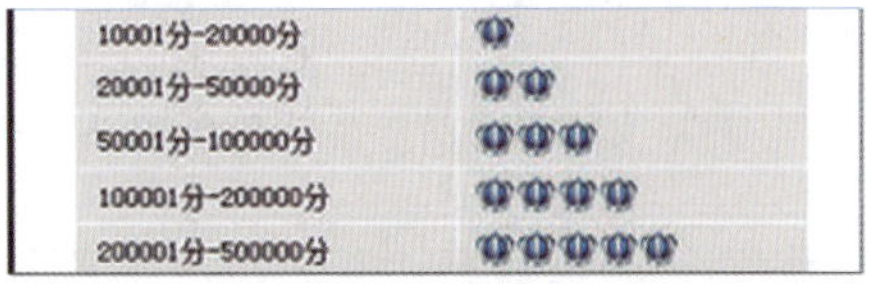

图 5-140　淘宝店铺皇冠级的划分

金冠级

能够成为金冠级的店铺至少说明该店铺的销售业绩和买家评价很好，一般要达到500001分才能成为金冠级店铺。金冠级也分5个小等级，如图5-141所示。

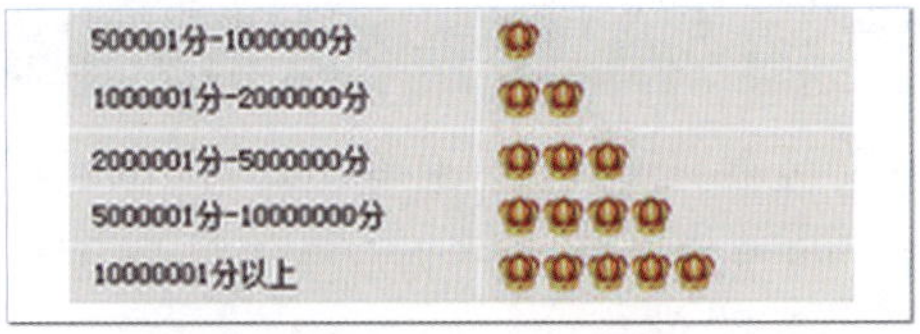

图 5-141　淘宝店铺金冠级的划分

小绝招　皇冠级与金冠级的颜色区别

皇冠级与金冠级的图标在形状外观上是一样的，只是皇冠级的图标是蓝色，而金冠级的图标是金黄色。

5.5.2 升级店铺的方法

为了能够更好地适应店铺经营的发展需求，卖家需要不断地升级店铺，也就是提高店铺评分。

学习目标　明确踏实经营才是升级店铺最好的方法
难度指数　★

诚信经营

说实话，升级店铺没有什么技术上的手段，即使有，也不符合正常经营的原则。为了社会经济的正常发展，有些提高店铺评分的手段是不被提倡的。

卖家要做到的就是诚信经营，用真诚的服务态度打动顾客，建立卖家与买家之间的信任，从而不断地提高店铺的信用等级。

发展店铺的回头客

店铺的回头客是保障店铺持续经营的基础。回头客之所以选择再次到店铺里面购买商品，也是因为卖家的商品或服务态度很好。

卖家要抓住回头客，提高买家对店铺的评价质量，不断地获得好评，才能在最短的时间内升级店铺的信用等级。

5.6 打造淘宝旺铺

阿智： 小白，知道淘宝旺铺吗?

小白： 听说了，不过没有使用!

阿智： 其实淘宝旺铺可以帮助你快速提高店铺在淘宝网上的搜索权重，你应该试试。

淘宝旺铺是淘宝开辟的一项增值服务和功能，是一种集个性与豪华于一身的店铺界面。打造淘宝旺铺可以更好地吸引顾客的眼球，从而提高店铺的浏览量和销售业绩。

5.6.1 教你如何申请旺铺

并不是所有开了网店的人都有旺铺服务，这个服务需要申请，有时还需要花钱购买。但对于新手开网店，可以先申请免费旺铺来使用。

学习目标	掌握申请旺铺的流程
难度指数	★

步骤01 进入淘宝卖家中心首页，找到“软件服务”选项，单击“我要订购”超链接，如图5-142所示。

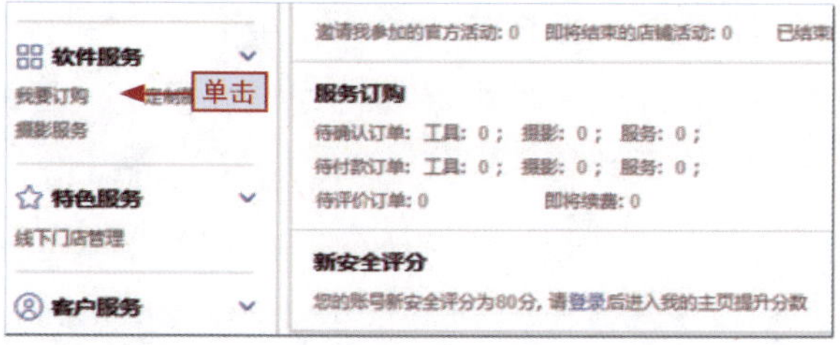

图 5-142 单击“我要订购”超链接

步骤02 ❶在服务市场页面最上方的搜索文本框中输入关键字“淘宝旺铺”，❷单击“搜索”按钮，❸单击淘宝旺铺的图标进入购买页面，如图5-143所示。

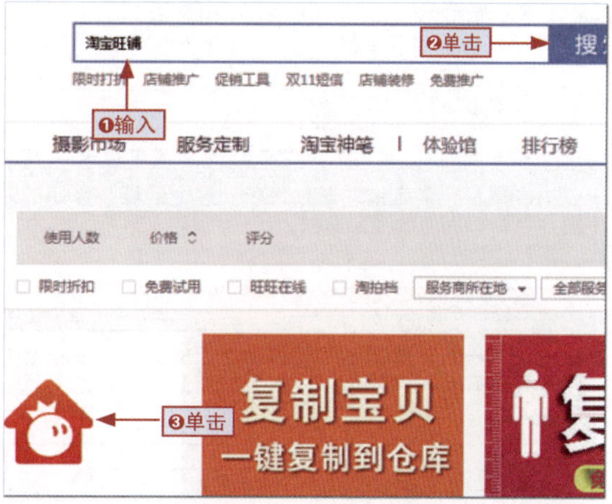

图 5-143 进入淘宝旺铺购买页面

步骤03 在购买页面，旺铺图片的旁边会显示一钻以下的卖家可免费使用专业版，单击“这里”超链接立即使用，如图5-144所示。

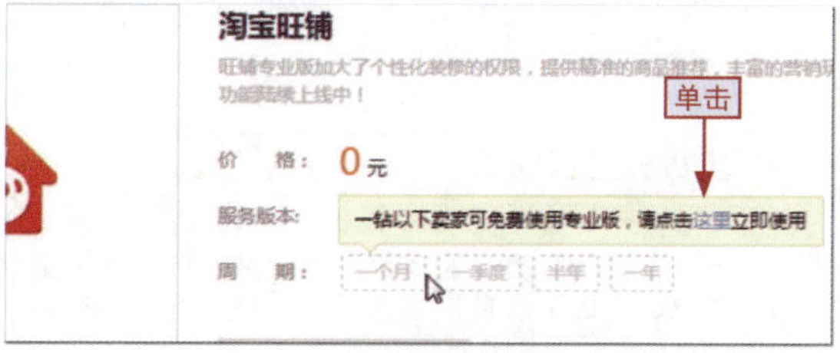

图 5-144 免费使用淘宝旺铺

5.6.2 旺铺页面装修要点

其实在前面一节当中我们已经学习了店铺页面的装修流程和步骤，这一小节我们来概括旺铺页面的装修要点，让旺铺装修更省事、更到位。

学习目标　懂得如何更好更准确地装修旺铺页面

难度指数　★

分清楚各个模块的用途

只有使用了淘宝旺铺服务，店铺的页面才会显示各个模块的分区，为了让店铺的宝贝能及时被更新和宣传，每个模块都发挥着不同的作用，如图5-145所示。

店招区域

店招区域是一个店铺的形象代表，这个区域装修用的图片最好和销售的商品有关。

图片轮播区域

这块区域一般放置的是店铺最新上架的商品，能够起到最好的宣传推广效果，新上架的商品更能进入买家的眼球。

SALE特价模块

这一区域一般放置正在促销或者参加各种活动的商品。很多顾客都是冲着特价商品在淘宝上购物的，给这些商品一个特定的区域，方便顾客快速找到经济实惠的宝贝。

宝贝排行榜区域

这一区域一般列举了本店销售业绩最好的商品，买家通过浏览这个区域的宝贝了解店铺商品的具体受欢迎程度，从而做出自己的购买行为。

宝贝分类模块

在这一模块中，根据店主的个人想法将店铺的相关宝贝进行个性化的分类，这也是区别于其他店铺的重要编辑对象。在这个区域里买家可以看到不同类型的宝贝信息，从而更快地找到购物目标。

图 5-145　各个模块的用途

选择合适的页头和页面配色

店铺页头和页面的色彩搭配直接影响店铺整个的观看效果。颜色太单调或者太复杂都会显示出店铺的装修不专业，影响买家浏览店铺页面的心情。

整个店铺页面的背景色不要与模块的背景色相同，否则买家分不清模块的位置，如图5-146所示。

页头配色

页头区域的配色一般与上传到该区域的图片整体色调保持一致，或者至少色彩相近。

页面配色

页面区域的配色最好能跟店铺的宝贝色调相近。店铺宝贝很多，不可能适应所有宝贝图片的色彩，因此要选择适合大多数宝贝图片的配色。

图 5-146　页头和页面配色要求

掌握图片作为页面背景的操作

用图片作为店铺页面的背景会让店铺更具有个性，能给买家不一样的视觉感受，进而吸引顾客关注店铺。

合理增删模块

淘宝店铺有很多模块供卖家在装修的时候使用，为了能够将店铺里的商品更好地展示给顾客，卖家要合理增删模块，否则会导致新商品销售不给力，旧商品下架不及时的问题。

装修之前做好图片的准备工作

在装修之前，最好先把装修时要用到的图片进行采集和整理，归类放置，否则会耽误很多不必要的时间。有时因为找图片而太久没有进行操作，系统会自动退出账号要求重新登录淘宝。

给你支招 | 为宝贝添加二级分类

小白： 正文中写到的宝贝分类管理是添加的一级分类，但是有时候为了对宝贝有更准确细致的划分，可能需要添加二级分类，该如何添加呢？

阿智： 在添加宝贝分类管理时，可以在添加了一级分类之后，在一级分类下方添加二级分类，其方法和添加一级分类类似。如图 5-147 所示

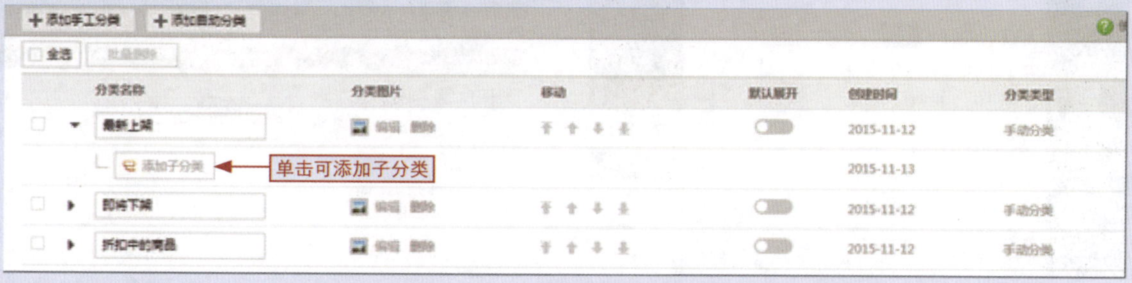

图 5-147　给宝贝添加二级分类

给你支招 | 取消页头区域下方和第一个模块间的缝隙

小白： 在装修店铺时，页头区域下方和第一个模块之间有一块狭长的区域，如图 5-148 所示，有的用户认为这个缝隙影响了页面的美观，那要怎样才能去掉呢？

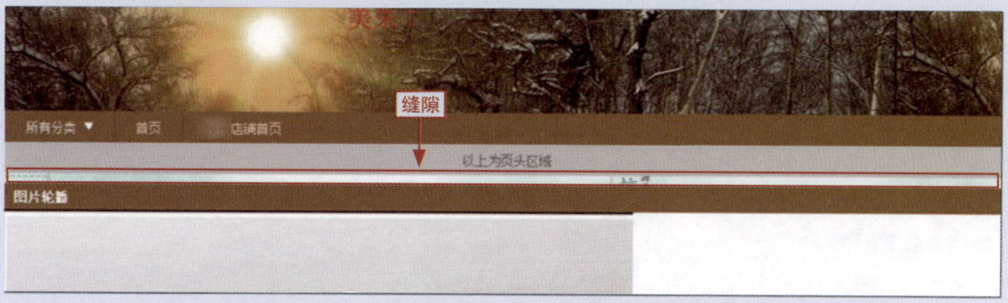

图 5-148　页头区域和第一个模块之间的缝隙

阿智： 这个缝隙是淘宝默认开启的页头下边框，该缝隙有 10 个像素高度，卖家如果不想显示该缝隙可以将其关闭，其具体操作如下。

步骤01 进入店铺的装修模式，❶在页面的左侧选择“页头”选项，❷单击“页头下边距10像素”后面的“关闭”选项卡，如图5-149所示。

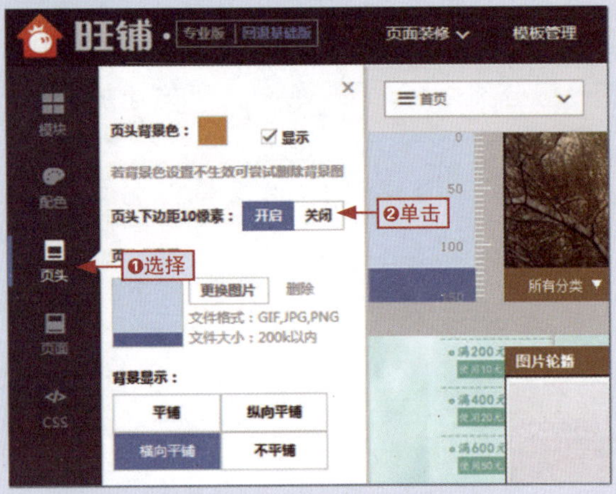

图5-149　关闭页头下边距

步骤02 单击“关闭”按钮后即可看到装修页面中那条缝隙已经不见了，这时单击“发布”按钮可以预览设置的效果，如图5-150所示。

图5-150　预览设置效果

Chapter 6

使用模板，让装修更出众

学习目标

店主如果没有设计基础或者没有足够的时间和精力，那么装修出来的店铺通常都会在美观和实用性上有所欠缺。如果想比较快速地完成出众的店铺装修，那就只有一个法宝——模板。模板出自专业设计师之手，卖家可以免费或者投入少量的资金随时拿来使用，省时省心，效果极佳。

本章要点

- 阿毛免费模板
- 确保店铺模板为系统模板
- 安装素材
- 用代码安装各个模块
- 修改和调整模块
- 更改旺旺链接用户
- 更改模板显示的宝贝
- 试用350平台的模板
- 在350后台进行装修
- 试用和购买模板

知识要点	学习时间	学习难度
安装免费的模板	40 分钟	★★★
使用350网店服务平台装修店铺	40 分钟	★★★
在淘宝装修市场上淘装修模板	30 分钟	★★

6.1 查找和下载免费的装修模板

阿智： 小白，你怎么愁眉苦脸的？是你的淘宝店有什么问题吗？

小白： 对啊！我想把店铺页面装修得好看一点，但是很多模板都要付费！

阿智： 这有什么难的，我知道怎么查找和下载免费的装修模板，跟你分享分享吧！

很多店主可能不想在网店产生效益之前就投入资金，但是又希望自家的网店能装修得比较漂亮。面对这种情况，解决问题最佳的办法就是在网上找一些免费的模板进行套用，比如一些专业的淘宝开店指南网站。当然，免费的模板肯定不是特别出众，但还是有一些美感和实用性的。

6.1.1 阿毛免费模板网

阿毛免费模板网是一个专门分享淘宝店铺装修模板的网站，其站长阿毛就是淘宝官方认证的设计师。

学习目标	学会在阿毛免费模板网上找资源
难度指数	★

● 认识阿毛免费模板网

如图6-1所示为阿毛免费模板网的首页，在这里有很多模板和模板链接。

图 6-1　阿毛免费模板网首页

● 首页模板推荐链接

在阿毛免费模板网中，首页就有很多免费的推荐模板超链接，而且是针对旺铺设计的专业版，如图6-2所示。

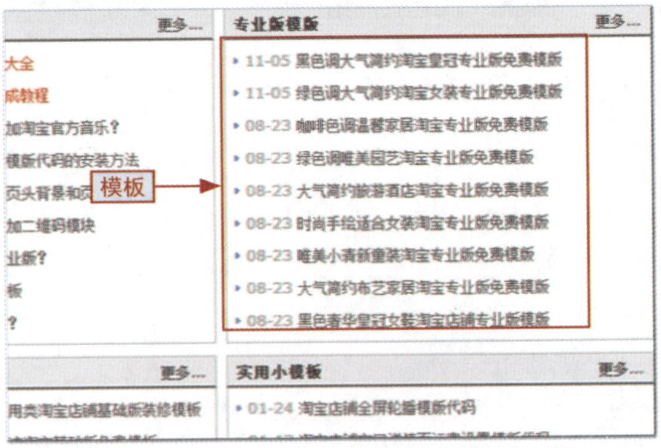

图 6-2　各种模板推荐链接

● 更多模板

如果推荐的模板没有喜欢的，卖家可以单击“更多”超链接，在打开的页面中会有更多的免费模板可供选择，如图 6-3 所示。

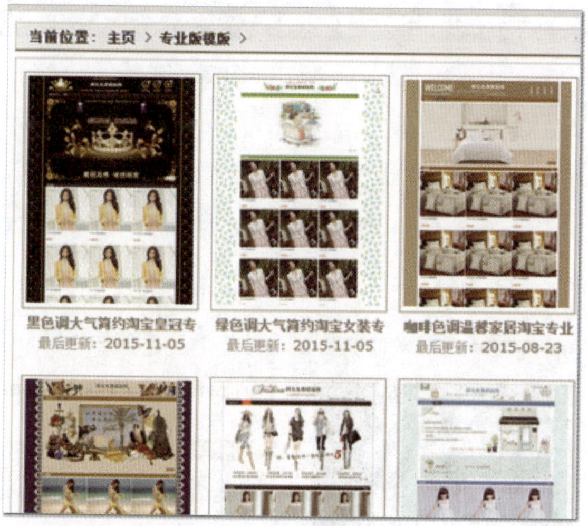

图 6-3　更多模板

● 实用小模板

除了免费的全套模板外，还有一些实用性和针对性较强的单个小模板，比如图片轮播区模板和宝贝销量排行榜模板等，如图6-4所示。

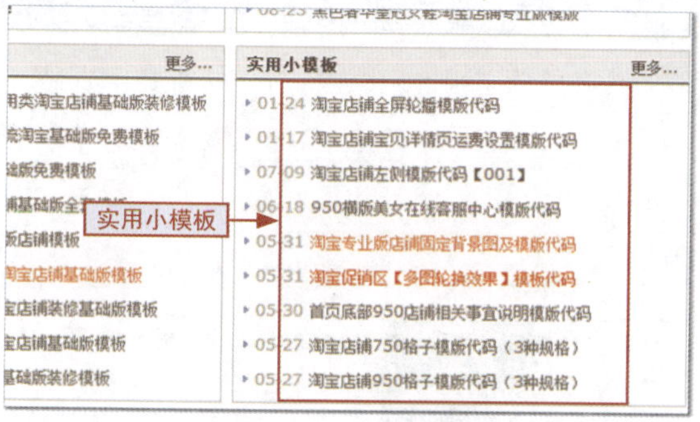

图 6-4　实用小模板

6.1.2 鱼摆摆网店装修网

鱼摆摆网店装修网也是一家专门从事网店装修的网站，该网站不仅提供免费装修模板和代码，还提供了很多比较详尽的装修教程，如图6-5所示。

学习目标　学会在鱼摆摆网站上找免费装修模板

难度指数　★

图 6-5　鱼摆摆网店装修网

● 淘宝专业版免费模板

在网站中选择“淘宝专业版免费模板”选项，就可以在打开的页面中看到很多模板的预览图，如图6-6所示。

图 6-6　淘宝专业版免费模板

● 查看模板

选择自己感兴趣的模板，在打开的页面中可以看到该模板的装修效果以及详细的使用方法和注意事项等，如图6-7所示。

图 6-7　查看模板装修效果

6.1.3 刚哥哥网店装修联盟

刚哥哥网店装修联盟是一家提供淘宝开店资讯、教程和装修模板的网站，甚至还可以代替店主装修，如图6-8所示。

学习目标　认识刚哥哥网店装修联盟网
难度指数　★

图 6-8　刚哥哥网店装修联盟

● 免费淘宝全套模板

在刚哥哥网店装修联盟首页的“店铺装修全套模板”选项卡中，提供了一些免费的淘宝全套装修模板，显示出来的模板数量不多，但质量都还不错，如图6-9所示。

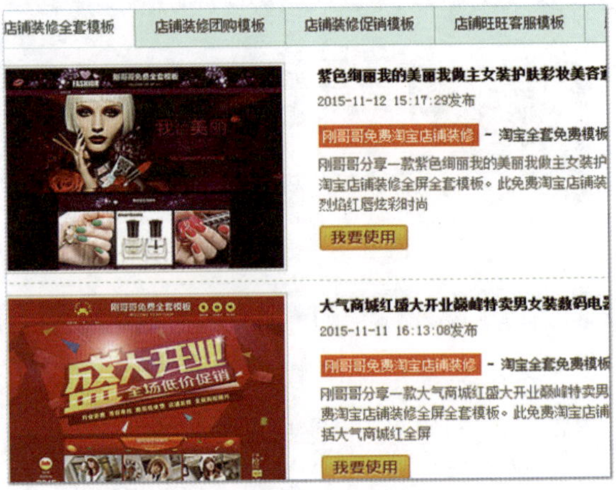

图 6-9　免费淘宝全套模板

● 在下拉菜单中查找免费淘宝全套模板

将鼠标指针移动到首页的“淘宝免费模板”导航菜单的位置，在下拉菜单中选择“免费全套模板”选项，如图6-10所示。

图 6-10　在下拉菜单中找淘宝全套免费模板

● 其他模板

除了全套装修模板，网站里还提供了一些单个模块的模板，如淘宝促销模块、旺旺客服模块和团购模块等，如图6-11～图6-13所示。

图6-11　促销模块的模板

图6-12　旺旺客服模块的模板

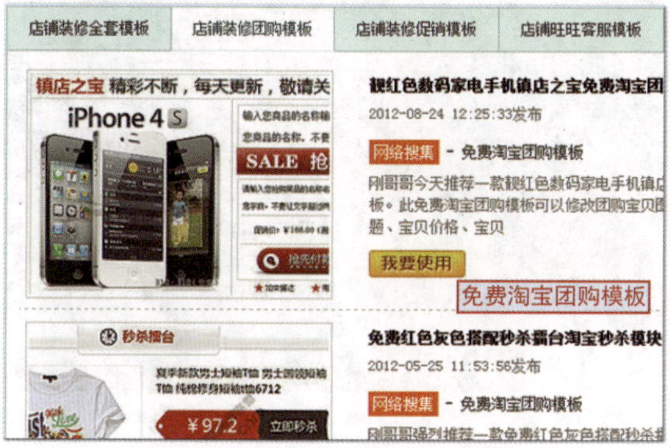

图6-13　淘宝团购模块的模板

6.1.4 开淘装修网

开淘装修网上也有很多免费试用的装修模板，首页醒目的“马上试用”4个字足以吸引淘宝卖家的眼球。但是大部分模板需要有积分才能下载使用，如图6-14所示。

学习目标	了解开淘装修网的使用规则
难度指数	★

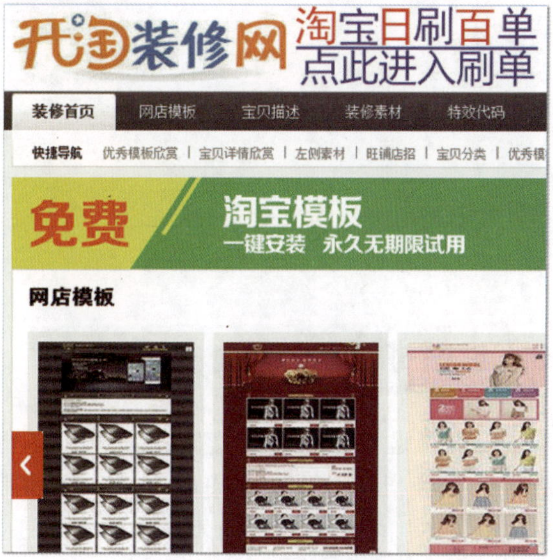

图6-14　开淘装修网首页

● 浏览“宝贝描述”栏中的模板

在网页中间位置浏览与宝贝描述相关的模板，如图6-15所示。

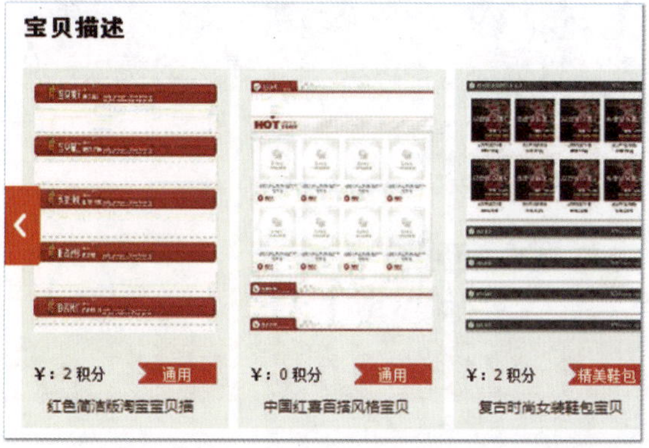

图6-15　浏览“宝贝描述”模块中的模板

● 需要注册并登录账号

既然在该网站需要积分才能下载使用免费的模板，那么肯定需要用户先注册账号，登录后才能进行下载操作，如图6-16所示。

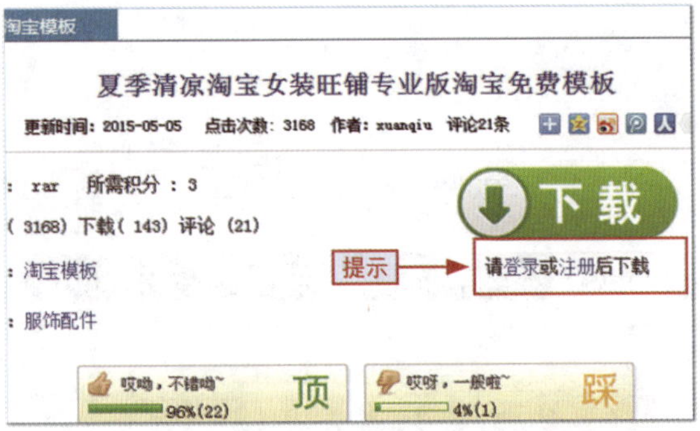

图 6-16 注册并登录账号

6.1.5 三角梨

三角梨是专业为淘宝卖家打造永久免费店铺装修模板、代码、在线制作图片等的服务网站，不同的功能有不同的网站入口。

学习目标	了解三角梨的不同功能页面
难度指数	★

● 三角梨——网店装修素材

在该入口，网站为卖家提供了店铺的整体模板，还有其他各个模块的模板，如图6-17所示。

图 6-17 网店装修素材

● 三角梨——在线制作

在该入口，网站为卖家提供了店铺不同模块的各种模板的在线制作，卖家只需要选好模板，提交文本信息，即可看到设计效果，然后下载，如图6-18所示。

图 6-18 在线制作

● 三角梨——代码生成

在该入口，网站为卖家提供了店铺不同模块的代码生成服务，卖家选择这一选项，在搜索结果中选择适合自己店铺的模板，然后单击“点此开始生成”按钮即可，如图6-19所示。

图 6-19 代码生成

长知识 | 网站模板的来源

细心的用户应该能发现，在网上寻找模板的时候，不同网站上的模板有重复的情况，主要是因为互联网上的模板并不一定是该网站的原创作品，有很多是来自热心用户的分享，所以就会发生模板重复的情况，如图 6-20 所示。

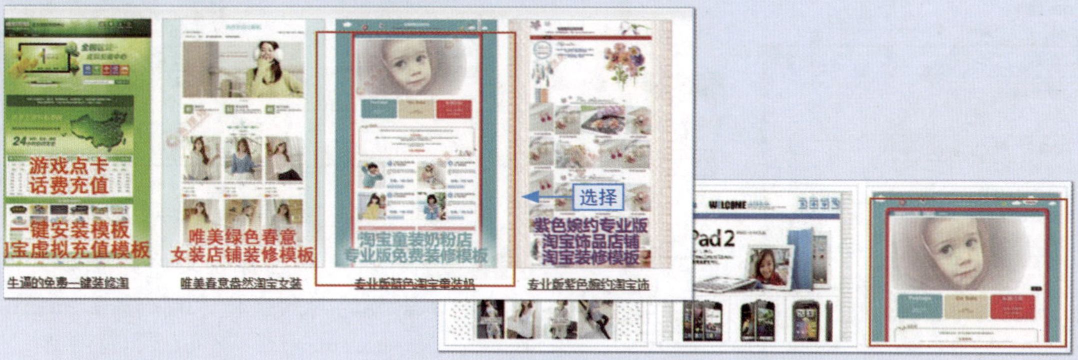

图 6-20 不同网站上的相同模板

6.1.6 下载模板

不同的网站，下载模板的方式有所不同，有的需要下载压缩包，有的需要直接复制代码。本节以鱼摆摆网店装修网为例来介绍如何下载模板。

学习目标 学会在网站上下载免费的模板

难度指数 ★★

步骤01 进入鱼摆摆网店装修网，单击“更多淘宝旺铺专业版免费模板”超链接，进入专业模板的选择页面，如图6-21所示。

图 6-21 单击“更多淘宝旺铺专业版免费模板”超链接

步骤02 在搜索结果中选择一种自己喜欢的或者符合店铺风格的模板，如图6-22所示。

图 6-22 选择模板

步骤03 在新页面的最下方，单击下载地址的超链接，如图6-23所示。

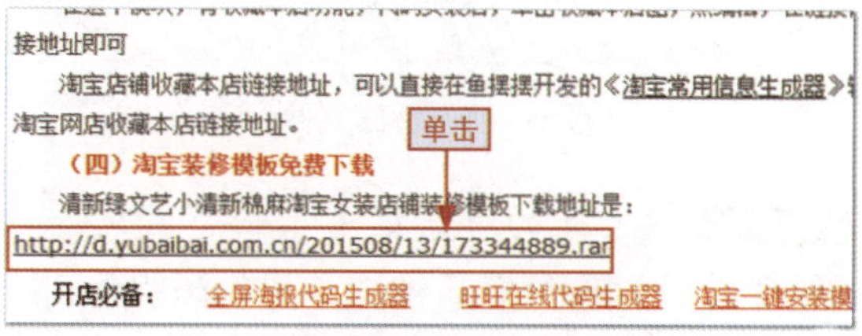

图 6-23 单击下载地址超链接

步骤04 ❶在打开的对话框中单击“浏览”按钮，❷选择下载文件的保存位置，❸单击“确定”按钮，❹单击“下载”按钮，如图6-24所示。

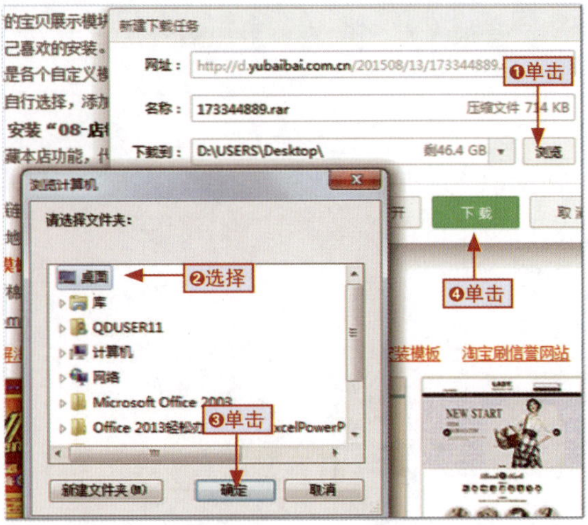

图6-24　下载模板

步骤05 ❶在下载完成界面单击“打开”按钮，❷选择要解压的压缩文件，❸单击“解压到”按钮，如图6-25所示。

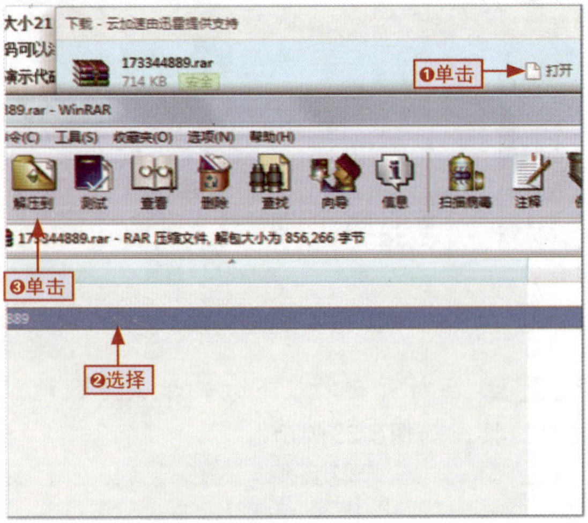

图6-25　解压文件

步骤06 在打开的对话框中单击“确定”按钮即可完成模板的解压缩，如图6-26所示。

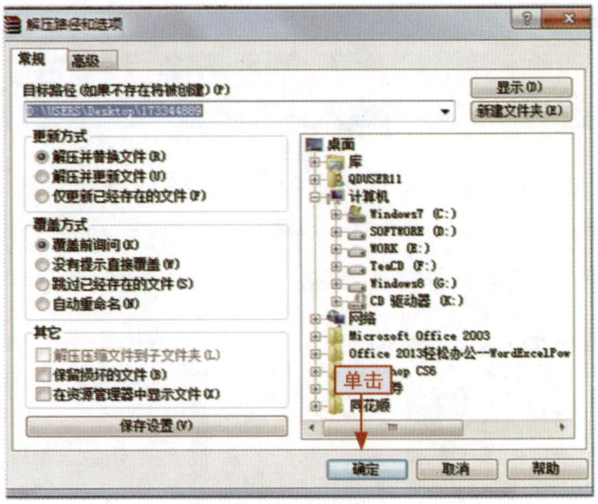

图6-26　“解压路径和选项”对话框

步骤07 解压完成后打开文件夹查看文件，可以将不需要的网站快捷方式删除，如图6-27所示。

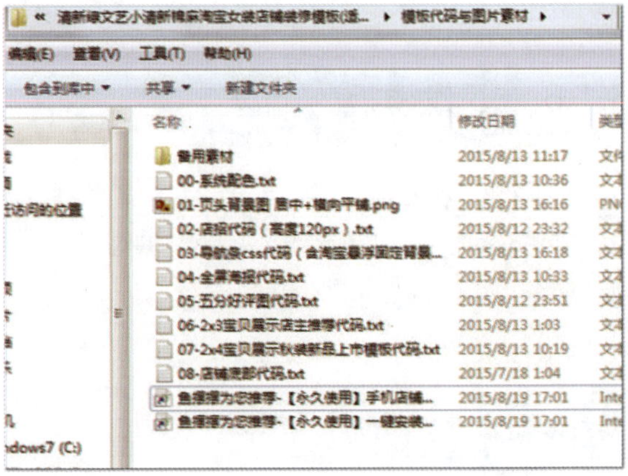

图6-27　查看解压文件

小绝招

不同的浏览器下载模板的情况

单击“下载地址”超链接后，不同的浏览器所做出的下载反应是不一样的，比如IE浏览器会在页面底部跳出一个另存为的提示框，而谷歌浏览器和360浏览器则会直接开始下载到默认的文件夹中，有的则需要用户打开迅雷下载工具下载。

6.2 安装免费模板

阿智： 小白，你的店铺页面怎么还是老样子啊？

小白： 实话说吧！下载模板后我不知道要怎么安装模板。

阿智： 原来是这样啊！你可以跟我说啊，我教你怎么安装就行了啊！

模板下载完成后需要将其安装到自己的店铺中，不同模板的安装方式和要求也不同，比如大多数模板都要通过代码安装来实现。本节以上节下载的“清新绿文艺小清新棉麻淘宝女装店铺装修模板(适用专业版旺铺)”为例来进行安装讲解。

6.2.1 确保店铺模板为系统模板

在安装该模板之前，卖家要确保自己的店铺当前使用的是系统模板中的简约时尚官方模板，如果不是，则需要更改。

学习目标：学会将店铺模板恢复到系统模板

难度指数：★★

步骤01 进入店铺装修模式，选择页面上方的“模板管理”选项，如图6-28所示。

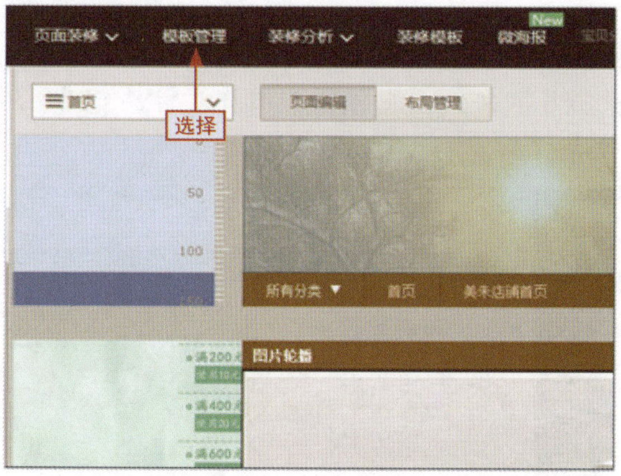

图 6-28 选择“模板管理”选项

步骤02 滚动鼠标中键，在页面下方找到“系统模板”栏，查看当前使用的模板，如图6-29所示。

图 6-29 查看当前模板

步骤03 如果不是系统默认的简约时尚官方模板，那么就要单击简约时尚官方模板中的“马上使用”按钮，如图6-30所示。

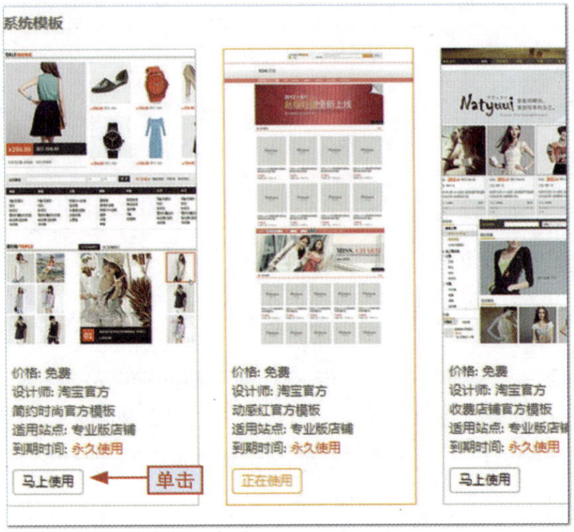

图 6-30 恢复系统默认模板

6.2.2 安装素材

以清新绿文艺小清新棉麻淘宝女装店铺装修模板为例，它提供了页面背景和页头背景素材。新手卖家可以先从安装背景开始逐步完成模板的安装。

学习目标	学会各种素材的安装
难度指数	★★

步骤01 进入店铺装修模式，❶在页面的左侧选择“页面”选项，❷单击“更换图片”按钮，如图6-31所示。

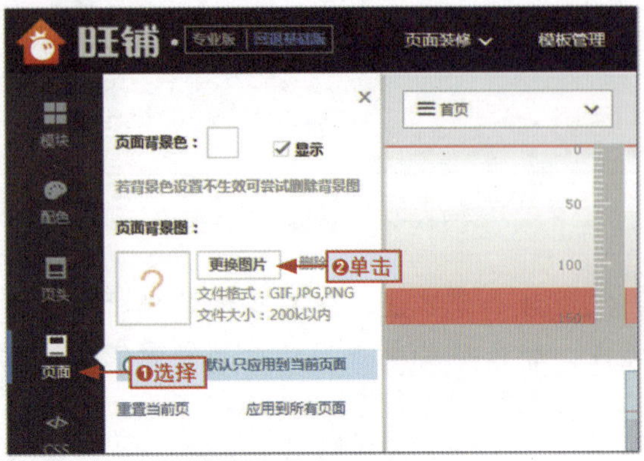

图 6-31 店铺装修模式

步骤02 ❶选择要上传的背景图片，❷单击“打开”按钮，如图6-32所示。

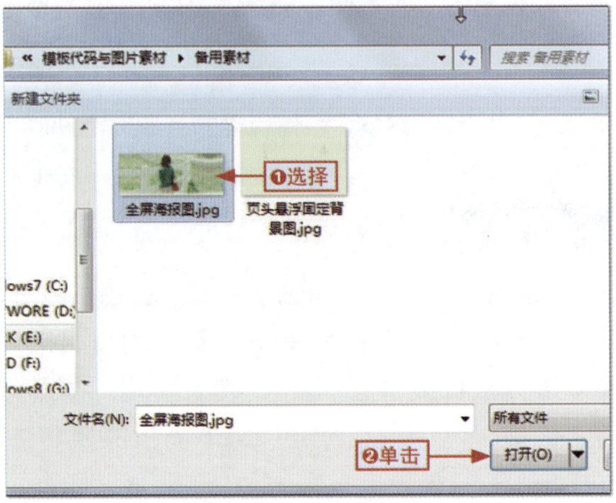

图 6-32 选择背景素材

步骤03 将背景显示和背景对齐设置为不铺平和居中，如图6-33所示。

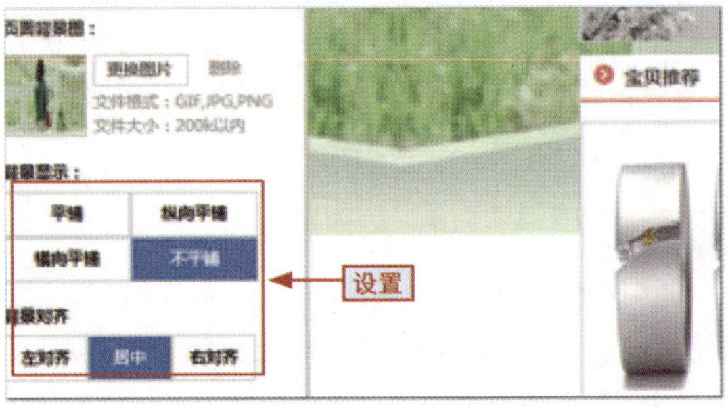

图 6-33 设置页面背景显示与对齐方式

步骤04 ❶切换到“页头”选项，❷单击“更换图片”按钮，上传页头图片素材，如图6-34所示。

图 6-34 设置页头背景

步骤05 按同样的步骤上传完成后，设置页头的背景显示和对齐方式为平铺和左对齐，如图6-35所示。

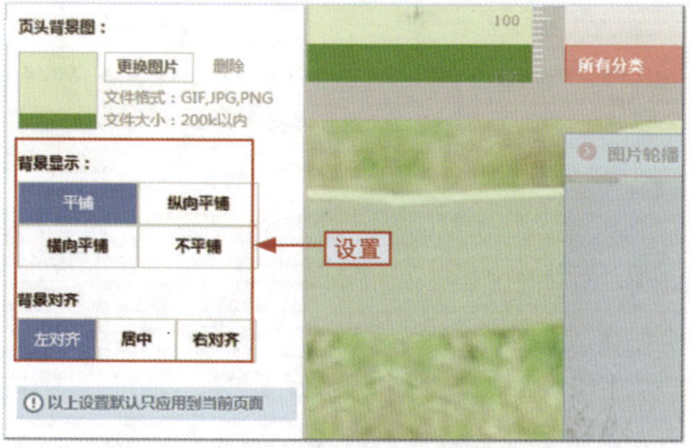

图 6-35 设置页头背景显示和对齐方式

步骤06 最后单击装修页面右上角的“发布”按钮，如图6-36所示。

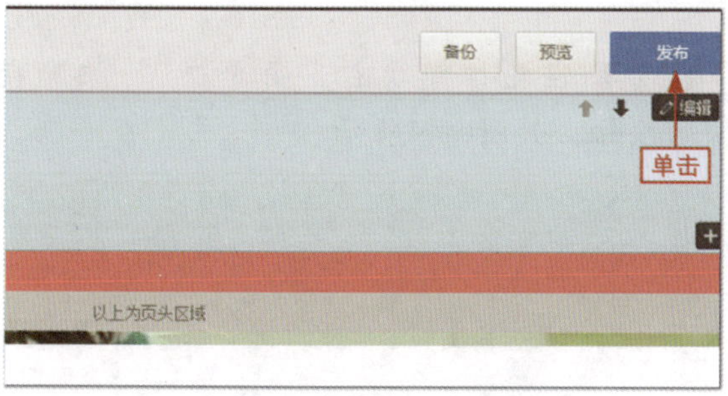

图 6-36 发布并保存设置结果

步骤07 在Photoshop软件中将素材中的“原始店招”加工成自己需要的店招图片，如图6-37所示。具体操作参照第5章第2小节的内容。

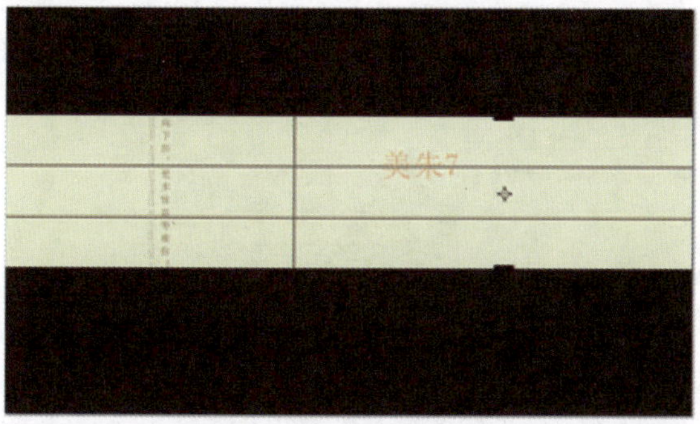

图 6-37 加工店招图片

步骤08 进入店铺装修模式，编辑页头模块，上传修改后的“原始店招”图片，如图6-38所示。修改后的图片最好是PNG格式，具体操作参照第5章第2小节的内容。

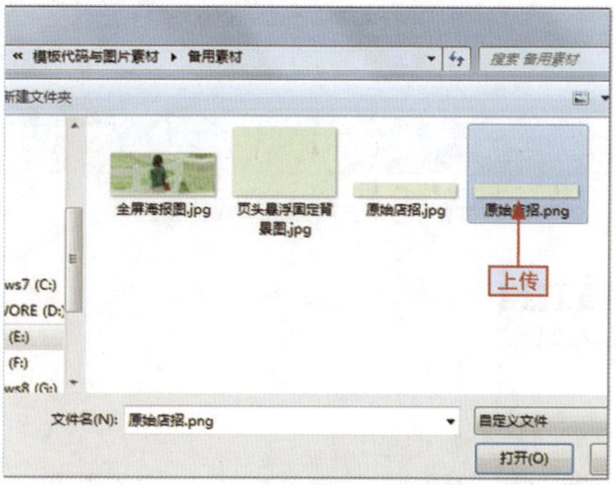

图 6-38 上传修改后的店招图片

步骤09 上传完成后，单击“保存”按钮，如图6-39所示。

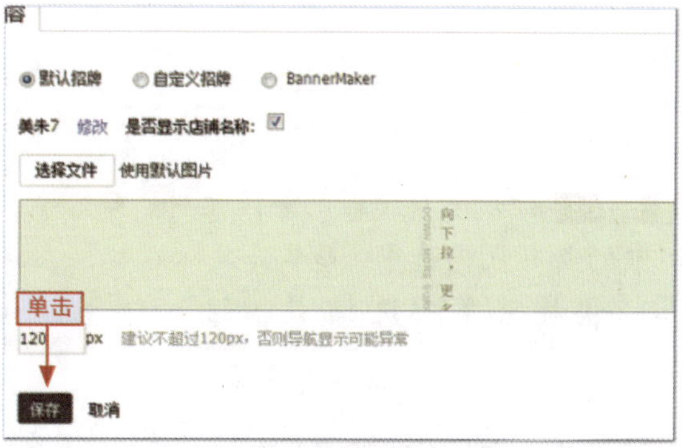

图 6-39 保存店招

6.2.3 用代码安装各个模块

在安装模板的过程中，最主要的部分还是各个模块的安装，这些模块的安装都是利用安装代码来完成的，现在我们一起来学习吧！

学习目标	学习怎么用代码安装模块
难度指数	★★★

步骤01 将鼠标指针移动到页头下方的狭长区域(导航模块)，单击“编辑”按钮，如图6-40所示。

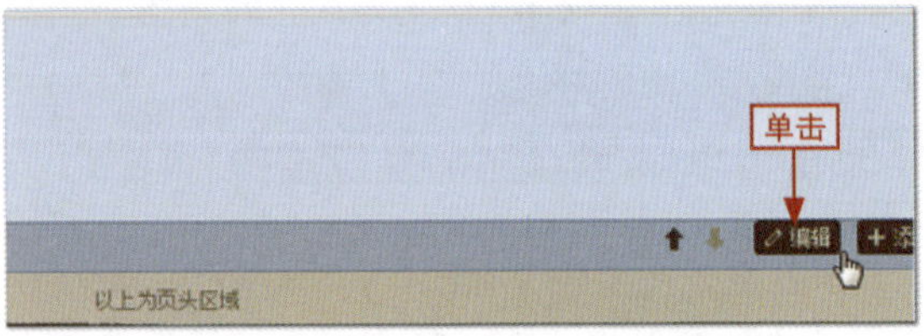

图6-40　进入导航模块的设置

步骤02 切换到“显示设置”选项，如图6-41所示。

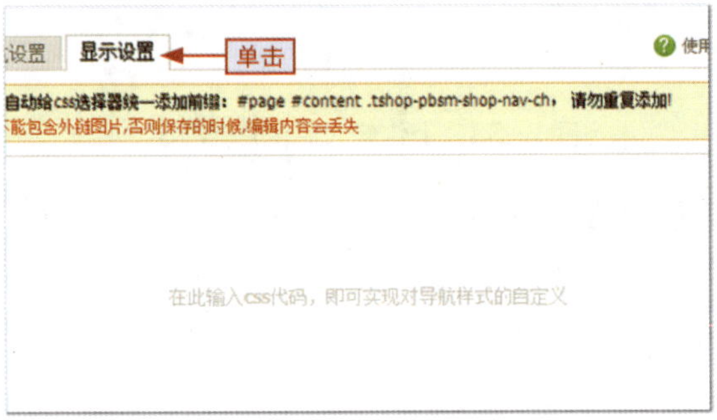

图6-41　切换到“显示设置”选项

步骤03 打开下载模板的解压文件，❶把导航条中的所有代码选中，❷单击鼠标右键，在弹出的快捷菜单中选择“复制”命令，如图6-42所示。

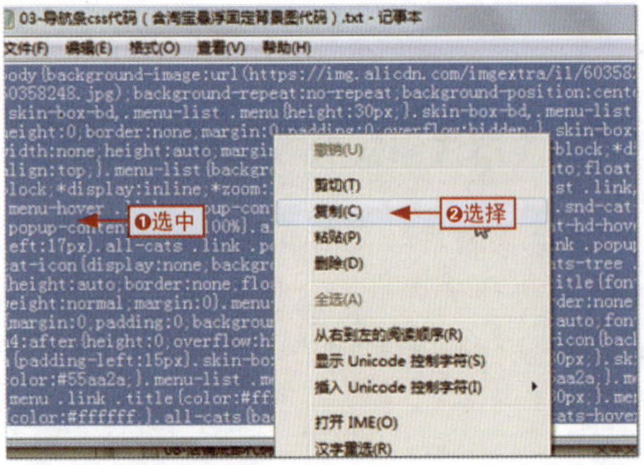

图6-42　选择“复制”命令

步骤04 ❶将复制的代码粘贴到导航栏的编辑对话框中，❷单击“确定”按钮，如图6-43所示。

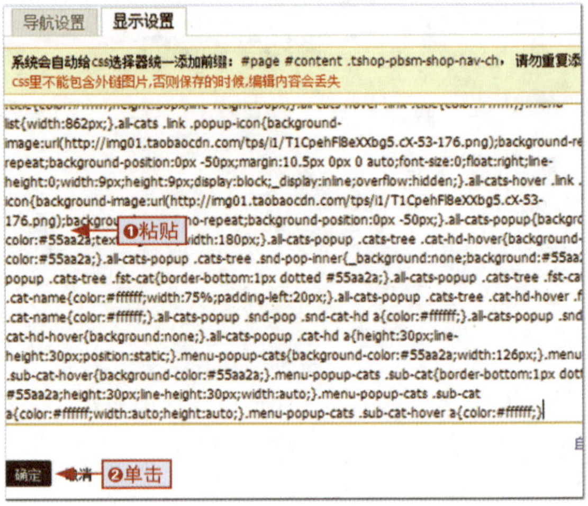

图6-43　粘贴代码

步骤05 在轮播模块右下角单击“+添加模块”按钮，如图6-44所示。

图6-44　添加模块

步骤06 在页面左侧找到“自定义区”模块图标，❶将鼠标指针移动到图标上，❷按住鼠标左键拖动鼠标，将图标放到右侧的店铺页面中后释放鼠标左键，如图6-45所示。

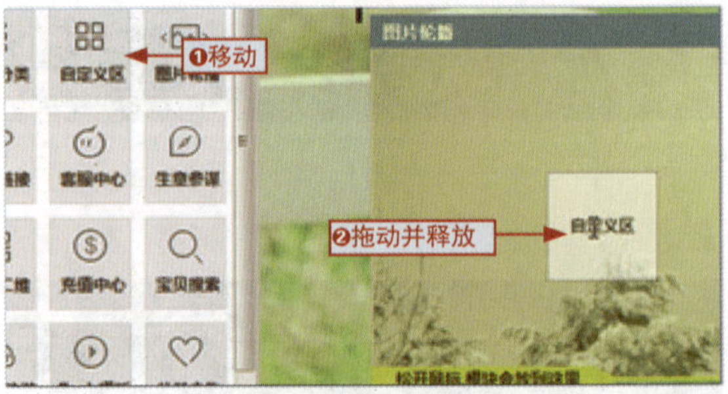

图6-45　添加自定义模块

步骤07 该模块要作为导航栏下方的第一个模块，所以单击“上移”按钮将其移动到导航栏下方，如图6-46所示。

图 6–46　移动模块

步骤08 打开自定义区的编辑对话框，❶选中“不显示”单选按钮，❷单击“源码”按钮，❸单击“确定”按钮，如图6-47所示。

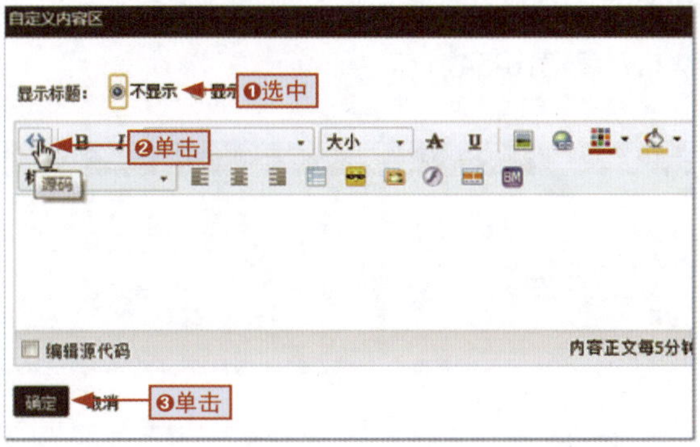

图 6–47　单击“源码”按钮

步骤09 按照步骤3、步骤4的操作复制相应的代码，如图6-48所示。

图 6–48　复制代码

步骤10 将复制的源代码粘贴到代码编辑器中，如图6-49所示。

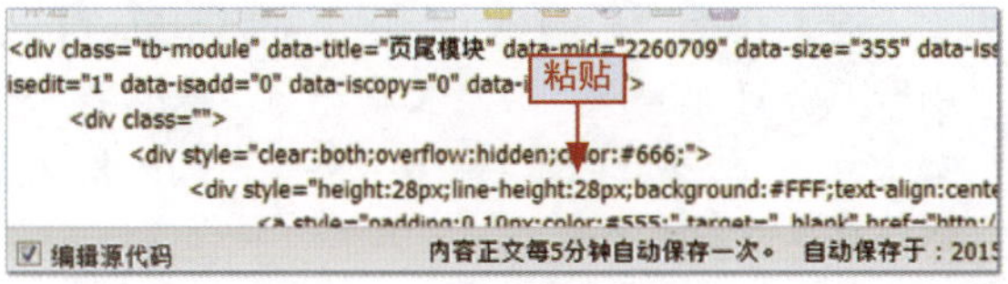

图 6–49　粘贴源代码

步骤11 ❶单击“源码”按钮，❷单击“确定”按钮，如图6-50所示。

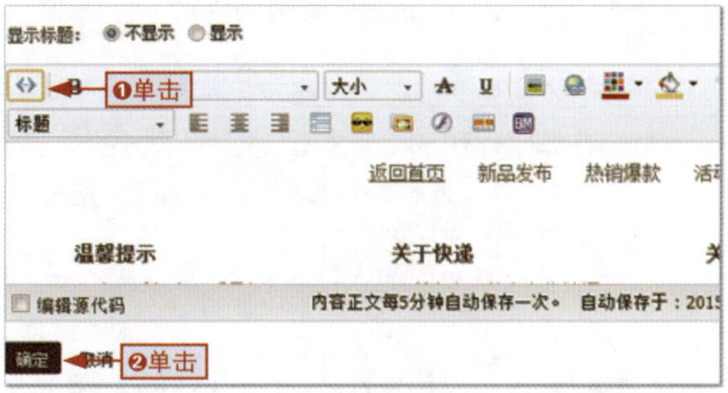

图 6–50　将代码转换成实际的文字

小绝招

灵活添加模块

很多时候，下载的模板里面有些模块没有源代码，而我们又不能随便上传不对应的代码，此时我们可以灵活地添加一些已定义好的模块来替换模板中的模块。

步骤12 根据上述通过添加代码来添加模块的方法和步骤，也可以添加其他的模块，比如五星好评图模块，如图6-51所示。

图 6–51　添加五星好评图模块

小绝招

解决编辑器不稳定的问题

淘宝代码编辑器一直都不是很稳定，有的浏览器在编辑代码时，其编辑对话框下方的“确定”和“取消”按钮会显示为灰色，无法点击，这时用户可以更换浏览器再试试。

步骤13 再添加一个自定义区模块，将“宝贝展示店主推荐”代码粘贴到编辑器中，然后安装此模块到店铺页面，如图6-52所示。

图6-52　安装宝贝展示店主推荐模块

步骤14 在店铺页面的最后一个模块的右下角单击“+添加模块”按钮，如图6-53所示。

图6-53　添加店铺底部模块

步骤15 再次添加一个自定义区，进入编辑对话框，按照同样的操作将底部模块的代码复制粘贴到编辑框中，生成店铺底部模块的模板，如图6-54所示。

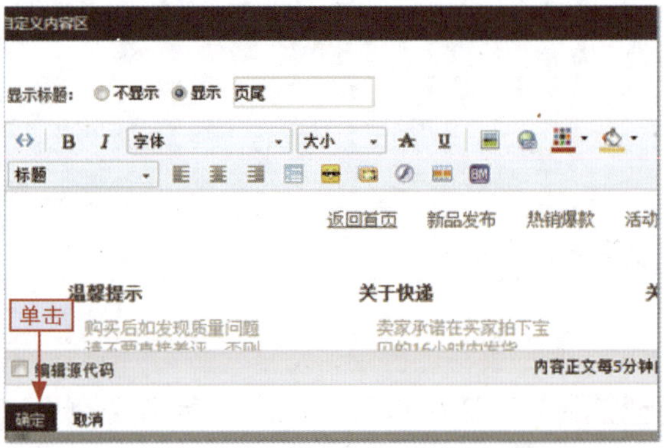

图6-54　安装店铺底部模块

小绝招

不是所有模块都要安装

下载的模板中有很多模块的代码，但并不是所有模块都需要安装。

全套模板给出的模块是尽可能完整地满足用户的多样化需求，每一位用户对模块的需求都不同，在实际安装过程中，卖家需要什么模块就安装什么模块。

长知识 | 其他模块相关的下载知识

下载的全套模板在风格上比较统一，但是有的卖家可能不喜欢其中某一个小模块，或者一些需要的模块没有被包含在下载的全套模板中。这种情况下，卖家可以自己到网站上下载单独的小模块进行拼凑，将店铺装修成自己想要的模样。

下载单个小模板的方法和步骤与下载全套模板相同，同样，不同网站的操作方式也有一定差异。

找到单个小模块的下载地址，按照本节讲过的下载过程下载模板，解压后就可以把代码复制粘贴到店铺模块的编辑框中，生成具体的模块样式即可完成添加模块的步骤。如图 6-55 所示是鱼摆摆网店装修网提供的一些小模板。

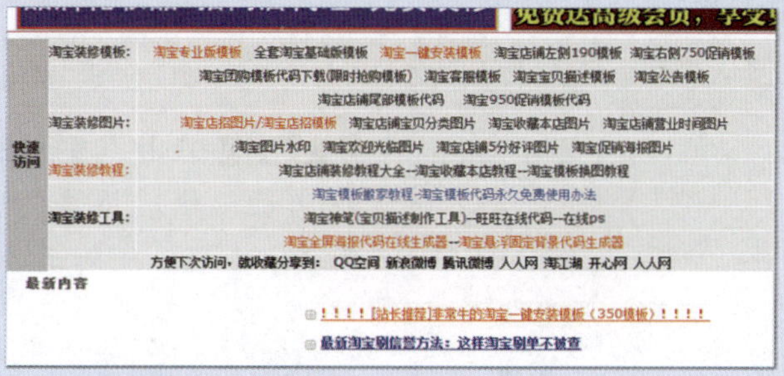

图6-55　鱼摆摆网店装修网提供的小模板

6.2.4 修改和调整模块

从网上下载的模块有些地方带有下载网站的广告，而且模块的名称也是设计者设置的，卖家可以根据自己的需要对这些内容进行删除和修改。

学习目标　学会删除模块中没有用的东西

难度指数　★★

步骤01 在需要修改标题的模块中，单击“编辑”按钮，进入该模块的编辑对话框，❶选中“显示”单选按钮，❷在文本框中输入该模块的标题，❸单击“确定”按钮，如图6-56所示。

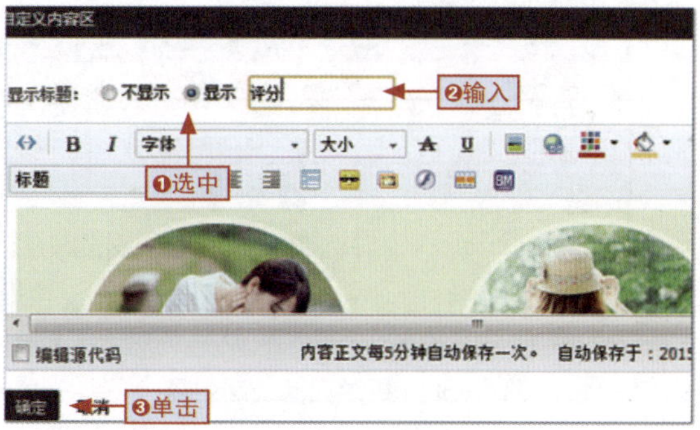

图 6-56　修改模块名称

步骤02 修改完所有标题后，卖家需要单独添加工作时间的模块，提醒买家在规定的时间内联系卖家，如图6-57所示。

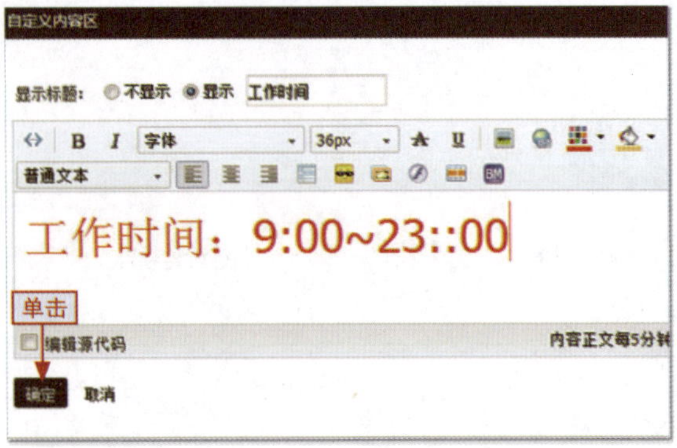

图 6-57 突出工作时间

小绝招

单独设置时间模块

设置时间模块是为了让买家及时看到卖家的工作时间，防止买家在卖家不在的时候联系。编辑框中文本的字体、大小以及颜色等可根据卖家自己的喜好设置。

步骤03 更改其他说明内容，如温馨提示、关于快递、关于色差以及关于退换货等，如图6-58所示。

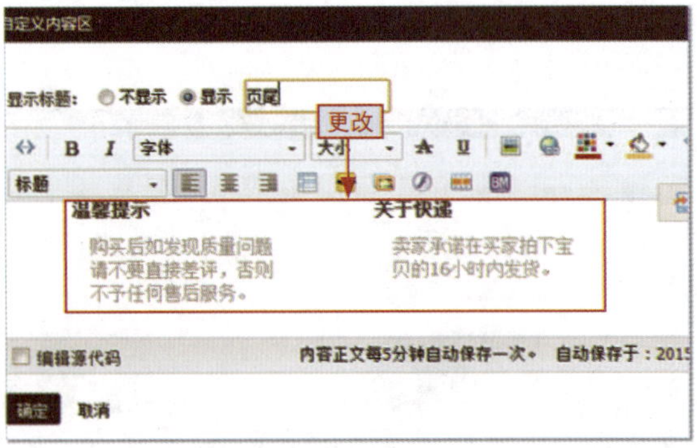

图 6-58 更改其他说明内容

6.2.5 更改旺旺链接用户

安装客服模板后，要将旺旺客服链接更改为自己的旺旺，这样买家单击客服头像时才能和卖家进行对话。

学习目标 掌握更改旺旺链接的操作步骤

难度指数 ★★★

步骤01 打开客服模块的编辑对话框，❶单击第一个旺旺图标，❷单击“编辑”超链接，如图6-59所示。

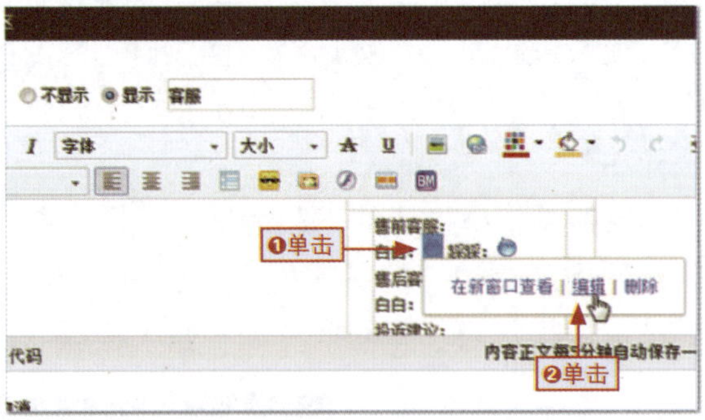

图 6-59 单击“编辑”超链接

步骤02 在打开的对话框中选中该图片的链接网址，然后将其删除，此时不要关闭这个页面，如图6-60所示。

图 6-60 删除链接网址

步骤03 打开鱼摆摆网店装修网，在页面上方单击“旺旺代码在线生成”超链接，如图6-61所示。

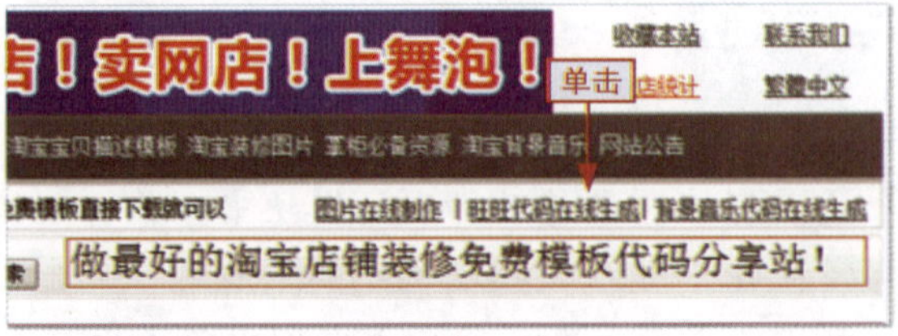

图 6-61 单击“旺旺代码在线生成”超链接

步骤04 ❶选择在线状态图片风格，❷填写阿里旺旺号码，如图6-62所示。

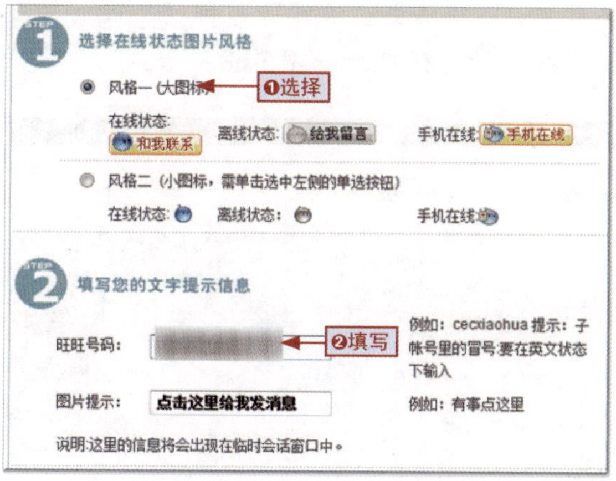

图 6-62　填写阿里旺旺号码

步骤05 ❶单击“生成网页代码”按钮，❷单击“复制超链地址”按钮，如图6-63所示。

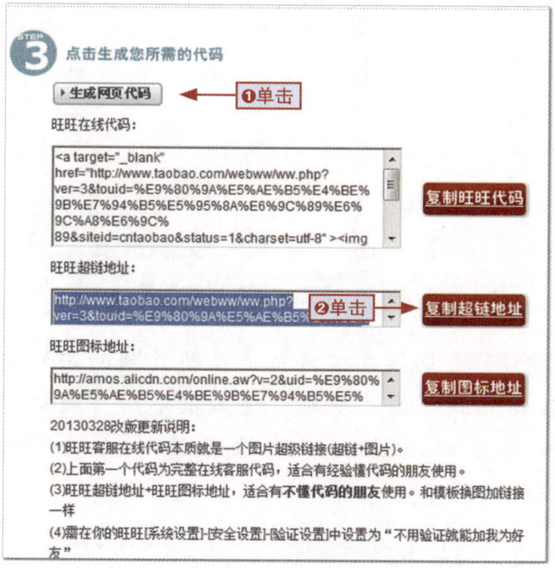

图 6-63　生成代码并复制超链地址

步骤06 切换到店铺装修页面，❶将复制的代码粘贴到“链接网址”文本框中，❷单击“确定”按钮，如图6-64所示。

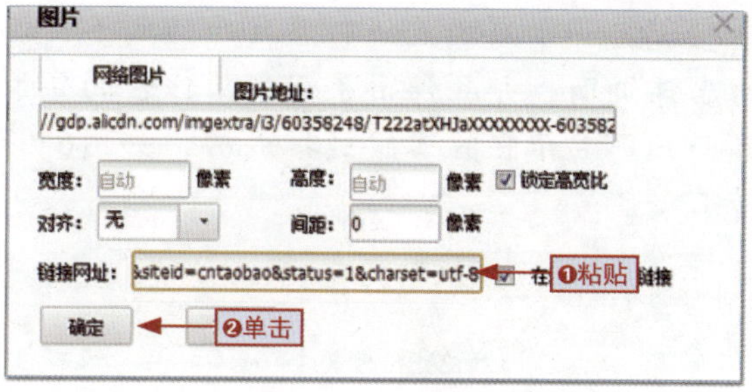

图 6-64　粘贴代码

步骤07 单击“确定”按钮，保存设置的旺旺账号链接，如图6-65所示。

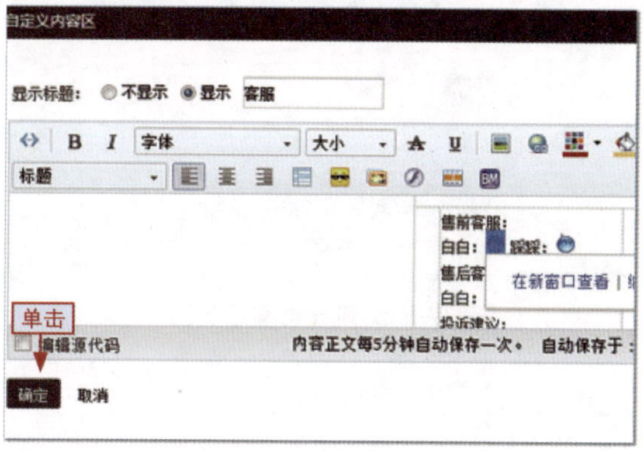

图 6-65　单击“确定”按钮

步骤08 单击“发布”按钮发布店铺的设置后，在店铺中单击更改的第一个旺旺客服头像，如图6-66所示。

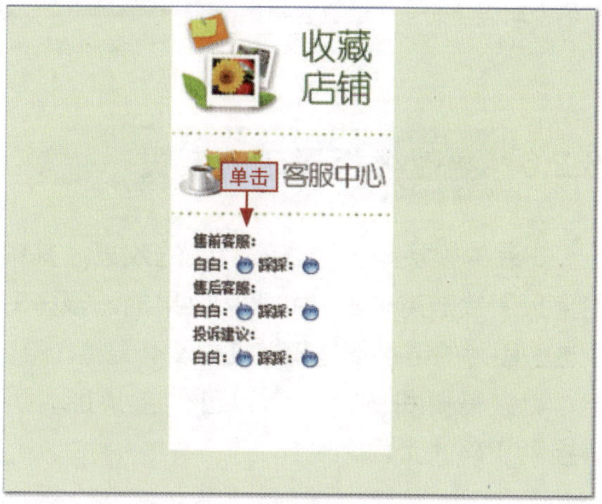

图 6-66　单击更改的客服头像

步骤09 如果页面无法打开反而回到了自己的店铺页面，并且弹出了千牛工作台的登录界面，则表示旺旺客服链接成功，如图6-67所示。

图6-67　确定客服是自己

小绝招　更改其他旺旺客服链接

更改了一个旺旺客服链接后，只需要按照相同的步骤更改其他旺旺客服链接即可。有必要说明的是，通常可以设置多个客服，而且它们都可以是同一个旺旺账号。

6.2.6 更改模板显示的宝贝

安装的模板是为了查看大致的效果，其中的宝贝图片是用来占位并表达效果的。很多时候这些图片的链接都是死链接或没有链接。

卖家需要将图片改为自己的宝贝图片并链接到正确的页面。

学习目标	学会在店铺的模板中替换上自己的宝贝
难度指数	★★

步骤01 进入装修模式，单击第一个宝贝列表模块右上角的“编辑”按钮，❶选择第一个宝贝图片，❷单击“编辑”超链接，此时不要关闭打开的对话框，如图6-68所示。

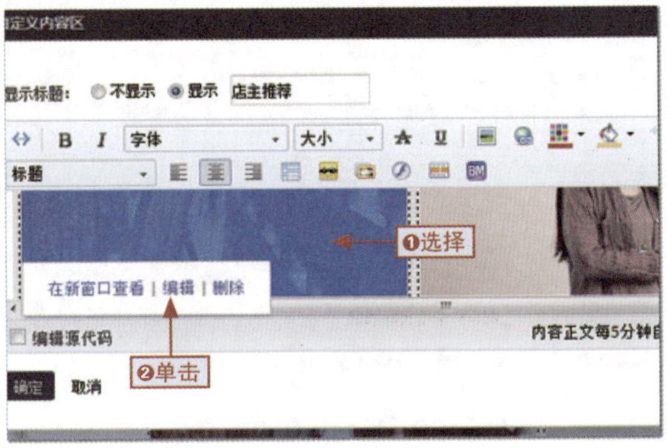

图6-68　单击“编辑”超链接

步骤02 进入卖家中心，单击“出售中的宝贝”超链接，然后选择宝贝图片右侧的“复制链接”选项，如图6-69所示。

图6-69　选择“复制链接”选项

步骤03 切换到装修页面，将复制的图片链接粘贴到“图片地址”文本框中，替换掉模板图片的地址，继续保留该对话框，如图6-70所示。

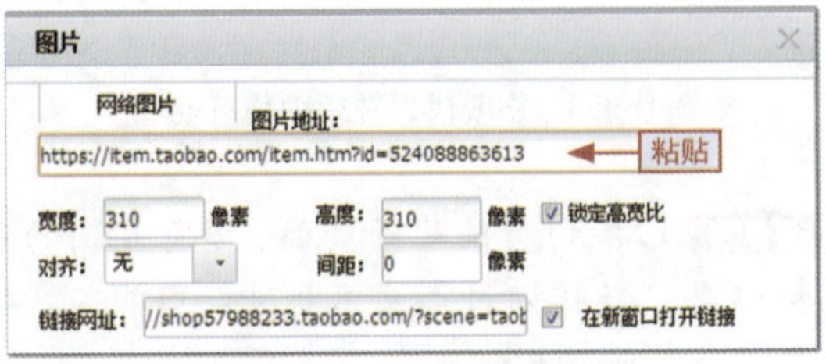

图6-70　粘贴图片地址

步骤04 在刚刚复制图片地址的页面，单击宝贝图片，如图6-71所示。

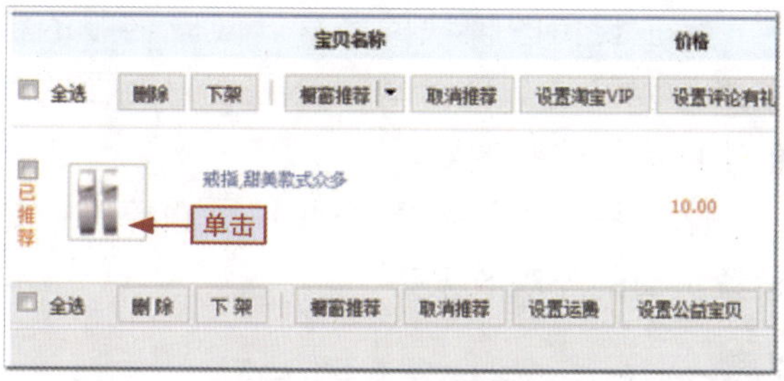

图 6-71　单击宝贝图片

步骤05 在宝贝详情页面，选中浏览器最上方的网址，单击“复制网址”按钮复制页面地址，如图6-72所示。

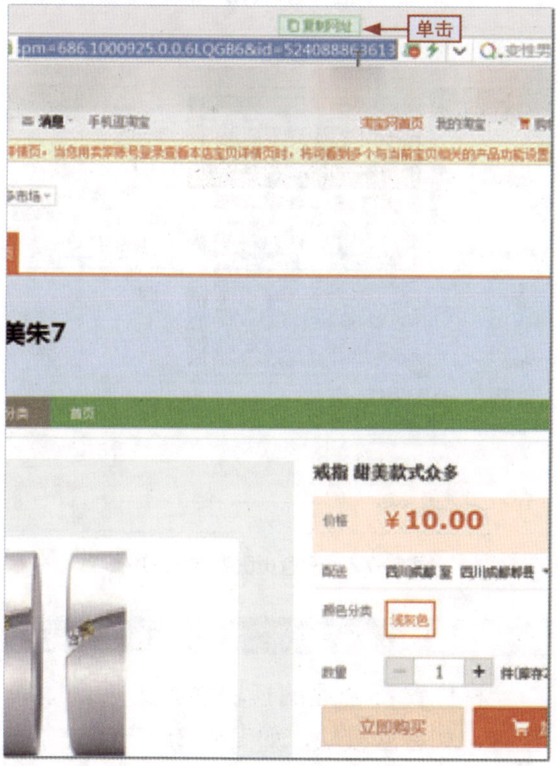

图 6-72　复制链接地址

步骤06 再次切换到装修页面，❶将复制的链接地址粘贴到“链接网址”文本框中，❷单击“确定”按钮，如图6-73所示。

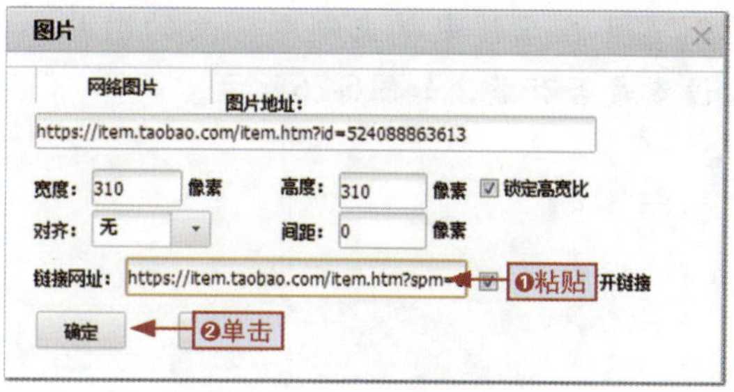

图 6-73　粘贴链接地址

步骤07 ❶默认的宝贝价格和销量等信息也是不对的，将其更改为相应宝贝对应的价格和销售信息，❷单击“确定”按钮，如图6-74所示。

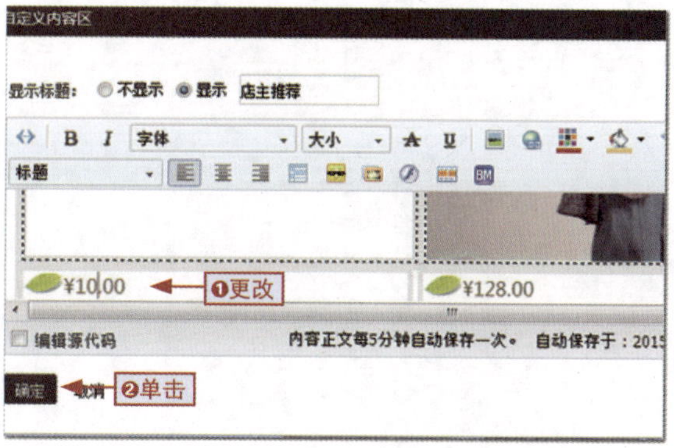

图 6-74　修改宝贝价格和销售信息

步骤08 单击装修页面右上角的“发布”按钮，发布店铺设置(系统会自动返回店铺进入装修之前的页面)，如图6-75所示。

图 6-75　发布店铺

步骤09 在店铺中单击刚刚修改的图片，检验设置是否有效，如图6-76所示。

图 6-76　验证宝贝链接是否正确有效

小绝招　**更改图片大小，如实设置销量**

按照同样的方法继续更改其他宝贝的图片和链接地址。

在更改图片时，可以设置图片的宽度和高度，保证图片的显示不会变形，也可将图片按照显示框的大小在 Photoshop 中做成相应的尺寸。另外，在修改宝贝销量情况时，一定要如实填写。

有时在复制了图片地址和链接网址后，宝贝图片不能正常显示，这时只能重新寻找图片或者在另外的时间重新设置。

6.2.7 调整其他模块的外观

除了要更改模块的名称、旺旺客服的链接账号以及宝贝图片等，还需要对页面的其他模块进行一些调整。

比如把之前添加的一些模块删掉，或是设置页面的外观效果等。

学习目标	了解页面外观调整的内容
难度指数	★

● 调整页面背景为白色

将页面背景由之前设置的颜色改为白色，以匹配当前的模板风格，如图6-77所示。

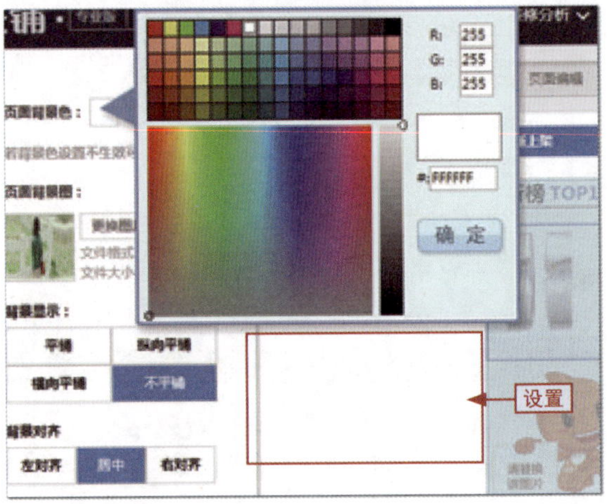

图 6-77　设置页面背景为白色

● 移动模块

将位置不合理的模块移到比较合适的位置，如客服模块，如图6-78所示。

图 6-78　移动模块

6.3 使用350网店服务平台装修店铺

阿智：小白，这次要带你认识一下350网店服务平台！

小白：那个是什么东西啊？

阿智：350网店服务平台就是帮助你开店的，这个平台可以给你提供很多开店的便捷服务，让你不再为代码的事儿烦恼。

350网店服务平台为中小卖家提供了各种开店便捷服务，它比市面上采用代码装修店铺的老方法更先进，卖家能直接采用可视化较强的模块进行操作，让装修不再成为头疼的问题。但是该服务平台的模板需要购买。

6.3.1 试用350平台的模板

如果想投入资金进行装修，那么事先应对服务平台提供的模板进行试用和充分了解。

学习目标	学会如何试用350平台的模板
难度指数	★★

步骤01 在浏览器地址栏中输入网址“http://login.350.net”，打开服务平台的首页，在首页右上角单击“淘宝装修试用”选项，如图6-79所示。

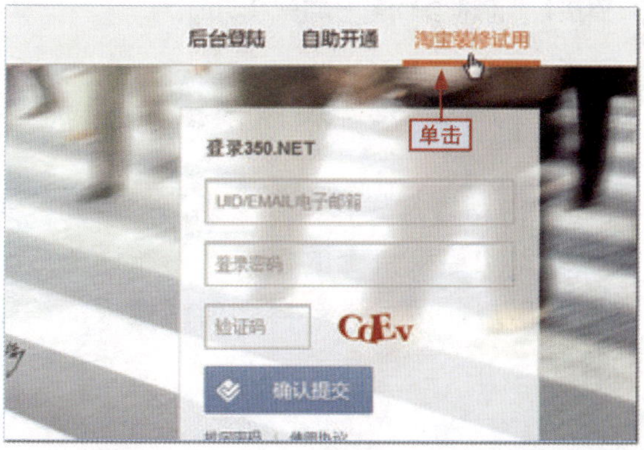

图6-79 单击“淘宝装修试用”选项

步骤02 在打开的页面左侧选择自己店铺所属的行业分类，比如“饰品珠宝”，如图6-80所示。

图6-80 选择行业分类

步骤03 在页面右侧的模板列表中查看所有模板的质量和外观，然后选择一个自己喜欢的模板，如图6-81所示。

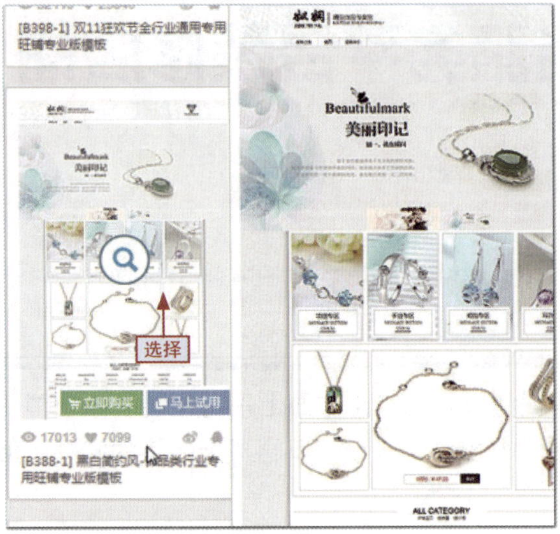

图 6-81　选择模板

步骤04 单击“马上试用”按钮，如图6-82所示。

图 6-82　单击“马上试用”按钮

步骤05 在新打开的页面中编辑模板中各个模块的信息(和编辑淘宝店铺模块的操作类似)，如图6-83所示。

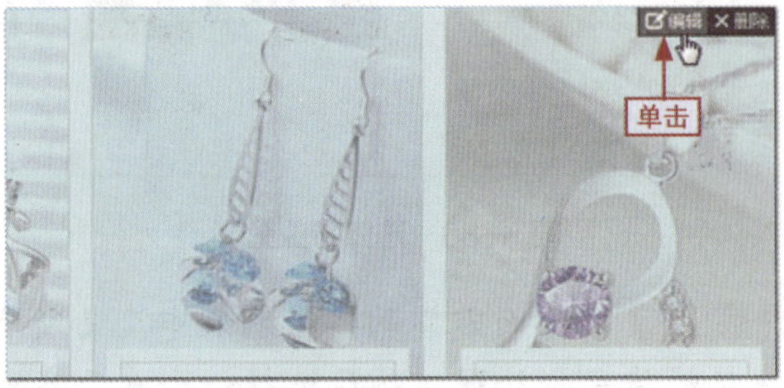

图 6-83　编辑操作

步骤06 在感受了装修的简便度后，单击右上角的“预览”按钮查看编辑效果，如图6-84所示。

图 6-84　预览编辑效果

小绝招　正确了解试用的性质

350 网店服务平台的游客（有登录账号）试用功能是为了让有意了解详情的用户可以看到具体的模板并感受模板安装的便捷性。

在试用时，模板并没有被直接安装到卖家的店铺中，而是将界面变成了淘宝店铺装修模式的样子，这样可以让卖家直观地感受到真正使用模板后的效果。

另外，在编辑各个模块时，操作非常简单直接，相信很多卖家一看就会明白。

6.3.2　购买 350 装修模板

350的销售方式和其他交易网站不同，卖家必须先购买平台上的模板，才能注册成为他们的用户，然后进行自己店铺模板的编辑和管理。

学习目标	熟悉购买过程
难度指数	★

步骤01 ❶在淘宝网首页输入关键字“350装修”，❷单击“搜索”按钮，如图6-85所示。

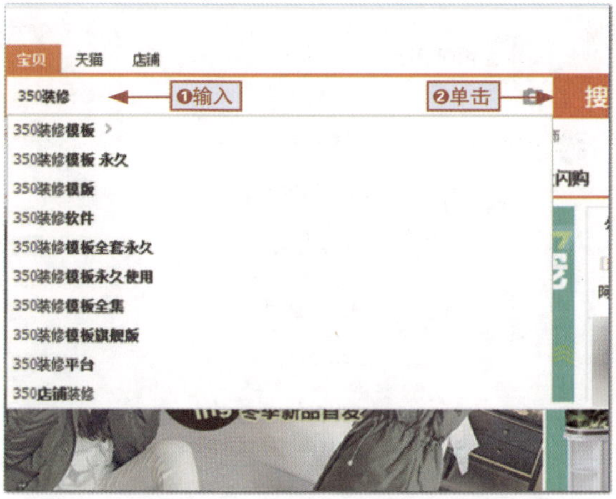

图 6-85 搜索 350 装修模板

步骤02 在搜索列表中根据自己的需求，选择一款适合的模板并查看其详情，如图6-86所示。

图 6-86 选择模板

步骤03 在详情页中查看模板的详情，确认合适之后单击“立即购买”按钮，如图6-87所示。

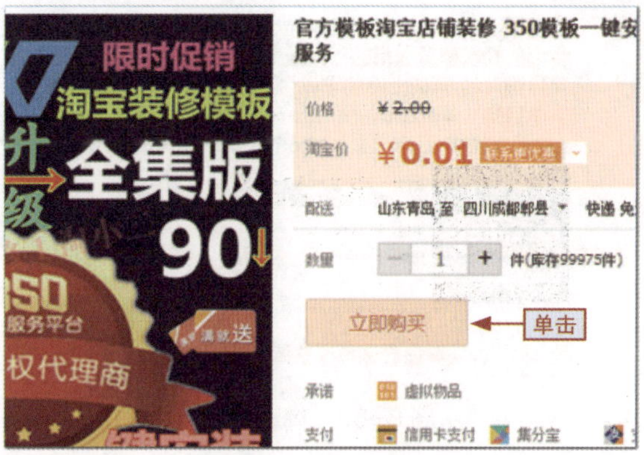

图 6-87 购买模板

步骤04 按照一般购买程序进入订单提交和付款环节，单击“提交订单”按钮，提交订单并付款购买，如图6-88所示。

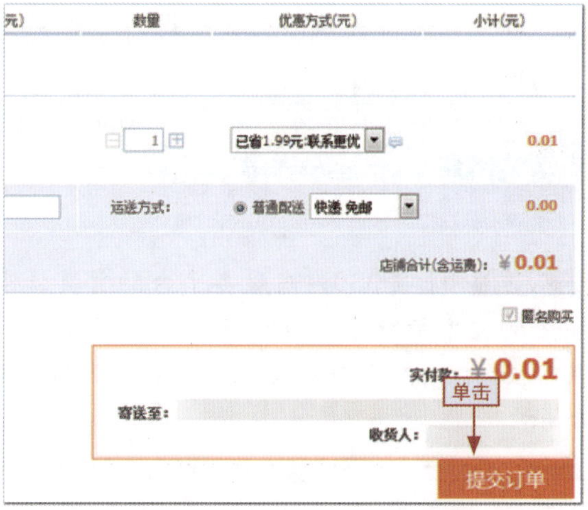

图 6-88 提交订单并付款

小绝招

挑选模板

在购买模板之前，店主可以联系销售模板的客服人员，客服会发给店主 350 模板的试用链接供店主挑选，并会询问店主购买单套还是全集。

单套就是只有一套终身免费使用的模板，全集是平台上所有模板都可以免费使用，包括以后更新的模板，如图 6-89 所示。

图 6-89　挑选模板

6.3.3　在 350 后台进行装修

购买模板后，工作人员会帮助店主注册并开通350账号，店主可以登录350服务平台，在后台管理并编辑自己的模板，然后将其同步到淘宝店铺中。

学习目标	熟悉在 350 后台装修的过程
难度指数	★★

步骤01 ❶打开350网店服务平台的首页，在相应的文本框中输入自己的账户名、密码以及验证码，❷单击“确认提交”按钮，如图6-90所示。

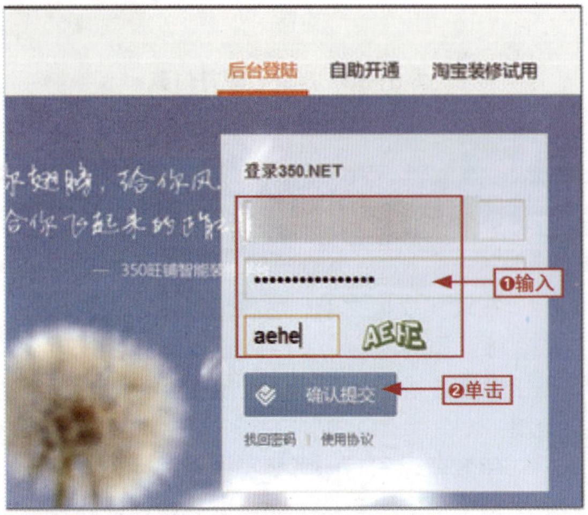

图 6-90　登录 350 服务平台

步骤02 在打开的“后台首页”选项卡中，单击“我购买的模板”超链接，查看购买的模板，如图6-91所示。

图 6-91　单击“我购买的模板”超链接

步骤03 在打开的对话框中浏览自己购买的所有模板，选择一个自己喜欢的模板，如图6-92所示。

图 6-92　选择已经购买的模板

> **小绝招**　**为了安全，重设密码**
>
> 值得注意的是，350 平台的新用户在登录后系统会提示用户关联淘宝店铺，而且为了安全，需要用户重设密码并完善自己的相关信息。

步骤04 按照淘宝店铺装修的流程和方法，在350页面也可以更改宝贝信息，删除不要的模块或者移动模块的位置等，最后单击“发布”按钮，如图6-93所示。

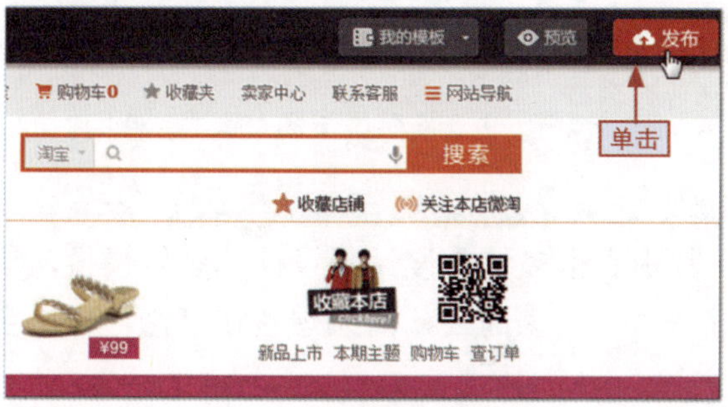

图 6-93 编辑并发布模板

步骤05 初次使用的用户会被提示安装350装修助手，在打开的对话框中单击中间的按钮即可，如图6-94所示。安装完成后就能发布店铺。

图 6-94 安装 350 装修助手

6.3.4 350 后台的其他管理

350服务平台是店主店铺的管理后台，除了最主要的装修功能外，还可以进行模板管理、方案管理和同步店铺数据等操作。

学习目标	了解 350 后台的其他管理
难度指数	★

● 管理自己的装修方案

如果店主已经使用过多个模板，可以在后台首页单击“方案管理”超链接，然后在打开的对话框中单击“删除”或“应用方案”按钮，进行方案的删除或应用，如图6-95所示。

图 6-95 管理装修方案

● 同步店铺数据

如果店铺数据发生变化，店主可以在350后台首页单击“同步店铺数据”按钮，实现数据同步，如图6-96所示。

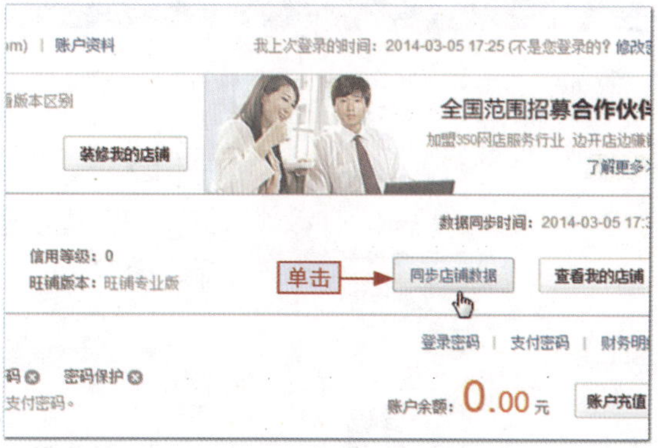

图 6-96 同步店铺数据

6.4 在淘宝装修市场上淘装修模板

阿智：小白，上次跟你介绍的350装修服务平台你用了吗？

小白：没有，我觉得不安全。

阿智：其实没什么，如果你实在觉得不安全，那你也可以去淘宝装修市场上购买装修模板啊！

淘宝网针对店铺装修专门做了一个装修市场，其中有很多优秀设计师设计的装修模板，这些模板无论是质量、外观，还是售后服务，都很好。对于卖家而言，如果想花钱装修，去淘宝装修市场也是个不错的选择。

6.4.1 进入淘宝装修市场

很多新手卖家都不知道淘宝装修市场的存在，更不用说进入市场购买装修模板了。其实装修市场的入口在淘宝装修模式下就可以找到。

学习目标	了解淘宝装修市场的入口
难度指数	★

步骤01 进入店铺装修模式，单击“模板管理”选项，如图6-97所示。

图6-97　单击“模板管理”选项

步骤02 在打开的页面最下方单击“装修市场”超链接，如图6-98所示。

图6-98　单击“装修市场”超链接

步骤03 进入装修市场后，系统会自动列出与卖家店铺行业、版本等相匹配的所有模板，如图6-99所示。

图 6-99 查看模板列表

6.4.2 认识淘宝装修市场

如果卖家要使用淘宝装修市场中的模板，需要先对该市场中各个模板的情况和大致的操作流程进行了解，方便自己以后对模板的选择和使用。

学习目标 了解淘宝装修市场概貌
难度指数 ★★

● 筛选模板

在选购店铺模板时，卖家不仅可以选择旺铺的版本及模板的类型，还可以选择店铺所属行业的模板、风格以及色系等，如图6-100所示。

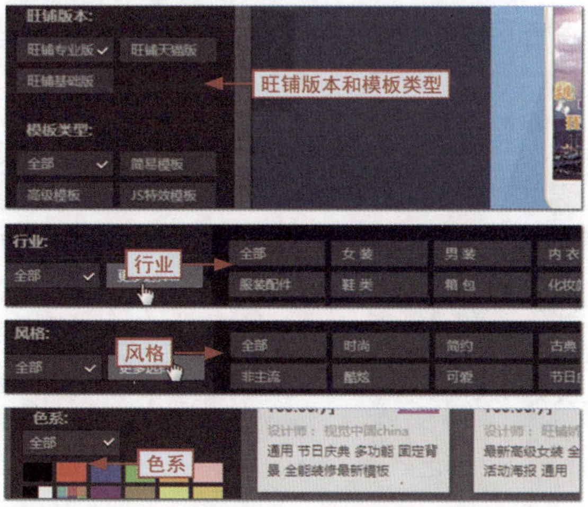

图 6-100 筛选模板

● 模板的类型

淘宝装修市场为卖家提供了3种类型的模板，即简易型、高级型和JS特效型，如图6-101所示，不同的模板价格有很大的差异。

图 6-101 模板类型

有些模板之间，乍一看并没有多大的区别，外观都很相近，所以卖家在选择模板类型的时候一定要仔细查看每一个小模块的外观，尽量找到符合自己要求的模板类型。

新手开网店应该脚踏实地做好装修，不能因贪图JS特效型模板的高端性而盲目地使用。

长知识 | JS 特效模板及其用处

JS 的全称是 JavaScript，是一种被广泛用于客户端的 Web 开发的脚本语言，常被用来给 HTML 网页添加动态效果和功能。JS 短小精悍，又是在客户机上运行，可大大提高网页的浏览速度和交互体验。

在淘宝店铺中，图片轮播广告在点击轮播序号时可以自动切换图片；当鼠标指针移动到某个栏目名称上时，会自动切换对应的产品列表；单击左右箭头可以实现动感切换，查看没有显示完全的产品等，如图 6-102 所示。这些模板基本上都是利用 JS 做出来的特效。

图6-102　JS特效模板

● 模板的收费方式

在装修市场中，无论是便宜的简易模板，还是昂贵的JS特效模板，其收费都是按月计算的，不会像350平台上的模板那样便宜，如图6-103所示。

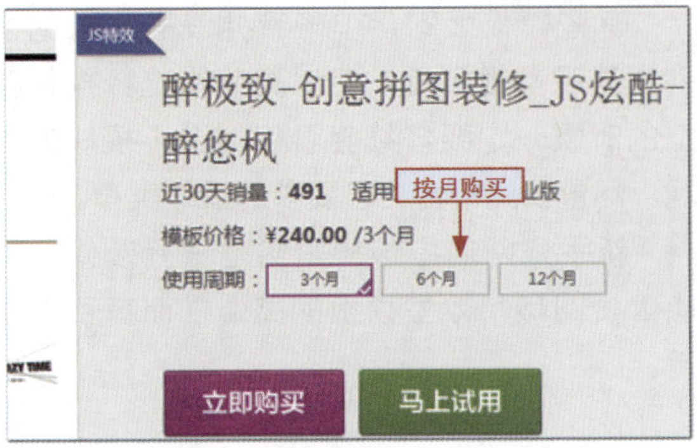

图 6-103　模板的收费方式

● 模板的售后服务

在购买淘宝装修市场的模板后，其会提供完善的售后服务和相关的技术支持，如图6-104所示。

图 6-104　模板的售后服务

● 模板风格

一套模板通常会含有多种风格(大多数是3种)，店主购买一套以后就可以在各个风格之间任意切换，如图6-105所示。

图 6-105　模板风格

● 模板主题

有的模板考虑到节假日主题的需要，会为店主提供全年主要节假日的主题图片，比如双11、国庆节和情人节等，甚至日常促销，如图6-106所示。

图 6-106　模板主题

6.4.3 试用和购买模板

通过前面对淘宝装修市场的了解，结合自己的资金投入计划，店主如果觉得需要，就可以试用并购买自己喜欢的模板。

学习目标　了解购买模板的流程
难度指数　★★

步骤01　在店铺装修市场的模板列表页面中选择一款自己喜欢的模板，如图6-107所示。

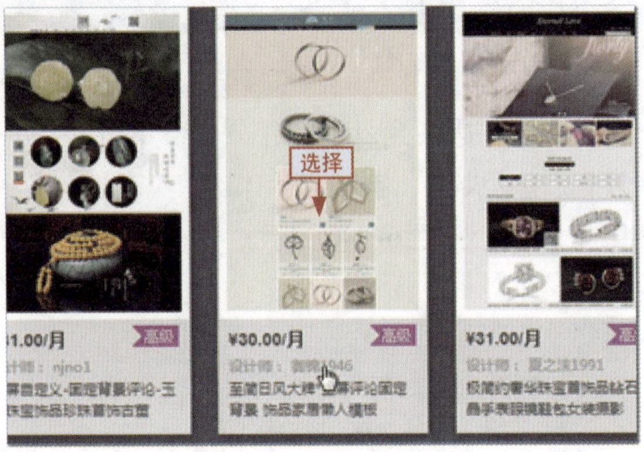

图 6-107　选择模板

步骤02 在打开的详情页面中查看模板详情，然后单击“马上试用”按钮，如图6-108所示。

图 6-108　单击“马上试用”按钮

步骤03 在打开的“提醒”对话框中阅读提示信息，然后单击“确定试用”按钮，如图6-109所示。

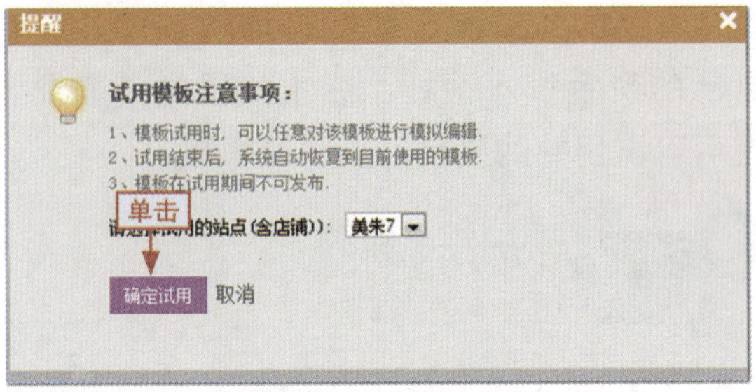

图 6-109　确定试用

步骤04 试用模板时，系统会自动提取店铺中的宝贝信息并更换成相应的图片，店主可以拖动页面查看更多模块的展示效果，如图6-110所示。

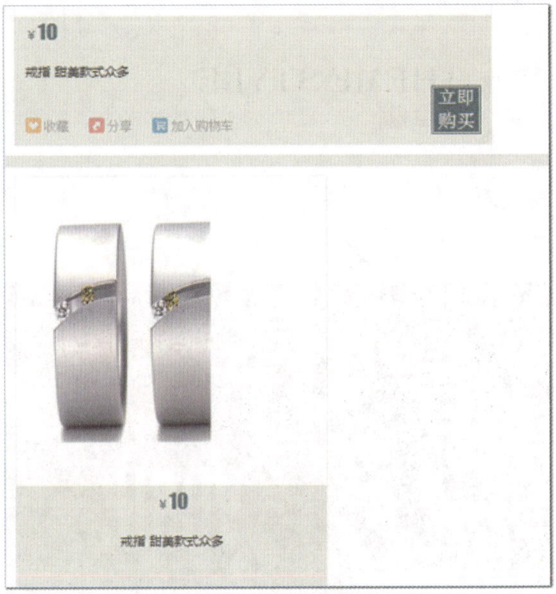

图 6-110　查看页面效果

步骤05 依次单击各个模块右上角的“编辑”按钮，在对应的对话框中进行基本的编辑操作，如图6-111所示。

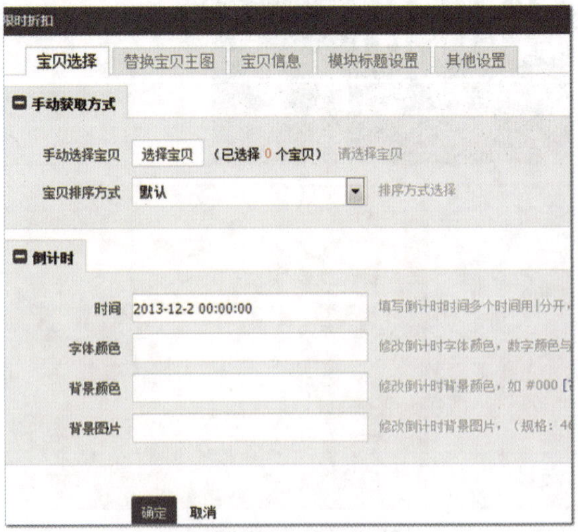

图 6-111　试编辑

步骤06 单击页面右上角的“预览”按钮预览效果，并在页面中查看链接页面的效果，如图6-112所示。

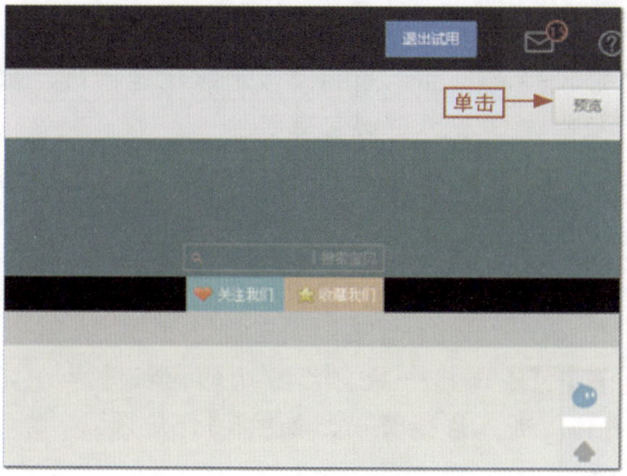

图 6-112　预览效果

步骤07 试用查看结束后，若确定要购买该套模板，❶在模板详情页面选择相应的“使用周期”选项，❷单击“立即购买”按钮进入付款环节即可，如图6-113所示。

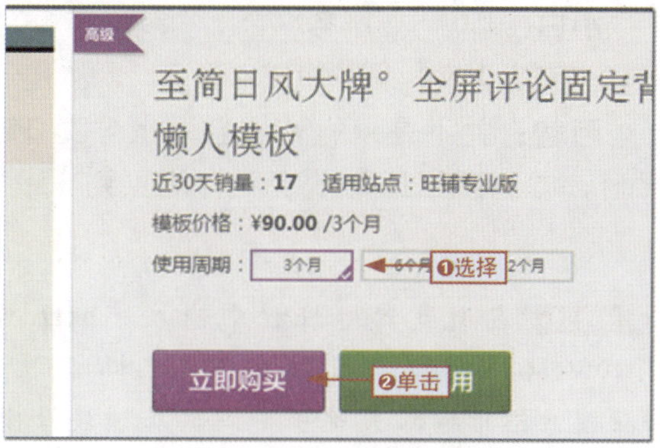

图 6-113　购买模板

长知识 | 淘宝优站归入淘宝达人麾下

在装修市场页面，除了有店铺模板、无线店铺模板和微海报模板以外，还能看到一个叫做“优站模板”的超链接，而且其下的模板相对于店铺模板来说要便宜一些，那什么是优站呢？

淘宝优站是以小站集合的形式，成为淘宝和天猫卖家根据兴趣图谱和标签进行站内营销的重要通道，卖家之间可以根据消费者的购物和浏览习惯进行联合营销。

虽然在装修市场中还能看到优站模板，但是优站已经被归类到淘宝达人，所以在淘宝网首页没有“淘宝优站”的入口，用户可以直接进入淘宝达人。淘宝达人的网址是 http://uz.taobao.com，如图 6-114 所示。

图6-114　淘宝达人

给你支招 | 购买 350 装修模板只有淘宝这一个渠道吗

小白：350 网店服务平台上的装修模板性价比都较高，而且他们的模板是靠代理销售，那么作为淘宝卖家，从节约成本考虑，既然是代理，只有淘宝上才可以买到吗？

阿智：并不是只有在淘宝网上才卖 350 模板，淘宝网只是代理商们选择的主要销售平台，在阿里巴巴网站上同样能买到 350 模板，而且价格更加便宜。

步骤01 在浏览器地址栏中输入“http://www.1688.com”，进入阿里巴巴批发网，❶在搜索框中输入关键字“淘宝店铺装修模板”，❷单击“搜索”按钮，如图6-115所示。

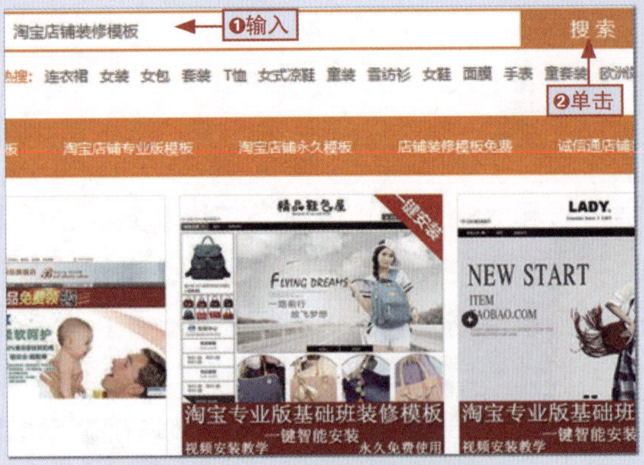

图 6–115　进入阿里巴巴批发市场

步骤02 选择一款自己喜欢的模板并单击其图片，进入详情页面，如图6-116所示。

图 6–116　选择模板

步骤03 进入模板销售详情页面后，查看详情，单击“立即订购”按钮，如图6-117所示。

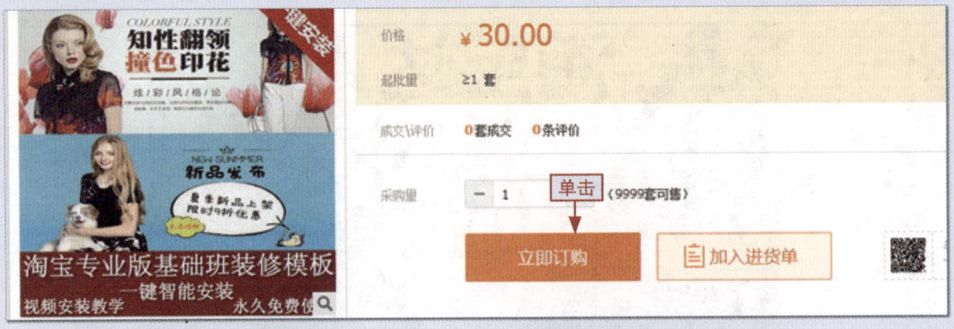

图 6–117　订购模板

给你支招 | 返回默认的装修方案

小白：在 350 后台装修的时候，由于经验不足或是考虑不周，模板被更改成很不合理的样式，这种情况下，怎样才能返回默认的装修方案呢？

阿智：350 后台装修不仅能让用户保存当前的装修方案，也能一键返回到默认的装修方案，用户只需在“我的模板”下拉菜单中操作即可。

步骤01 在装修模式页面中，将鼠标指针移动到右上角的“我的模板”按钮处，如图 6-118所示。

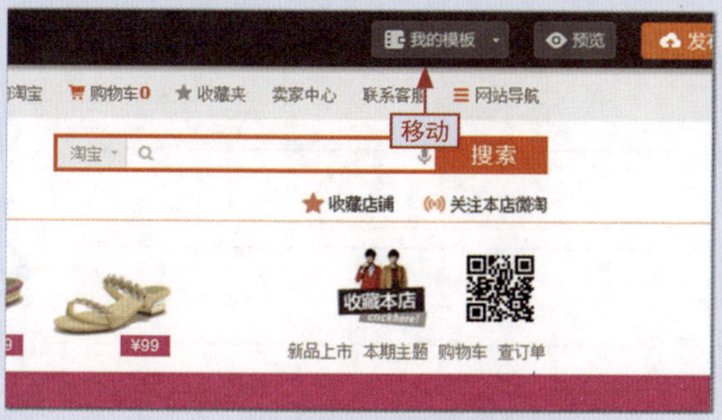

图 6-118 找到“我的模板”按钮

步骤02 在弹出的下拉列表中选择“恢复默认方案”选项，如图6-119所示。

图 6-119 选择“恢复默认方案”选项

阅读随笔

Chapter 7

设计精美的宝贝详情页面

学习目标

店铺首页的装修固然重要,但是从某种角度上讲，宝贝详情页的设计更是促成交易的关键。因为买家的购买行为通常都是搜索宝贝，然后直接查看宝贝详情页，所以详情页是买家停留最长的地方。本章将针对详情页的装修和设计进行具体的讲解。

本章要点

- 宝贝详情页的组成
- 宝贝详情内容的加分点
- 宝贝文字描述
- 在详情页中增删模块
- 在布局管理中增删模块
- 上传视频
- 在宝贝详情页插入视频
- 插入其他宝贝链接

知识要点	学习时间	学习难度
认识宝贝详情页	30 分钟	★★
调整详情页的布局	40 分钟	★★
编辑宝贝详情页	60 分钟	★★★

7.1 认识宝贝详情页

小白： 阿智，宝贝详情页是什么页面啊？

阿智： 不会吧小白！这你都不知道啊！它就是买家选择了某个宝贝后，系统跳转到进行购买或者加入购物车的页面。

宝贝详情页，顾名思义就是展示某个宝贝详细情况的页面，每个宝贝的详情页面都会不同。当买家对一个宝贝产生兴趣时，他(她)就会仔细查看详情页面的各种内容，这时买家很有可能因为其中某一点而决定购买或者放弃购买。

7.1.1 宝贝详情页的组成

虽然每一个宝贝的详情页面都不同，但是它们有相同的组成部分，是构成详情页的基础。

学习目标	牢记宝贝详情页的基本组成
难度指数	★★

● 详情页大体模块

宝贝详情页主要由与该宝贝相关的宝贝详情、评价记录、成交记录和一些常规的小模块组成，如图7-1所示。

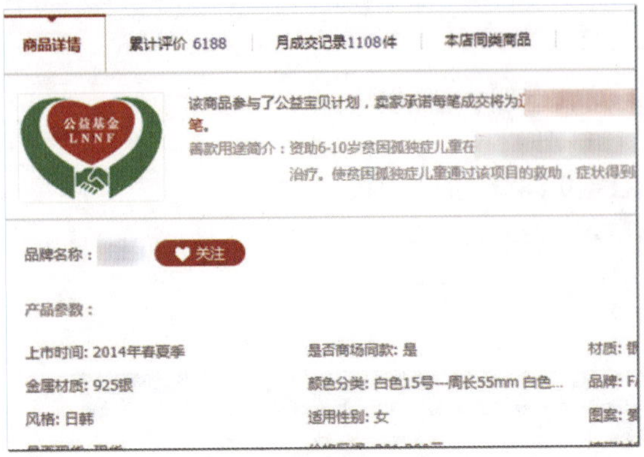

图 7-1　详情页大体模块

● 宝贝详情选项卡

“宝贝详情”选项卡中的内容是由卖家自己编辑的，有时也叫“商品详情”选项卡，它包括宝贝的基本信息以及其他附加信息，还有若干张图片的展示，如图7-2所示。

图 7-2　宝贝详情选项卡

累计评价

“累计评价”选项卡是由系统生成的，所以这部分内容基本上不需要店主装修设计。但是可以对评价详情进行管理，因为评价详情是决定宝贝成交量的重要因素，如图7-3所示。

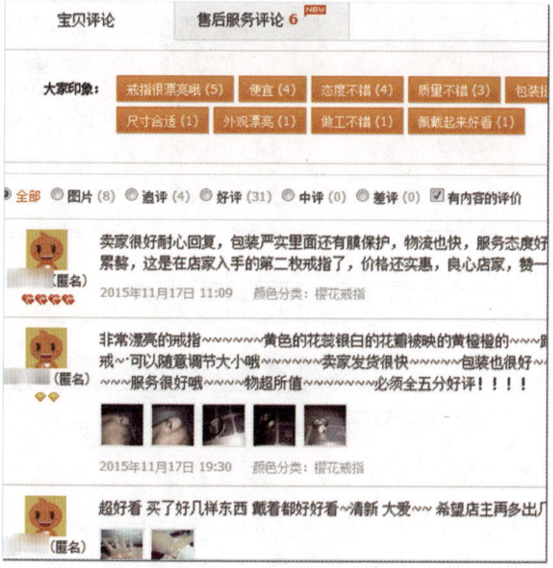

图 7-3 累计评价选项卡

成交记录

“成交记录”选项卡也是系统生成的，它显示的是每位买家拍下该宝贝的购买情况，大多数买家不会特别关注这项信息，如图7-4所示。

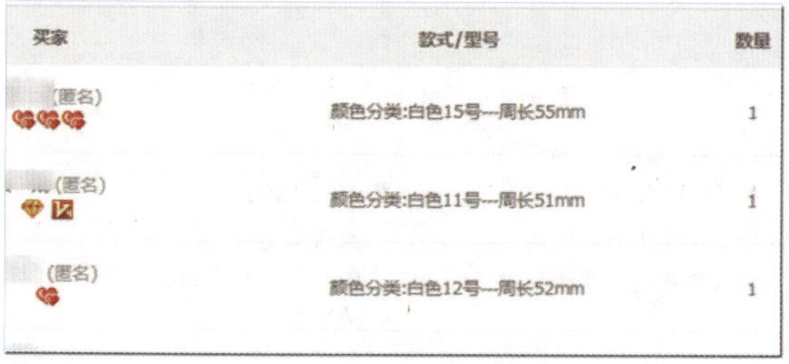

图 7-4 成交记录选项卡

专享服务

“专享服务”选项卡也是由系统生成的，该选项卡中的服务一般是淘宝网承诺给每一位客户的，而卖家自己承诺的个别服务一般归入“宝贝详情”选项卡，如图7-5所示。

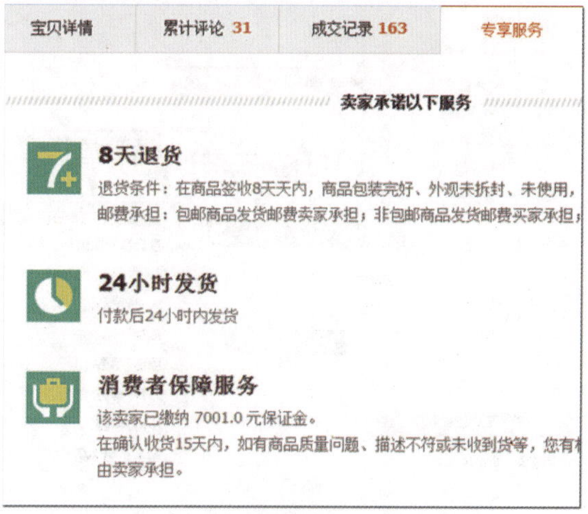

图 7-5 专享服务选项卡

本店同类商品

“本店同类商品”超链接一般是天猫店铺详情页中的组成部分，其位置就是淘宝店铺的“专享服务”选项卡的位置，单击该链接就可进入该店铺查看其他宝贝，如图7-6所示。

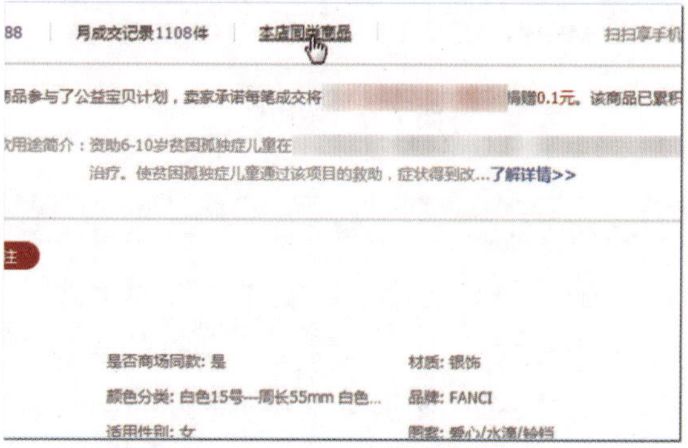

图 7-6 本店同类商品超链接

侧边栏

侧边栏的相关模块一般位于页面的左右两侧，其中包括了“卖家信息”、“本店搜索”、“宝贝分类”、“宝贝排行榜”以及“宝贝推荐”等内容，这些信息的显示与否由卖家自行设置，如图7-7所示。

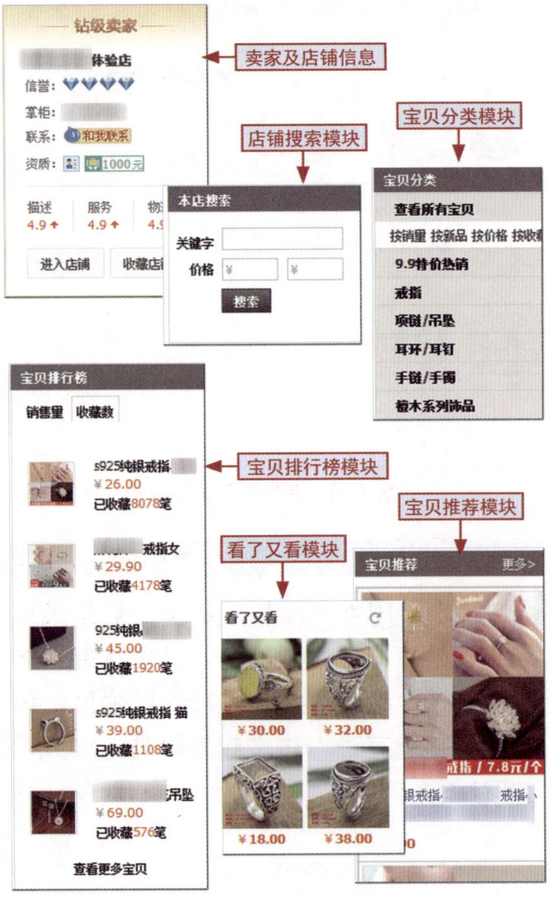

图 7-7 侧边栏

我要推荐

在“我要推荐”模块里，有“大家买了之后还会买”、“看了该宝贝的人还看了”、“买了该宝贝的人还买了”等链接内容，如图7-8所示。

图 7-8 “我要推荐”模块

尾部模块

尾部模块里一般包含了很多东西，比如“关于快递”、“温馨提示”、“售后服务”以及“联系我们”等，目的是减少买家和卖家双方的误会和纠纷，如图7-9所示。

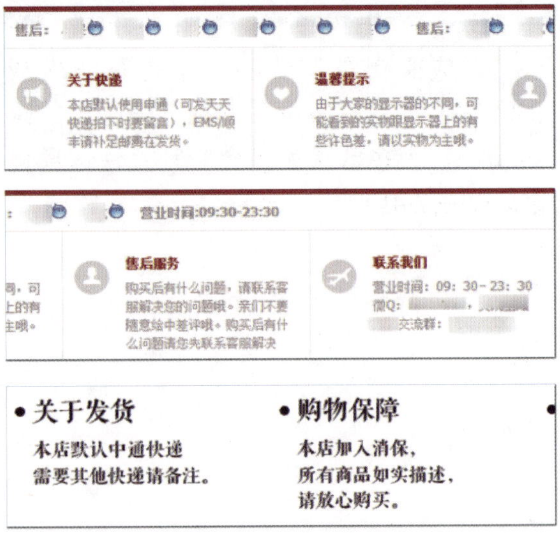

图 7-9 尾部模块

● 其他推广模块

除了宝贝相关信息和店铺必备的一些模块，详情页可能还有一些推广模块，比如为了推广手机版淘宝而做的广告图片链接，如图7-10所示。

图 7-10　推广模块

7.1.2 宝贝详情内容的加分点

详情页最主要的内容是与该宝贝相关的若干图文信息。在这些信息中，有的信息可以提高买家的购买欲，为宝贝加分。

学习目标	掌握宝贝详情编辑的加分点
难度指数	★★

● 宝贝细节图片

从宝贝细节图片可以看出宝贝在细节上的装饰、做工和质量。很多买家在购物时都会留意并查看宝贝的细节，如图7-11所示。

图 7-11　宝贝细节图片

● 宝贝内部质量

有的宝贝需要展示其内部的构造和质量，以此来赢得买家的信任，如图7-12所示。

图 7-12　宝贝内部构造

● 宝贝尺码型号信息

如果是展示穿戴类的宝贝，一定要给出尺码对照信息以及试穿模特的身高体重等信息，方便买家在购物时参照相关数据，如图7-13所示。

*建议按标准尺码购买，例如平时穿37码就买37码。

	尺寸(女)		
尺码	35	36	37
脚长(MM)	225	230	235
	尺寸(男)		
尺码	40	41	42
脚长(MM)	250	255	260

图 7-13　宝贝尺码型号信息

服务承诺

为了尽量减少买家的后顾之忧，一般会在页面中展示出卖家的服务承诺，这在一定程度上能提高宝贝的销售量，如图7-14所示。

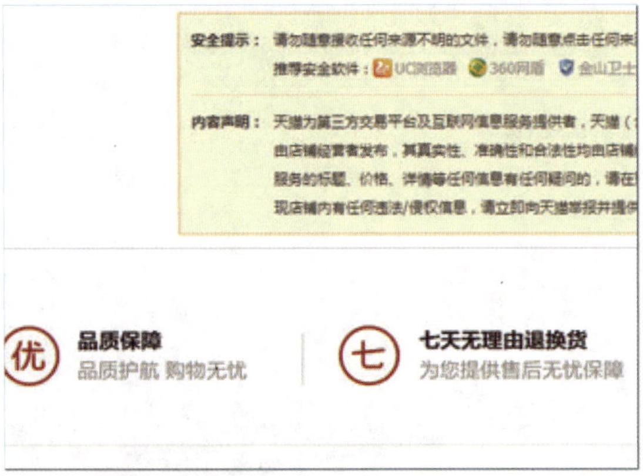

图 7-14　服务承诺

好评展示

虽然详情页中有专门的评价详情选项卡，但是如果在宝贝详情中选出部分好评进行展示，那么对提高店铺口碑大有益处，如图7-15所示。

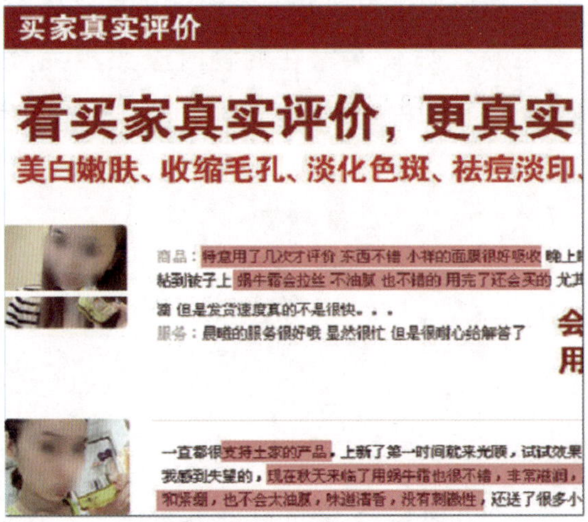

图 7-15　好评展示

质检报告

如果页面展示的宝贝通过了相关权威机构的质量检验并拥有质检报告证书，那么对顾客来说，这将是最有力的说服条件，如图7-16所示。

图 7-16　质检报告

宝贝原料

原料好，宝贝的质量才有保障，如果展示了宝贝的原料信息，且原料比较有公信力，则应该尽量在页面中以简洁明了的方式展示出来，如图7-17所示。

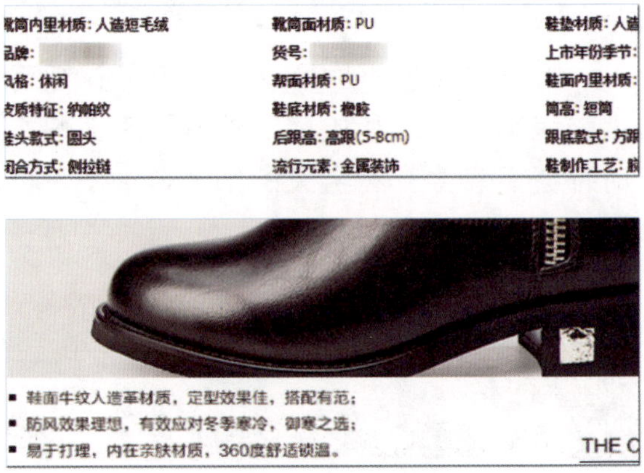

图 7-17　宝贝原料

宝贝生产过程

生产过程并不是随随便便就开放的，展示宝贝的生产过程，在一定程度上能获取买家的信任，如图7-18所示。

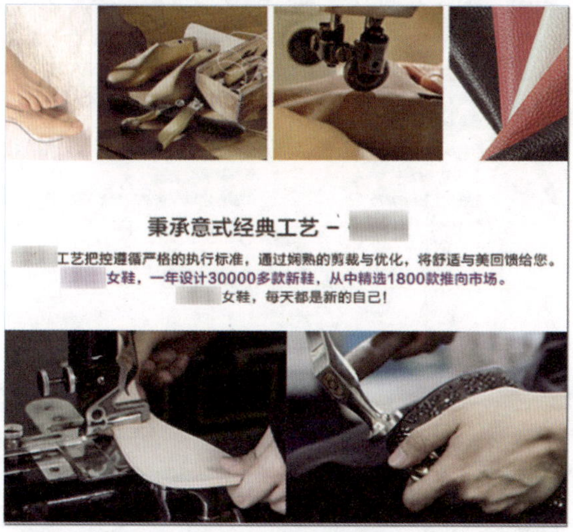

图 7-18　生产过程

媒体信息

很多媒体如电视或电台，都有自己拿手的节目，淘宝商家可以与这些媒体旗下的节目合作，用节目的影响力帮助店铺做宣传，最好还能做一个个性的宣传海报来吸引顾客，如图7-19所示。

图 7-19　媒体信息推荐

时尚杂志

很多懂穿着的人都喜欢看时尚杂志，因此如果宝贝曾出现在杂志上，可以将此信息展示在宝贝详情中，从而在一定程度上影响买家的购买选择，如图7-20所示。

图 7-20　时尚杂志推荐

明星

店主可以利用明星效应的强大力量来推广店铺中的宝贝，这样的推广效果是不可估量的，如图7-21所示。

图 7-21　明星效应

宝贝特别之处

宝贝详情中要展示其特别突出的优势，切记特别展示不是将宝贝图片放大，而是展示吸引顾客的真正亮点，如图7-22所示。

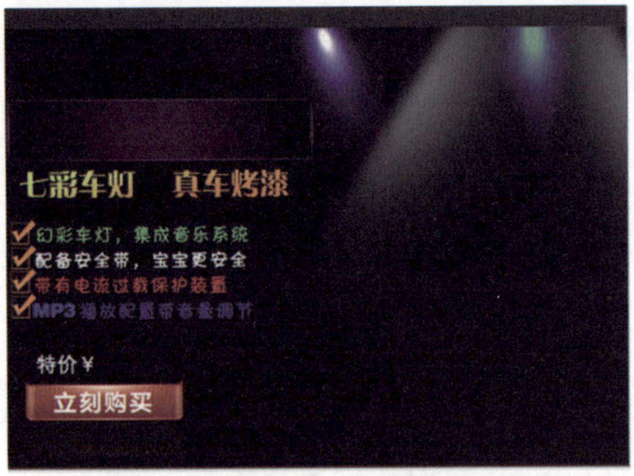

图 7-22　宝贝优势

小绝招

养成收集资料的习惯

正文中提到的宝贝详情页中可能给宝贝加分的内容，并不适合所有类型的宝贝，而且也不是任何宝贝都能找到相关的填充资料。

有的资料寻找起来很困难，因此店主平时要养成收集资料的习惯，需要使用的时候就会比较方便。

7.1.3 宝贝文字描述

宝贝详情页面的内容虽然以图片为主，但是给图片起辅助作用的文字也是一门艺术。

文字能表达图片表达不了的信息，在图片的基础上能给买家带来更多的购物刺激。

学习目标	认识宝贝详情页的文字描述模块
难度指数	★★

宝贝基本信息

宝贝基本信息包括宝贝的产地、原料、品牌和上市时间等。基本信息虽然在情感上没有那么感染顾客，但是却是必须要说明的内容，如图7-23所示。

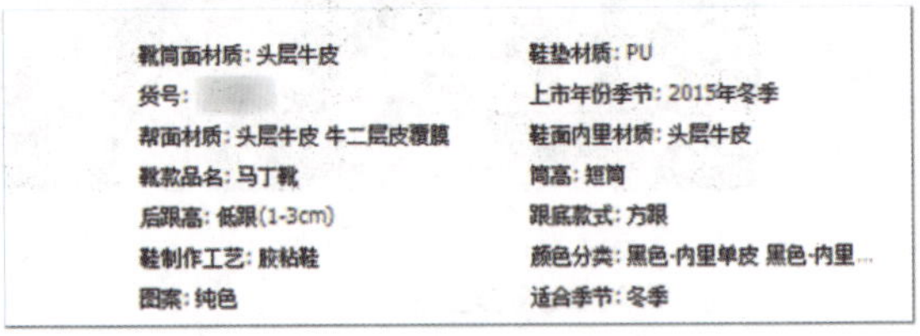

靴筒面材质：头层牛皮	鞋垫材质：PU
货号：	上市年份季节：2015年冬季
帮面材质：头层牛皮 牛二层皮覆膜	鞋面内里材质：头层牛皮
靴款品名：马丁靴	筒高：短筒
后跟高：低跟(1-3cm)	跟底款式：方跟
鞋制作工艺：胶粘鞋	颜色分类：黑色-内里单皮 黑色-内里...
图案：纯色	适合季节：冬季

图 7-23　宝贝基本信息

图片上的文本信息

很多详情页的图片上悬浮着一定的文字信息，一般是起说明作用，如图7-24所示。

图 7-24　图片上的文本信息

● 广告词类的文本

有些图片上的文本信息与商品本身没有太大的关系，但是却像广告一样起到宣传产品的效果，如图7-25所示。

图 7-25　广告词类的文本

● 图示类文本

有的宝贝需要制作一些说明性的图示，图示中的文本需要注意语气和格式，如图7-26所示。

图 7-26　图示类文本

● 购买理由类文本

为了吸引顾客的眼球，店主有时会利用购买理由类的文本信息凸显店铺宝贝的优势，帮助顾客打消购买迟疑的顾虑，如图7-27所示。

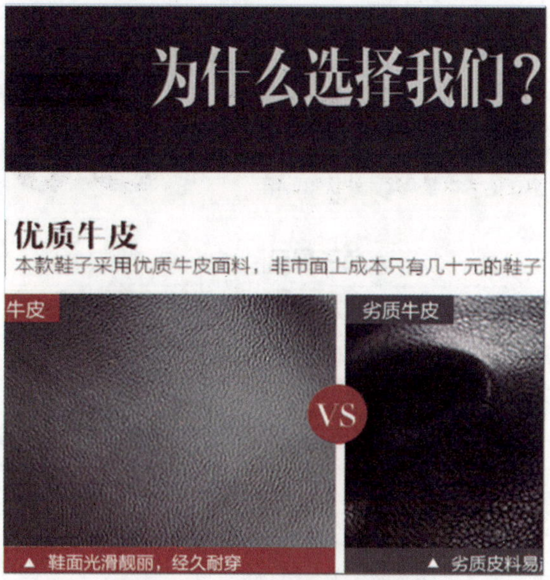

图 7-27　购买理由类的文本

● 关乎买家购物安全的文本

只要是淘宝卖家，其宝贝详情页必不可少的文本信息就是关于买家购物安全的提示性内容，如图7-28所示。

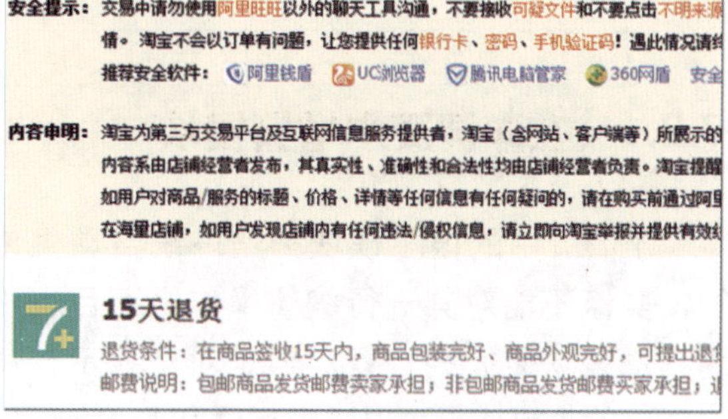

图 7-28　安全提示性文本

● 详情页中不同的语言风格

文字有自己的特色，在为不同的区域图片组织文字描述时，需要根据宝贝的展示效果、特点以及图片风格等选择不同的语言风格，比如幽默的、专业的或者优雅的，如图7-29所示。

图 7-29　不同的语言风格

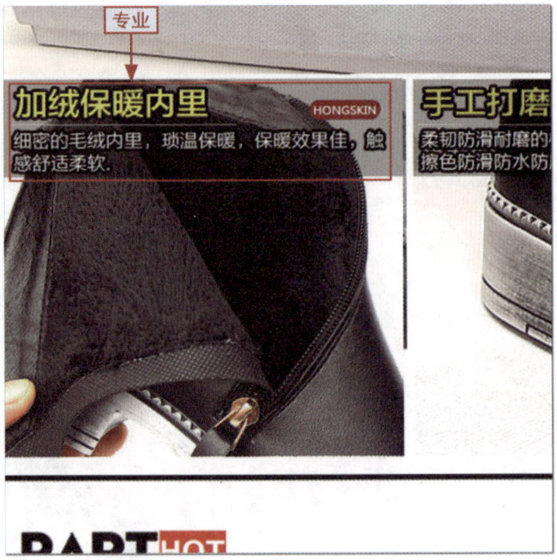

图 7-29　不同的语言风格（续）

7.2 调整详情页的布局

阿智：小白，我进了你家店铺宝贝的详情页，觉得整体布局不太好。

小白：啊？真的吗！那你快跟我说说哪些地方不好吧。

阿智：别急，我告诉你怎么调整页面的布局，这样你就可以对自家宝贝的详情页布局进行调整了。

每一个宝贝的详情页面中，占篇幅最大的内容详情虽然不同，但卖家对整个详情页的布局可以进行调整。布局的调整主要是指在详情页中使用各种模块，并调整模块显示的位置以及详情页的整体布局管理。

7.2.1 在详情页中增删模块

详情页中的很多模块都是系统自动生成的，卖家不能对其进行编辑操作，而且也不能移动模块之间的位置。但是对于显示在侧边栏中的小模块是可以进行增添和删除的。

学习目标　掌握在详情页中增删模块的具体操作

难度指数　★

步骤01 进入自己店铺的装修模式，❶将鼠标光标移动到页面最上方的“页面装修”选项处，❷选择“页面管理”选项，如图7-30所示。

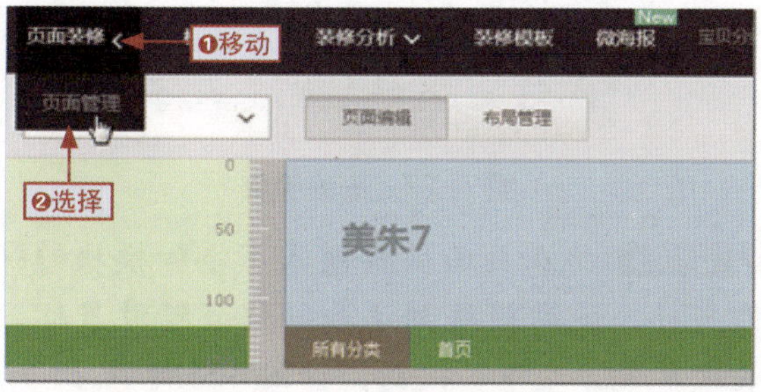

图 7-30 进入页面管理状态

步骤02 ❶在打开的页面中单击“宝贝详情页”选项卡，❷单击“页面装修”超链接，如图7-31所示。

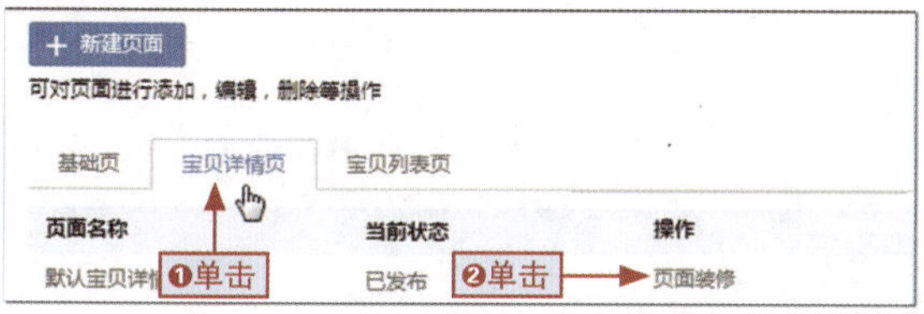

图 7-31 进入详情页装修页面

步骤03 在不需要显示的模块的右上角单击“删除”按钮，就可以删除该模块，如图7-32所示。

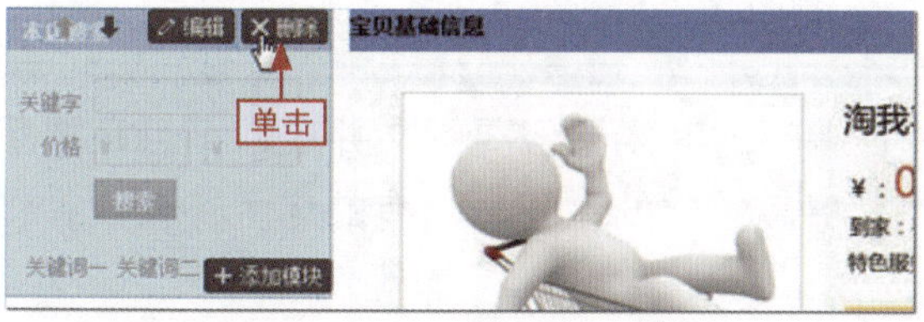

图 7-32 在详情页删除不需要的模块

步骤04 在要添加模块的位置单击“+添加模块”按钮，如图7-33所示。

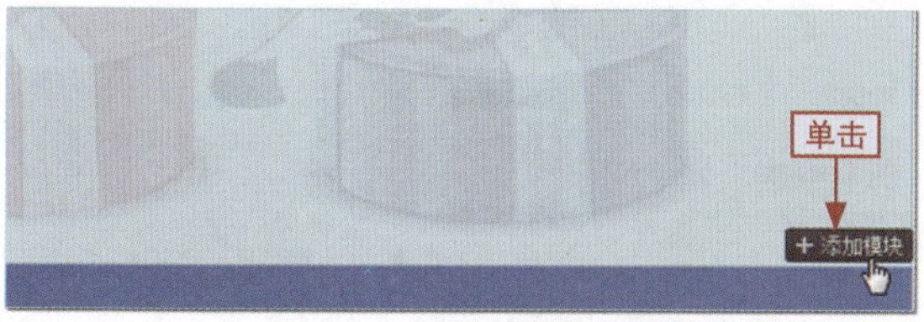

图 7-33 在详情页添加模块

小绝招

详情页中添加的模块位置有限

在详情页面中，如果卖家要添加模块，那么只能在侧边栏和“宝贝描述信息”与“宝贝相关信息”之间添加，其他地方都不能添加。

步骤05 ❶将鼠标光标移动到装修页面左侧基础模块的“自定义区”处，❷按住鼠标左键拖动鼠标，等鼠标光标移动到想要添加模块的位置时释放鼠标左键，如图7-34所示。

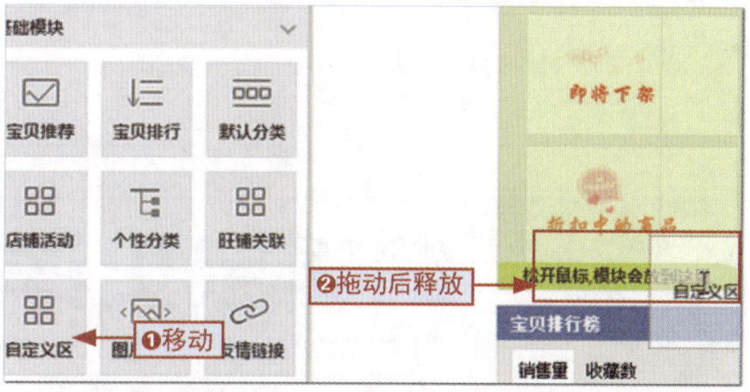

图 7-34 在详情页添加自定义区

步骤06 按照步骤5的操作继续添加其他需要的模块，如图7-35所示。

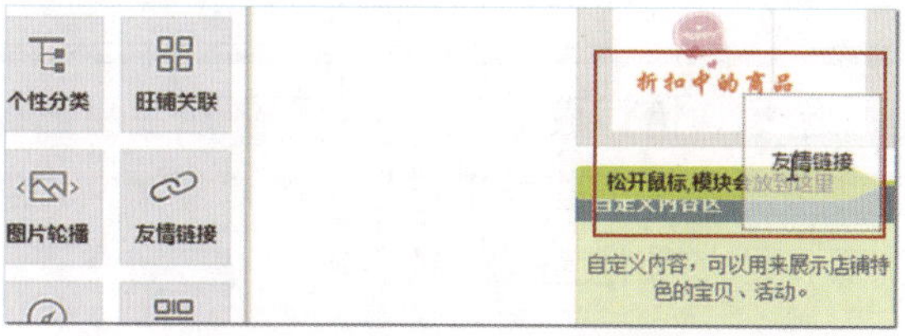

图 7-35 在详情页继续添加其他模块

7.2.2 在布局管理中增删模块

卖家除了在页面编辑模式下增删模块之外，还可以在页面布局管理中进行增添和删除模块。

学习目标 了解在布局管理中增删模块的方法

难度指数 ★

步骤01 进入自己店铺的详情页装修页面，单击“布局管理”选项卡，如图7-36所示。

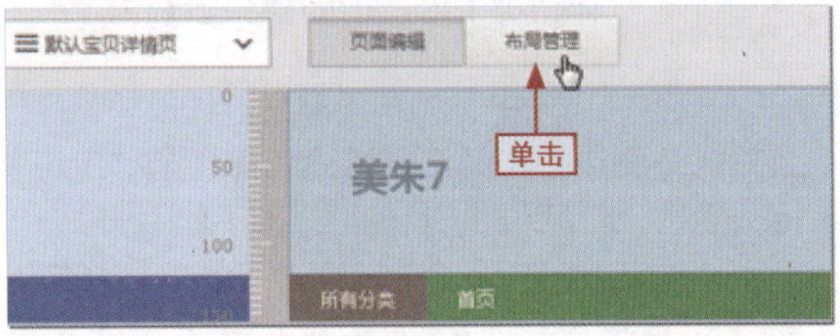

图 7-36　在布局管理中编辑详情页

步骤02 将鼠标光标移动到某个要删除的模块条上，单击出现的“×”按钮就可以删除该模块，如图7-37所示。

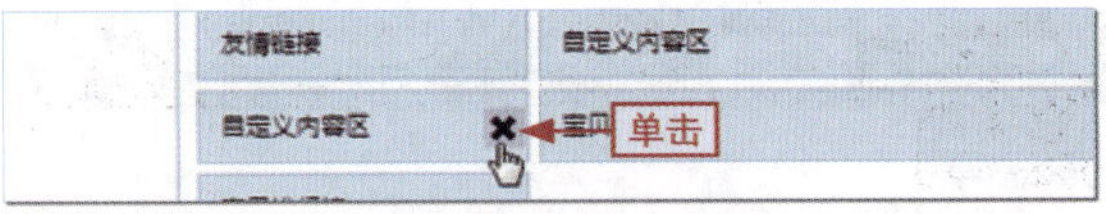

图 7-37　删除模块

步骤03 和在页面编辑模式下添加模块的操作一样，拖动模块到适合的位置释放鼠标，最后单击“发布”按钮，如图7-38所示。

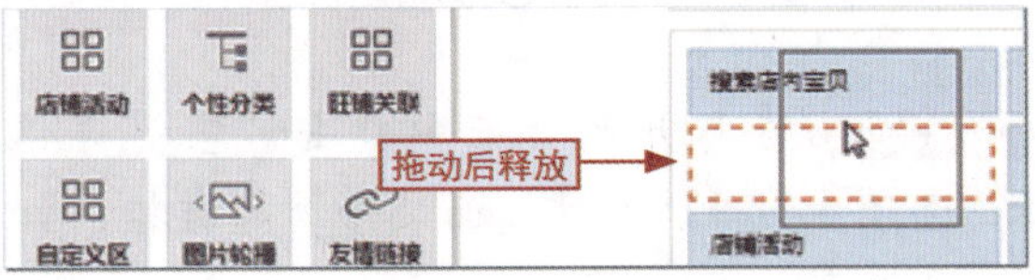

图 7-38　添加模块

7.3 编辑宝贝详情页

小白：小智，你教我调整了详情页的布局以后，我要怎么往里面填充内容呢？

阿智：别着急，编辑详情页可以算得上是一个大工程，要做的事情很多，你要做好心理准备哦！

宝贝详情页最主要的内容需要店主自己编辑，在编辑的时候不但要图文并茂，而且还要尽可能多地添加一些有用信息，比如视频文件等。为了提高店铺的访问量，有的店主还喜欢在详情页中添加其他宝贝的超链接。

7.3.1 订购淘宝视频服务

有些卖家需要在页面中添加宝贝的广告视频或者使用教程视频等。而很多时候这些视频服务是需要花钱购买的。

学习目标	了解如何购买视频服务
难度指数	★★

步骤01 进入卖家中心，在页面左侧“软件服务”栏中单击“我要订购”超链接，如图7-39所示。

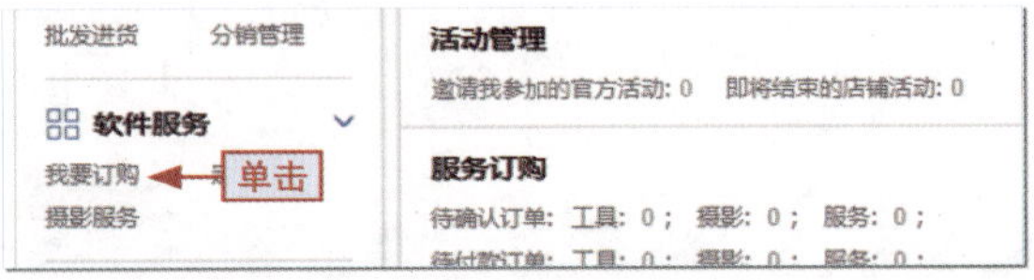

图 7-39　单击“我要订购”超链接

步骤02 在打开的页面左侧找到“商品服务”栏，选择“视频工具”选项，如图7-40所示。

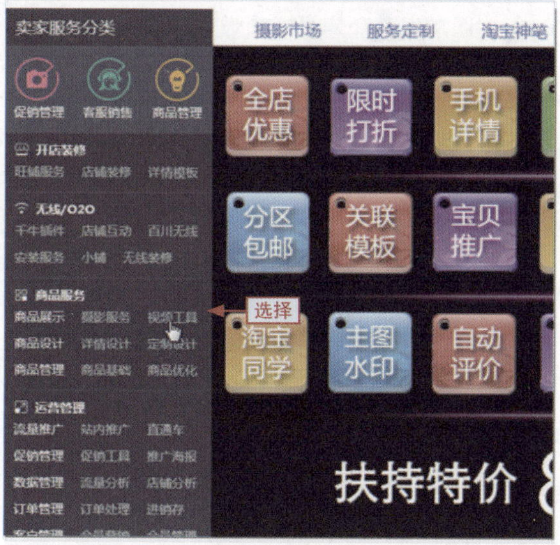

图 7-40 选择“视频工具”选项

步骤03 在打开的页面中间位置选择“视频”选项(或者直接单击“淘宝视频服务”的图标)，如图7-41所示。

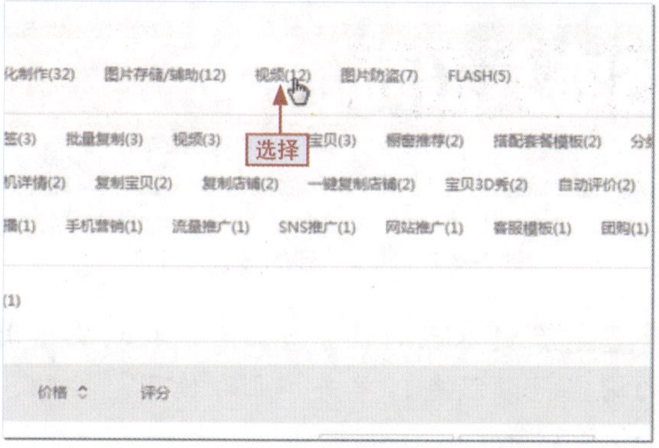

图 7-41 选择“视频”选项

步骤04 在打开的页面中单击“淘宝视频服务”的图标(如果步骤3直接单击了这个图标就没有此步骤)，如图7-42所示。

图 7-42 选择淘宝视频服务

步骤05 在打开的页面中仔细阅读该服务的详细情况，确保服务是自己需要的，如图7-43所示。

图 7-43 查看服务详情

步骤06 如果在浏览了服务的详情以后确定要购买，❶选择服务的版本和周期，❷单击“立即订购”按钮，如图7-44所示。

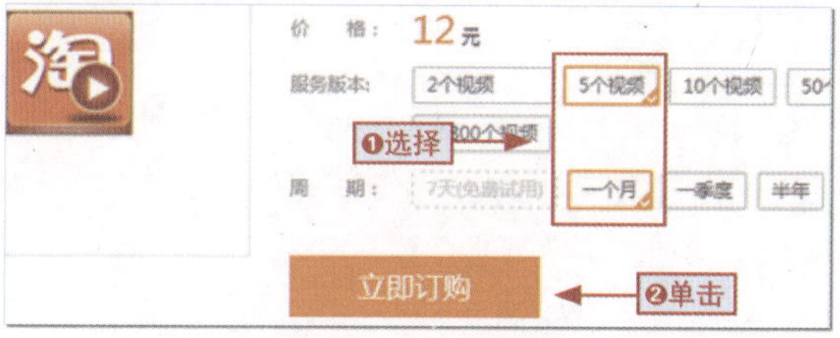

图 7-44 购买服务

小绝招　服务版本是否可以试用

在选择服务版本时，两个视频的服务有 7 天的免费试用期，而其他服务版本没有试用期，只能购买。当然卖家也可以选择购买两个视频的服务版本，购买的服务期使用时间要长一点，比如一个月、一季度、半年或者一年。

步骤07 在打开的“购买明细”页面中查看服务明细，确认价格等信息后单击下方的“同意协议并付款”按钮，如图7-45所示。

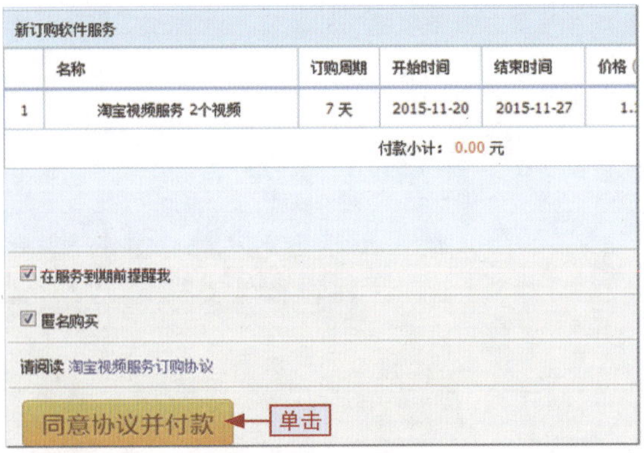

图 7-45　确定购买

步骤08 在打开的带有提示账户余额信息的对话框中，单击“去支付宝付款”按钮，然后输入支付密码付款即可，如图7-46所示。

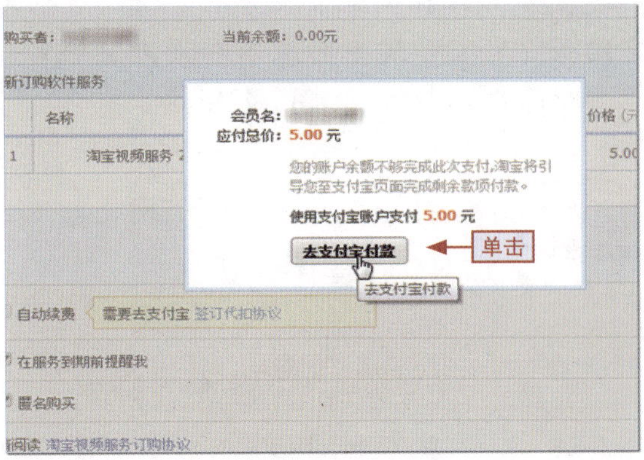

图 7-46　去支付宝付款

小绝招　有计划地使用购买的视频

通常卖家在购买视频服务时，一般购买 5 元钱服务（一个月两个视频）的较多。购买后在使用时一定要记住，只能在两个页面分别插入视频，或者在一个详情页插入两个视频。所以，在插入视频之前一定要考虑清楚使用情况，合理计划，将服务的功效发挥到最大。

7.3.2 上传视频

卖家要清楚，只有在订购了视频服务之后，才可以利用该服务上传视频。本节就主要介绍如何上传视频。

学习目标	了解如何上传视频
难度指数	★★

步骤01 进入卖家中心，在页面右上角的“卖家服务”下拉列表中选择“我的服务”选项，如图7-47所示。

图 7-47　选择“我的服务”选项

步骤02 进入我的服务页面后，找到要使用的淘宝视频服务，单击“立即使用”按钮，如图7-48所示。

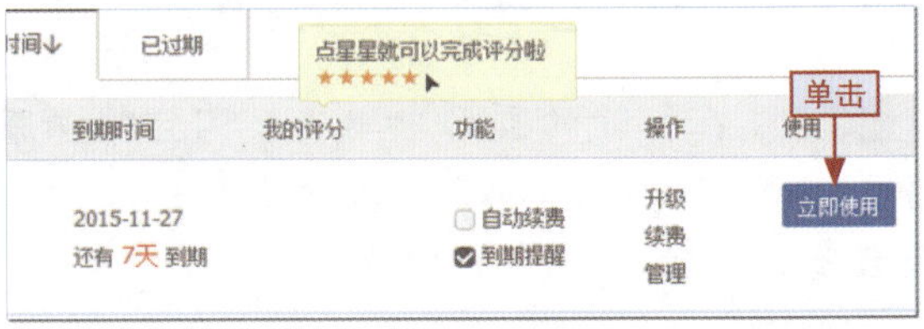

图 7-48　立即使用服务

步骤03 打开页面后，❶单击页面右上角的“上传视频”按钮，❷单击“选择文件”按钮，在本地文件夹中选择要上传的视频文件，系统会自动转码上传，如图7-49所示。

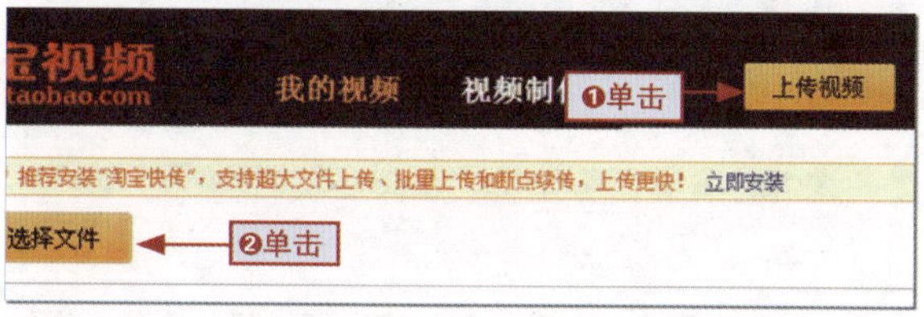

图 7-49 上传视频

步骤04 ❶视频上传完成后，需要设置视频的基本信息，如视频封面和编辑简介等，❷单击“保存并发布”按钮，如图7-50所示。

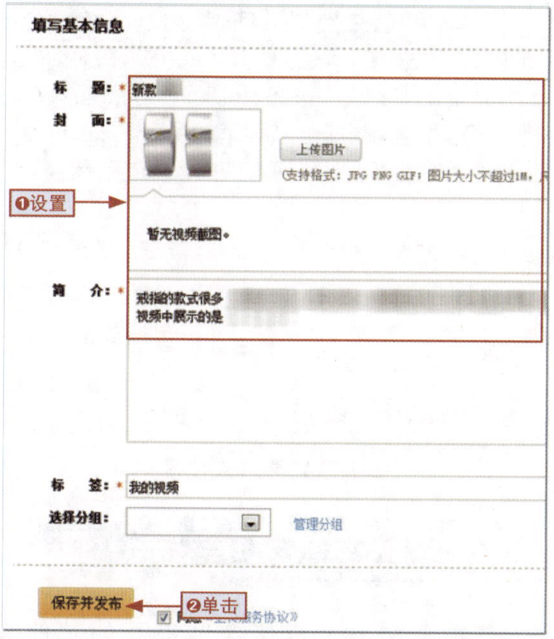

图 7-50 设置视频信息

小绝招 **视频服务使用要授权**

在步骤 2 中，一般在单击“立即使用”按钮后，系统会提醒卖家进行服务授权，只有授权后才会打开上传视频的页面，如图 7-51 所示。

图 7-51 视频服务授权

步骤05 若信息合格，稍后就能上传成功，在一个工作日内视频会被转码并审核，接着就可以继续上传其他视频，如图7-52所示。

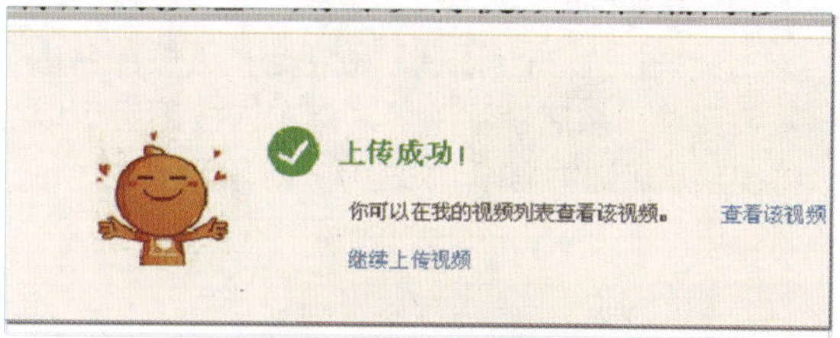

图 7-52 上传成功

7.3.3 在宝贝详情页中插入视频

经过一个工作日，视频就会被转码并审核，审核通过的视频在编辑宝贝详情页的时候就可以被插入到页面中。

学习目标	学会将视频插入宝贝详情页中
难度指数	★★

步骤01 在上传视频的页面找到状态为“发布成功”的视频，如图7-53所示。

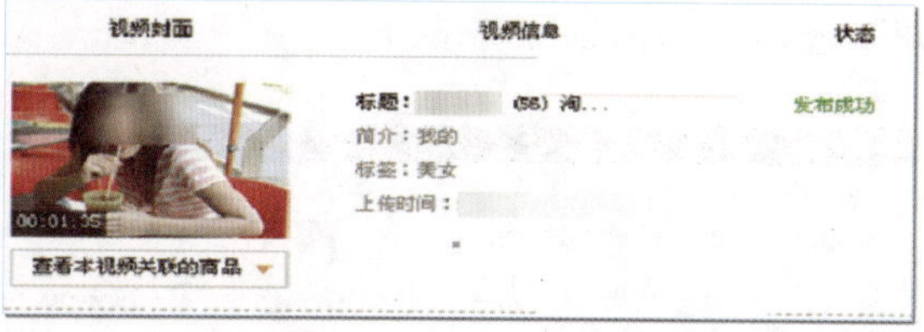

图 7-53 找到发布成功的视频

步骤02 单击“发布至店铺”按钮，如图7-54所示。

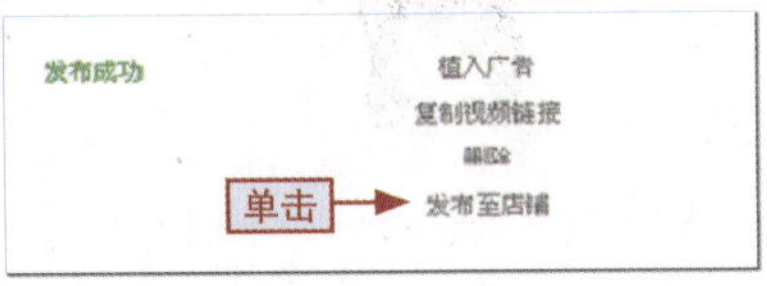

图 7-54　单击“发布至店铺”按钮

小绝招

从店铺中移除不要的视频

单击“发布至店铺”按钮后，该按钮名称就会变成“从店铺移除”，单击该按钮后可以将视频从店铺中删掉，如图 7-55 所示。

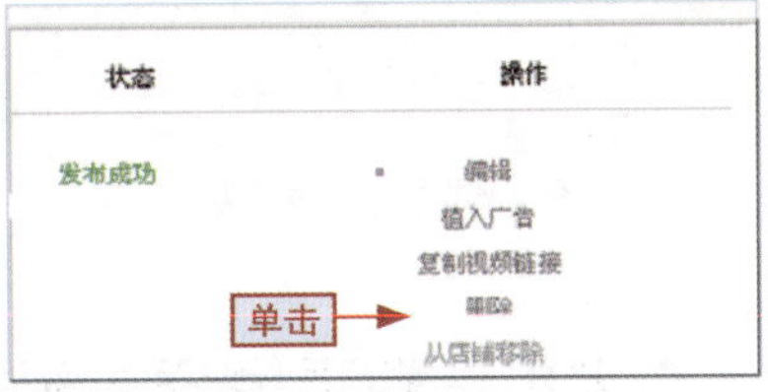

图 7-55　从店铺移除视频

步骤03 进入店铺详情页的装修模式，在增加的“自定义区”处单击“编辑”按钮，如图7-56所示。

图 7-56　单击“编辑”按钮

步骤04 在打开的对话框中单击“插入视频”按钮，如图7-57所示。

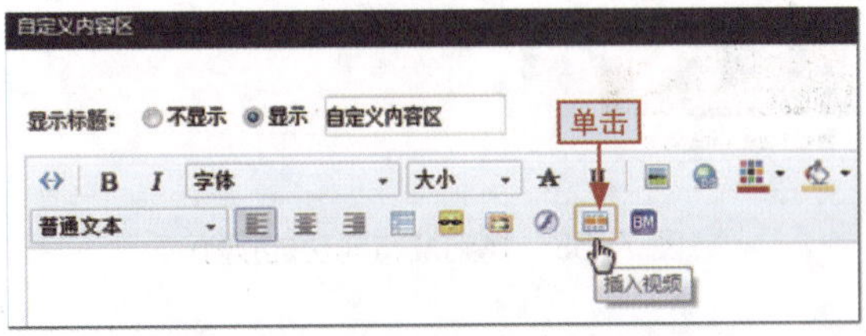

图 7-57　单击“插入视频”按钮

步骤05 ❶选择要上传的视频，❷单击“插入”按钮，如图7-58所示。

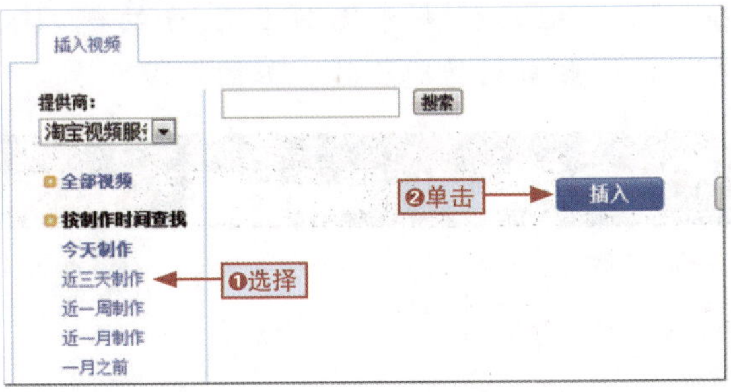

图 7-58　上传视频

小绝招

解决没有合适视频的问题

有时我们在上传的过程中才发现没有适合的视频可供上传，那么我们可以单击编辑对话框中的“制作新视频”按钮，此时就会打开上传视频的页面，卖家重新上传合适的视频，然后按照相应的步骤插入视频即可，如图 7-59 所示。

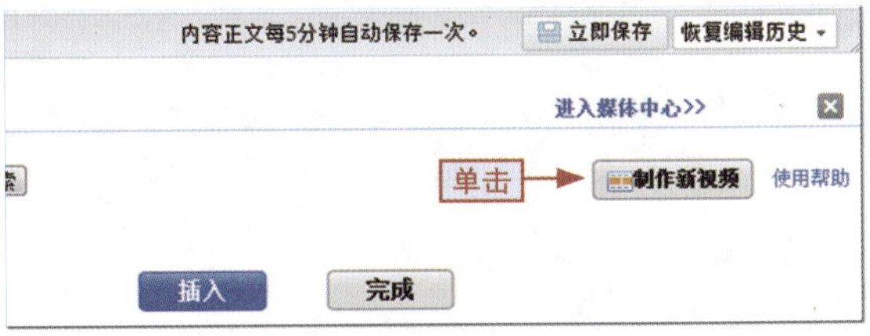

图 7-59　制作新视频

7.3.4 插入其他宝贝链接

有些卖家为了宣传店铺里面的其他宝贝，会在宝贝详情页添加其他宝贝的链接，同时也可提高店铺宝贝的访问量。

学习目标　学习如何在详情页添加其他宝贝的链接

难度指数　★★★★

步骤01 进入卖家中心，在页面左侧“宝贝管理”栏中单击“出售中的宝贝”超链接，如图7-60所示。

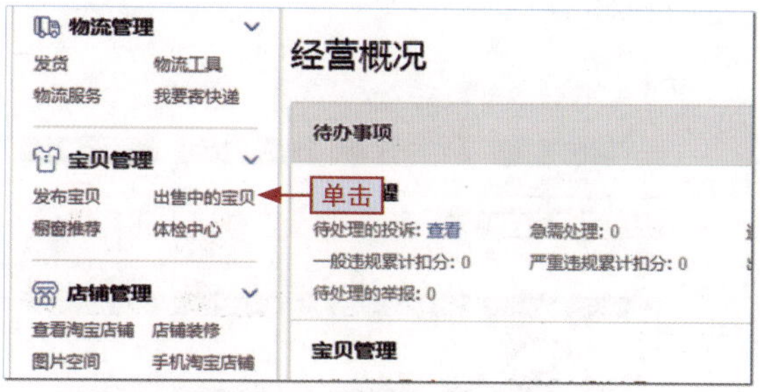

图 7-60 单击“出售中的宝贝”超链接

步骤02 在要插入其他宝贝超链接的宝贝后面单击“编辑宝贝”超链接，进入宝贝编辑页面，如图7-61所示。

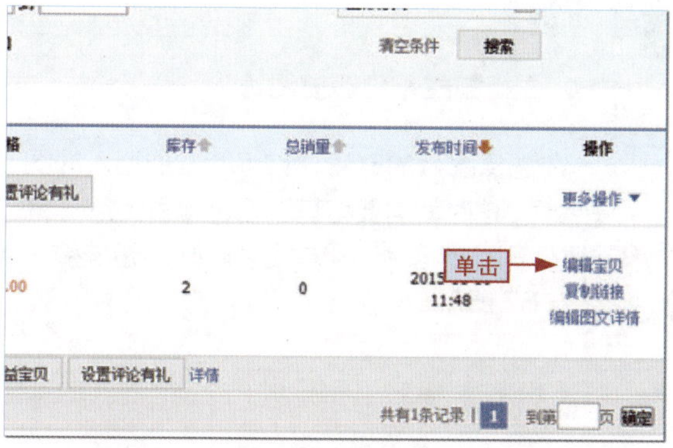

图 7-61 单击“编辑宝贝”超链接

步骤03 滑动鼠标滚轮浏览宝贝编辑页面，❶在“宝贝描述”位置选择“电脑端”选项，❷定位文本插入点，❸单击“插入表格”按钮，如图7-62所示。

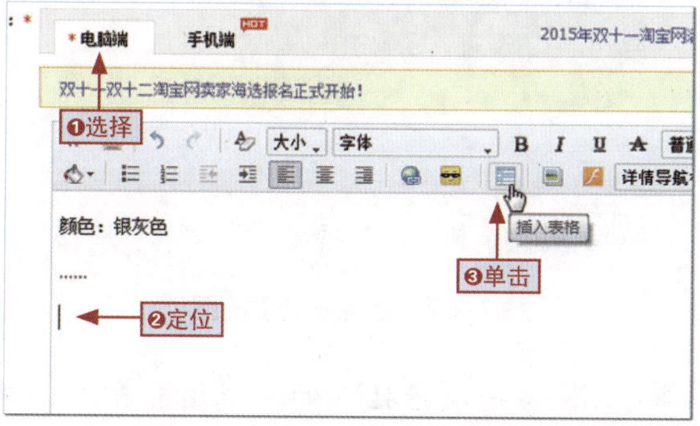

图 7-62 单击“插入表格”按钮

步骤04 ❶在打开的“表格”对话框中设置表格的行数、列数、对齐方式以及高度和宽度等属性，❷单击“确定”按钮，如图7-63所示。

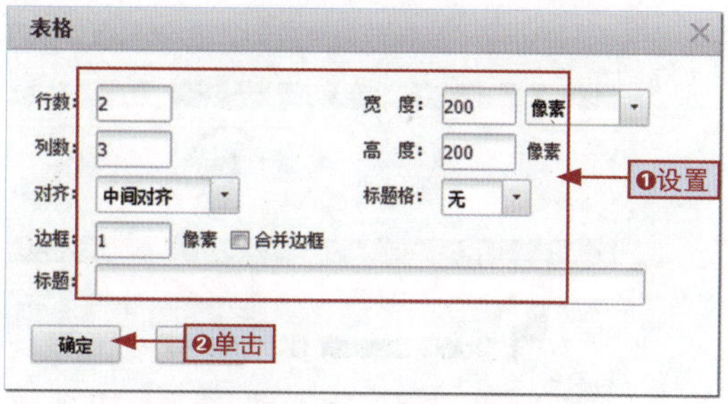

图 7-63 设置表格属性

步骤05 ❶将文本插入点定位到表格第一个单元格中，❷单击“插入图片”按钮，如图7-64所示。

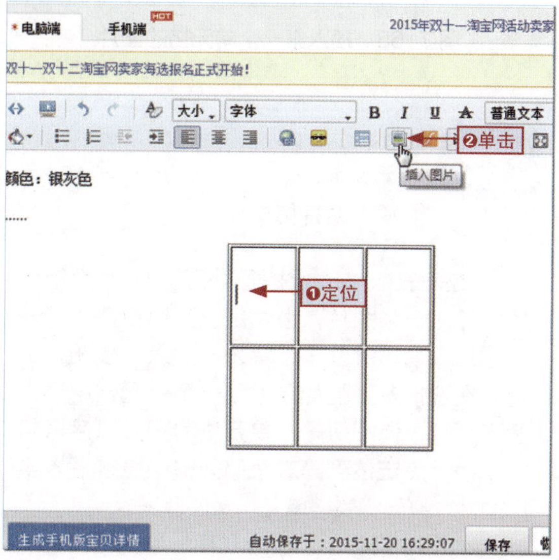

图 7-64 单击“插入图片”按钮

步骤06 ❶在打开的“从图片空间选择”选项卡中选择要插入到第一个单元格的宝贝图片，❷单击“插入”按钮，如图7-65所示。

图 7-65　插入第一个单元格的图片

小绝招

插入图片的操作

在向表格单元格中插入图片时，每个单元格只插入一张图片，也就是说我们在选择了一张图片以后，就要马上单击“插入”按钮，否则一次选择多张图片会导致一个单元格中插入多张图片，传好第一个单元格的图片以后再将文本插入点定位到第二个单元格中继续插入宝贝图片，直到将表格单元格全部填满。

如果在操作中不小心在同一单元格中插入了多张图片，也不用着急，在后面的内容中将会介绍如何进行修改。

步骤07 继续选择要插入到表格中的图片，直到选满与单元格个数相同的图片张数为止，如图7-66所示。

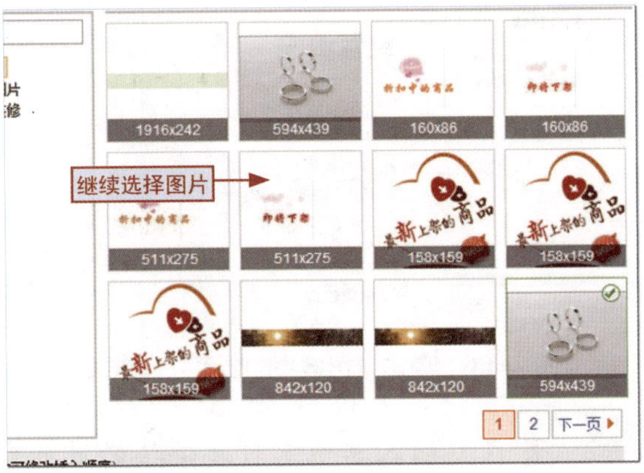

图 7-66　继续插入图片

小绝招

删除不合适的图片

在选择图片的时候，有可能发现插入的图片不合适，这时就需要将其删除，然后重新选择。❶选择要删除的图片，❷单击“删除”超链接，如图 7-67 所示。

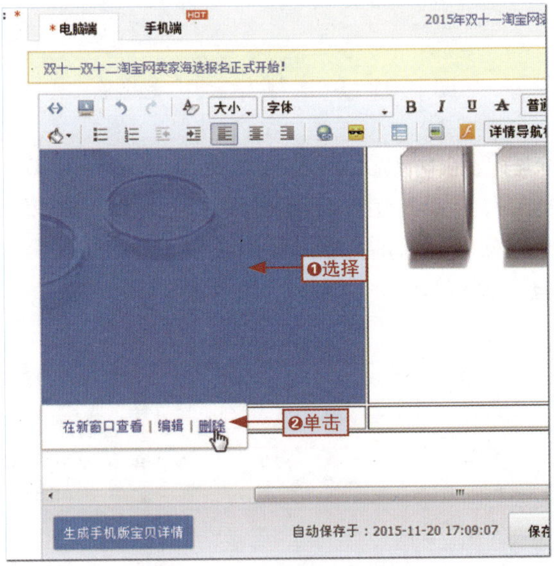

图 7-67　删除不合适的图片

步骤08 当一次性插入的多张图片在同一单元格中时，❶选择多余的图片，❷单击鼠标右键，选择“剪切”选项，如图7-68所示。

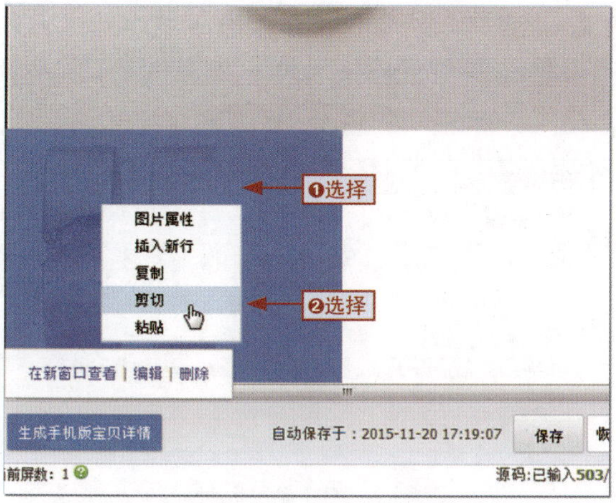

图 7-68　调整图片位置

小绝招

用 Ctrl+X 组合键代替剪切命令

我们在执行步骤 8 中的剪切操作时，系统有可能出现如图 7-69 所示的提示框，此时我们需要用 Ctrl+X 组合键来完成剪切操作。

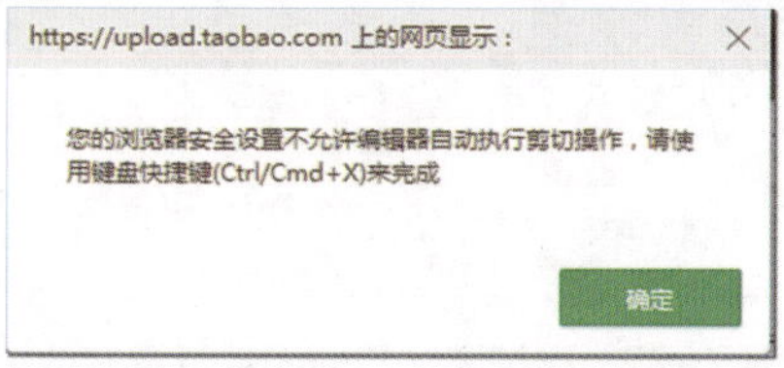

图 7-69　Ctrl+X 组合键执行剪切操作

步骤09 在步骤8的位置选中图片后按Ctrl+X组合键，❶将文本插入点定位在另一个空白的单元格中，❷按Ctrl+V组合键执行粘贴操作，如图7-70所示。

图 7-70　粘贴剪切的图片

步骤10 继续调整剩余图片的位置，如图7-71所示。

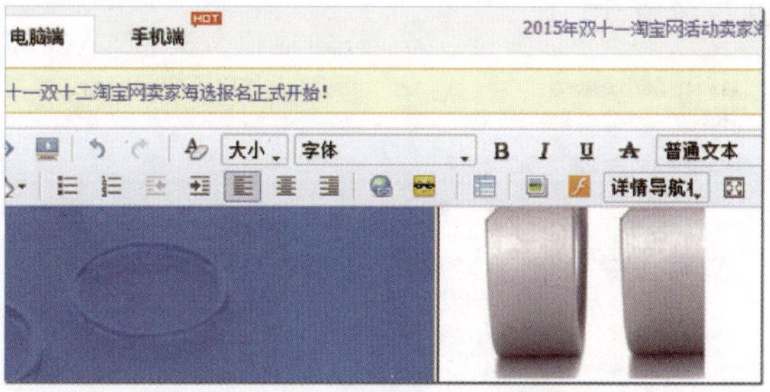

图 7-71　继续调整图片位置

步骤11 ❶选择第一张图片，❷单击出现在图片下方的“编辑”超链接，如图7-72所示。

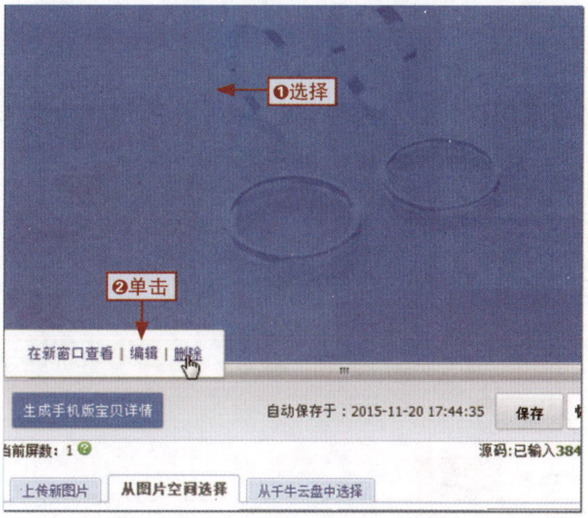

图 7-72　单击“编辑”超链接

步骤12 系统会打开如图7-73所示的对话框，不要关闭这个对话框。

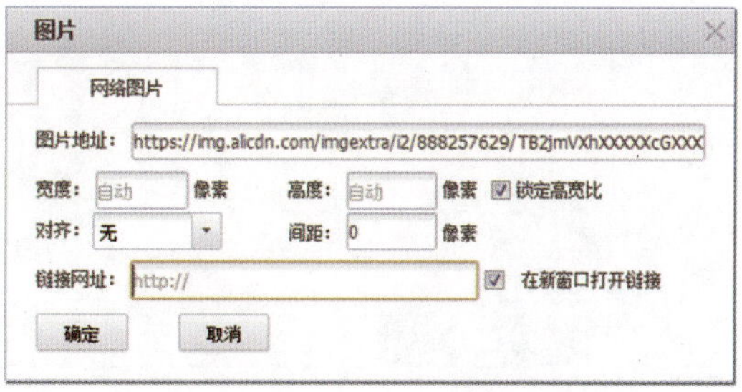

图 7-73　打开插入链接的对话框

步骤13 切换到卖家中心的“出售中的宝贝”页面，单击要插入链接的宝贝图片，如图7-74所示。

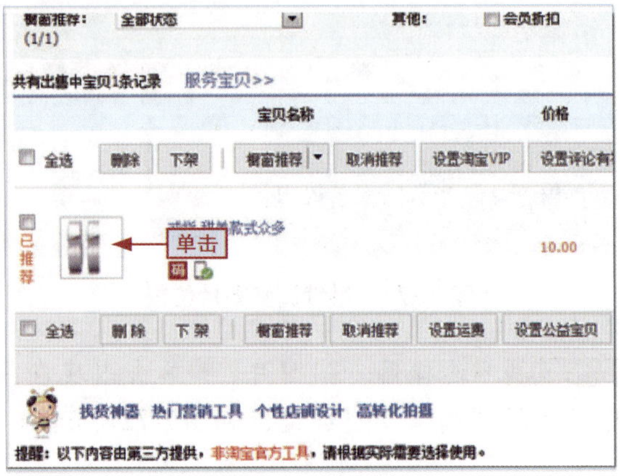

图 7-74 选择链接的宝贝

步骤14 ❶选择该宝贝的详情页网址，❷单击“复制网址”按钮，如图7-75所示。

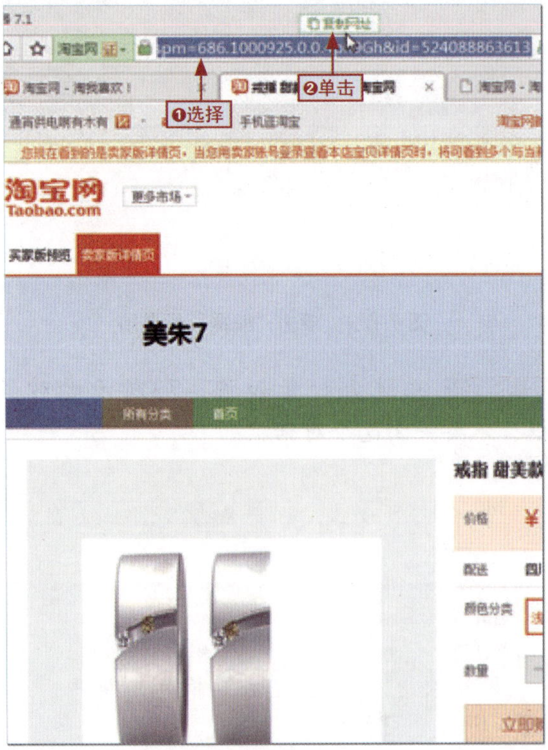

图 7-75 复制网址

步骤15 ❶返回之前没有关闭对话框的页面，将网址粘贴到“链接网址”文本框中，❷单击“确定”按钮，如图7-76所示。

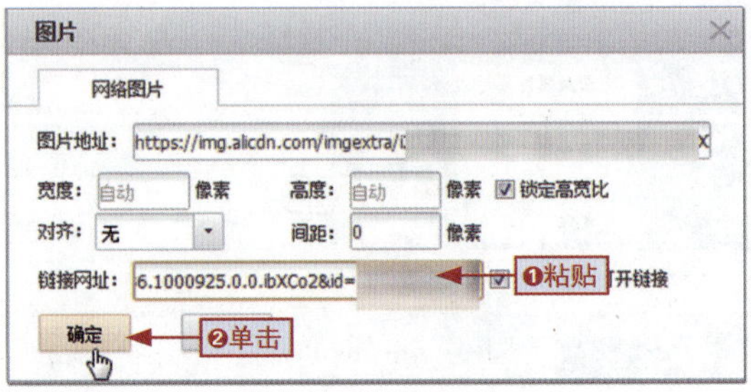

图 7-76 粘贴网址

步骤16 ❶继续按照同样的方法为剩余的图片设置相应的链接地址，❷单击“确认”按钮，如图7-77所示。

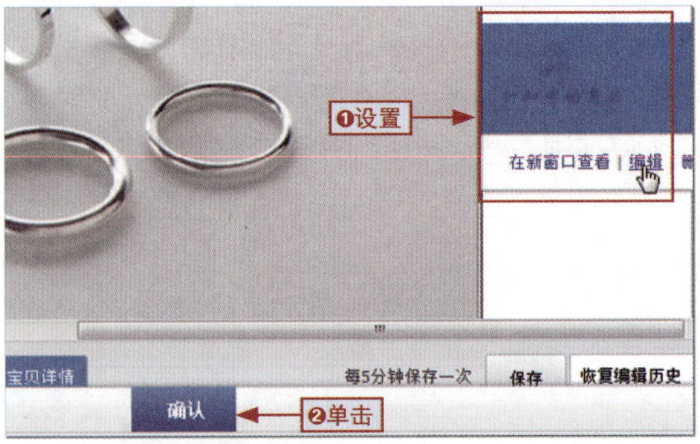

图 7-77 继续添加其他图片及链接地址

步骤17 页面跳转到该宝贝的详情页，拖动页面查看添加的链接图片，单击图片可查看链接地址是否正确，如图7-78所示。

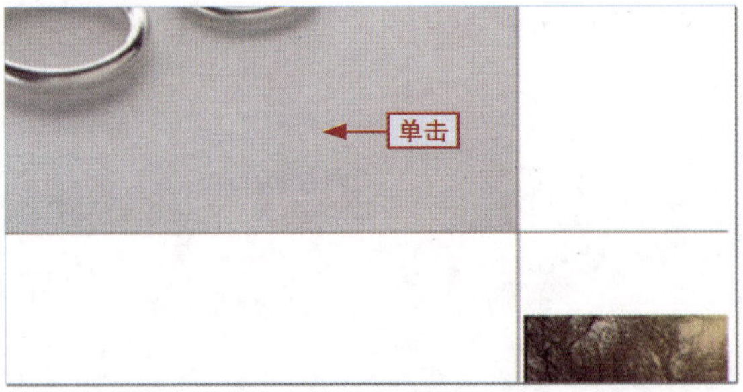

图 7-78 查看效果

长知识 | 关联促销软件服务

用户有可能在浏览其他店铺的宝贝详情页时会发现，其页面中插入的其他宝贝的链接图片在一个比较规范美观的模板中，如图 7-79 所示。并且店铺中的每一款宝贝详情页都插入了其他宝贝的链接图片，我们将其称之为关联营销。

如果想要关联的宝贝图片有个漂亮的模板，还想将其批量插入到每个详情页中，那么就需要订购相关的软件服务。比如“关联营销”软件服务、“促销模板大全”和“卖多多软件服务”等，如图 7-80 所示。

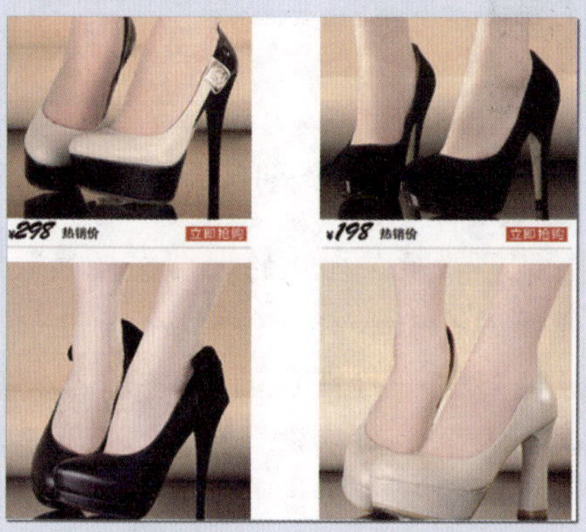

图 7-79　规范美观的模板

图 7-80　各种营销软件服务

给你支招 | 在宝贝详情页设置显示掌柜推荐

小白： 我们在使用模板装修店铺页面的时候会设计“掌柜推荐”模块，那么在详情页能不能也显示“掌柜推荐”模块呢？

阿智： 在详情页同样可以设置显示“掌柜推荐”模块，不过不是以模块的形式添加，而是以添加“心选”的方式在详情页显示掌柜推荐。“心选”是淘宝开发的一种工具，可以自由搭配宝贝详情页的内容。在宝贝详情页显示掌柜推荐的具体做法如下所示。

步骤01 进入卖家中心，❶在页面左侧菜单栏中找到“营销中心”选项，单击“营销中心”选项右侧的下拉按钮，❷单击“心选”超链接，如图7-81所示。

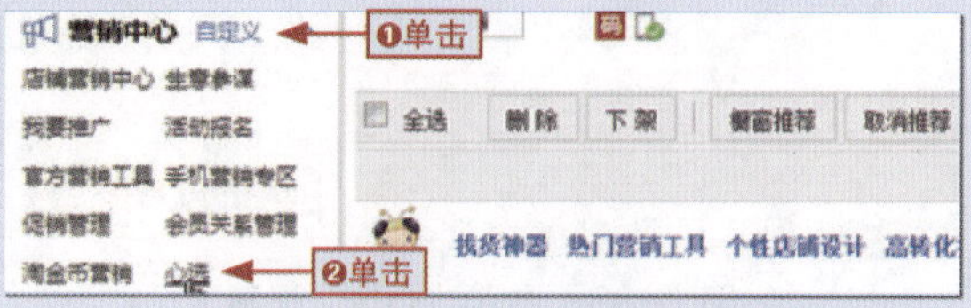

图 7-81　进入“心选”设置

步骤02 ❶在打开的页面中单击“新建计划”按钮，❷在新的页面填写计划名称为“掌柜推荐”，❸单击“选择主商品”按钮，如图7-82所示。

图7-82　新建计划

步骤03 ❶在打开的对话框中选择要添加到掌柜推荐的商品，❷单击“确定”按钮，如图7-83所示。

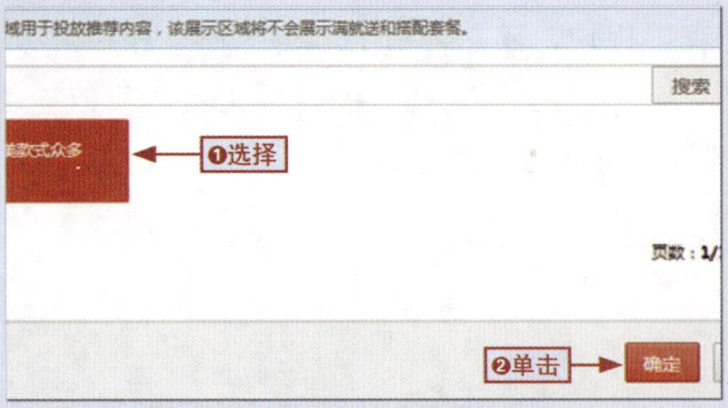

图7-83　进入“心选”设置

步骤04 ❶单击默认的图片，❷复制并粘贴推荐链接商品的链接，❸单击“获取信息”按钮，自动获取宝贝图片和标题(标题可以自定义)，❹单击“确定”按钮，如图7-84所示。

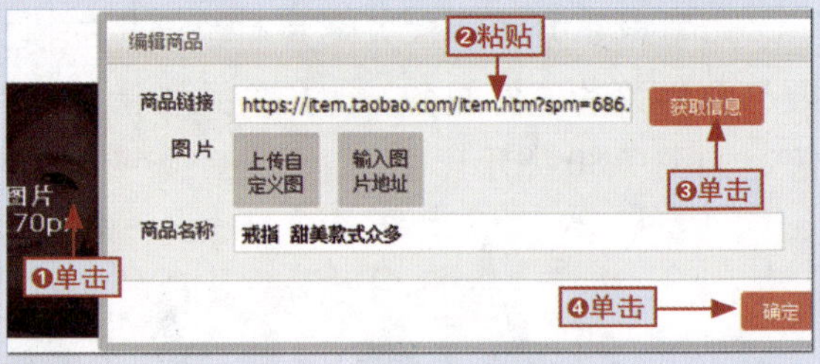

图7-84　插入宝贝链接

步骤05 ❶在打开的“参数设置”对话框中设置图片个数和样式(一般个数设一行，也可以设两行，一行默认的宝贝是6个，样式设为默认)，❷单击“确定”按钮，如图7-85所示。

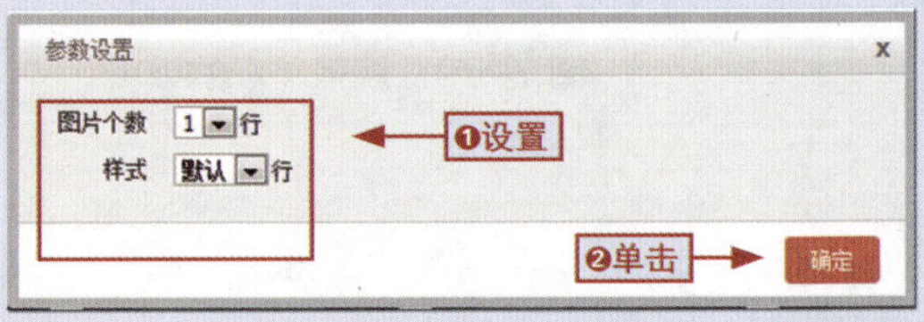

图7-85　设置参数

步骤06 按照同样的操作把6个宝贝全部设置完成后，单击“发布”按钮就完成了掌柜推荐宝贝的添加，如图7-86所示。

图7-86　完成掌柜推荐的设置

给你支招 | 解决插入到详情页的宝贝图片很乱的问题

小白：在图片空间中选择多张宝贝图片插入到表格中后，发现表格中的图片排列很乱，这是怎么回事儿呢？怎么解决？

阿智：在将宝贝图片插入表格时，设置了表格的属性及表格的长宽值，如果想要使插入到表格中的图片比较整齐，则最好选择大小相同或相近的图片，如果没有，需要在图片处理软件中先处理图片，使大小一致，其具体操作如下。

步骤01 打开Photoshop，❶在编辑器上方单击“文件”按钮，❷选择“打开”命令，选择要编辑修改大小的图片，如图7-87所示。

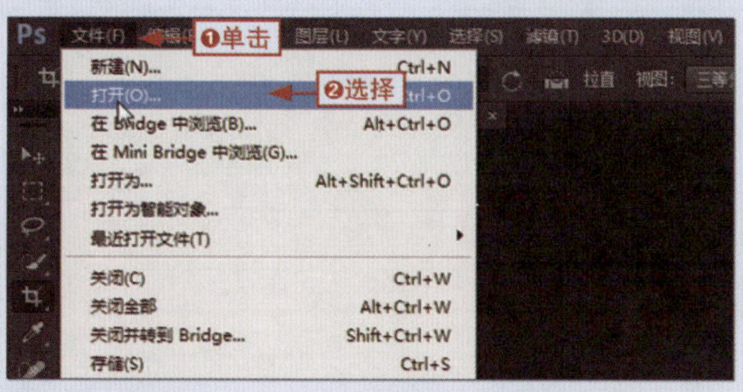

图 7-87 进入 Photoshop 软件

步骤02 单击插入到编辑器的图片，在编辑器上方修改图片的长宽度，单击“文件”按钮，选择“存储为”命令(保存原始图片存为副本)，如图7-88所示。

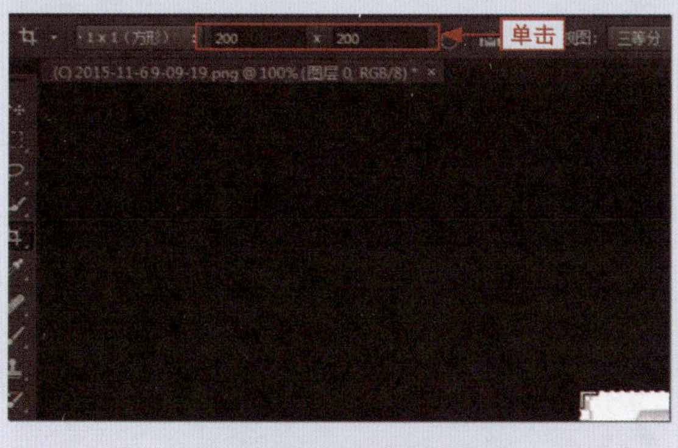

图 7-88 修改图片大小

步骤03 在宝贝描述中上传修改过的图片，如图7-89所示。

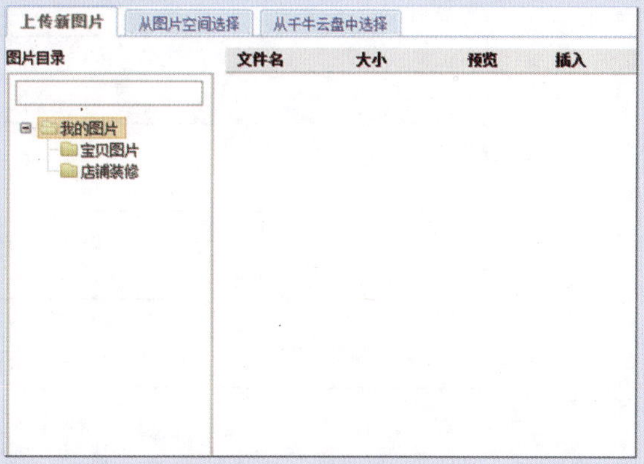

图 7-89 上传修改的图片

步骤04 删除过大或过小的图片，单击“插入图片”按钮，选择刚刚上传的修改过大小的图片，最后确认即可，如图7-90所示。

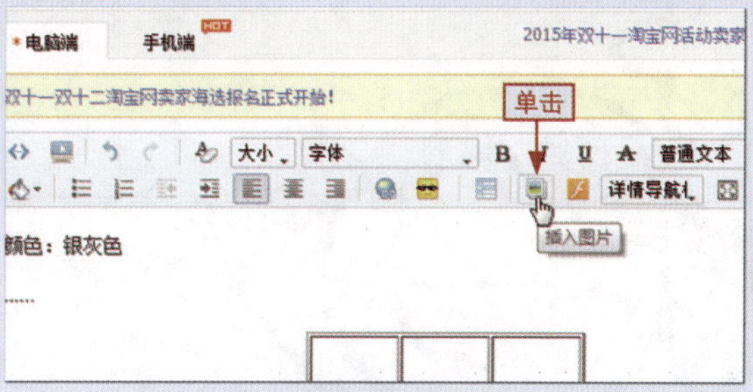

图 7-90 插入修改过大小的图片

阅读随笔

Chapter 8

买家上门，生意来了

学习目标

为淘宝店设计店铺页面和宝贝详情页面是经营淘宝店一直要做的工作，目的就是能及时更新店内的信息，赶得上市场的需求。然而，经营淘宝店最核心的环节是销售，买家上门时，如何抓住顾客，如何让顾客心甘情愿地购买店铺中的宝贝是卖家必须要思考和解决的问题。本章主要介绍销售环节的相关操作和知识技巧。

本章要点

- 买家主动找到卖家
- 卖家通过旺旺群推销宝贝
- 用自动回复推荐优势宝贝
- 确认买家已付款
- 业务需要，更改交易价格
- 塑造专业店铺形象
- 熟悉买家问价方式
- 掌握方法，轻松还价
- 商品换季更新
- 节假日商品上下架要及时

知识要点	学习时间	学习难度
阿里旺旺在线交流	40 分钟	★★★
销售过程中的技巧和妙招	40 分钟	★★★
处理换季、节后和店铺转让问题	40 分钟	★★★

8.1 阿里旺旺在线交流

阿智：小白，店铺的装修都完成了，怎么还愁眉苦脸的？

小白：唉！我其实不太清楚在销售过程中具体应该怎么操作。

阿智：没关系，慢慢来。有了生意，自然而然你就会了，不过你要先了解阿里旺旺的相关操作才行。

在淘宝店经营过程中，销售环节会涉及一个叫“阿里旺旺”的东西，它相当于淘宝网的QQ，是一款卖家与买家联系的沟通工具。使用阿里旺旺可以让买家与卖家沟通更及时，交易更快捷。

8.1.1 买家主动找到卖家

大多数等级较高的淘宝卖家都是从买家的主动上门开始售卖店铺的宝贝，而卖家只需要在买家上门时积极回应即可。

学习目标	学会用阿里旺旺与买家在线沟通
难度指数	★★

步骤01 登录千牛工作台，进入插件首页，在这里卖家可以收到买家发来的消息，如图8-1所示。

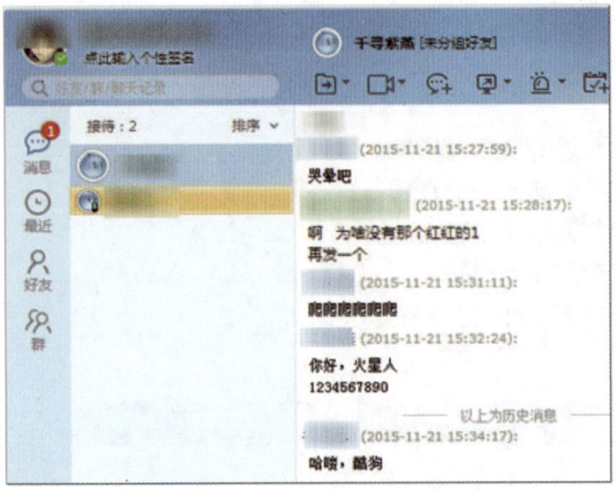

图 8-1 收到买家发来的消息

步骤02 单击买家的账号名称，与买家进行交流，如图8-2所示。

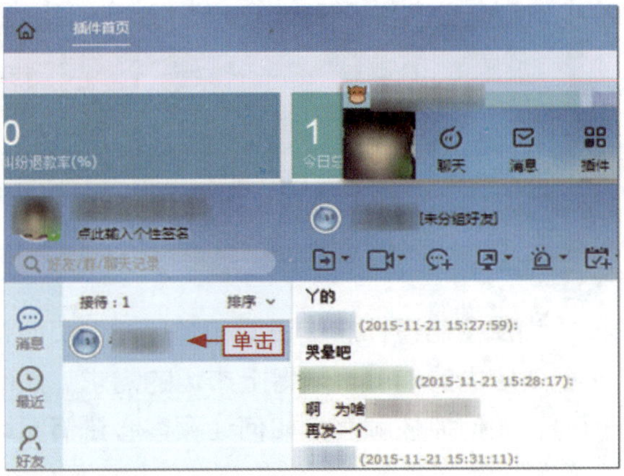

图 8-2 与买家交流

> **小绝招**
>
> **红色提示消息什么时候出现**
>
> 卖家在登录千牛工作台与买家交流时，一般买家给卖家发的第一条信息就会以红色提示的方式出现在聊天界面中，如图 8-1 所示。但是第二次或者以后的每一次联系的第一条信息将不再显示红色提示（长期不联系后重新联系的情况除外）。

步骤03 如果同时有两个或者多个买家上门，可以单击账号名称，切换聊天，如图8-3所示。

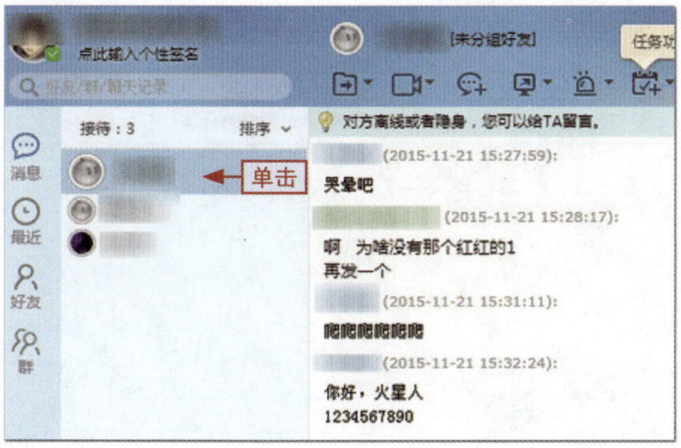

图8-3　切换聊天

步骤04 如果买家浏览了店铺销售中的宝贝，为了了解更多实际情况，就会给卖家发来宝贝的链接，卖家可以单击网址超链接查看买家询问的是哪一个宝贝，如图8-4所示。

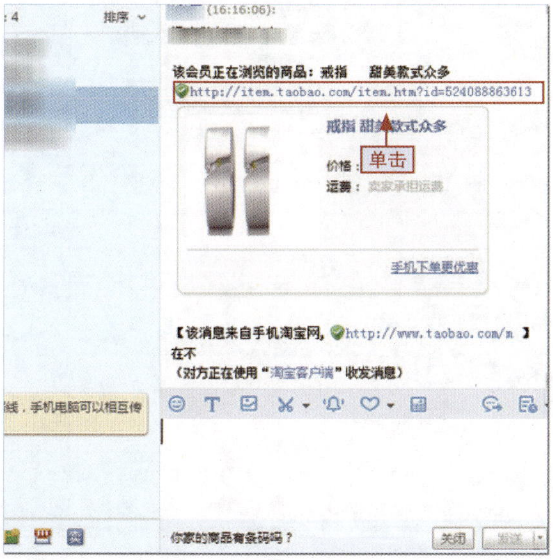

图8-4　买家发来宝贝链接

步骤05 卖家进入该宝贝的详情页，结合宝贝的信息和买家的疑问，向买家说明具体的情况，如图8-5所示。

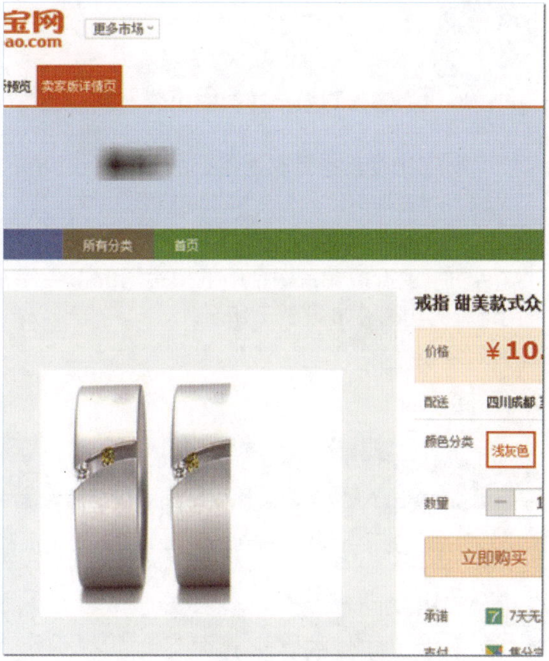

图8-5　卖家进入宝贝详情页面

步骤06 回到千牛聊天界面，❶选择客户，❷单击聊天对话框右上方的"客户"选项卡，可以查看当前客户的信息，如图8-6所示。

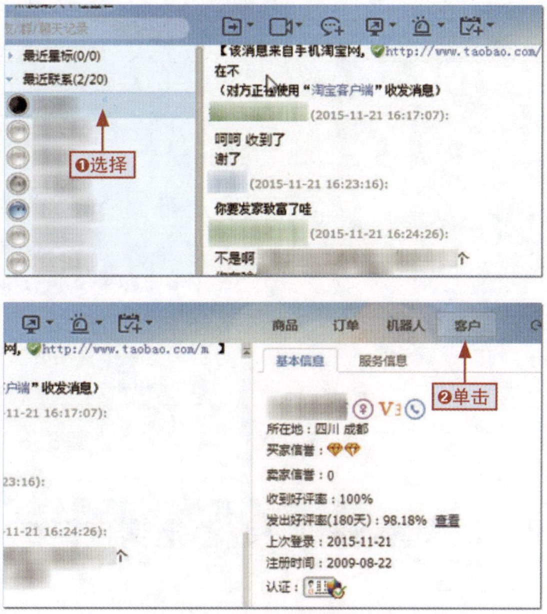

图8-6　查看当前客户信息

小绝招

聊天界面有计算器功能

为了方便卖家及时为买家算出购买宝贝需要支付的钱是多少，在千牛的聊天界面中有“计算器”按钮，卖家可随时使用。一般在宝贝参与活动打了折扣或者淘金币抵扣等情况下会使用计算器功能，如图 8-7 所示。

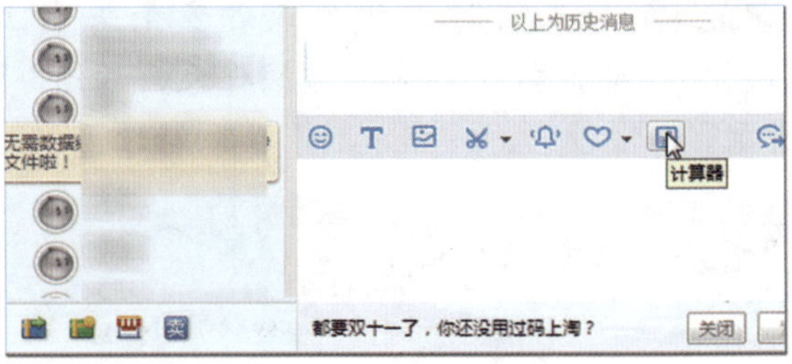

图 8-7 计算器功能

长知识 | 来不及回复顾客的信息怎么办

很多时候，店铺的生意太好，有很多顾客在同一时间联系卖家，如果不及时回复买家提出的问题或者疑问，就有可能丢失这个客户，那么要怎样解决这个问题呢？

在千牛工作台的聊天界面下方，有一个“快捷短语”按钮，单击这个按钮，聊天界面的右侧会出现一些经常使用的聊天短语，单击某一个需要的短语后，这条短语就会出现在聊天的编辑框中，卖家直接单击“发送”按钮就能在短时间内回复买家，如图 8-8 所示。

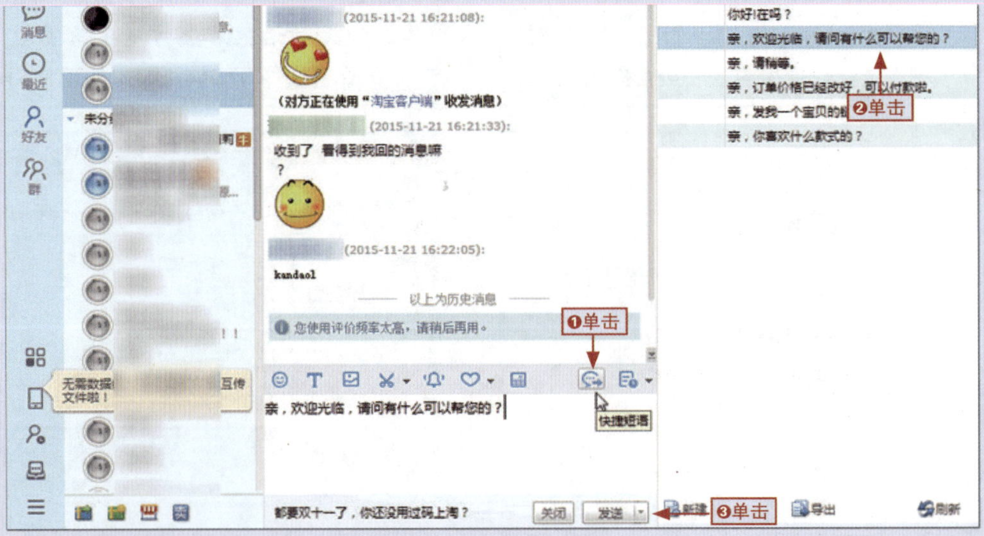

图 8-8 使用快捷短语

8.1.2 卖家通过旺旺群推销宝贝

很多刚刚开业的网店没有知名度，除了与店主熟识的人知道店主开了网店以外，一般很少有人知道某一个店铺的存在。为了能够让淘宝的潜在顾客浏览并购买店铺的商品，店主不得不主动出击。

学习目标	学会如何用旺旺主动推销宝贝
难度指数	★★

步骤01 进入千牛工作台，❶在聊天界面左上方的搜索框中输入想要搜索的数字账号，❷选择“在网络中查找”选项，如图8-9所示。

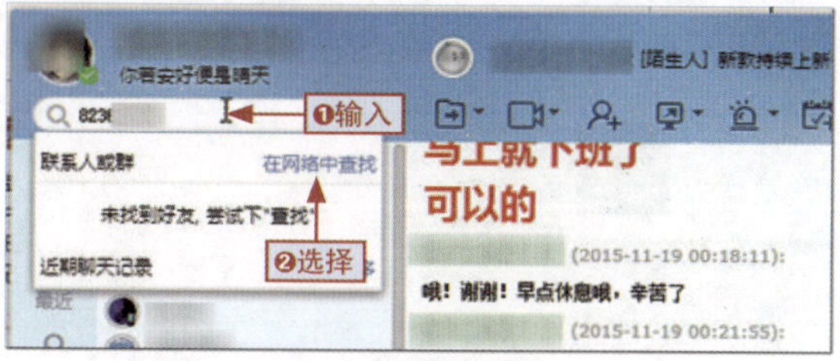

图 8-9　搜索交流群

步骤02 ❶单击搜索结果中的群账号，❷单击“立即申请加入群”按钮，如图8-10所示。

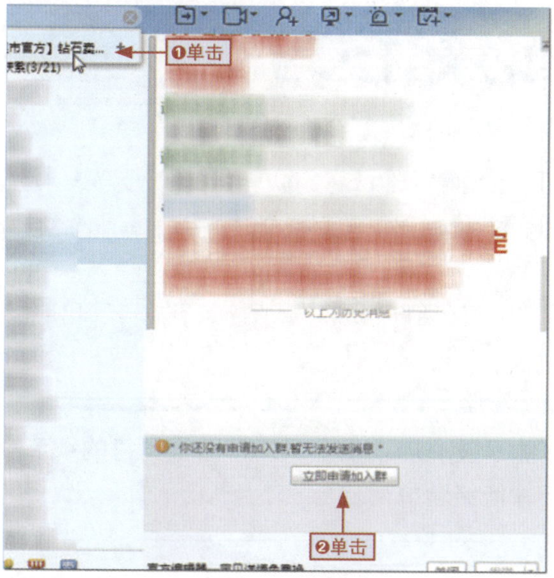

图 8-10　申请加入群

小绝招

加入旺旺群时输入验证信息

在申请加入旺旺群的过程中，有时会遇到阻碍，要求填写验证信息，验证信息通过后才能被允许加入该群。此时只需要真实填写自己的想法，然后单击“发送验证”按钮等待入群申请的通过，一般情况都能成功入群，如图8-11所示。

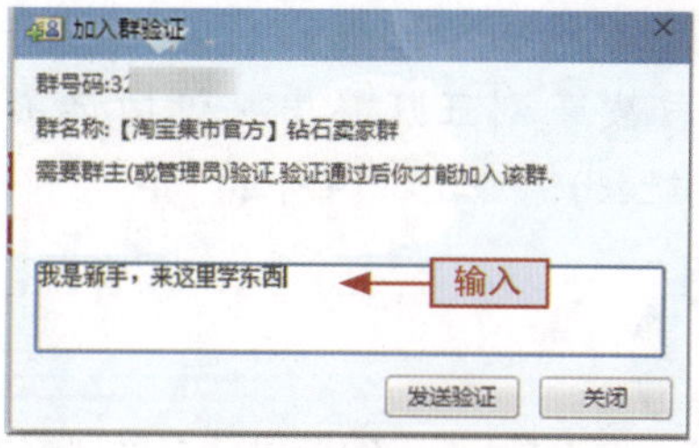

图 8-11　填写验证信息获得入群许可

步骤03 进入卖家中心，复制出售中的宝贝网址或者是需要推销的宝贝网址，如图8-12所示。

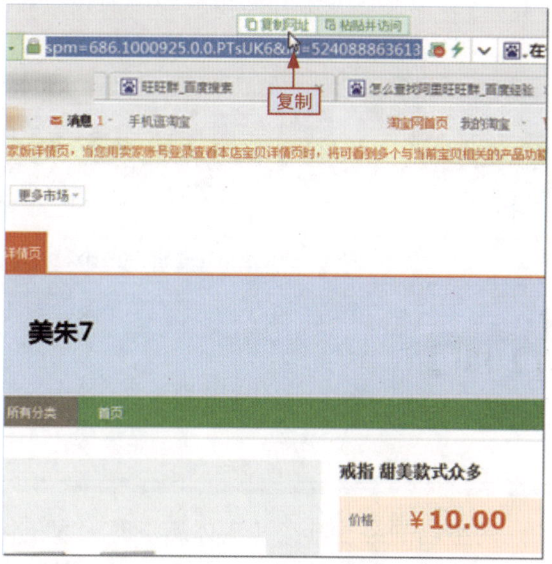

图 8-12　复制宝贝网址

步骤04 ❶将复制好的宝贝链接粘贴到群聊天的编辑框中，❷单击“发送”按钮就可以在群里面推销宝贝了，如图8-13所示。

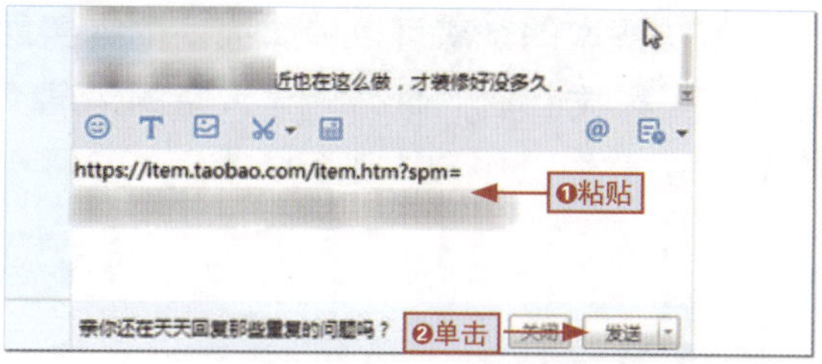

图 8-13　粘贴宝贝网址

步骤05 按照相同的操作将其他需要推销的商品链接发布到旺旺群中，但切记不要刷屏(发太多链接)，如图8-14所示。

图 8-14 推销其他宝贝

小绝招 **在新加入的群中获得其他群号**

很多时候我们自己直接找群很困难，可以通过已经加入的群找到其他群的群号。一般都会有人分享群号，我们可以直接搜索并申请加入，这样可以省去自己找群号的时间。

8.2 销售过程中的必知技巧

阿智： 小白，在销售过程中有没有遇到什么问题啊?

小白： 有啊。不知道是不是因为才开店缺乏实战经验的原因，很多顾客在问了一些问题后并没有下单购买。

阿智： 这样啊，那跟你分享一下我的经验吧！其实你在和买家沟通时就是在做销售工作，在这其中你需要了解一些技巧才行。

淘宝店的经营其实和实体店没有太大的区别，除了没有店铺租金以外，关于销售的细节等都是一样的，都需要我们了解和掌握一些销售技巧才能经营好网店。

8.2.1 解决买家疑惑

解决买家的疑惑可以消除买家的购买顾虑，让买家放心拍下商品。与买家的沟通交流都是在千牛工作台中进行，如同QQ聊天一样。

学习目标	学会如何实际性地解决买家疑虑
难度指数	★★

搞清楚买家问题的核心

当买家发来某宝贝链接时一般会主动提出问题，我们只需要根据问题按实情回答即可。比如买家会问该宝贝还有没有其他颜色，或者还有没有其他尺寸，我们要说实话。若害怕该顾客丢失，可顺势为其介绍店铺中其他宝贝。

● 解释色差原因

有些买家是通过店铺之前的买家介绍而来，首先就会向我们提出一些之前买家遇到的问题。比如收到商品后出现色差等情况，那么此时我们就要解释出现色差的原因，如图8-15所示。

浏览器不同

有些时候买家在自己的浏览器中看到的宝贝颜色与我们的浏览器中的宝贝颜色是不一样的，原因就是浏览器的属性不一样，这时我们要跟买家讲清楚宝贝的实际颜色，并保证如果出现色差会做出怎样的补偿。

拍摄环境的光线影响

很多商品在拍摄时是刻意地加强了光线或者改变了光线，让宝贝看起来更好看，也因此会导致宝贝呈现的颜色与实际颜色有差异，此时我们可以重新拍摄宝贝的图片，不加任何美图效果，然后发给买家查看。

买家认知的颜色有问题

一般不会出现这样的原因，除非宝贝之间的颜色非常相近。此时要具体询问买家需要什么颜色，如果与展示的宝贝颜色一致就解释色差原因，如果是买家把颜色搞错了，就将买家想要颜色的宝贝图片发给买家查看，并说明搞错的颜色的实际颜色是什么。

图 8-15 分析宝贝色差原因

● 解决没有买家所需要的尺码的问题

有时买家特别喜欢店铺中的某个宝贝，但是适合的尺码没有货了，于是找到我们询问什么时候有该尺码的新货。

这时我们要量力而行地说明到货的时间，询问顾客是否可以等待，尽量在短时间内处理好。

如果本来就没有顾客需要的尺码商品，那么要跟买家说明情况，或者可以询问买家身高、脚长或者其他需要的信息，分析是否需要更换其他尺码的宝贝，这样是最理想的解决办法。

卖家在销售过程中还会遇到买家提出的其他一些疑问，我们需要的就是随机应变的能力和实事求是的态度。

8.2.2 用自动回复推荐优势宝贝

优势宝贝一般是大众都需要的，或者是大众都偏爱的款式。推荐优势宝贝可以在短时间内吸引顾客的眼球。

学习目标	学会如何设置客服自动回复
难度指数	★★

步骤01 进入千牛工作台的聊天界面，❶在聊天对话框的左下角单击“更多”按钮，❷选择“系统设置”选项，如图8-16所示。

图 8-16 选择“系统设置”选项

步骤02 在打开的对话框中单击“客服设置”选项卡，如图8-17所示。

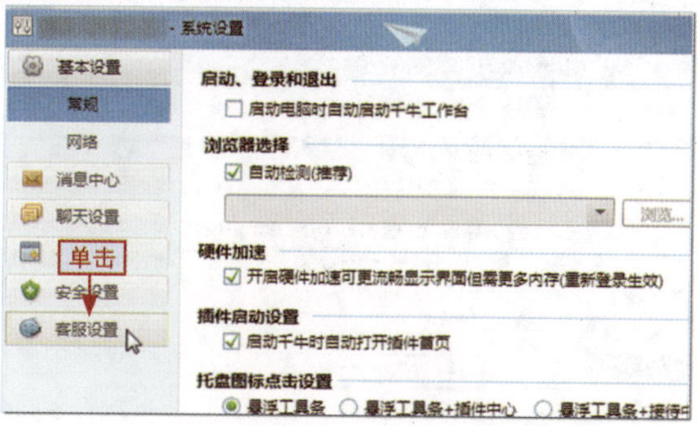

图 8-17 单击“客服设置”选项卡

步骤03 ❶单击“自动回复设置”选项卡，❷选中对话框右边的4个复选框(如果是第一次设置，那么右边显示的应该是“新增”按钮)，如图8-18所示。

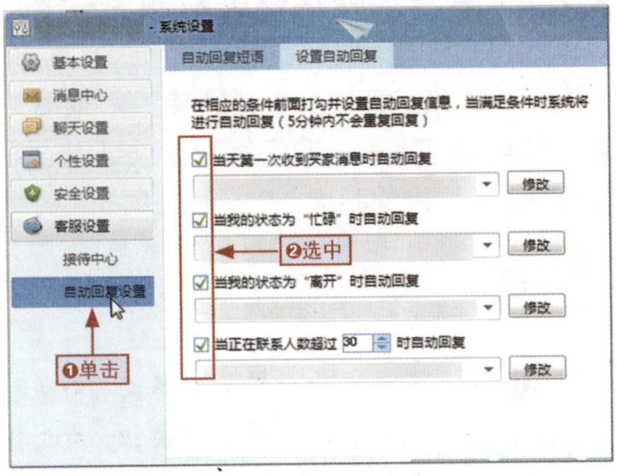

图 8-18　单击“自动回复设置”选项卡

步骤04 ❶切换到“自动回复短语”选项卡，❷单击“新增”按钮，如图8-19所示。

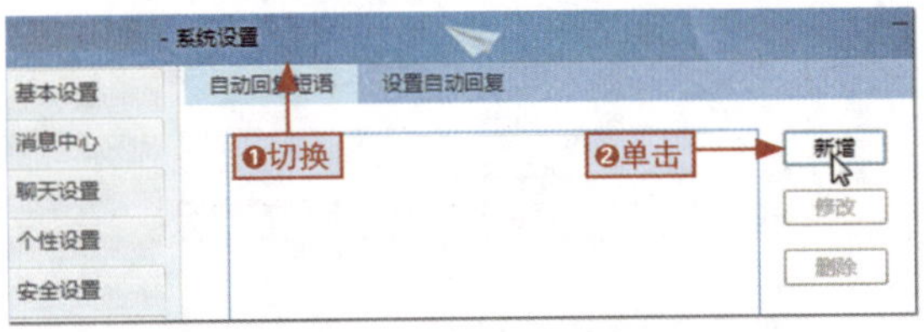

图 8-19　新增自动回复短语

步骤05 ❶在打开的文字编辑框中输入自动回复短语，❷单击“保存”按钮，如图8-20所示。

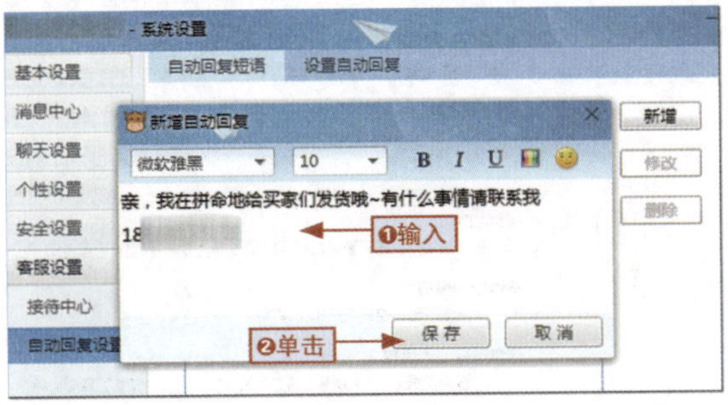

图 8-20　编辑自动回复短语

步骤06 ❶切换到“设置自动回复”选项卡，❷单击文本框右边的下拉按钮，❸选择相应的自动回复短语，如图8-21所示。

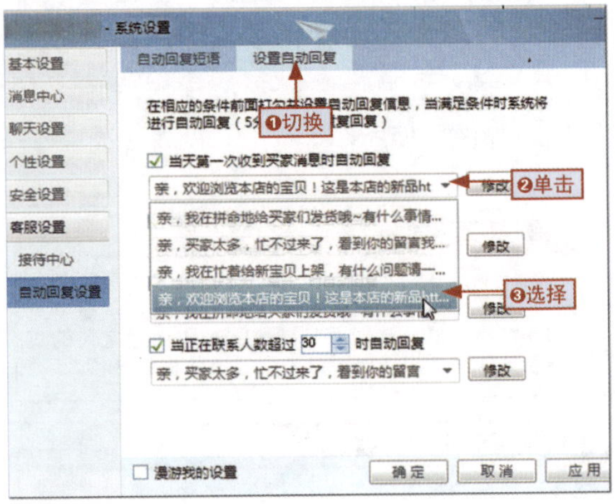

图 8-21　选择自动回复短语

步骤07 完成4个设置后单击“确定”按钮，如图8-22所示。

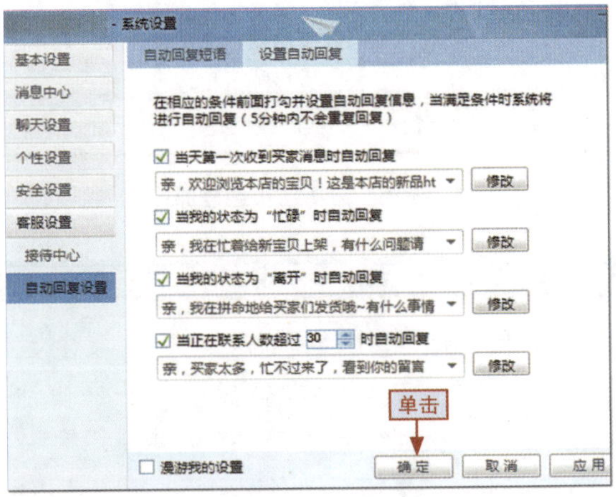

图 8-22　保存设置

小绝招

先设置每一个选项的自动回复

如果卖家一时想不起太多的自动回复短语，可先分别设置好4个选项的自动回复短语后，这些短语会同步到“自动回复短语”选项卡中，如图 8-23 所示。

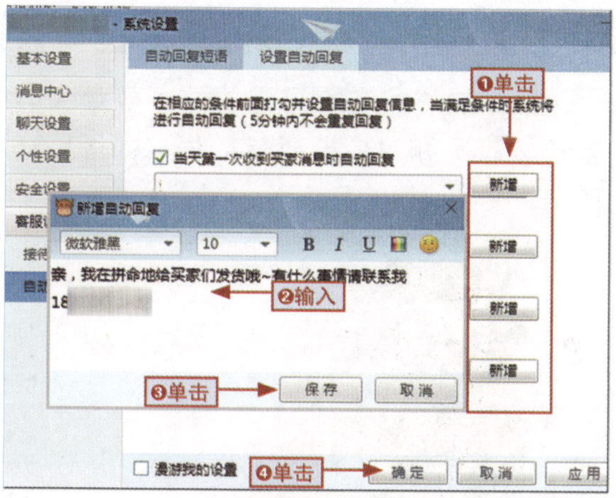

图 8-23　先分别设置自动回复短语

所有的自动回复中都可以附带优势宝贝的详情页链接，这样不管我们处于哪种状态，买家都能第一时间了解到本店的新品或是优势商品。

具体复制粘贴宝贝链接的操作参见第7章的内容。

8.2.3 探知买家需求

买家的需求才是网店经营的动力，探知买家的需求成为店主销售过程中最重要的事情。

学习目标	了解获得买家需求的方法
难度指数	★★

● 顺水推舟

顾客向卖家询问的问题会反映顾客的需求，我们要抓住细节。比如顾客询问“某某款的宝贝现在是在促销时间内吗？”等问题，说明顾客想要经济实惠的商品，我们在介绍该宝贝的同时，向顾客说明店铺中其他正在搞活动或者打折扣的商品，创造潜在消费的可能性。

● 为买家指引购物方向

很多时候买家在购物时并不能真正做到为自己选择适合的商品，这时我们就要获得买家的基本信息，为买家指引购物方向，如图8-24所示。

买家只询问卖家有没有新款

如果我们遇到只询问店铺有没有新款的顾客，首先要知道这个买家以前在店里面买过东西，而且认可了店铺中的商品。此时卖家当然要极力为该顾客提供新上架的新款商品，在买家自行浏览新款宝贝的时候，卖家就要查看该买家当初在店里面的订单以获取该客户的基本信息，方便提供及时的需求服务。

没有适合的尺码或想要的颜色

如果买家发来的消息是“某某款宝贝没有什么码的了吗？”或是“某某款宝贝还有没有某某颜色？”之类的问题，那么卖家首先要主动问清楚客户的基本信息，确认客户的要求是正确且合适的。如果其体貌特征与其他的尺码符合，就要及时给顾客说明并引导顾客更改尺码需求。一般顾客对颜色的喜好是独特的，不易引导。

商品的外观不符合顾客的需求

若顾客询问如“老板，某某款的衣服没有帽子吗？”或“老板，某某款的宝贝不够厚啊！”这一类问题，可得知顾客的需求是衣服要有帽子或是衣服要更厚更暖和的。这时我们要及时给顾客推荐店铺里其他有帽子的衣服或是说明这款衣服的款式要没有帽子更好看；或者是这款衣服看起来不厚但穿在身上很暖和。

图 8-24　为买家指引购物方向

为买家指引购物方向实际上就是不要一味地循着买家的要求提供服务，要适时地引导买家对商品的其他特性或功能等产生兴趣或需求。

探知买家需求也是一门小小的学问，如果一直循规蹈矩地满足顾客的需求，那么顾客放弃购买的理由众多，我们不可能满足顾客所有的要求，所以交易不成功率会迅速升高。

只有结合顾客的实际需求，并做到适时引导客户转变购买需求，才能提高成交率，做好店铺商品的销售工作。

8.2.4 为买家介绍产品的规格

有些商品需要在详情页中说明穿戴的尺码符合什么样的体貌特征，这些种类的商品会在买家的内心深处生成“万一大了”或是“万一小了”之类的担忧，所以很有必要给顾客讲明产品的规格。

学习目标　掌握不同商品的基本规格内容
难度指数　★

● 服装类

服装类的宝贝，在详情页中一般会有肩宽、胸围、袖长和衣长等对比信息，如图8-25所示。

尺寸信息 Size

尺码	衣长	肩宽	胸围	袖长
XS	91	35	81	59
S	93	36	84	60
M	95	37	88	60
L	95	39	92	61
XL	96	40	96	61
XXL	96	41	100	61

温馨提示：因测量方法不同，您收到的实物尺码与上表可能存在微小误差，并非质量问题，请您理

图 8-25　服装类商品的规格

小绝招　主动介绍宝贝的规格

有时因为顾客的胖瘦和身高等不同，衣服穿在身上的效果就会不同，为了能够让买家拿到适合自己的宝贝，卖家要主动为买家提供适合的尺码。比如买家如果比较瘦，就可以在正常的尺码上购买小一码的衣服，又或者本款衣服的尺码偏小，建议顾客选择大一码的衣服。

● 鞋类

鞋类的商品在宝贝详情页一般都会有脚长、脚宽和对应鞋码等数据，如图8-26所示。

SIZE TABLE/尺码参照表

美式鞋码	34	35	36	37	38	39
国内鞋码	220	225	230	235	240	245
脚长(mm)	216~220	221~225	226~230	231~235	236~240	241~245
脚宽(mm)	80~85	85	85~90	90	90~95	95

图 8-26　鞋类商品的规格

● 家电类——电饭锅

家电类中以电饭锅为例，其规格的说明方式比较特殊，首先有容量的描述，还有适合人数，如图8-27所示。

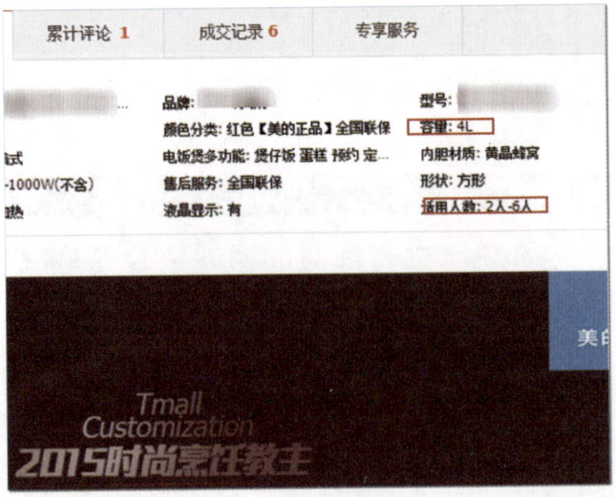

图 8-27　电饭锅的规格

8.2.5 协商一致，帮助买家下单

有些时候买家会要求卖家赠送小礼物才肯下单购买，一般这都是买家想要填补商品价格高出预期值的落差心理。卖家为了促使买家下单，可以适当赠送一定的小礼物或是商品的小配件。

学习目标	学会用小利赢取大利
难度指数	★

● 拒绝首次砍价

针对比较贵的商品，买家一般都希望在与卖家沟通后能够有优惠，可以砍价，但是对于卖家来说，不要在买家第一次开口砍价时就急着降低价格出售，这样反而让买家感觉该商品还有可能更便宜。

● 尽量不要降低商品价格出售

其实，不仅是要拒绝买家的首次砍价，在整个价格协商过程中，卖家最好不要在商品价格上做出退让，避免让买家产生商品价格高于价值的认识。

● 无计可施时借助小礼品

在买卖双方交谈很久后买家还是没有下定购买的决心，这时卖家为了挽留住顾客，可以用小礼品来吸引顾客，同时转移顾客的注意力。

● 返现金让买家下定决心购买

卖家可以承诺买家，收货时如果觉得宝贝不错，并且给店铺的评价都是5颗星的话就返还一定的现金。

8.2.6 确认买家已付款

对于淘宝卖家而言，能够保证买家已经拍下宝贝的标志就是确认买家已付款。那么要如何确认买家已付款呢？

学习目标	学会确认买家付款成功的操作
难度指数	★★

步骤01 在淘宝网首页登录个人账号，单击"卖家中心"选项卡，如图8-28所示。

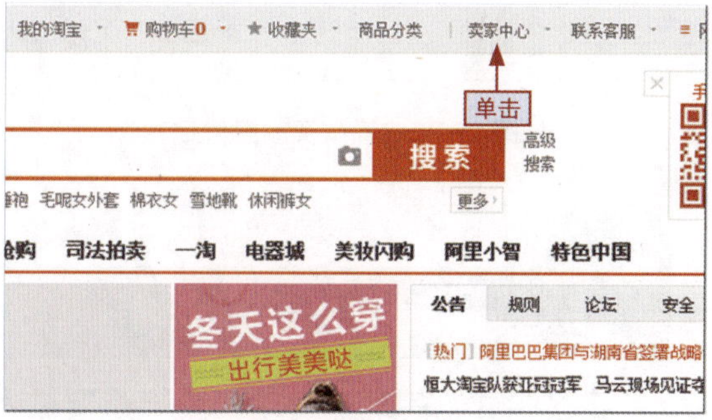

图 8-28　进入卖家中心

步骤02 在打开的页面左侧找到"交易管理"，单击"已卖出的宝贝"超链接，如图8-29所示。

图 8-29　查看已卖出的宝贝

步骤03 在打开的页面中单击“等待发货”选项卡，此时在下方就会显示买家已付款的宝贝，如图8-30所示。

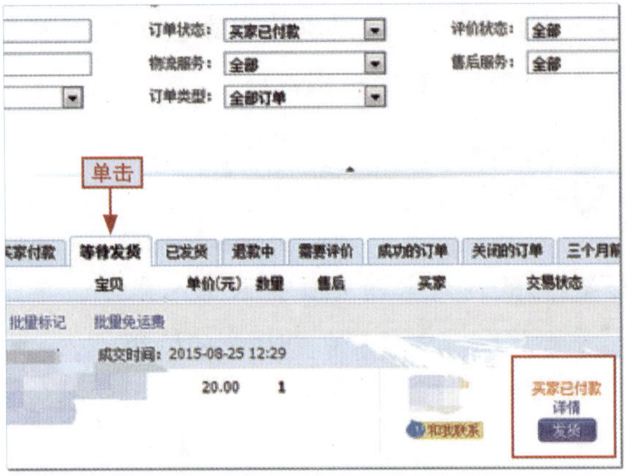

图 8-30 确认买家已付款

小绝招

已卖出的宝贝信息可以导出

在已卖出宝贝的页面，卖家可以将这些已经卖出去的宝贝信息导出来查看，如图 8-31 所示。

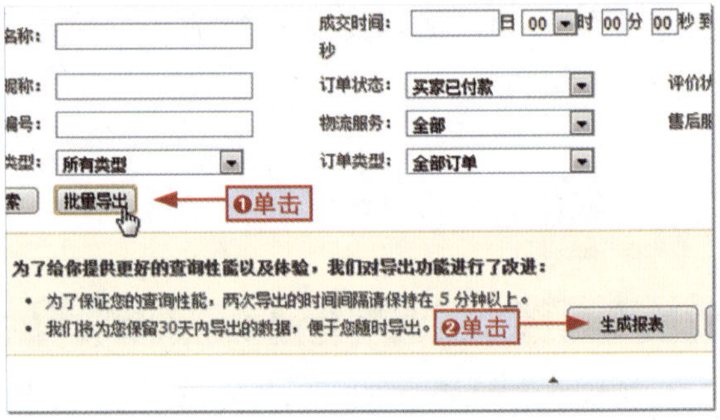

图 8-31 导出已卖出宝贝的信息

长知识 | 三小步确认买家已付款

正文中介绍的确认付款的步骤是要进入卖家中心，然后进入交易管理，最后进入“已卖出的宝贝”页面，实际上我们不用经过这么复杂的步骤就可以查看买家的付款情况。

首先登录淘宝进入淘宝网首页，将鼠标光标移动到“卖家中心”选项处，选择“已卖出的宝贝”选项，最后单击“等待发货”选项卡即可查看买家的付款情况，如图 8-32 所示。

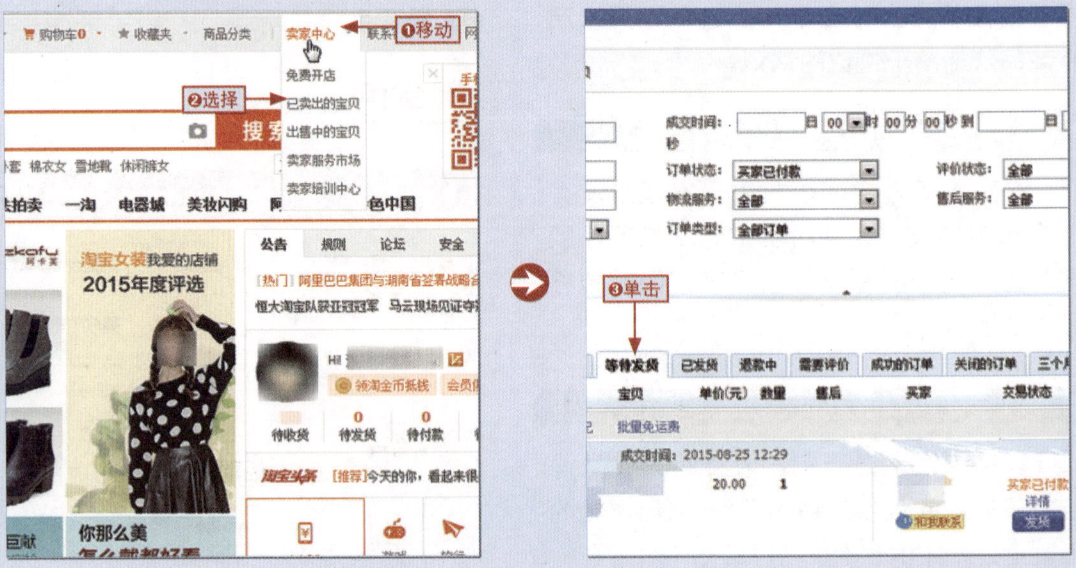

图8-32 三小步确认买家已付款

8.2.7 业务需要，更改交易价格

有些时候买家与卖家通过了某些交易协商，导致买家需要支付的金额发生改变，这时作为卖家就要及时为买家更改交易价格。

学习目标	学会怎么更改交易价格
难度指数	★★★

步骤01 进入卖家中心的“已卖出的宝贝”页面，单击“等待买家付款”超链接，如图8-33所示。

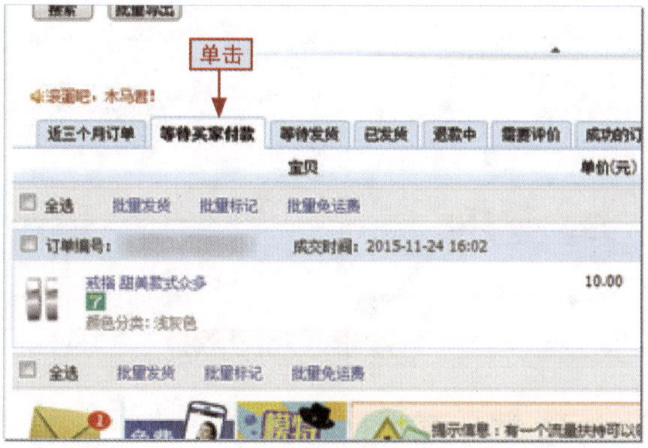

图 8-33 单击“等待买家付款”超链接

步骤02 在订单列表的右侧单击“修改价格”超链接，如图8-34所示。

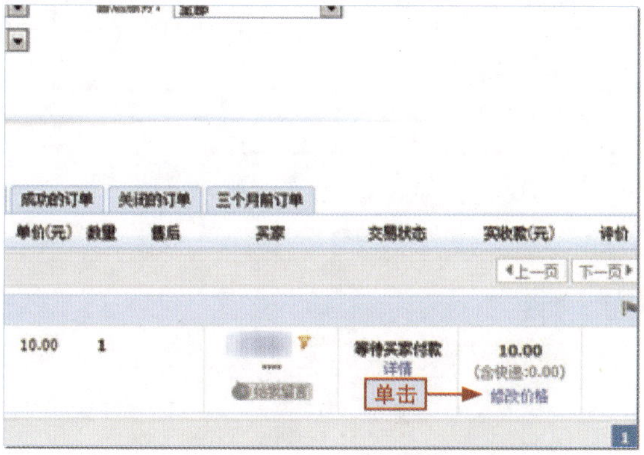

图 8-34 单击“修改价格”超链接

步骤03 ❶在打开的对话框中修改宝贝的价格或是运费，❷确认无误后单击“确定”按钮，如图8-35所示。

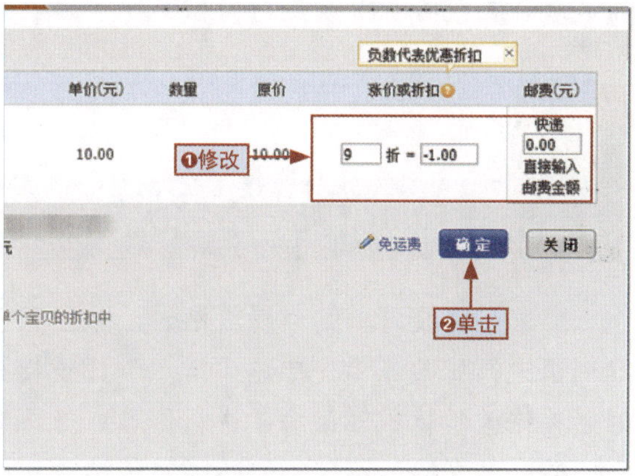

图 8-35 修改交易价格

步骤04 修改成功后，系统会发送一封包含本次交易信息修改内容的邮件给买家确认，然后提醒买家付款，如图8-36所示。

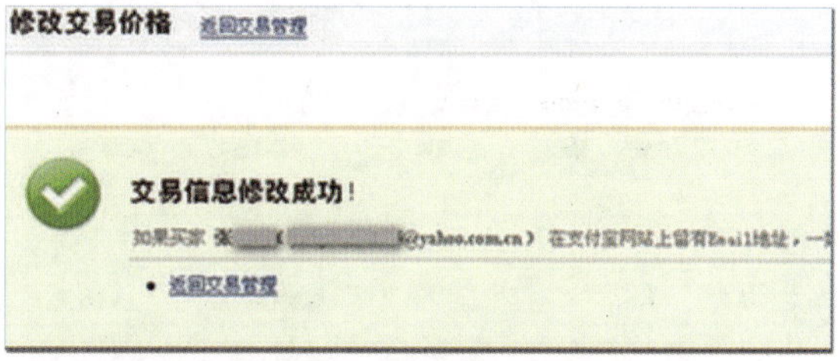

图 8-36 买家确认修改信息

小绝招 **最好不要修改商品价格**

在对订单修改交易价格时，有商品的涨价和折扣的修改，也有运费的修改。然而如果进行商品价格的修改会影响宝贝在店铺首页的销售价格，所以一般不修改商品价格而修改运费。

如果实在是要修改商品的价格，可以利用折扣软件的“满就送”进行折扣。

卖家在修改了商品的交易价格后，联系买家，让买家刷新支付页面，这时买家的支付页面就会重新显示更改后的商品价格，在确认无误后就可以继续执行付款操作了。

小绝招　解决卖家不能马上改价的问题

如果买家做了支付动作，但是实际付款没有成功，那么卖家在 15 分钟内是无法修改交易价格的，需要等 15 分钟后才能修改。

长知识 | 进入等待付款订单的详情页修改交易价格

卖家在修改订单的交易价格时，除了直接单击“修改价格”超链接之外，还可以进入订单详情页进行修改。首先单击“详情”超链接进入订单详情页面，然后单击“修改价格”按钮，最后在修改价格的对话框中进行修改，如图 8-37 所示。

在订单详情页不仅能修改交易价格，还能关闭交易或对该笔交易进行标记。当然，关闭交易也可以像修改交易价格一样通过直接在“等待买家付款”的订单列表处单击“关闭交易”超链接来实现。

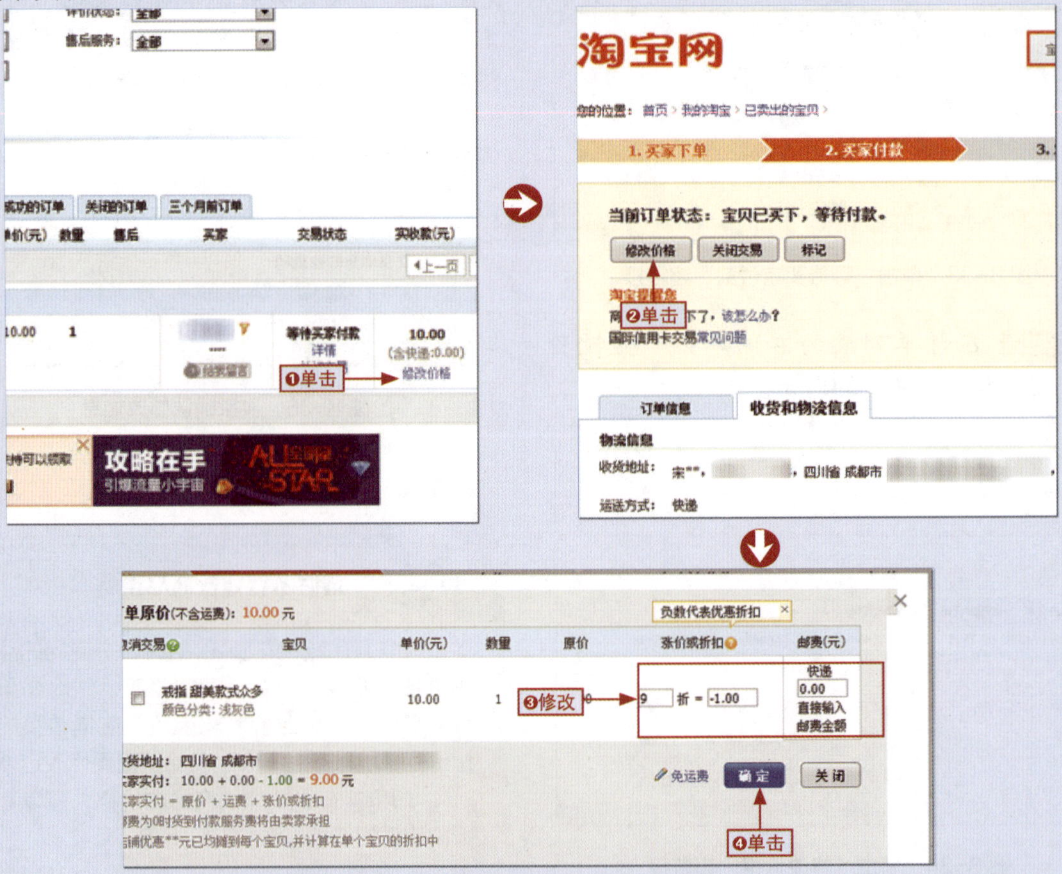

图 8-37　在订单详情页修改宝贝的交易价格

8.3 促进成交有妙招

阿智：小白，生意怎么样啊？成交率高不高？

小白：哎哟！别提了。店铺宝贝的浏览量倒是挺高的，但就是没什么成交量，你说怎么办啊？

阿智：别急，我跟你说说我在促进买家成交时候的手法吧！

做销售的人都知道，促进成交其实是销售的一个重要环节，没有一定的技巧，交易的成功率会比较低，因此了解促进成交的“招数”是相当有必要的，下面我们就来看看网店促进成交有哪些妙招吧！

8.3.1 塑造专业店铺形象

一个店铺的形象直接影响顾客对店铺的兴趣甚至是好感和信任。如果店铺让人感觉凌乱而没有头绪，就会丧失顾客对店铺的好感，所以要塑造专业店铺形象。

学习目标　探索塑造专业店铺形象的方法

难度指数　★★

● 做好店铺的装修工作

店铺页面的长相是吸引顾客的一个重要因素，店铺页面的美观度直接影响顾客对店铺的第一印象。具体操作参见本书第5、6、7章的内容。

● 细节很重要

有句俗话叫“细节决定成败”，网店的经营一定要做好细节工作。开网店本身就具有虚拟性，如果细节再做不好，就真的很难经营了。如图8-38所示是经营网点时的一些细节问题。

旺旺客服链接要准确

旺旺客服是维系买家和卖家之间交易的桥梁，如果旺旺客服的链接不准确，或是链接错误根本找不到人，那么当买家想要咨询问题时遇到这些问题就会觉得该店铺的经营不够专业规范，也就不想在店里购物了。

店名要具有个性

店名尽量取得比较有个性一点，但这并不代表要给店铺取一个稀奇古怪的名字。在给店铺取名时，可以借助成语中的谐音，比如花店“花落谁家”、玉石店“石来运转”、服装店“穿名堂”以及蛋糕店“甜蜜蜜”等。店名具有个性，让买家觉得店主是一个有创新能力的人，那么也会认为店铺中的宝贝比较独特。

文本信息要让人看得懂

在所有有关网店经营的页面中，文本信息要让人看得懂，一般文本信息就包含两种语言：汉语和英语。不要因为想要凸显店铺经营的是国外货就用不常用的语言，比如泰语、俄语以及法语等。如果实在要用的话，最好要在相应的位置翻译成汉语或是英语。切记不要使用一些网络字体。

减少让人产生怀疑的话

有些时候让人产生怀疑的话语会直接导致顾客丢失。比如卖吃的，店主在宝贝详情页用文字说明让想买抹茶味的买家在提交订单时选择香芋味，如果顾客想要的就是抹茶味，那么他就会怀疑拍到的东西是抹茶味的还是香芋味的了。为了避免错误，顾客就会选择放弃购买。类似的言语要尽量减少和规避。

图 8-38　细节的重要性

● 提升店铺动态评分

店铺的动态评分是根据买家对卖家的累积评价形成的平均分，可以说明卖家店铺的整体经营状态受不受顾客欢迎。动态评分越高，说明店铺中宝贝越能满足顾客的需求，如图8-39所示。

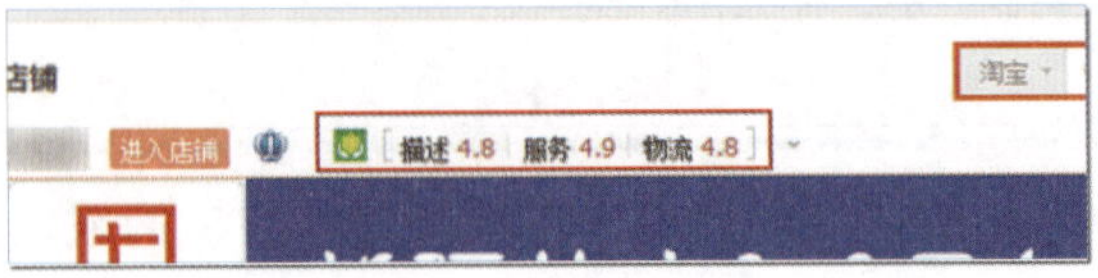

图 8-39　店铺动态评分

● 尽力消除差评

买家不仅能对网店进行描述相符度、服务态度和物流服务等做出评价，还能给店铺单独的好评或是差评，如图8-40所示。

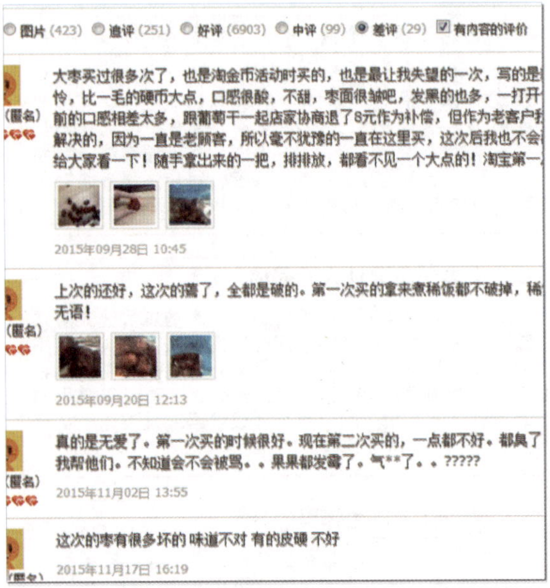

图 8-40　店铺差评

如果后面的顾客在浏览宝贝时看到了这样一些评价，那么其就很容易放弃在这家店买东西，所以差评也是降低店铺专业性的重要因素。

● 及时更新店铺数据

店铺中的宝贝库存量要及时更新，特别是在某个宝贝没有库存的时候，一定要标注清楚缺货或者将库存量改为0，这样可以防止买家想要货而没货的情况发生。如果没及时更改数据，一旦顾客需要却被告知没货了，就会让顾客感觉店主的经营不称职。

● 图片处理要专业

店铺中的相关图片在处理时要做到细致和精准，该有的东西要有，没用的内容也最好不要出现在图片中。

8.3.2 了解客户的真实需求

了解客户真正的需求不是一件简单的事情，需要分析客户的年龄，掌握客户的性别等基本信息。这样才能为了解客户的真实需求创造有利的依据和条件。

学习目标	了解不同群体的需求
难度指数	★

● 女性需求

放眼现在的消费市场，最大的消费群体当属女性无疑。淘宝网上最多的行业就是女装和零食。

女士的需求是无止境的，有句老话叫“女人衣柜里永远缺衣服”。所以女性需求大多也与服装有关，不仅衣服本身，还有服饰配件等，如图8-41所示。

图 8-41 女性市场

女性顾客挑选商品，首要看重的就是宝贝的款式和颜色，然后才是商品的质量。因此，如果网店经营的是女装店，那么就要注意宝贝的款式及颜色，然后再从质量方面着手，双管齐下拿下女性顾客。

男性需求

男性需求比女性需求要小，但是也是一个很大的市场，比如男装、男鞋以及美妆工具(剃须刀)等。如图8-42所示是男士的一些购买需求。

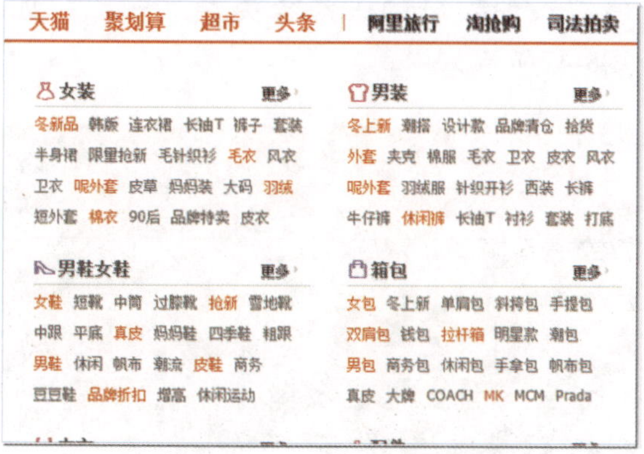

图 8-42 男士需求

男士的需求比较理性，一般都比较注重商品的实用性和质量，所以店铺宝贝如果是男装或是男鞋等，首先要从质量上赢得男性顾客的好感，其次才从款式方面进行考虑。

婴幼儿市场

随着中国生育政策的改变，国内新生儿在不断增加，这也给许多淘宝上的卖家创造了大好的商机。如图8-43所示是婴幼儿的一般需求。

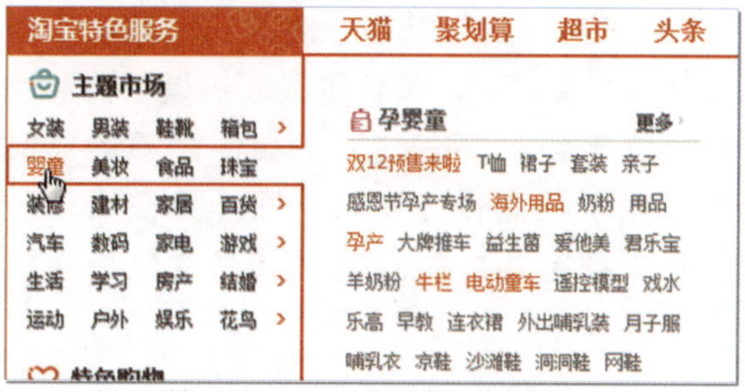

图 8-43 婴幼儿产品

对于婴幼儿产品，最重要的就是健康实用。小孩儿是一个家庭的宝贝，不能出现任何闪失，所以在考虑婴幼儿需求时要着眼于身体的健康发展方面。销售的商品要用健康无污染等吸引顾客的眼球。

老年人市场最多的商品就是保健品，和婴幼儿商品一样，也是最注重商品的健康性和实用性。如果是器械类的商品，还要讲究商品的可操作性。

白领人士

白领人士的需求不外乎服装、数码产品和百货等。现在的白领人士范围越来越大，大到只要坐办公室的都叫白领。如图8-44所示是白领一族的购买需求。

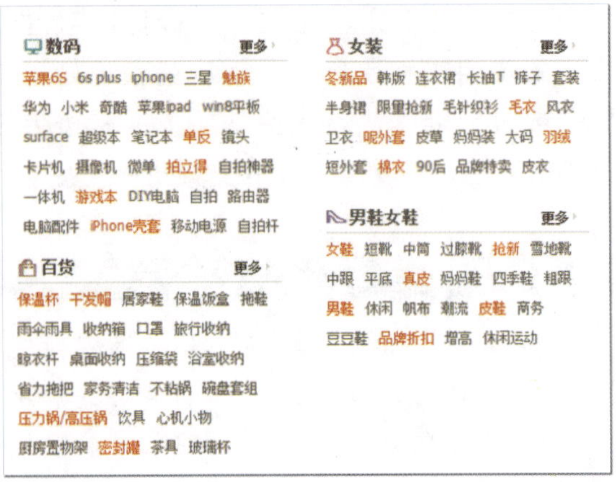

图 8-44 白领消费品

白领人士的消费需求是商品的档次相对要高，质量要好，不管是服装还是工作和生活的使用物都要有气质。女性白领的商品要凸显职场优雅性和职业性，男性白领也要有职场范儿，并且商品具有成熟稳重的特点。

● 工薪家庭

这个社会还是工薪家庭居多，这样的家庭有追求生活的高质量的想法，但是缺乏追求高质量生活的条件。选择网购也是因为网上的商品比较经济实惠。如图8-45所示的一些促销活动比较适合工薪家庭关注。

图 8-45 工薪家庭的选择

还有很多不同群体和不同性质的人群，其消费习惯和消费水平等的不同，造就了需求的不同，这里就不一一举例说明了，还是要靠我们店主自己去摸索。

8.3.3 换位思考，解决客户疑虑

换位思考说难不难，说简单也不简单。卖家如果真的做到了换位思考，那么解决客户疑虑就不是难题了。

学习目标	学会站在买家的角度考虑问题
难度指数	★

如果我们现在要买一双冬靴，那么在浏览该类宝贝时都会关心哪些问题呢？

● 鞋子穿起来会不会暖和

冬天到了，鞋子的重要作用就是要保暖，所以在买鞋时一般首要注重鞋子的暖和度，如图8-46所示。

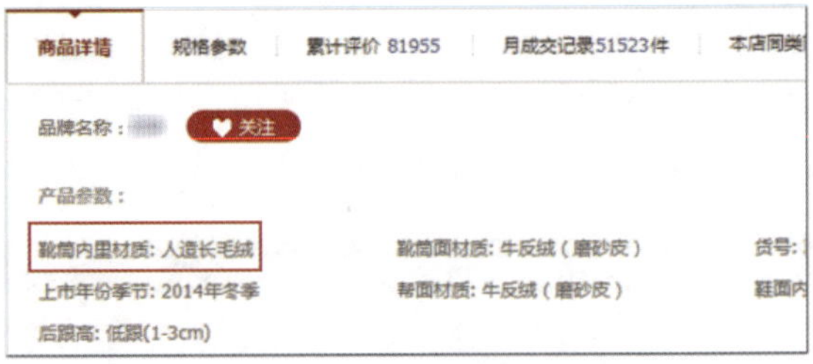

图 8-46 冬靴的内里

● 鞋子的做工怎么样

鞋子的做工可以看出鞋子的质量，所以一般买鞋的人都会关注这一点，如图8-47所示。

图 8-47 鞋子的做工

有没有喜欢的颜色

很多人对颜色都有不同的喜好和考量，所以一般在浏览时都喜欢商品颜色较多的店铺，这样可供选择的机会会较多，如图8-48所示。

图 8-48　冬靴的颜色

有没有合适的尺码

相信网购过的买家应该会遇到这样的情况，自己想要的一种颜色的鞋子，结果合适的尺码没有货了。

网购鞋子最基本的一个要求就是要选到合适的尺码，不然再好看的鞋子没有合适的尺码也不能硬着头皮买下来，如图8-49和图8-50所示。

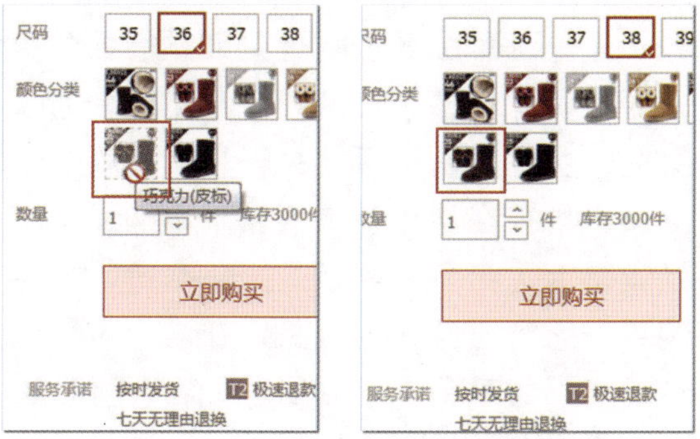

图 8-49　巧克力色（皮标）的鞋缺码

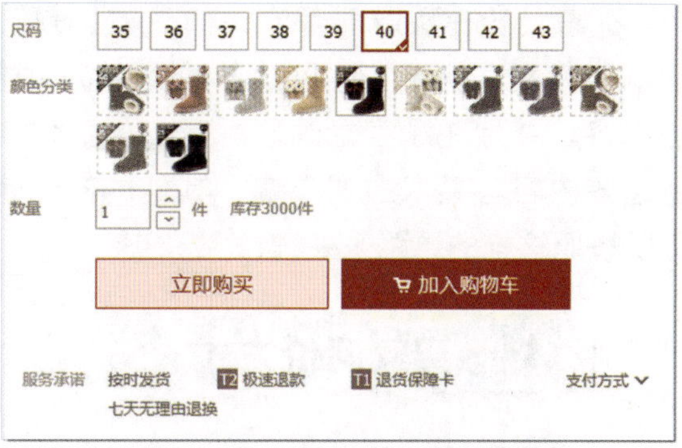

图 8-50　40 码的鞋只有两种颜色

自己应该穿什么尺码的鞋

很多时候，鞋子的款式和板型会影响正常尺码与脚的适合度，所以买家一般需要一个比对表来选择合适的尺码，如图8-51所示。

按标准尺码购买，例如平时穿37码就买37码。

尺寸(女)				
尺码	35	36	37	38
脚长(MM)	225	230	235	240
尺寸(男)				
尺码	40	41	42	43
脚长(MM)	250	255	260	265

图 8-51　鞋码与脚长的比对表

有没有什么优惠活动和条件

很多买家在决定是否购买的最后关头会询问卖家该宝贝是否有优惠活动等，目的也是想花更少的钱买到喜欢的商品，如图8-52所示。

图 8-52　淘金币抵扣

买家一般在买鞋时都会注意这些问题，所以作为卖家就要在宝贝的详情页中标明这些内容，并且在顾客主动联系我们的时候再将这些内容与买家强调一遍。其他的商品也可以按照这样的思路来处理。

8.3.4 熟悉买家问价方式

根据购物经验来说，买家与卖家交流比较多的就是价格问题。而很多时候交易失败就是因为买家对价格不满意。因此卖家熟悉买家的问价方式有助于成交。

学习目标 了解买家常用的问价方式

难度指数 ★

买家的问价方式也没有什么特别的，一般分为3个大类，如图8-53所示。

一开始就问价

有些买家在与卖家进行交流时，第一句话就是“你们这是最低价吗？还会不会降价？”可以分析这样的顾客比较注重商品的价格，价格的高低会影响其购买的决心。

中途问价

有些买家在查看宝贝的过程中联系卖家，了解宝贝价格的详细情况，当卖家回答了问题，并且给卖家介绍了其他的情况后，买家决定继续查看宝贝详情。

最后关头问价

有些买家在查看了所有的宝贝详情后，为了确定宝贝的价格，还会联系卖家再次确认宝贝的价钱。这时候买家要了解的问题就只是价格，卖家介绍的其他内容对买家是否购买的决定没有太大的影响。

图 8-53　买家的问价方式

8.3.5 掌握方法，轻松还价

对于卖家来说，为了多盈利就要掌握一定的还价方法，这样才不至于被买家牵着鼻子走，导致一再被砍价。

学习目标 学习相关的还价方法

难度指数 ★

● 针对一开始问价的还价

如果顾客一开始交流就询问价格，那么此类顾客一般是嫌当前的宝贝价格高了，这时我们要坚持宝贝应该出售的价格，切忌过快地降价。

此时可以跟顾客说这是最低价了，如果拍下来的话可以送一些小礼物。

如果买家多次表达很喜欢该宝贝，就是觉得太贵了，那么卖家此时可以承诺降低一点点价格，并希望到时候得到买家的好评。

● 中途问价时推销宝贝的优势

很多顾客在没有看完宝贝详情页的信息时就急着问卖家价格，一般都是一些对商品的要求不多的顾客。

对于这样一类顾客，卖家要在买家向自己询问价格或其他问题时说明当前是宝贝的最低价，过了限定的时间就会恢复原价，然后旁敲侧击地向买家说明宝贝的一些其他优势，帮助买家快速下定购买决心。

● 最后问价提防顾客走人

有些顾客在看了所有宝贝详情后向卖家再次确认价格。卖家要注意，这个时候买家的决定是两种极端：一是太喜欢这个宝贝，价格在认可范围内，下单购买；二是觉得宝贝差不多，但是嫌价格贵，放弃购买。为了避免顾客流失，在这个阶段问价的人，卖家要以小利留住顾客，可适当降低价格或给出优惠。

8.3.6 淘宝促销手段

淘宝网本身有很多促销手段，为了吸引重视价格的顾客，很多促销活动都需要卖家报名参加。

学习目标　了解淘宝促销的具体活动

难度指数　★

● 天天特价

对于买家来说，天天特价专区的商品一般容易错过活动有效期，里面的商品几乎每天都更新。而对于卖家来说，这项活动随时可以参加，也随时可以撤销活动。

首先要先进入卖家中心找到“营销中心”选项，❶单击“活动报名”超链接，❷在“活动名称”文本框中输入关键字“天天特价”，❸单击“搜索”按钮，❹在活动的右侧单击“立即报名”按钮即可完成报名，如图8-54所示。

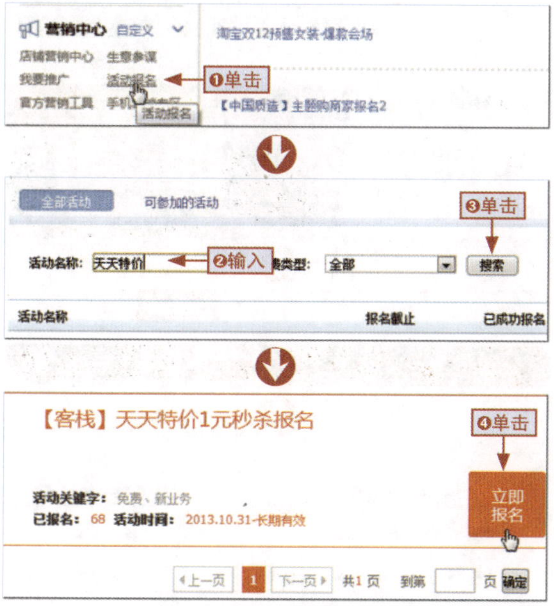

图 8-54　参加天天特价

> **小绝招　加入天天特价有报名要求**
>
> 卖家参加淘宝的天天特价活动需要满足一定的报名要求，如果没有达到要求，在单击“立即报名”按钮后，系统会打开提示页面，如图 8-55 所示。

图 8-55　天天特价参与限制

天天特价的活动到底有哪些条件和要求呢？如图8-56所示。

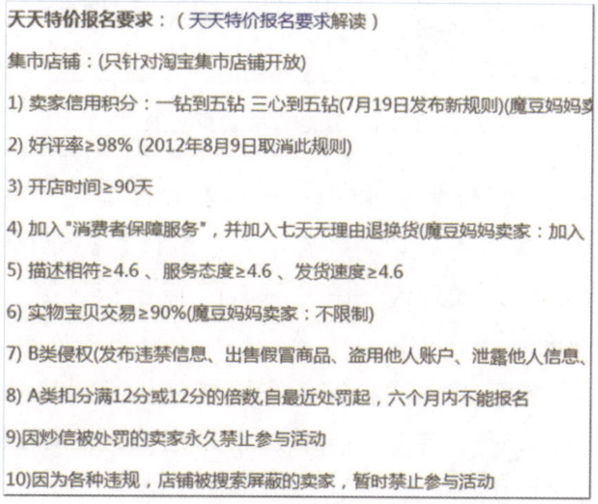
天天特价报名要求：（天天特价报名要求解读）

集市店铺：(只针对淘宝集市店铺开放)

1) 卖家信用积分：一钻到五钻 三心到五钻(7月19日发布新规则)(魔豆妈妈

2) 好评率≥98% (2012年8月9日取消此规则)

3) 开店时间≥90天

4) 加入"消费者保障服务"，并加入七天无理由退换货(魔豆妈妈卖家：加入

5) 描述相符≥4.6 、服务态度≥4.6 、发货速度≥4.6

6) 实物宝贝交易≥90%(魔豆妈妈卖家：不限制)

7) B类侵权(发布违禁信息、出售假冒商品、盗用他人账户、泄露他人信息、

8) A类扣分满12分或12分的倍数,自最近处罚起，六个月内不能报名

9)因炒信被处罚的卖家永久禁止参与活动

10)因为各种违规，店铺被搜索屏蔽的卖家，暂时禁止参与活动

图 8-56　天天特价参与条件

天天特价专区里面又分为日常活动和主题活动，其中日常活动包括天天特价类目活动、天天特价10元包邮以及天天特价清仓等。

● 聚划算

聚划算也是淘宝网推出的一项大型的促销活动，卖家一旦报名成功就不能再撤销活动。但是卖家不用担心会一直无法撤销，因为聚划算专区里的活动一般都是有期限的，如图8-57所示。

聚划算的报名流程参考天天特价的报名步骤。

图 8-57　聚划算活动有期限

参与聚划算也有一定的要求和条件，如果是集市店，必须是五钻以上的消保旺铺(化妆品必须加入假一赔三服务)，同时好评率大于98%。

如果是商城店铺，需要店铺综合动态评分≥4.6分，其中“宝贝与描述相符”项要4.6分及以上。

无论什么类型的店铺，要想参加聚划算的活动，开店时间要超过90天，店铺不在处罚期，不得涉嫌信用或交易炒作。

除此之外，店铺要有较强的运营能力，承诺遵守聚划算卖家服务规则。原则上要求单个报名宝贝的数量要达到1000件及以上(部分情况可酌情降低)，而且宝贝一个月内销售记录在10个及以上。

报名团购价需是盈利性体验价，在同等商品中达到最大限度的折扣。报名团购价根据商品类目不同会有不同的折扣要求。

● 一元起拍

“一元起拍”这个活动是淘宝网为了扶持一些中小卖家而设置的活动，是不分太多等级制度的，卖家可以根据自己店铺的需要进行报名参加，加大店铺产品展现量。

卖家首先要登录自己的淘宝账号，❶在首页左侧选择“一元起拍”选项，❷在打开页面的右上角单击“商家报名”选项卡，❸在打开的页面找到自己要参与的活动(如日常活动报名)，单击“点击进入”按钮即可，后面的操作可以参考天天特价等活动的报名步骤，如图8-58所示。

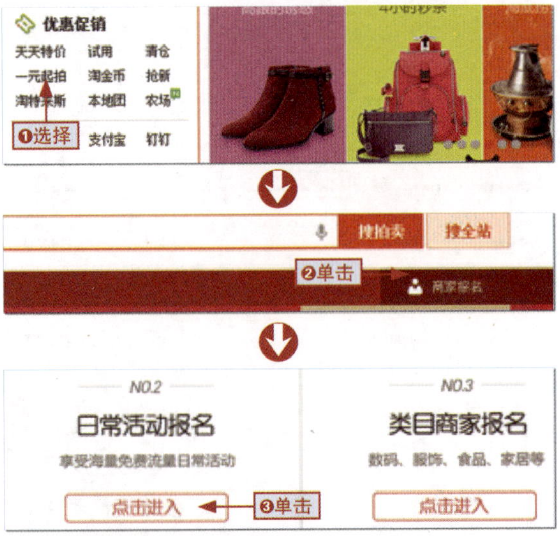

图 8-58　一元起拍活动的参与流程

一元起拍活动也有商家参与条件，不同的店铺有不一样的条件。

如果是集市店，则开店时间必须≥90天，店铺信誉一钻及以上，并且加入了消保，符合淘宝新六条营销规则；如果是天猫店铺，则开店时间≥30天。

针对所有店铺类型，要想参与一元起拍活动，店铺实物宝贝交易占比90%以上，各项动态指标≥4.6分。

A类目店铺扣分满12分或12分的倍数，自最近处罚时间起6个月内不能报名，B类目店铺侵权(发布违禁消息、出售假冒商品、盗用他人账户、泄露他人信息以及骗取他人财物等)不得参与活动。

因诚信被处罚的卖家永久禁止参加活动；因为各种违规而被搜索屏蔽的卖家暂时禁止参加该活动。

● 试用活动

与一元抢拍活动的报名操作差不多，单击“商家报名”选项卡以后进入活动选择页面，共有3种试用方式，如图8-59所示。然后，❶单击要参与的试用活动右边的按钮(如“报名免费试用”)，❷选择排期，❸单击“我要报名”按钮即完成报名，如图8-60所示。

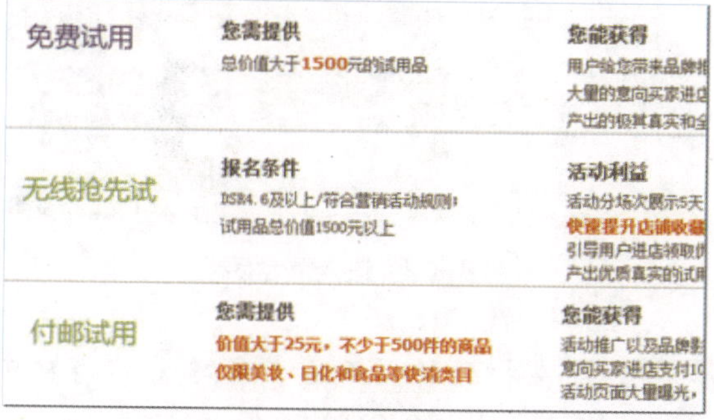

图 8-59　试用活动的 3 种方式

图 8-60　参与试用活动的报名流程

卖家参与试用活动同样需要一定的条件，且每种方式的试用活动要求卖家满足的条件也各不相同。那么具体来说，卖家应该具备哪些条件呢？

集市店需满足信用等级一钻以上，加入了消保，且好评率99%以上；商城店铺动态综合评分应达到4.5分以上的要求。所有类型的商家在90天内没有因产品质量被投诉，而且需要卖家加入7天无理由退换货服务。

试用产品必须为原厂商出产的合格、全新产品，并且产品在良好保质期内。如果是食品和化妆品等，必须有相应的质量证书。

同时要满足试用品的最低数量和价值要求。

小绝招 **促销活动的其他入口**

我们在正文中了解了淘宝促销活动的入口及报名流程，其实这些活动的入口不仅存在淘宝首页的左侧，卖家还能通过淘宝首页上方的“网站导航”栏进入报名流程，如图8-61所示。

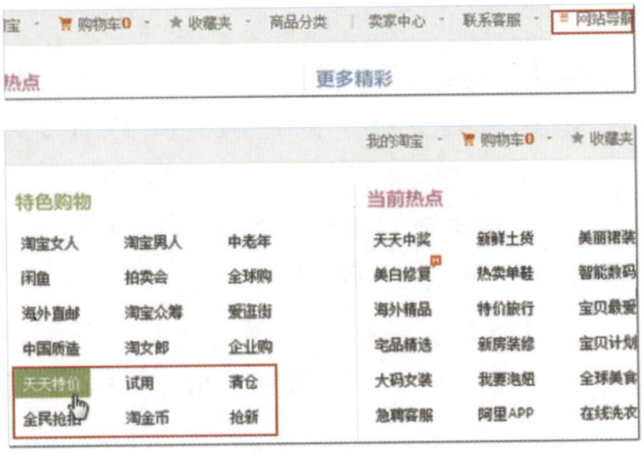

图 8-61　从“网站导航”栏进入促销活动

8.4 商品换季、节后上下架处理

阿智： 小白，冬天到了，你家店铺的宝贝要不要换新的啊？

小白： 要啊！正在琢磨这事儿呢。

阿智： 其实换季或者是节后对宝贝的处理无非就是上架和下架的问题，也没什么太复杂的事情。

开网店虽不需要像实体店一样每天在店铺里摆弄商品，但季节变了，店铺中展示的宝贝也要跟着换季。不仅如此，在参加了节日活动后，活动结束时要及时将相应的宝贝撤销活动。及时将宝贝上架或下架有利于新品销售。

8.4.1 商品换季更新

季节的变换是自然因素，同时也给各卖家带来更多的商机。因此要想抓住商机就要及时给店铺中的宝贝做更新处理。

学习目标	学会商品换季处理的具体操作
难度指数	★★

步骤01 在淘宝首页左侧的选项栏中找到“优惠促销”的区域，选择“清仓”选项，如图8-62所示。

图 8-62　进入清仓活动

步骤02 在打开的页面右上角单击“商户中心”选项卡，如图8-63所示。

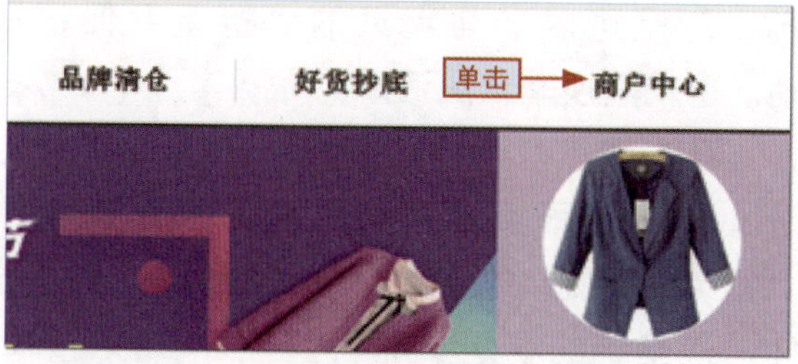

图 8-63　卖家进入清仓活动报名流程

步骤03 单击“立即报名”按钮，如图8-64所示。

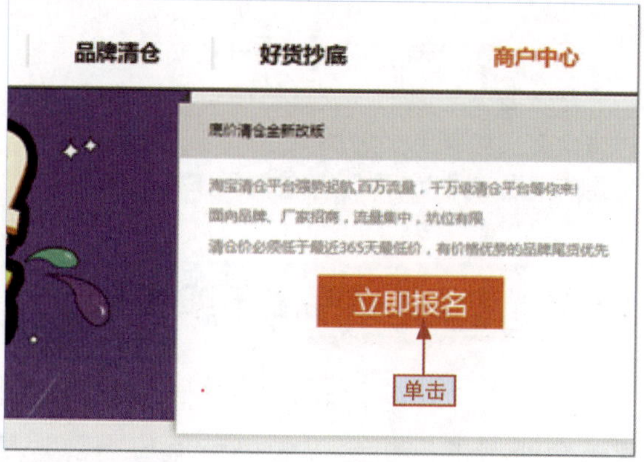

图 8-64　单击“立即报名”按钮

步骤04 如果还没有参加过店铺清仓活动，系统会打开提示页面，要求卖家先填写资料完成入驻，选择“现在入驻”选项，如图8-65所示。

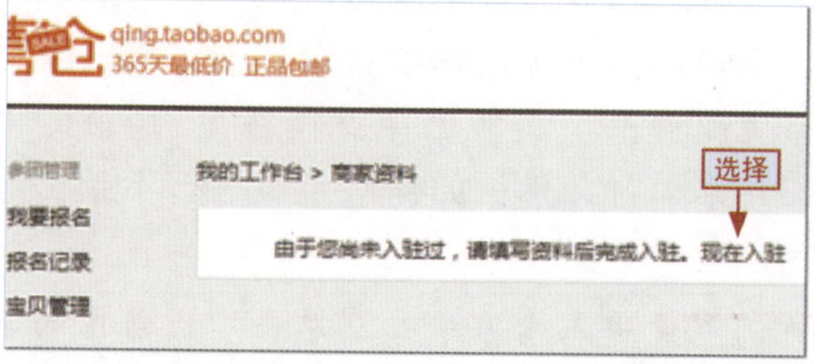

图 8-65　选择“现在入驻”选项

步骤05 ❶在打开的页面中填写卖家的联系方式，❷单击“保存”按钮，如图8-66所示。

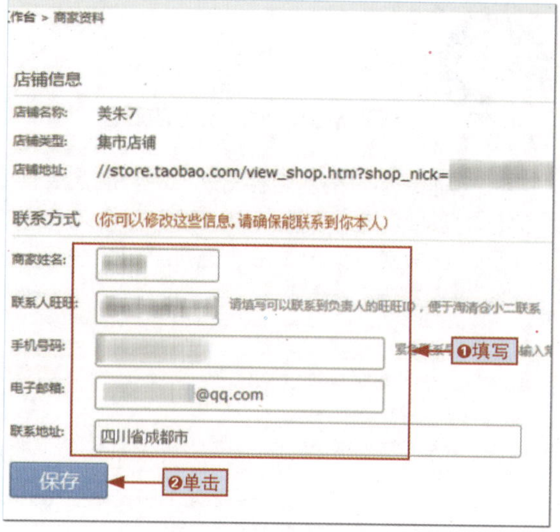

图 8-66　填写卖家联系方式

步骤06 保存联系方式完成后，❶在页面左侧选择“我要报名”选项，❷切换到“全部活动”选项卡，如图8-67所示。

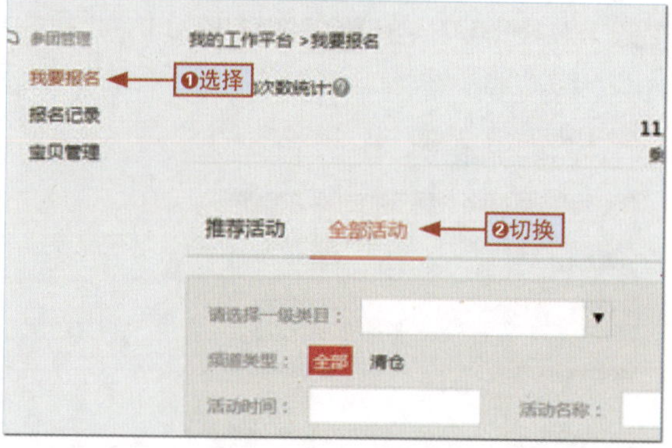

图 8-67　开始报名

步骤07 在搜索结果中单击需要参与的活动名称即可进入该活动的报名页面，如图8-68所示。

图 8-68　进入报名页面

小绝招　查看不符合报名条件的原因

一般新手开的新店会出现不符合加入清仓活动的条件，这时我们可以查看不符合条件的原因，在搜索结果中单击“查看原因”按钮，如图8-69所示。

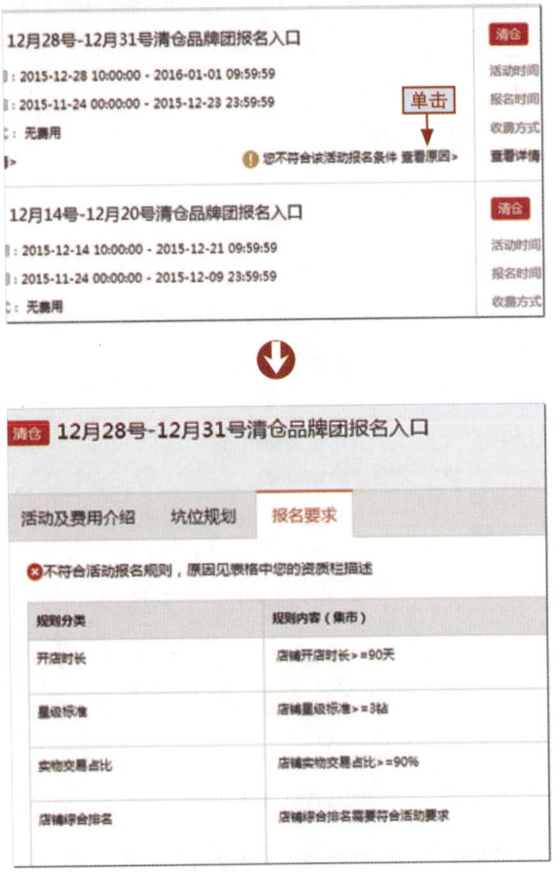

图8-69　查看不符合活动报名条件的原因

参与清仓活动的报名还可以在卖家中心的营销中心进行操作，具体步骤参照天天特价活动的报名步骤。

换季包括两个方面的事情，除了清仓就是换上新品，这样才叫“换”！而换新品需要有两件事，一是在店铺中展示新宝贝，具体操作参见第5章关于宝贝的发布管理等内容，二是可以参与宝贝的“抢新”促销活动，也就是换季预热活动。

但是从“抢新”平台进入时一般默认的是女装，是跟女性有关的商品。能够进入“抢新”平台的宝贝必须要满足一定的条件，最基础的就是要确认参与活动的宝贝是新品。

小绝招　清仓和新品不一定要参与活动

对于新手卖家而言，清仓和换新商品其实没有必要参与活动，只需要在自己的店铺中将清仓宝贝和新宝贝分类展示即可。这其中最重要的就是宝贝上架和下架的时间掌握问题。

8.4.2 节假日商品上下架要及时

多年的经验告诉我们，节假日是淘宝卖家一个赚钱的好机会。做好节假日需要销售的宝贝的上架和下架工作，有利于宝贝的清仓和促销。

学习目标	做好节假日商品的管理工作
难度指数	★

作为卖家，要时刻留意各大节假日的时间，因为在节假日期间，消费者的购买意愿会增强，卖家可借助顾客这样的心理在节假日更新商品。具体上架操作参见第5章的上架装修内容，那么如何对宝贝进行下架工作呢？

步骤01 进入卖家中心，单击“出售中的宝贝”超链接，如图8-70所示。

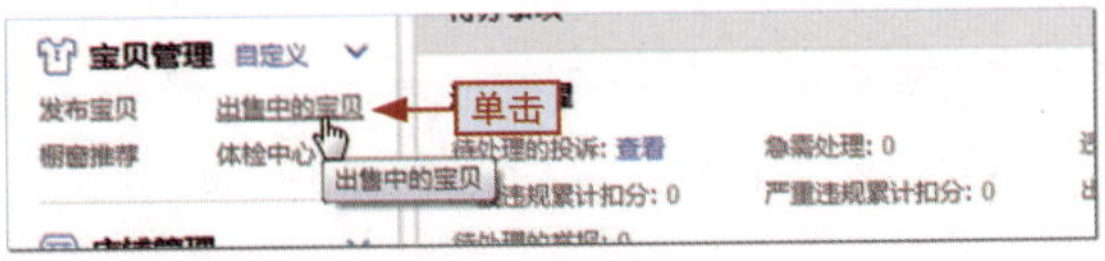

图8-70　单击“出售中的宝贝”超链接

步骤02 在打开的页面中找到宝贝列表，❶选中宝贝左侧的复选框，❷单击“下架”按钮即可成功下架选中的商品，如图8-71所示。

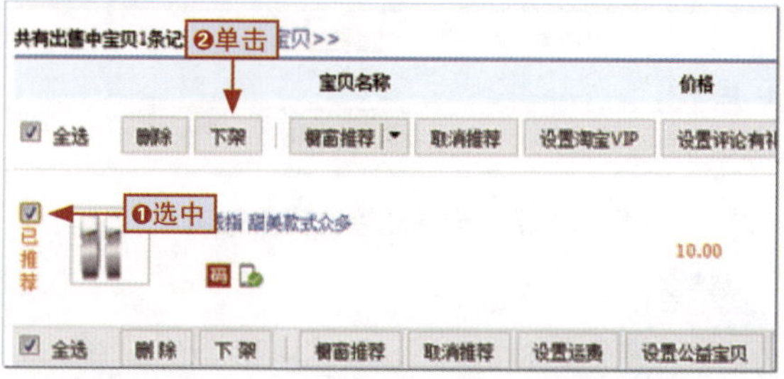

图 8-71　单击“下架”按钮

步骤03 单击“下架”按钮后系统会提示下架成功，宝贝列表中不再显示下架的宝贝，网页中也没有该宝贝了，如图8-72所示。

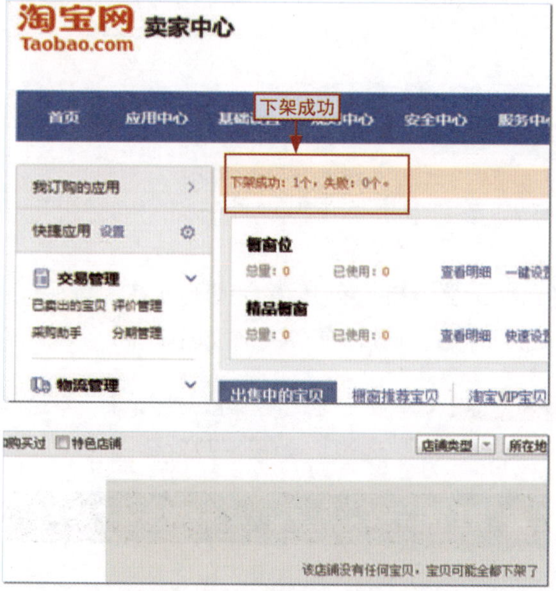

图 8-72　系统提示下架成功

小绝招　下架的宝贝在仓库中

很多时候，我们给宝贝做了下架工作，但是店铺页面中还是会展示该宝贝，并且在首页搜索店铺结果中仍然显示有该宝贝的存在，但是看不到该宝贝的图片，实际上在这个时候，下架的宝贝已经被收回到仓库中了，如图 8-73 所示。

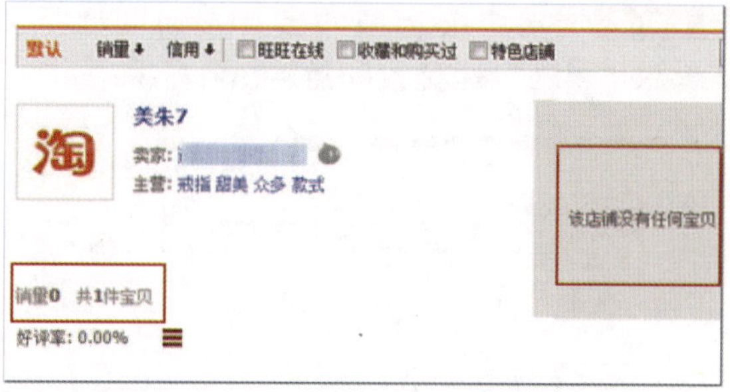

图 8-73　宝贝存在于仓库中

步骤04 进入卖家中心，❶单击“宝贝管理”按钮右侧的下拉按钮，❷单击“仓库中的宝贝”链接，如图8-74所示。

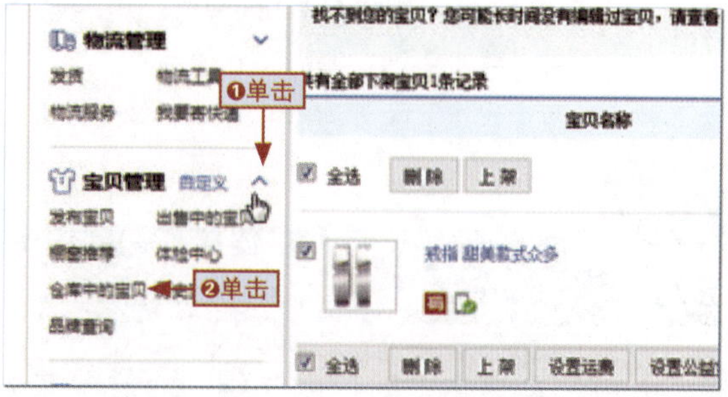

图 8-74　进入仓库

小绝招　在仓库中上架宝贝

在仓库中可以看到之前下架了的宝贝，在这里可以对宝贝进行重新上架操作，只要单击“上架”按钮就可马上上架，不需要重新编辑宝贝的文本信息等，如图 8-75 所示。

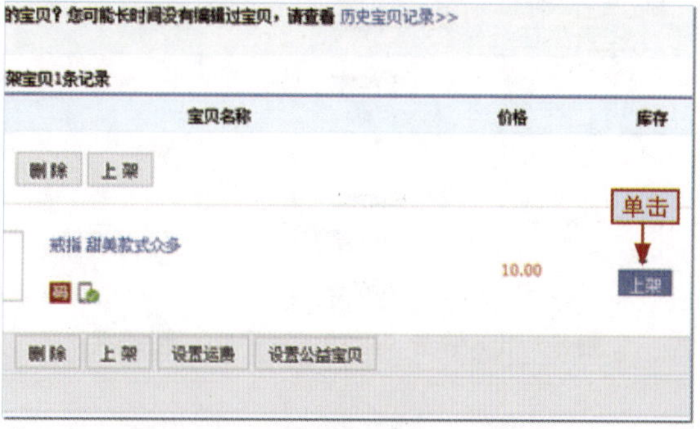

图 8-75　在仓库中进行宝贝上架工作

步骤05 ❶选中要下架的宝贝左侧复选框，❷单击“删除”链接，如图8-76所示。

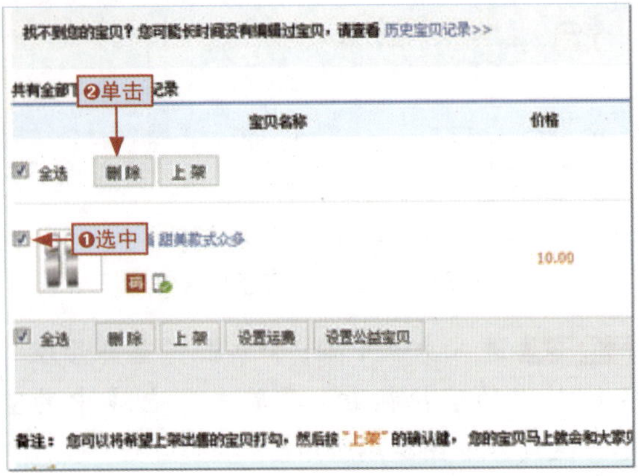

图 8-76　删除仓库中的宝贝

步骤06 在打开的对话框中单击“确定”按钮，如图8-77所示。

图 8-77　确认删除仓库中的宝贝

小绝招　重新上传宝贝

在把仓库中的宝贝删除后，卖家如果想要再销售删掉的宝贝就需要重新上传宝贝的图片和相关信息。具体操作参见第 5 章内容。

给你支招 | 店铺清仓和天天特价能立即开始吗

小白： 参与淘宝网上的店铺清仓和天天特价活动一般都有时间限制，那么可不可以由自己决定让这些活动立即开始呢？

阿智： 这是可以的，首先要进入店铺的营销中心，在那里自行创建清仓或天天特价等活动，在创建时，卖家可以自行设置活动的开始时间，以天天特价为例，具体操作如下。

步骤01 进入卖家中心，找到“营销中心”选项，单击“店铺营销中心”超链接，如图8-78所示。

图 8-78　单击“店铺营销中心”超链接

步骤02 ❶单击“创建活动”选项卡，❷选择“天天特价”选项，如图8-79所示。

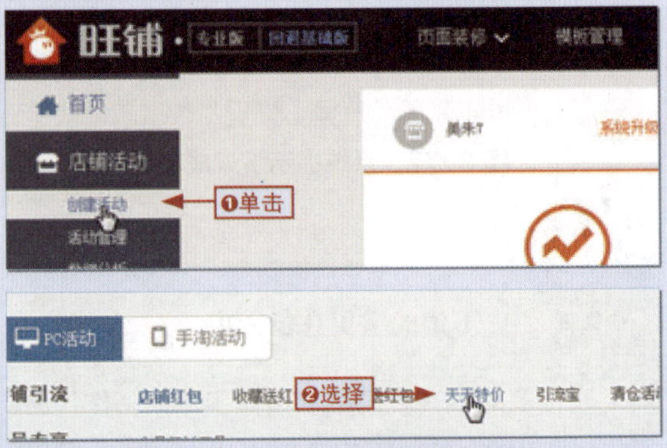

图 8-79　选择“天天特价”选项

步骤03 单击“创建活动”按钮，如图8-80所示。

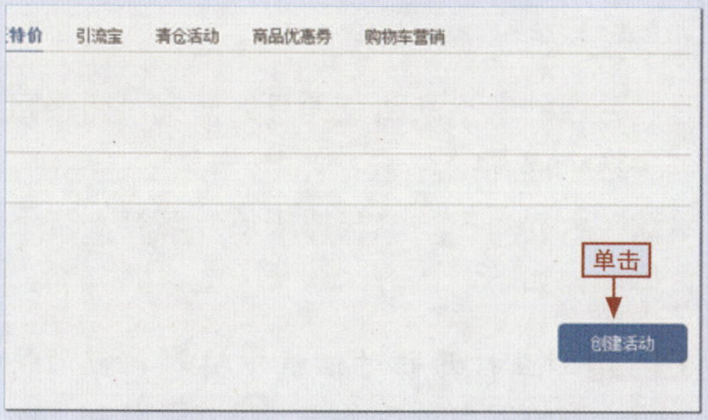

图 8-80 单击“创建活动”按钮

步骤04 ❶在打开的页面设置活动的名称和时间等内容，❷单击“下一步”按钮，如图8-81所示。

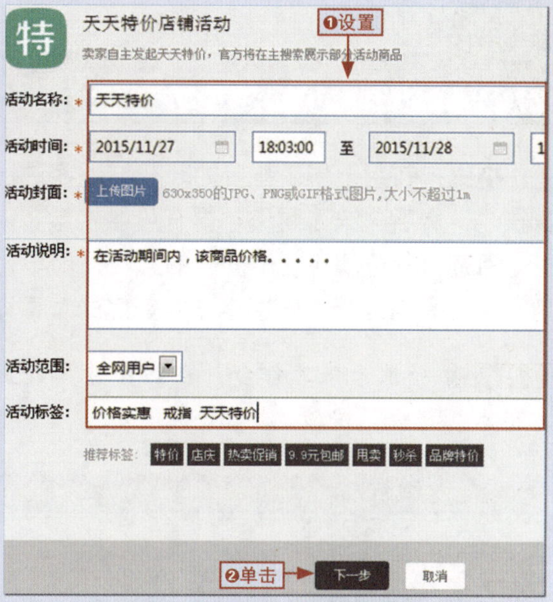

图 8-81 单击“下一步”按钮

给你支招 | 巧用客服妙招，留住买家

小白：我们的客服在和买家进行交流时，很容易因为一句不起眼的话就丢失了顾客，有没有什么方法能够提高交流的质量，留住买家？

阿智：客服在和买家沟通时，确实需要一些技巧，转移注意力，或是利诱，或是做出承诺。不同的情况需要使用不同的技巧，如图 8-82 所示。

允诺型

买家：太贵了，第一次来你就给我便宜点吧，我下次会再来买的，我有很多朋友也需要。
卖家：非常感谢亲对小店的惠顾，我们的价格就是这样，如果您和我们交易了，那以后您就是我们的老顾客，那时不管是您还是您的朋友都可以享受优惠。

对比型

买家：××家这样的东西比你家的便宜啊，你就便宜点吧！我就在你这儿买了。
卖家：亲，同样的产品都有档次之分，有句老话不是说“一分钱一分货”嘛！您说的价格我们的产品真的给不出，但您买了我们的东西绝对会认为物有所值。

威逼利诱型

买家：就我说的价格啦，卖的话我现在就拍下来，不卖我也没啥问的了。
卖家：真不好意思，亲出的价格可能您自己都觉得很低吧！看来我们的交易缘分不够，不过我们随时欢迎您再次光临。

博取同情型

买家：哎呀，我还是学生，掌柜你就便宜点吧。
卖家：亲，现在淘宝的生意也难做啊！现在给您的价格已经是最低的了，如果您再坚持讲价的话，我们这个月就真的要以泪洗面了。

图 8-82 部分客服妙招

给你支招 | 在千牛聊天界面中添加快捷短语

小白：在用千牛工作台的旺旺与顾客进行交流时，会遇到来不及回复消息的情况，如果回复慢了，顾客失去了耐心，很有可能就走了，怎么解决这个问题呢？

阿智：其实解决这个问题的方法很简单，你可以在聊天界面中创建快捷短语，这样一来不用打字，只需选择并发送事先准备好的短语即可，具体操作如下。

步骤01 登录千牛工作台，在插件首页最上方单击“聊天”按钮，如图8-83所示。

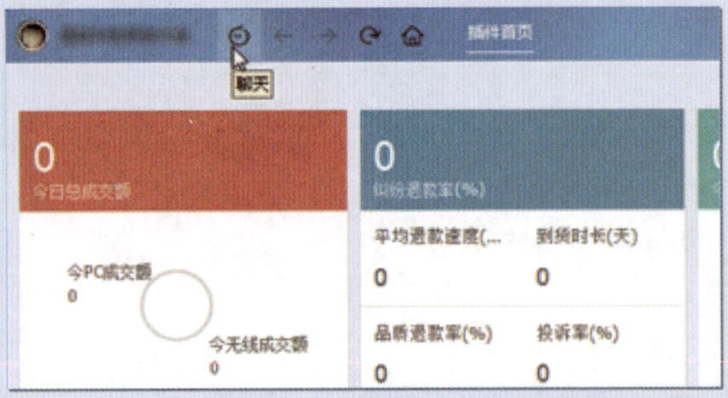

图 8-83　单击“聊天”按钮

步骤02 ❶在打开的聊天对话框的输入框上方单击“快捷短语”按钮(只有在与单个买家交流时，编辑框上方才会出现“快捷短语”按钮，群聊时没有)，❷在聊天对话框右侧单击“新建”按钮，如图8-84所示。

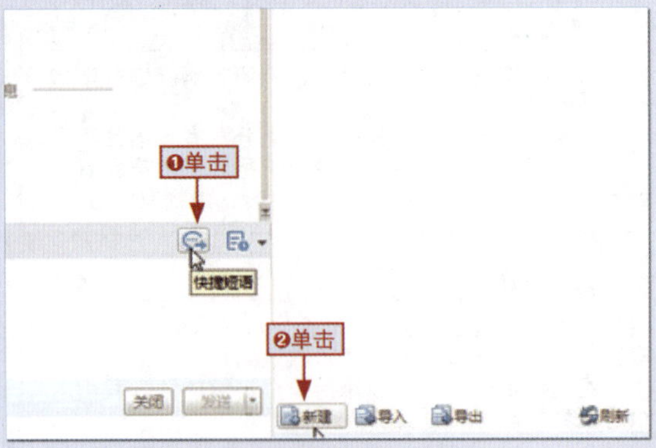

图 8-84　单击“新建”按钮

步骤03 ❶在打开的对话框中输入相应的快捷短语，❷填写完成后单击“保存”按钮，如图8-85所示。

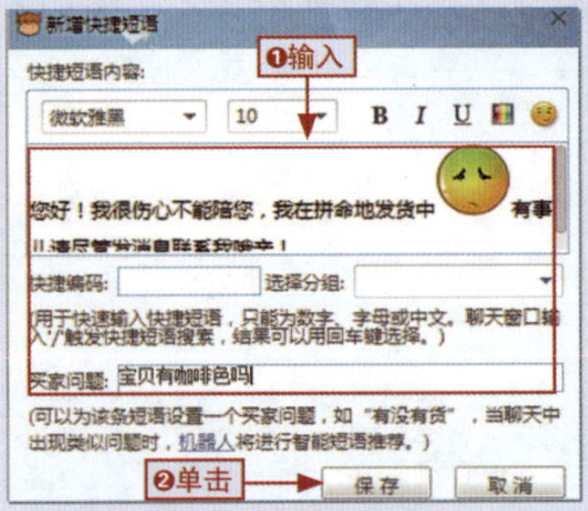

图 8-85　设置快捷短语的内容

步骤04 ❶在回复时只需单击右侧需要的快捷短语就可在编辑框中立即显示该短语，❷单击“发送”按钮即可，如图8-86所示。

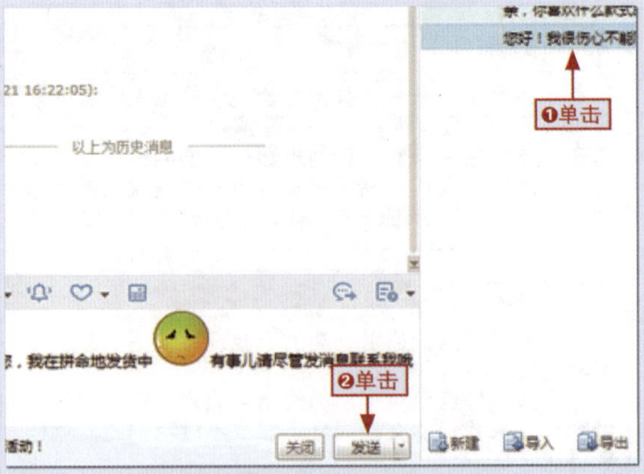

图 8-86　单击“发送”按钮

Chapter 9 及时发货，把宝贝送到买家手中

学习目标

作为卖家要学会查看订单，随时跟进订单物流。除此之外，了解物流的不同类型有助于选择发货的渠道，选好了物流方式就是节约了运输成本，可以给店铺的经营减轻成本负担。给买家发货也算得上是售后服务，做好发货工作就会为店铺的持续经营奠定基础。因此卖家要做好相关工作，将宝贝顺利地送到买家手中。

本章要点

- 如何查看订单
- 包装商品有讲究
- 快递公司
- 物流托运
- 快递针对小物件，速度快
- 托运量大却总是姗姗来迟
- 邮政送货上门
- 我要寄快递
- 开通物流服务商
- 做好物流提醒备忘录

知识要点	学习时间	学习难度
查看订单，准备货物	40 分钟	★★★
发货方式争奇斗艳	20 分钟	★★
选择合理物流，帮助买家收宝贝	50 分钟	★★★

9.1 查看订单，准备货物

阿智： 小白，在准备发货啊！有没有仔细看过订单啊？

小白： 就在买家拍下以后看过！

阿智： 那我建议你还是再查看一下吧！万一弄错了也很麻烦，买家遇到这种情况一般都会要求换货，甚至放弃购买，这会影响你的店铺在买家心目中的形象。

在发货之前，一件最重要的事情就是查看订单，确认订单无误后准备发货。如果订单中的宝贝数量或者颜色款式与买家的购买意愿不一致，那么就很容易出现换货的情况，造成不必要的麻烦和经济损失。

9.1.1 查看订单

作为卖家，一定要知道去哪儿查看订单，怎么查看订单，订单中哪些内容是需要特别关注的。

学习目标	了解查看订单的步骤和订单的相关内容
难度指数	★★

步骤01 进入淘宝网首页，登录淘宝账号，进入“卖家中心”页面，在页面中间的“待办事项”中找到“订单提醒”栏，单击“待发货订单”右边的超链接(一般显示的是待发货订单的数量)，如图9-1所示。

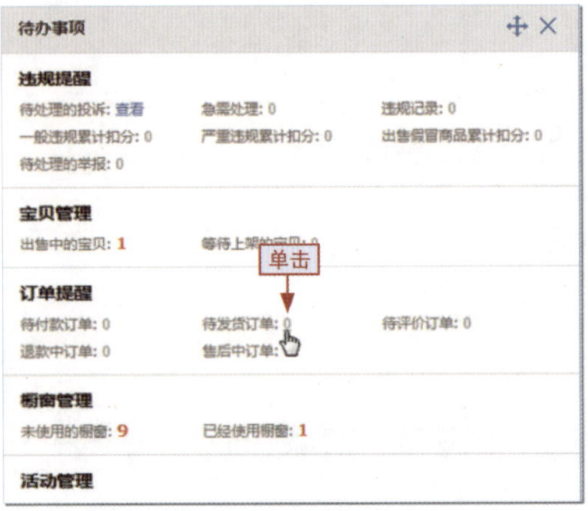

图 9-1　进入待发货订单的页面

步骤02 在打开的页面中单击“详情”超链接，如图9-2所示。

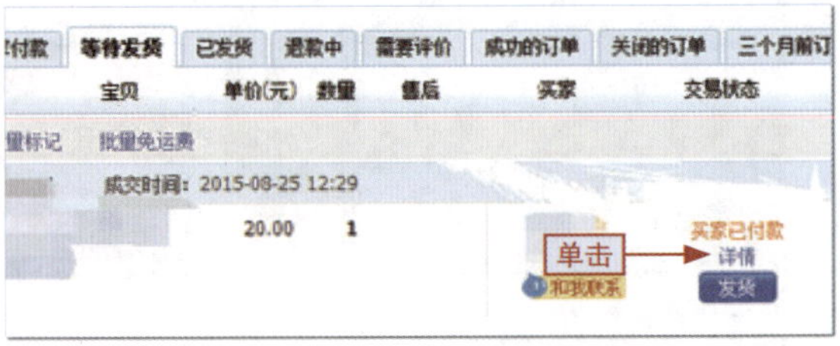

图 9-2　单击“详情”超链接

步骤03 在打开的页面中即可查看订单的详情，如图9-3所示。

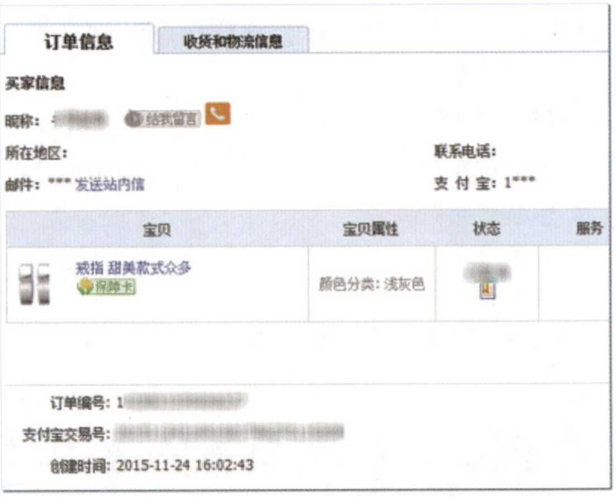

图 9-3　查看订单

小绝招

在千牛工作台查看订单

淘宝卖家可以不用进入淘宝网页，就能直接在千牛工作台中查看订单。登录工作台后，在系统默认的插件首页中就可查看订单的情况，如图 9-4 所示。

图 9-4　在千牛工作台中查看订单

除此之外，卖家还可以通过淘宝助理查看订单详情，具体操作如下。

步骤01 登录淘宝助理，在首页“订单管理”栏中单击“待发货订单”超链接，如图9-5所示。

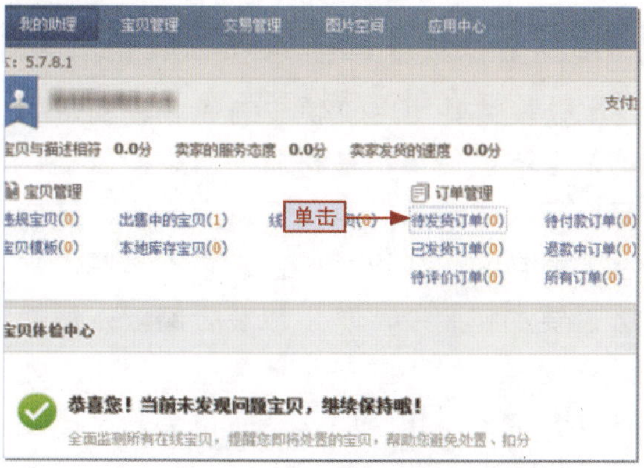

图 9-5　单击“待发货订单”超链接

步骤02 在打开的“交易管理”选项卡中就可以查看订单的详细信息，如图9-6所示。

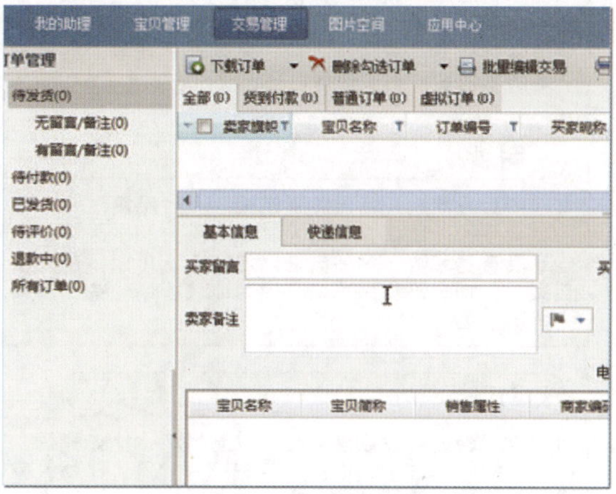

图 9-6　查看订单详情

9.1.2 包装商品有讲究

很多卖家在没有包装经验的情况下对货物进行了简单的包装发货，导致商品受损，进而收到买家的差评。由此可见，商品的包装也是一门学问。

学习目标　学会如何包装宝贝收获好评

难度指数　★★

● 包装工具齐全

要包装，首先就要准备好充分的包装工具。最基本的就是剪刀、小刀、胶带、胶水以及包装用的袋子或纸盒。

● 包装时要考虑到的基本问题

为了让宝贝安全地到达买家的手中，卖家在对其进行包装时要考虑的事情方方面面都有。比如防水和防撞击等，导致宝贝损毁的不同可能性需要的包装方式也会不同，如图9-7所示。

防水包装

一般的宝贝都不能碰到水，尤其是服装、鞋子、家居商品、化妆品、数码电器以及书本等。这些商品一旦碰到水就会受损，所以在包装时要考虑到防水问题。一般这样的商品除了用纸盒包装以外，在最外面要加一层防水包装，比如塑料包装袋等。

耐热

有些宝贝只能在正常温度下运输，一旦温度过高，商品就会受损，比如食品，尤其是巧克力和水果等。这些商品在包装时一定要做好降温措施，可以多用几层包装，但切记不能用冰块，因为冰块容易化掉，反而会打湿宝贝。

防碰撞

有些宝贝经碰撞过后容易变形甚至损坏，比如瓷器、鞋子、箱包、珠宝类商品、带玻璃的宝贝、建材、家具和数码产品等。给这些商品包装时，首先要用聚乙烯或聚氨基甲酸酯材质的纸把宝贝包装好，然后再找到适合大小的纸盒装宝贝，作用是固定商品在运输中不晃动。还要在纸盒的各个角落做好防碰撞措施，可采用气泡纸。在包装像家具这类大型易损坏的物件时还要防止边角损伤，最常见的就是用泡沫。

多层保护

多层保护其实也是为了防水防碰撞，因为有时运送路程很长，工作量大，免不了宝贝会被东扔西扔。多层保护也是防止宝贝受损伤的有效办法。

合适尺寸的包装盒

合适尺寸的包装盒可以在一定程度上减少内部碰撞，并且包装盒太大也是浪费资源，导致所需的填充物也会增多，这样无端增加了经营成本，得不偿失。

再次确认宝贝数量和地址

在封装之前一定要再次确认宝贝的数量和颜色款式等是否是订单上的宝贝数量与颜色，如不一致则及时更换，防止发错宝贝。在封装外层时确认收货地址是否正确，防止宝贝寄错人。其实在买家付款后，卖家可以通过旺旺联系买家，确认买家没有下错单，这样才能从一开始就降低发错货的可能性。

其他包装应注意的事项

有封口的商品在包装时也要经过冲击力测试或者做好防水防碰撞等措施；像刀子之类的尖锐物品不能让尖锐部分露出来；小商品必须个别包装，比如戒指、耳钉以及指甲刀等一寸到两寸的宝贝。

图 9-7 包装时要考虑的问题

● 包装高价位商品

对于高价位商品，买卖双方除了担心运送途中会有损坏以外，更担心在途中丢失。最好使用较大的盒子或箱子盛装，切记不要标注商品的价值。

● 包装礼物或节假日商品

对每个人来说，收到一个毁损的商品是一件让人懊恼的事情，尤其是在节假日时收到的或是生日礼物等。卖家要下功夫将商品包装得既漂亮又合时宜。

比如情人节买家订购的情侣对戒，卖家在包装时可以送一些礼品，或者是用卡片写几句祝福的话。

如果是节假日，可以在买家签收宝贝的当天发一条祝贺节日快乐的话等。

● 买家强调急需使用的宝贝

有时买家会和卖家强调自己急需这个东西，希望能尽快收到。这种情况下，卖家要尽量早点发货，在货运单上注明“急件”等字样，且字体大小和颜色一定要醒目显眼。但是不能因为紧急而忽略了包装安全的重要性。

● 服装类包装技巧

服装类要使用较硬质的包装袋固定服饰，但不能使用粗糙材质的口袋，否则容易磨损衣服。然后再用合适大小的包装袋在外面包装，如果两层包装袋不够厚，那么需要加包装袋，防止包装袋磨破以后损毁衣物。尽量不要使用纸盒装衣服，因为这样会增大占用空间，商品也会被挤压变形，如图9-8所示。

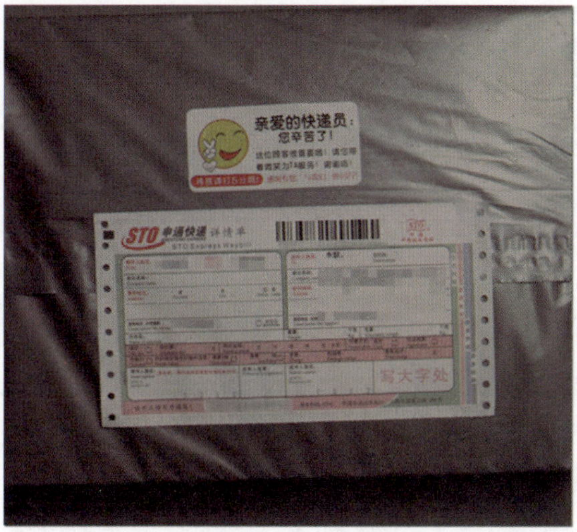

图 9-8 服装的一般包装

● 大物件的包装

大物件的包装耗费的包装材料相对较多，因此可以选择质量较好、价格较便宜的经济型包装材料。如图9-9所示。

图 9-9 大物件的包装

● 易碎品

易碎品在包装时要用泡沫或是气泡纸先将其四周缠绕包装一下，用胶带将气泡纸和宝贝缠紧防止商品从气泡纸中脱落，然后在外包装上注明是易碎品，如图9-10所示。

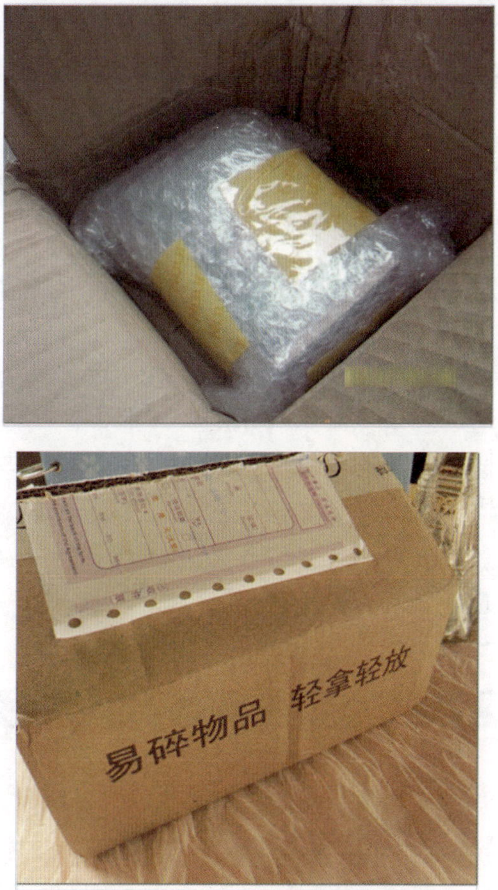

图 9-10 易碎品的包装

卖家要学会根据实际情况对宝贝进行正确的包装，只有将宝贝安全地完好无损地送到买家手中才算真正包装成功。

常见的包装用品就是塑料袋、纸盒和纸箱等，这些东西容易购买，且成本较低，所以卖家可以充分发挥它们的作用。

9.2 网店常见的发货方式

阿智：小白，你们家宝贝的发货渠道找好了吗？

小白：找好了，就是一般的快递公司。

阿智：这样也可以。其实你还可以考虑用邮递或是物流托运的方式把你家的宝贝送到买家的手中。

了解发货方式其实是网店经营前期就应该做的事情，只有选好相应的发货渠道，才能顺利地进行发货。因此，本节我们的目标就是要搞清楚具体有哪些形式的发货渠道。

9.2.1 快递公司

目前国内有很多快递公司，且发展势头强劲，是很多淘宝卖家的优先选择。了解不同快递公司的政策和规则，有利于我们做出合适的选择。

学习目标	了解不同快递公司的具体情况
难度指数	★

● 中通快递

中通快递创建于2002年5月8日，总部在上海，旗下员工数超过10万。公司定位以跨界电子商务件为核心，其标志如图9-11所示。

图 9-11　中通快递标志

● 圆通快递

圆通快递成立于2000年5月28日，总部也在上海，公司主营包裹快递业务，开通了港澳台、中东和东南亚专线业务，包括同城当天件、区域当天件、跨省时效件以及航空次晨达等增值服务产品。圆通还将使用自主研发的“圆通物流全程信息监控管理系统”，确保每一票快件的时效性和安全性，其公司标志如图9-12所示。

图 9-12　圆通快递标志

圆通快递在合作加盟网点方面的规定比较规范严格，保障了快递的安全性。

申通快递

申通快递成立于1993年，拥有247个独立城市营业所，总部在上海。公司主要承接非信函、样品及大小物件的速递业务，其公司标志如图9-13所示。

图 9-13 申通快递标志

汇通快递

汇通快运成立于2003年，在国内率先运用信息化手段探索快递行业转型升级之路，为用户提供精准的速递服务。

2010年11月，杭州百世网络技术有限公司成功收购“汇通快运”并更名为“百世汇通”，总部在浙江。业务范围有零担快运、红色快线、特色运输、代收货款、货物保价以及签单返回等，其公司标志如图9-14所示。

图 9-14 汇通快递标志

韵达快递

韵达快递成立于1999年，总部也在上海。韵达快递除了一般的常见业务以外，还增加了微信平台通知查询服务，其公司标志如图9-15所示。

图 9-15 韵达快递标志

顺丰速运

顺丰速运于1993年在广东成立，初期业务是顺德与香港之间的即日速递业务。2003年，顺丰借航空运价大跌之际，顺势与扬子江快运航空有限公司签下合同，成为国内第一家也是唯一一家使用全货运专机的民营速递企业，其公司标志如图9-16所示。

图9-16 顺丰速运标志

天天快递

天天快递初创于1994年，总部现设在杭州，2015年与申通宣布重大战略重组。天天快递辐射全国大部分地级市，现已实现江、浙、沪无盲区派送，其公司标志如图9-17所示。

图 9-17　天天快递标志

● EMS

EMS是邮政特快专递服务，开办于1980年，该业务在海关、航空等部门均享有优先处理权，依托于中国邮政航空公司，其标志如图9-18所示。

图 9-18　EMS 标志

9.2.2 邮政快递

中国邮政集团成立于2007年，邮政快递是中国邮政集团旗下一项大型的服务。邮政快递与EMS不同。

学习目标　了解邮政快递与 EMS 的区别

难度指数　★

● 范围不同

EMS是全球性的，而邮政快递只是全国性的，只在国内提供服务。

● 资费差异

EMS分地区和种类，以物品重量计费，且收费要比邮政快递高得多。

● 时限不同

EMS是限时服务，对邮件有时限承诺，超出时限会承担赔偿责任，而邮政快递只是比平邮快，没有时限承诺。

● 投递是否到户

EMS投递到户，原则上要求本人签收；而邮政快递一般都是投递通知单，本人凭身份证到邮局领取，他人代收的情况也比较普遍。

9.2.3 物流托运

物流托运一般是那些特大的或超重的货物，其费用没有快递费用高，但同时时效没有快递快。只要收件地址不是太偏僻，一般都会送货上门。

学习目标　了解物流托运的有关企业

难度指数　★

● 德邦物流

德邦物流是国家5A级物流企业，主营国内公路运输业务，创始于1996年。2000年注册成立广州市德邦物流服务有限公司。2013年开通德邦快递业务，其标志如图9-19所示。

图 9-19　德邦物流标志

● **中铁物流**

中铁物流集团有限公司创建于1993年，英文缩写为“CRLG”，最初叫“北京中铁快运有限公司”，2009年更名为“中铁物流集团”。拥有飞豹快运、飞豹快线、飞豹国际、飞豹仓储、金融物流、铁路行包、项目物流和专业市场八大事业部，是国内知名的现代综合物流运营商。中铁物流也是5A级企业，其标志如图9-20所示。

图 9-20 中铁物流标志

9.3 发货方式争奇斗艳

阿智： 小白，你给你的买家发的哪个快递啊？

小白： 发顺丰。

阿智： 顺丰确实安全性比较高，但是因此费用也相对较高，对于新手卖家来说，其实可以看看其他的快递公司，比较它们的优势。

在这个网购时代，越来越多的人选择在网上购物，因为便宜快捷。因此，快递行业和物流公司的发展可谓是蒸蒸日上。为了能够给新店节约运输成本，我们需要比较不同的发货方式的优劣势。

9.3.1 快递针对小物件，速度快

前面我们已经了解到市场上大部分知名的快递公司，从我们平时的购物经验来看，快递一般运输的是小物件商品，且运输的速度比一般的专门物流运输线快。不同快递公司的时效也有所不同。

学习目标	知道快递运送小物件，速度快
难度指数	★

快递运输的一般商品是服装饰品、鞋靴、箱包、护肤品、化妆品、食品、珠宝以及数码产品等体积较小的商品。

一般快递都能在3~4天的时间内将宝贝送到买家手中。但是节假日(如中秋和国庆等)和大促节日(双11和双12等)除外，一般遇到节假日，由于订单较多，快递的发货和运输工作更加繁重，速度较慢。

9.3.2 托运量大却总是姗姗来迟

很多物流托运公司的运送速度都比较慢，因为托运的数量较多，且商品的体积和重量都很大。为了保证商品的完整性和安全性，速度一般较慢。

学习目标 了解物流时效长的原因

难度指数 ★

● 量大

一般物流运送商品比较集中，同一区域的商品由一辆运送货车负责，甚至有时一个客户的订购商品就要使用一辆货车，如图9-21所示。

图 9-21 物流运输车辆

● 商品体积大

一般物流运送都是占地面积比较大的商品，或是用快递运输不太安全的物件，一般是大件的家具、瓷器或是建材产品等，如图9-22所示。但是有些大件商品也会通过快递公司这样的发货方式送货，比如不易损坏的大件物品，像桌椅等木质的大件家具等。

图 9-22 大件商品

● 运输成本决定效率

一般物流的运输成本比快递低，因此运送的速度相对较慢，也就是俗话说的“一分钱一分货”。物流一般选择经济合理的运输线路和运输方式，力求花最少的费用将商品运到目的地。因此耗费的时间相对较长。

9.3.3 邮政送货上门

邮政的快递服务越来越好，有些比较好的居民小区还设有邮政自助智能快件柜，真正做到了送货上门。

学习目标 认识邮政的邮递服务

难度指数 ★

邮政快递业务有人工送货上门，当然这也不是邮政的优势业务，因为现在很多快递公司也有送货上门的服务。

邮政目前最令人满意的就是在一些中高级居民住宅小区设置了自助智能快件柜，收件人只要在规定的收货日期前将物件从快件柜里取出即可，操作过程中只需输入手机号或者订单号，如图9-23所示。

图 9-23 邮政自助智能快件柜

邮政的这一服务，真正方便了居民的生活，人们在网上购买了商品后，不用再去快递网点取货，进入小区就能顺便将快件箱里的宝贝带回家。

小绝招 **自助智能快件柜接收各种快递**

邮政的自助智能快件柜不仅接收邮政快递，还会接收各种快递公司的快件，比如圆通、中通以及韵达等。

9.4 选择合理的物流

阿智： 小白，你们家的发货成本高吗？

小白： 我觉得挺贵的，就是没有找到合适的快递公司合作。

阿智： 这就要看你店里的宝贝是什么性质的了，宝贝的保质期、易碎性或是预算的经营成本都会影响你对快递公司的选择。

现在一般都将快递和物流公司的运输统称为“物流”，形成了一个全新的物流行业。对于商家来说，为店铺的经营选择一个合理的物流，可以给店铺提供有力的支持，帮助其减少经营成本。

9.4.1 商品保质期决定物流

有些买家在网上订购了食品，并且有些食品的保质期或者保鲜期较短，需要快递公司尽快将宝贝送到买家手中。

学习目标	了解保质期较短的商品选择什么快递
难度指数	★★

保质期较短的食品或者易坏的食品对快递的速度要求很高，否则送到买家手中的宝贝坏掉了也会影响卖家的信誉。如图9-24所示，这些商品保质期短，时间长了容易坏掉。

图 9-24 保质期较短的商品

像这样一些食品，一般商家会选择顺丰快递发货，因为相比较而言，顺丰快递要比其他快递运送速度快，且运送更安全，很多时候食品都采用空运，所以运费相对要高。新手开店可以与某一个快递公司建立合作关系，在试着降低运费的同时，保证运货的速度。

9.4.2 根据宝贝大小选择合适的物流运输

有些商家销售的是建材或是大件的家具产品，这些宝贝的运输一般不通过快递公司，而是选择物流托运公司。

学习目标	认识到宝贝大小影响发货方式的选择
难度指数	★

● 地板、瓷砖等重物

地板和瓷砖等重物，无法走快递路线，一般选择走物流公司的渠道，如图9-25所示。

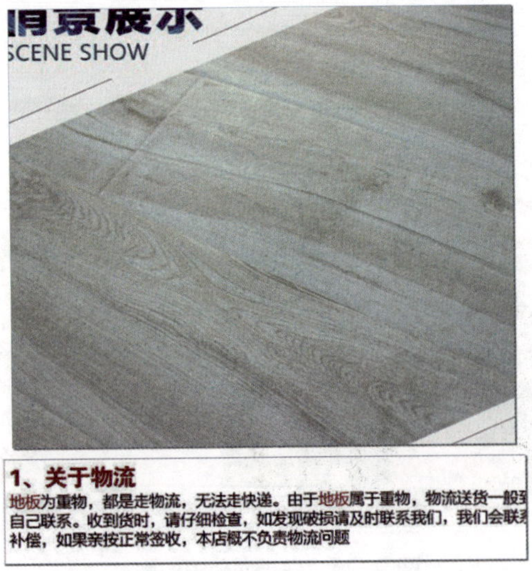

图 9-25　重物找物流公司运输

● 窗帘、被褥等轻便大物件

窗帘和被褥等商品，虽然是大物件，但是因为重量很轻，所以可以选择快递运输，如图9-26所示。

图 9-26　大而轻的物件可选择快递

被褥这些商品，虽然看起来占地面积很大，但是这些商品是可以挤压腾出运输空间的，所以运输比较方便，一般的快递都可以送货。这时卖家就要比较各个快递公司的运费政策和收费标准，选择一个既便宜，运送服务又有保障的快递公司。

● 服装、配饰、鞋帽等小件物品

服装、配饰和鞋帽等都属于小件物品，所占用的空间不大，快递运输最方便快捷，很多时候都是免费快递，也更受买家青睐，如图9-27所示的一些小物件都可以选择快递运输。

图 9-27 小物件选择快递运输

9.4.3 商品易碎性决定物流

商品的易碎性决定运输方式的选择不能马虎，需要高质量的运输方式。

学习目标	了解易碎商品的发货方式
难度指数	★

● 小件易碎品

小件易碎品占地面积小，但是容易损坏，如图9-28所示。因此要选择有保障的快递公司进行发货运输。

图 9-28 小物件易碎品

● 大件易碎品

大件易碎品占地面积大，而且容易损坏，如图9-29所示。因此选择物流公司比较靠谱，而且很多快递也不接收大物件快递业务，主要是因为运输麻烦。

图 9-29 大物件易碎品——玻璃鱼缸

9.4.4 店铺营业成本的限制

对于新手卖家来说，限制店铺发展的一个重要因素就是经营成本。由于发展资金有限，所以发展的速度和效率相对较低。营业成本也会限制卖家对发货方式的选择。

学习目标	明白店铺营业成本限制发货方式的选择
难度指数	★

● 新手卖家

淘宝网上很多新手卖家手里可利用的资金有限。卖家承担运费这样的措施都是基于卖家与快递公司有合作关系，而卖家也是出于减少经营成本的目的选择与快递公司合作，以长期的合作关系赢得运费的优惠。

● 盈利好的有经验卖家

等店铺开到了一定的规模，或是营运时间达到了一定的程度，卖家有能力承担运费过程中买家货物丢失的损失时，为了提高物流的质量可选择价高但保险的运输方式，比如顺丰快递，目的是要通过物流服务来吸引顾客。

9.4.5 物流关系户

所谓的物流关系户，包含有些卖家认识的熟人是有关的快递公司或者物流公司，甚至是邮政的工作人员，也指一些交友广泛的卖家与很多快递公司合作。

学习目标 积极与快递公司或物流公司建立合作关系
难度指数 ★★

对于新手卖家来说，要成为快递公司或是物流公司的合作伙伴是一件很困难的事情，但也不是没有可能。只要联系好附近的快递网点或物流网点，谈好运费价格就可以进行宝贝的发货工作了。

在与快递网点合作较长时间以后，再次与负责人协商，可以适当地降低运费成本。新手卖家如果想要创造业绩，前期最好通过免去买家的运费赚取小额利润来赢得顾客的好感。当后期店铺的生意稳定以后，可以适当增加买家要承担的运费。这样店铺的盈利也会逐步上升。

9.5 物流管理

阿智：小白，你在淘宝网的卖家中心使用快递服务了吗？

小白：不知道啊！没有见到过你说的服务啊！

阿智：在卖家中心使用快递服务可以方便你的物流管理工作，要不我和你分享一下具体的操作方法吧！

在淘宝开店，就避免不了与快递公司等打交道。从买家拍下宝贝到买家收到宝贝，这之间的过程就是卖家发货和快递公司运货的工作。卖家需要对店铺的物流进行管理，掌握发货的快捷途径。

9.5.1 我要寄快递

当有买家拍下店铺的宝贝并付款之后，卖家就应该尽快将宝贝寄出去，此时卖家就可以使用“我要寄快递”功能进行便捷的邮寄操作。

学习目标 掌握设置方便邮寄操作的方法
难度指数 ★★

步骤01 进入卖家中心，在左侧“物流管理”栏中单击“我要寄快递”超链接，如图9-30所示。

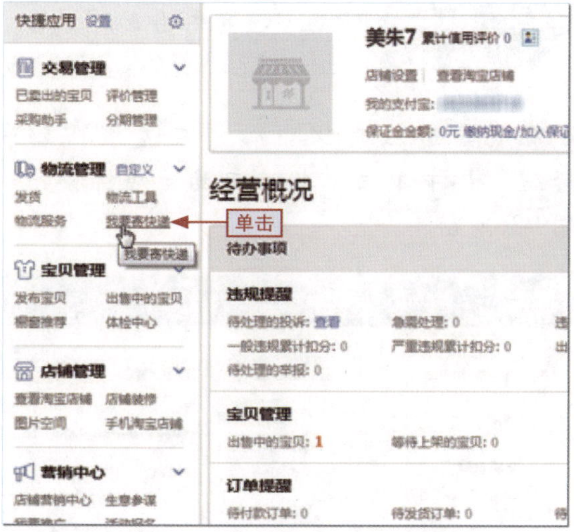

图 9-30　单击“我要寄快递”超链接

步骤02 在“寄件”选项卡下，单击“使用新地址”按钮，如图9-31所示。

图 9-31　单击“使用新地址”按钮

步骤03 在展开的面板中填写寄件人的姓名、地址、邮编以及手机等号码信息，如图9-32所示。

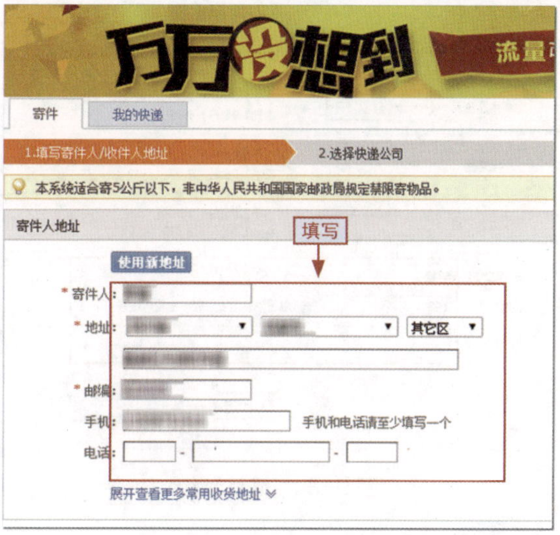

图 9-32　填写寄件人信息

步骤04 ❶在下方的“收件人地址”面板中填写收件人的姓名、地址、邮编和手机号码等信息，❷单击“下一步”按钮，如图9-33所示。

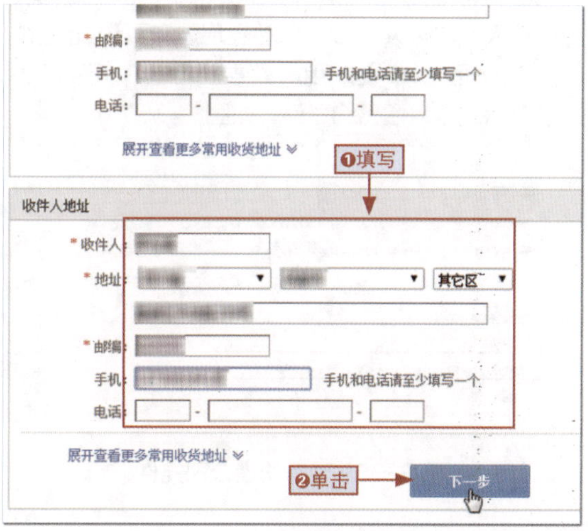

图 9-33　填写收件人地址

步骤05 ❶在打开的页面中选中相关快递公司的单选按钮，❷在下方填写货物名称和价值，❸单击“确认预约”按钮，等待工作人员上门取件即可，如图9-34所示。

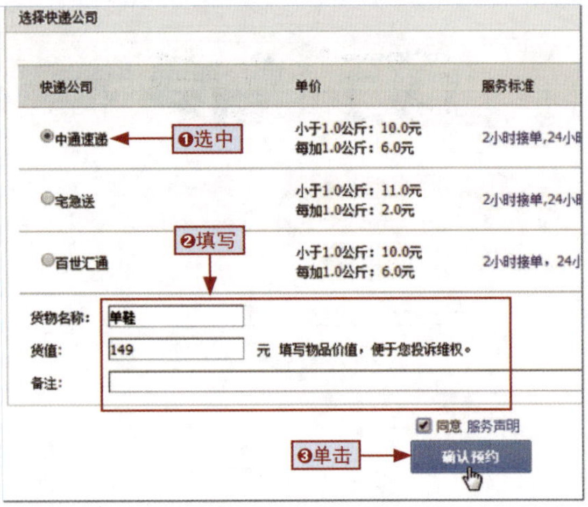

图 9-34　确认预约

小绝招

“我要寄快递”系统的限制

物流管理中的“我要寄快递”只适合寄5Kg以下的物品。

另外，不是所有的寄件人和收件人地址之间都会有相应的快递公司上门揽件，有时在填好寄件人和收件人地址后，却发现没有可供配送的快递公司选择。此时用户需要去快递官网查询服务电话进行电话预约寄件，如图9-35所示。

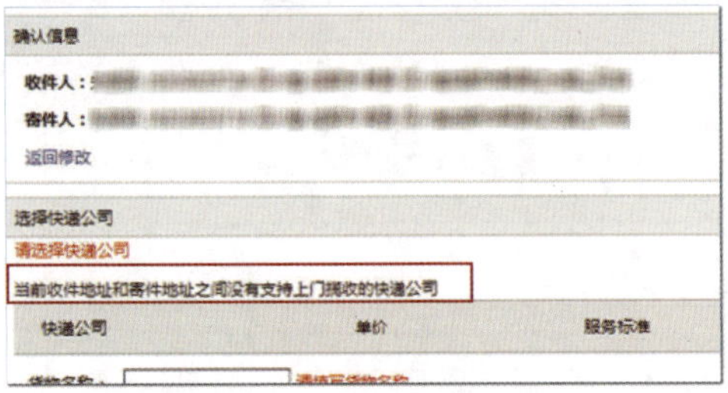

图 9-35　没有快递公司揽件

9.5.2 开通物流服务商

卖家可将常用的快递公司开通为自己店铺的物流服务商，也就是设置店铺的默认物流公司。这样既方便寄件和快递跟踪，又有利于反馈物流信息。

学习目标　掌握开通物流服务商的操作流程

难度指数　★★

步骤01 进入卖家中心，在左侧“物流管理”栏中单击“物流工具”超链接，如图9-36所示。

图 9-36　单击“物流工具”超链接

步骤02 在打开的页面中单击需要开通的物流服务商最右侧的“开通服务商”按钮，如图9-37所示。

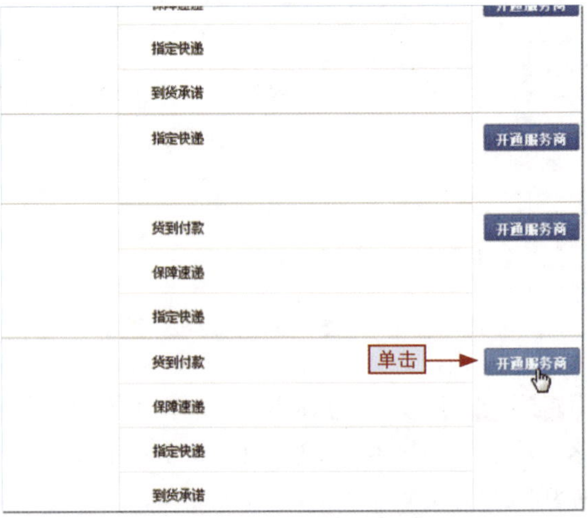

图 9-37　单击“开通服务商”按钮

步骤03 在开通的服务商中选择某个自己想使用的快递公司，单击相关送货方式右边的“开启服务”超链接，如图9-38所示。

图 9-38 开启服务

步骤04 在打开的新页面中找到“保障速递”服务，单击右侧的“立即订购”按钮，如图9-39所示。

图 9-39 单击“立即订购”按钮

步骤05 卖家在开通有些物流服务商以后可能会因为一些原因想取消，此时只需要在想要取消的服务商右侧的操作列表中单击“取消”超链接即可，如图9-40所示。

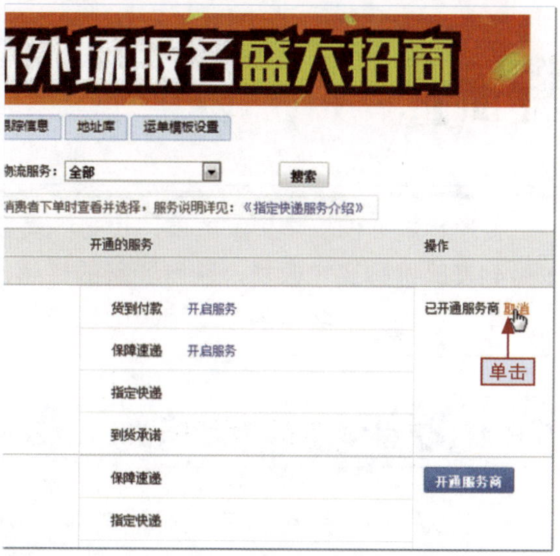

图 9-40 取消订购物流服务商

小绝招 **批量开通服务商**

卖家可以同时开通多个物流服务商，❶选中要开通的多个或所有服务商前面的复选框，❷单击上方的“批量开通服务商”按钮即可，如图 9-41 所示。

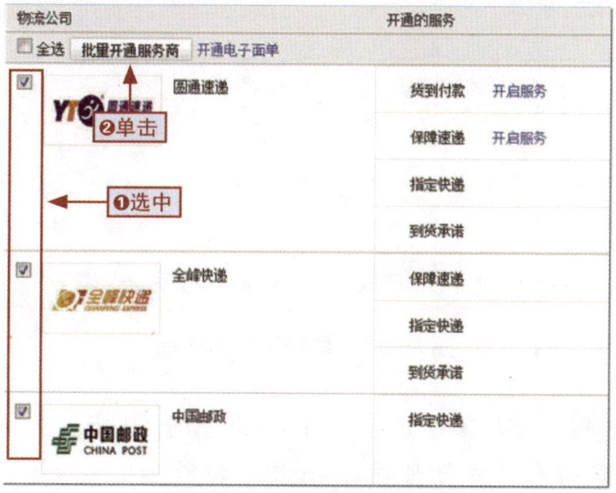

图 9-41 批量开通服务商

9.6 关注物流，助买家成功收到宝贝

阿智： 小白，你在干什么呢?

小白： 我在查看卖出去的宝贝物流啊!

阿智： 这么认真啊，不过你这工作量也太大了吧。我给你说说一些关于物流的备注方法吧!

关注物流不仅仅是买家的事，负责的卖家也应该时刻关注售出去的宝贝物流信息，这样可以做到及时提醒买家收货，获得买家的好感，为双方建立稳定的交易关系做好辅助工作。下面就来学习一些关注物流的简单招数吧。

9.6.1 记录宝贝的发货时间

买卖双方都希望快递公司能够尽快发货，那么为了及时提醒买家收货，卖家首先要做好发货时间的记录，保证买家上门询问发货时间时能给出准确的答复。

学习目标	学习如何做好宝贝发货时间的记录
难度指数	★

步骤01 登录千牛工作台，在插件首页的左下角找到一个对话框，❶单击“我的待办”选项卡，❷单击“新建任务”按钮，如图9-42所示。

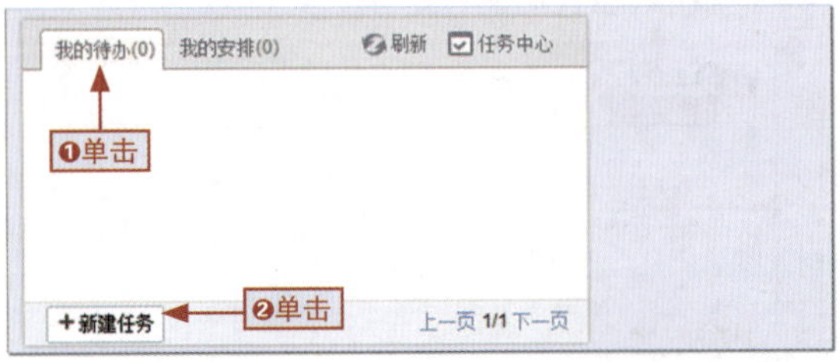

图 9-42　登录千牛工作台

步骤02 在对话框中输入任务内容(如××买家的宝贝发货时间)，如图9-43所示。

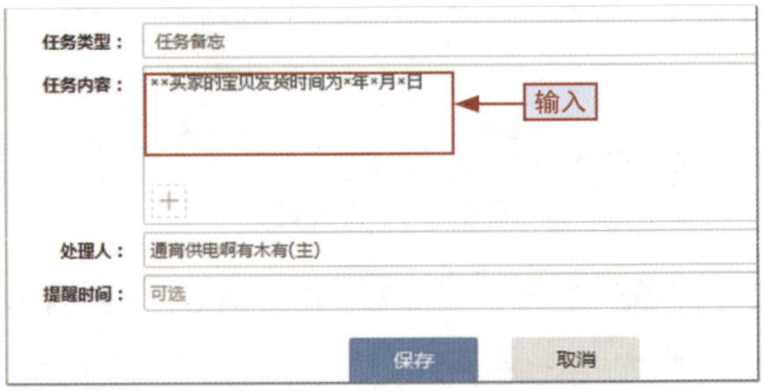

图 9-43　输入备忘内容

步骤03 ❶选择处理任务的处理人(一般默认为店主本人)，❷单击“保存”按钮，如图9-44所示。

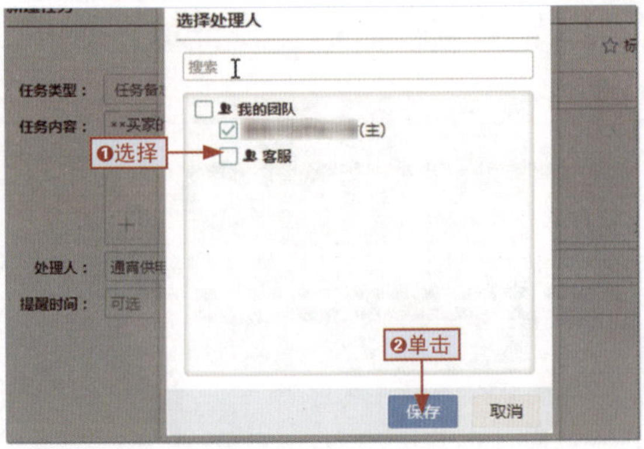

图 9-44　选择任务处理人

步骤04 ❶设置提醒时间，一般设为买家宝贝的发货时间(在设置时先设置年月日，然后选择时间段，最后设置时间点，比如18:45，要先选择18:00，然后选择18:45)，❷单击“保存”按钮，如图9-45所示。

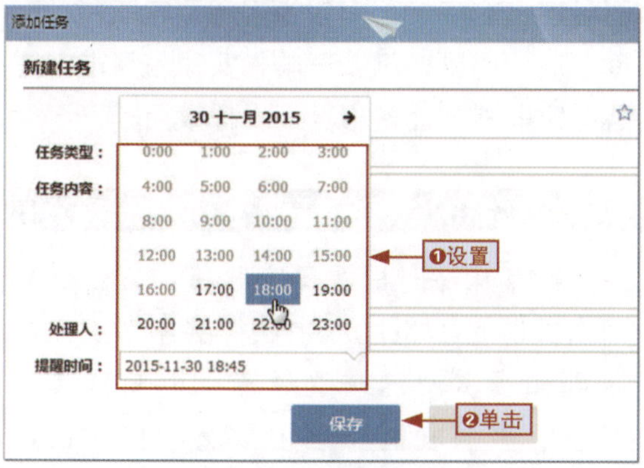

图 9-45　设置提醒时间

步骤05 在最初的对话框中就会显示设置好的任务备忘，如图9-46所示。

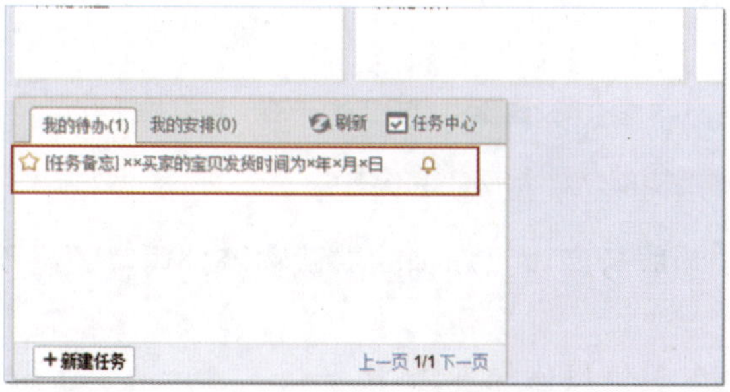

图 9-46　完成备忘工作

步骤06 如果任务完成了就可以在该对话框中单击完成任务(或删除任务)的图标，备忘就会自动消失，如图9-47所示。

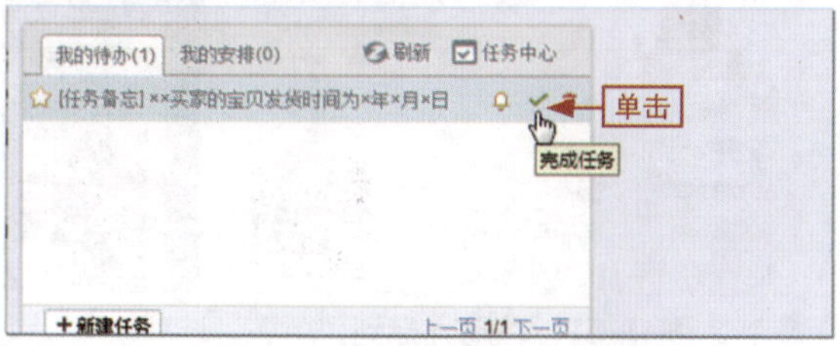

图 9-47　单击完成任务图标

9.6.2 做好物流提醒备忘录

物流提醒备忘录记录物流的进度，相关操作可以借鉴发货时间的备忘任务建立过程。

学习目标	熟练掌握物流提醒备忘录的建立过程
难度指数	★

步骤01 单击“新建任务”按钮，打开任务内容编辑对话框，在编辑框中输入物流的具体信息，如图9-48所示。

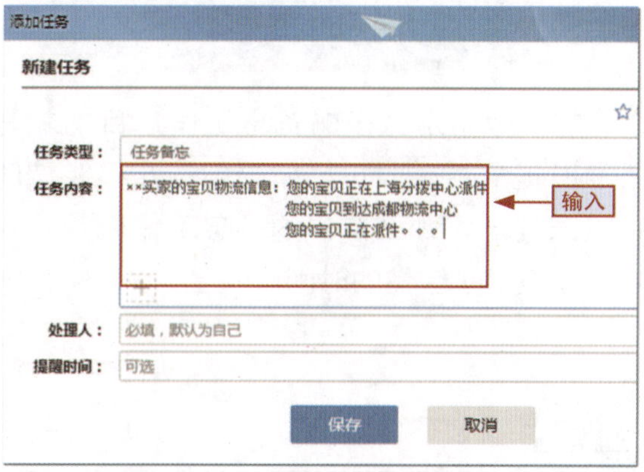

图 9-48　输入物流详细信息

步骤02 ❶选择处理人，❷将提醒时间设置为预期到货时间，❸单击“保存”按钮，如图9-49所示。

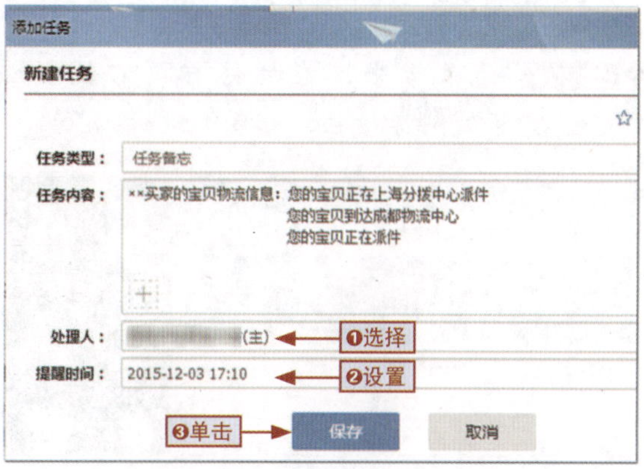

图 9-49　完成物流提醒备忘录的设置

步骤03 同样，完成任务后可以单击完成任务图标按钮，也可以单击删除图标按钮，如图9-50所示。

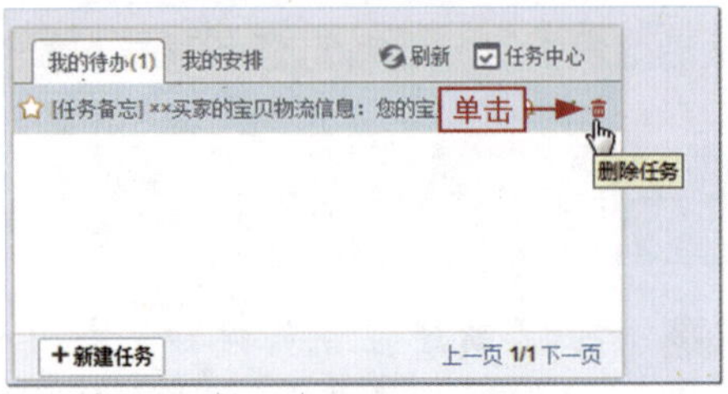

图 9-50 完成任务后的操作

9.6.3 到点儿按时提醒买家

前面做了那么多的备忘工作，目的就是要准时提醒买家收货，如果到点儿不能按时给买家提醒，那么前面的备忘工作就是无用功，还浪费了宝贵的时间。

学习目标	深刻认识到按时提醒买家的重要性
难度指数	★

● 让备忘发挥效用

设置了备忘录后，卖家根据具体的情况再设置备忘闹铃，一般为提醒买家收货的时间，时间一到，闹铃一响，卖家就可准时提醒买家收货，让备忘真正发挥效用。

● 获得买家的信任与好感

到点儿按时提醒买家收货，真正做到周密的服务，也能从中获得买家对卖家的认可和赞赏。这样的举措可以有效降低买家因事情耽搁而忘记取货的可能性，让买家觉得店铺的经营很到位，服务态度又好又周到，能有效促进双方日后的交易关系。

给你支招 | 用千牛设置默认的物流公司

小白： 除了在网页的卖家中心可以通过订购物流服务商设置店铺的默认物流公司，还能不能在其他地方设置默认物流呢？

阿智： 可以啊！在千牛工作台中也可以设置，其具体操作如下。

步骤01 登录千牛，在插件首页右侧单击“普云交易”图标按钮，如图9-51所示。

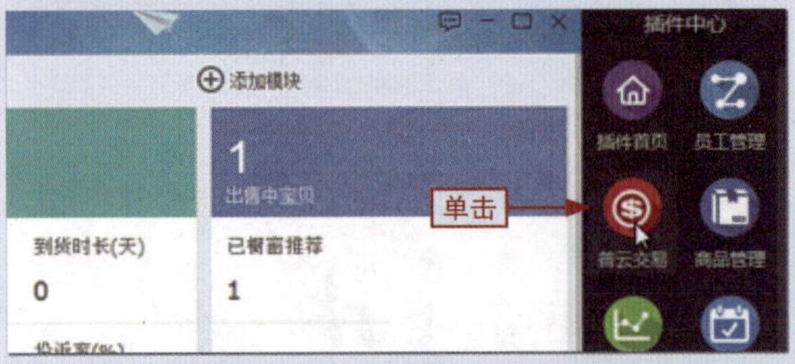

图 9-51 单击“普云交易”图标按钮

步骤02 在打开的页面中将光标移动到“更多”选项处，如图9-52所示。

图 9-52 移动光标到“更多”选项

步骤03 选择“模板设置”选项，如图9-53所示。

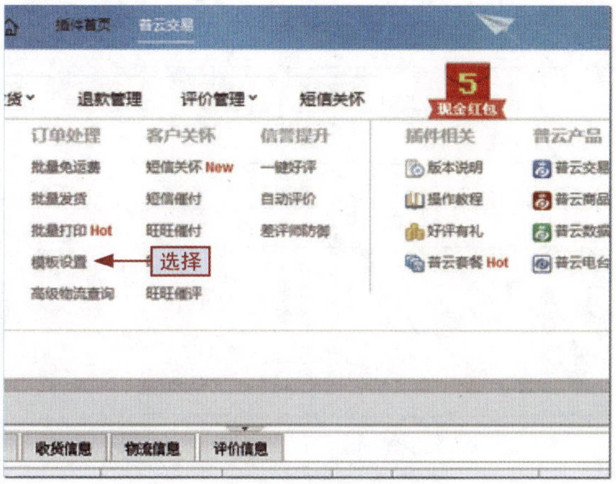

图 9-53 选择“模板设置”选项

步骤04 ❶在打开的对话框中单击“设置默认物流”超链接，❷选中需要的物流公司名称前面的复选框，❸单击“保存”按钮，❹单击“确定”按钮即可，如图9-54所示。

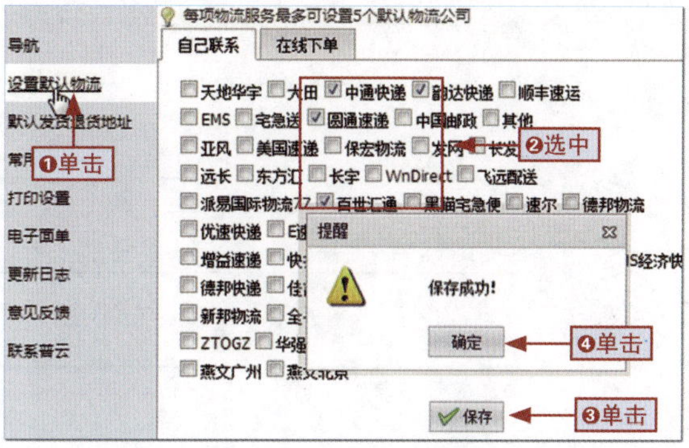

图 9-54 设置默认物流

给你支招 | 跟踪物流进度

小白：我想要在快递的运送过程中知道宝贝具体已经到了什么地方了，应该怎么查询物流的具体详情呢？

阿智：其实很简单，我们可以进入卖家中心，在已卖出的宝贝页面就可以查看宝贝的物流信息，其具体操作如下。

步骤01 首先进入卖家中心，然后在“已卖出的宝贝”页面单击“详情”超链接，如图9-55所示。

图 9-55 单击“详情”超链接

步骤02 在打开的页面中单击“收货和物流信息”选项卡，如图9-56所示。

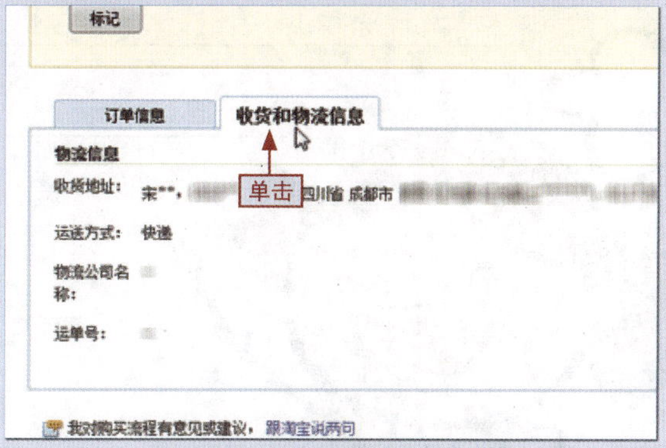

图 9-56 查看跟踪物流进度

阅读随笔

Chapter 10 店铺日常管理

学习目标

店铺的日常管理事务繁多杂乱，而且还是一个长期持续的体力活。要想店铺顺利地经营下去并取得不错的销售业绩，店铺的日常管理是万万不能忽视的，好的管理才能得到好的发展。本章主要针对店铺的宝贝管理、财务管理以及评价管理等方面进行讲解。

本章要点

- 橱窗推荐与取消推荐
- 按顺序批量推荐
- 店铺体检
- 让店铺远离差评
- 向支付宝充值
- 支付宝提现
- 查看账户信息
- 查账，督促买家写评语
- 给买家评价
- 手机端商品管理

知识要点	学习时间	学习难度
宝贝管理	30 分钟	★★
交易与财务管理	40 分钟	★★★
千牛手机端管理店铺	30 分钟	★★

10.1 宝贝管理

阿智：小白，还记得我们在给宝贝设计详情页时了解的宝贝管理工作吗?

小白：记得，不过当时都是一些页面的整体布局修改。

阿智：对，为了能够准确地管理好店铺的宝贝个体，下面我们就来具体学习一些专门针对宝贝的管理工作吧!

宝贝下架、删除以及店铺体检等都属于宝贝管理，按时管理店铺中的宝贝，掌握宝贝的各种变化情况，及时处理存在问题的宝贝，关注店铺健康程度等，有利于店铺顺利地发展，对卖家而言有利于把控经营局面。

10.1.1 宝贝的上下架管理

对于过期的宝贝，或者没有库存无法保证发货的宝贝，需要及时将其下架。对于仓库中的宝贝，适当的时候需要将其进行上架处理。

学习目标	掌握宝贝上下架工作的操作流程
难度指数	★

宝贝的下架需要进入已卖出的宝贝页面中实施，具体操作可以参考第8章第4节的内容。这一小节我们具体学习宝贝的上架工作如何进行。

步骤01 ❶在卖家中心页面左侧单击“宝贝管理”列表右边的下拉按钮，❷单击“仓库中的宝贝”超链接，如图10-1所示。

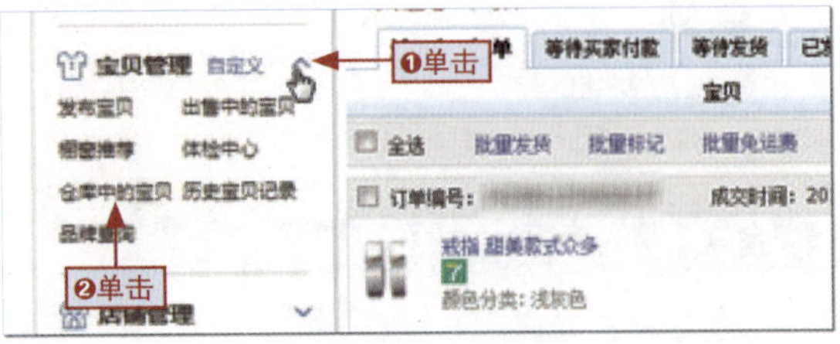

图 10-1　单击“仓库中的宝贝”超链接

步骤02 ❶选中需要上架的宝贝前面的复选框，❷单击“上架”按钮，如图10-2所示。

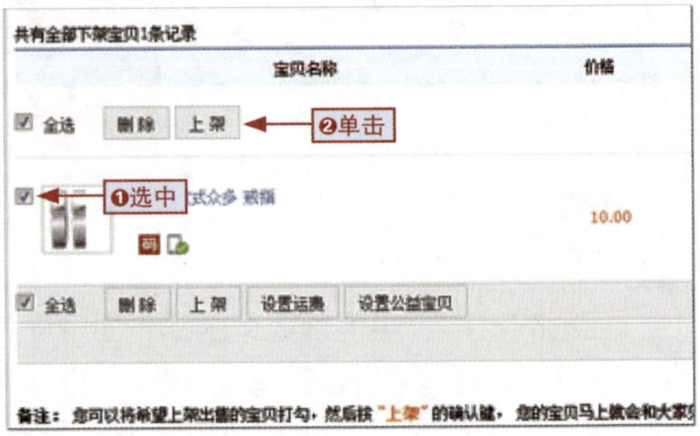

图 10-2　选择宝贝并上架

步骤03 切换回“出售中的宝贝”页面，可以看到刚刚进行上架操作的宝贝显示在列表中，如图10-3所示。

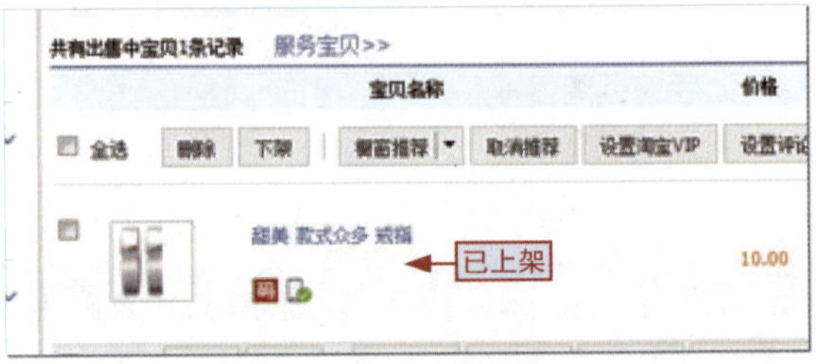

图 10-3　查看上架的宝贝

小绝招

选中全部宝贝

如果要将出售中的宝贝全部下架或将仓库中的宝贝全部上架，可以直接在列表上方选中“全选”复选框，这样可以一次性选中全部宝贝，如图 10-4 所示。

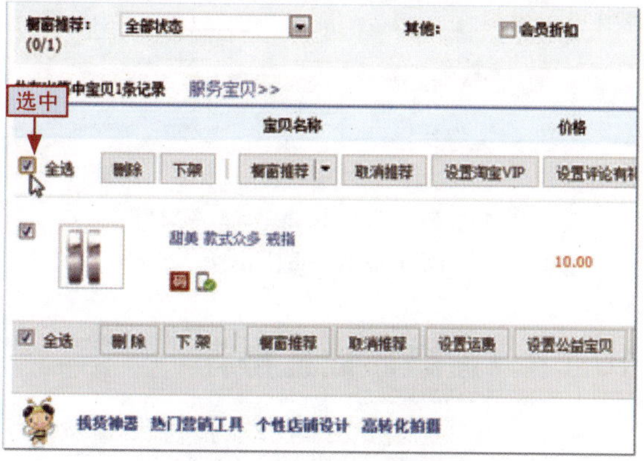

图 10-4　一次性操作

10.1.2 删除宝贝

对于严重滞销且根本无人问津，或是没有销售必要的宝贝，卖家可以将其删除。删除宝贝包括删除出售中的宝贝和仓库中的宝贝。

学习目标　熟悉删除宝贝的操作过程

难度指数　★

步骤01 ❶选中出售中的宝贝中需要删除的宝贝前面的复选框，❷单击上方的“删除”按钮，如图10-5所示。

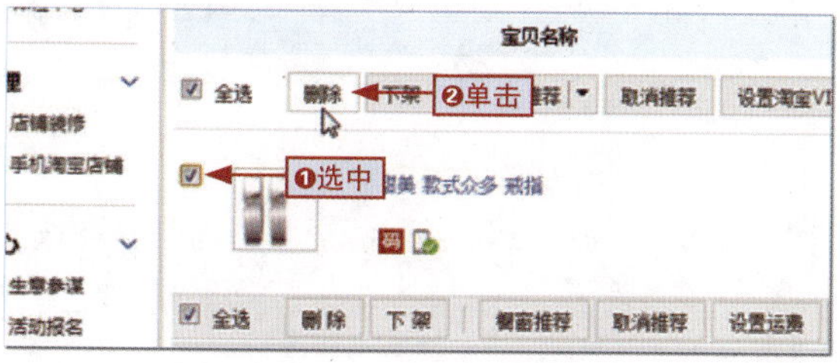

图 10-5　选中宝贝并删除

步骤02 在打开的对话框中单击“确定”按钮即可将宝贝从“出售中的宝贝”中删除，如图10-6所示。

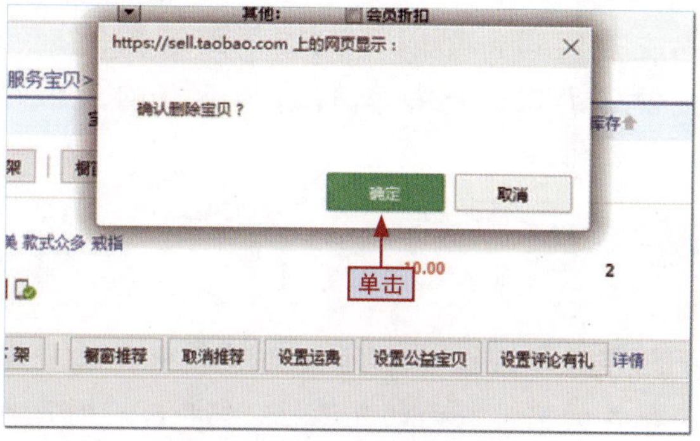

图 10-6　单击“确定”按钮

步骤03 删除仓库中的宝贝和出售中的宝贝方法一样，只要进入“仓库中的宝贝”页面，❶选中宝贝，❷单击“删除”按钮即可，如图10-7所示。

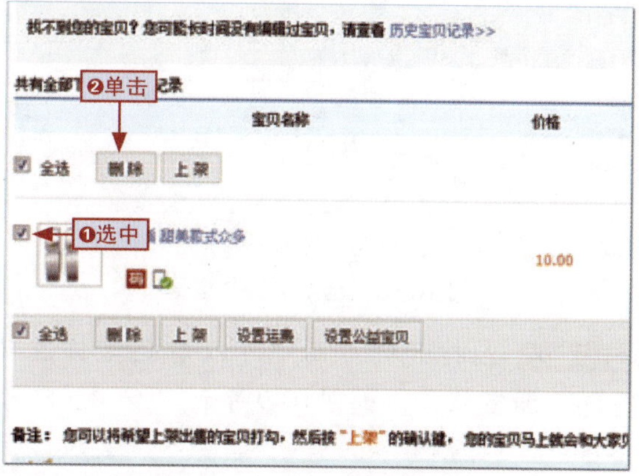

图 10-7　删除仓库中的宝贝

小绝招

两个地方的宝贝删除效果不同

删除出售中的宝贝只是宝贝下架，一般在这里删除的宝贝还能在仓库中看到；但是删除仓库中的宝贝就是将上传的宝贝所有信息全部删除，如果以后还想要销售该宝贝，那么卖家就需要重新上传该宝贝的详细资料。因此，卖家在删除仓库中的宝贝时一定要谨慎。

10.1.3 橱窗推荐与取消推荐

对于销量比较好的或者近段时间店铺的主推宝贝，可以将其推荐到橱窗的推荐位置，而对于已推荐的销量不好的宝贝可以取消推荐。

学习目标 学会为宝贝进行橱窗推荐或取消推荐
难度指数 ★★

步骤01 ❶在出售中的宝贝列表中，选中需要推荐的宝贝前面的复选框，❷单击“橱窗推荐”按钮，如图10-8所示。

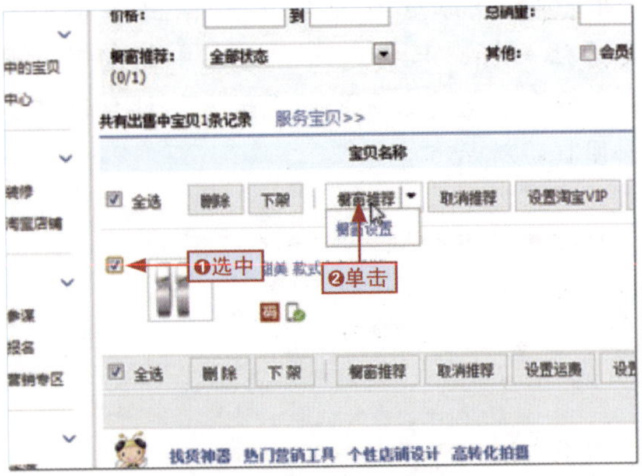

图 10-8 选中宝贝并推荐

步骤02 在打开的页面中可以看到宝贝成功进行了橱窗推荐，如图10-9所示。

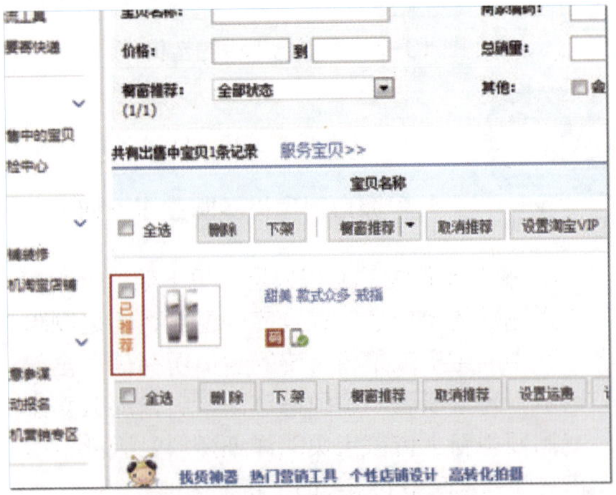

图 10-9 查看宝贝是否推荐成功

步骤03 从“宝贝管理”栏进入“橱窗推荐”页面，❶选中要取消推荐的宝贝前面的复选框，❷单击上方的“取消推荐”按钮，如图10-10所示。

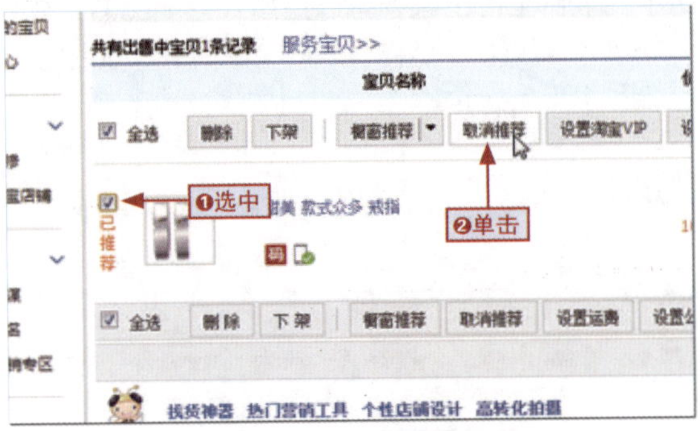

图 10-10 取消推荐

10.1.4 按顺序批量推荐

通过一定的操作可以让宝贝按照一定的顺序进行批量推荐，比如按人气、价格、销量或者发布时间从新到旧推荐等。

学习目标 学会为宝贝进行有秩序地批量推荐
难度指数 ★★

步骤01 在宝贝列表中，将鼠标光标移动到“橱窗推荐”按钮上，选择“橱窗设置”选项，如图10-11所示。

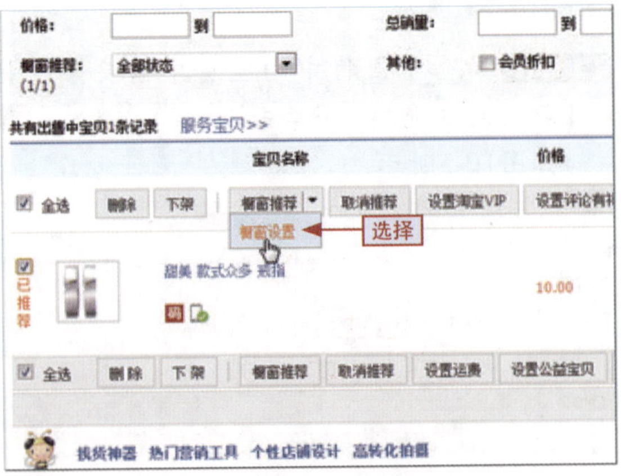

图 10-11 选择“橱窗设置”选项

步骤02 ❶在打开的对话框中单击“宝贝推荐顺序”下拉按钮，❷选择合适的推荐顺序(如“按发布时间从新到旧”)，如图10-12所示。

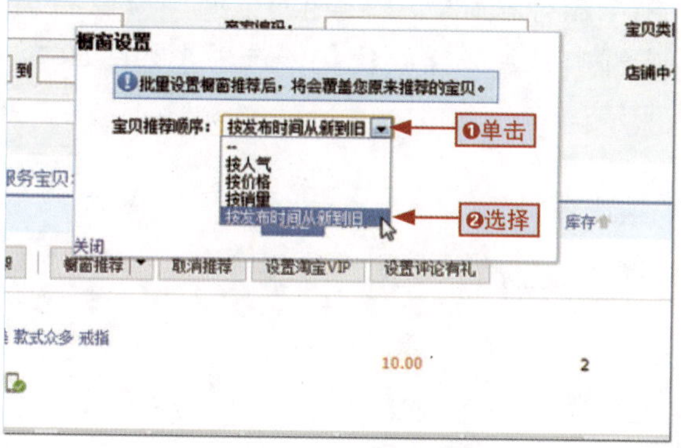

图 10-12 设置推荐顺序

步骤03 单击“确定”按钮，在自动刷新后的列表中可以看到所有宝贝都已经推荐成功了，如图10-13所示。

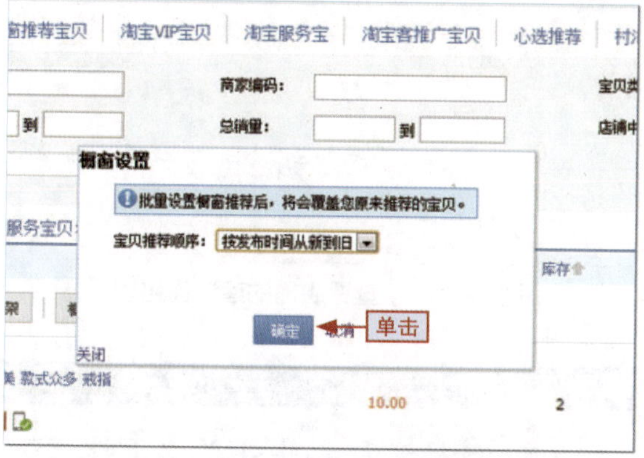

图 10-13 单击“确定”按钮查看效果

10.1.5 店铺体检

通过店铺体检可以查看淘宝对店铺的警告、处罚记录以及扣分情况，定期对店铺进行体检，可以及时发现店铺经营存在的问题，保持店铺的健康经营状态。

学习目标	掌握对店铺进行体验的方法。
难度指数	★★

● 进入店铺体检

进入淘宝卖家中心，在左侧的“宝贝管理”栏中单击“体检中心”超链接，如图10-14所示。

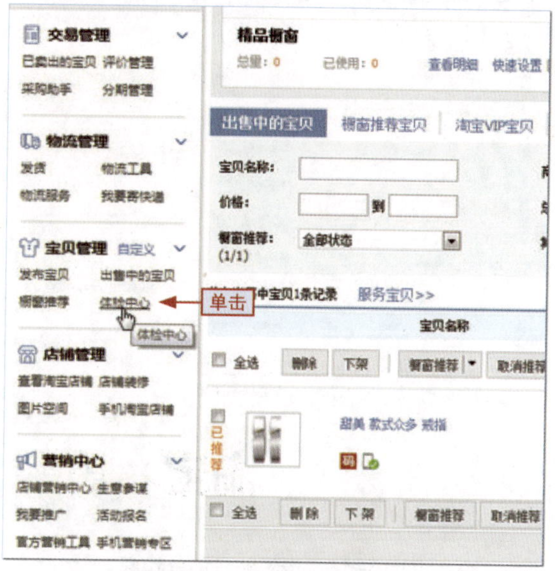

图 10-14 进入体检中心

● 警告、违规记录、申诉

在打开的页面中可以看到关于店铺的警告、违规记录以及待跟进申诉情况等信息，如图10-15所示。

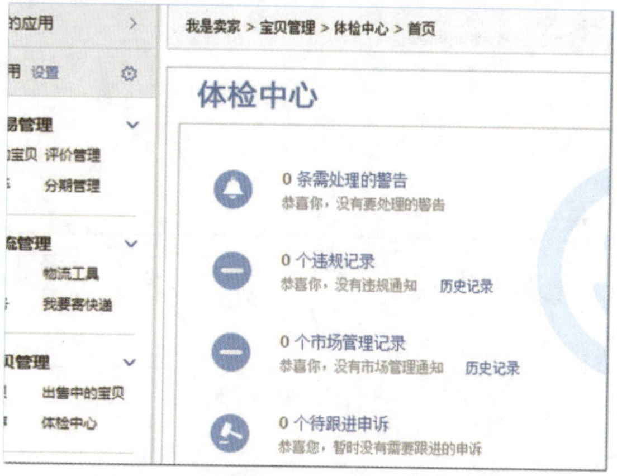

图 10-15 警告、违规记录及申诉情况

账号扣分状况

账号扣分情况包括一般违规、严重违规与售假违规等方面，扣分达到一定的分数后将会受到不同程度的处罚，如图10-16所示。

图 10-16　查看账号扣分状况

自检工具

在“体检中心”栏下方的“体检工具”中有6个免费的店铺“自检工具”，包括“建议优化”、“搜索来源”以及“滞销商品”等，如图10-17所示。

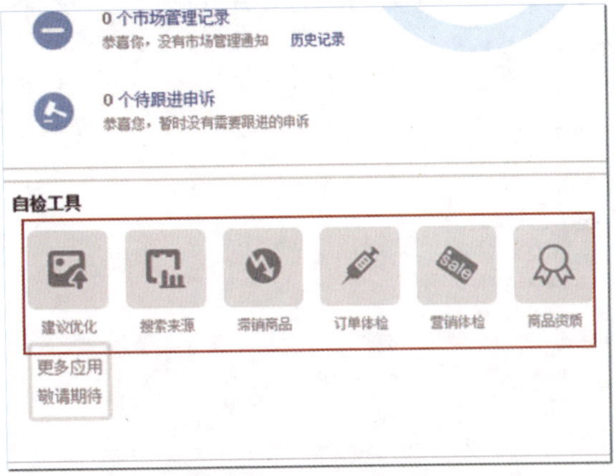

图 10-17　自检工具

建议优化

在“自检工具”栏处单击“建议优化”图标按钮，在打开的页面中可以看到店铺中是否有需要优化的选项，如图10-18所示。

图 10-18　查看店铺的建议优化项

搜索来源

在“自检工具”栏处单击“搜索来源”图标按钮，在打开的页面中可以看到最近7天的热门搜索来源数据，有利于宝贝名称的优化，如图10-19所示。

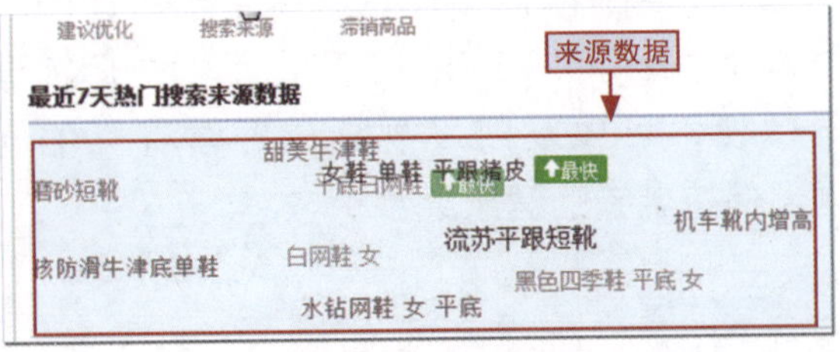

图 10-19　搜索来源

热门商品数据

在“最近7天热门搜索来源数据”的下方，可以看到热门商品的数据情况，包括“搜索来源关键词”、“曝光次数”以及“搜索曝光量”的7日增长情况，如图10-20所示。

图 10-20　热门商品的数据

查看关键词重合情况

将鼠标光标移动到任意搜索关键词的位置，对应的宝贝名称中会突出显示出与该关键词重合的字词，如图10-21所示。

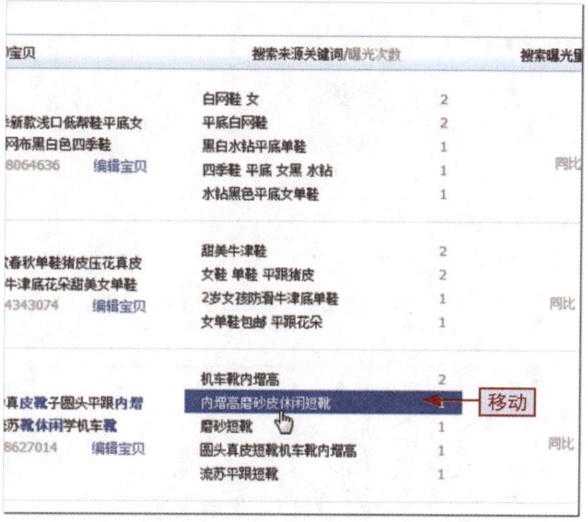

图 10-21　查看关键词重合情况

查看漂浮数据的曝光次数

在最近7天热门搜索数据来源中，将鼠标光标移动到任意漂浮的来源数据上，可显示出该数据被搜索的次数，如图10-22所示。

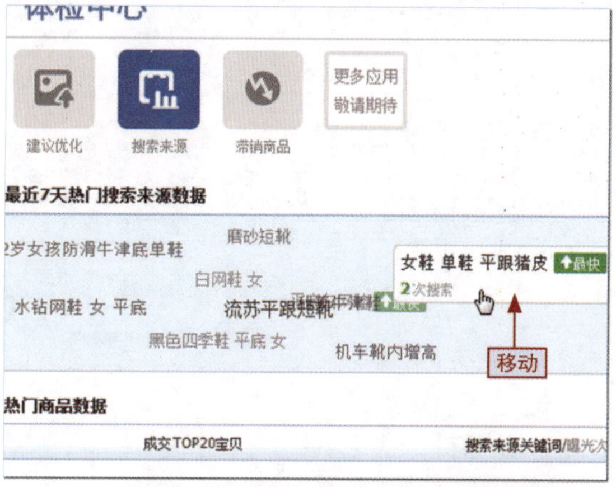

图 10-22　漂浮数据的曝光次数

滞销商品

在“自检工具”栏处单击“滞销商品”图标按钮，在打开的页面中可以看到店铺内当前是否有滞销商品以及对滞销商品的判定依据，如图10-23所示。

图 10-23　查看有无滞销商品

订单体检

在“自检工具”栏处单击“订单体检”图标按钮，在打开的页面中可以看到订单体检规则说明和涉嫌虚假交易订单等信息，如图10-24所示。

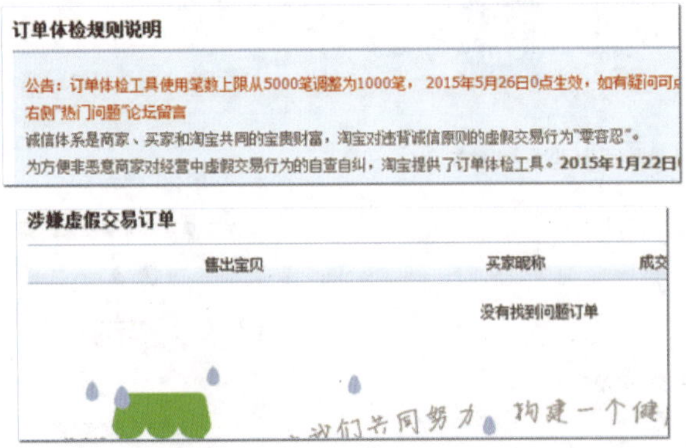

图 10-24　订单体检

小绝招　订单体检功能有次数限制

卖家在使用订单体检功能时一定要谨慎，因为这个功能有次数限制，如果超过次数，或者体检结果违规次数达到一定的程度，就会导致我们永久无法使用该功能。

营销体检

在“自检工具”栏处单击“营销体检”图标按钮，在打开的页面中可以了解自己的店铺有没有可以参加的营销活动以及各活动的准入条件信息，如图10-25所示。

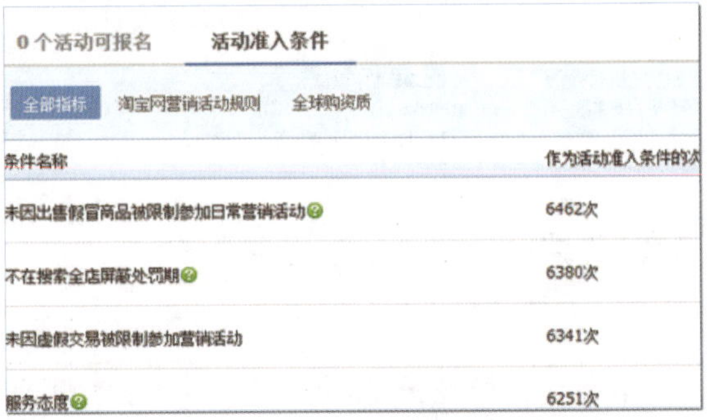

图 10-25　营销体检

商品资质

在“自检工具”栏处单击“商品资质”图标按钮，在打开的页面中可以查询店铺中是否有宝贝的资质需要审核，如图10-26所示。

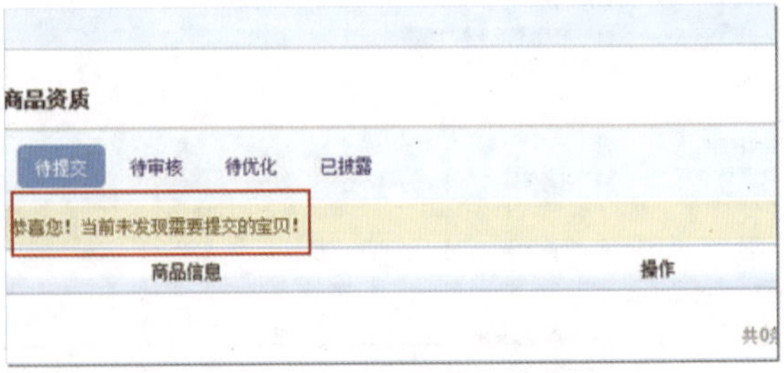

图 10-26　商品资质审核

10.2 交易管理

阿智：小白，看你最近生意不错啊！和客户的交易都变多了。

小白：还可以，不过遇到了一位顾客给我差评，有点忧伤。

阿智：没关系，刚开始创业嘛！很多东西不懂是正常的，下面我就给你讲讲如何给订单添加标记以及如何让你的店铺远离差评的方法。

实际操作过的卖家都知道，只要店铺中发生过交易，不管交易是否成功，交易的信息都会存在卖家中心。所以为了区别交易的成功与否，我们都需要对其进行管理，比如查看交易详情、给交易添加标记以及学习远离差评的方法等。

10.2.1 查看交易详情

无论是交易成功的订单，还是因为某些原因关闭了的交易，其都会被记录在卖家中心的交易管理中，卖家可以随时查看交易的详情。比如买家收货地址或者交易关闭的原因等。

学习目标	学会如何查看交易详情
难度指数	★

步骤01 进入卖家中心，在左侧的“交易管理”栏中单击“已卖出的宝贝”超链接，如图10-27所示。

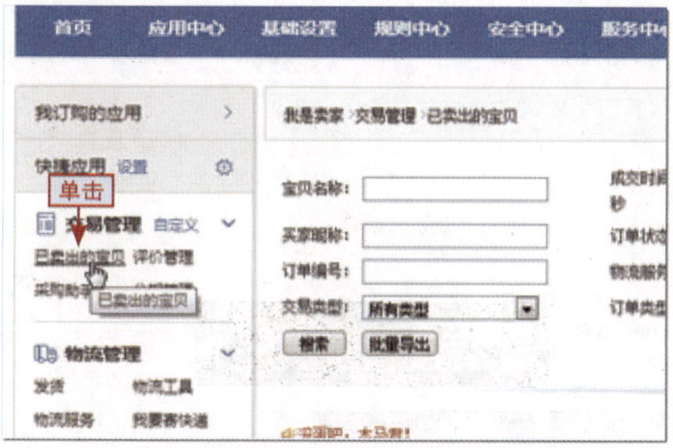

图 10-27 单击“已卖出的宝贝”超链接

步骤02 在订单列表中单击订单右边的“详情”超链接，可以查看该宝贝的交易详情，如图10-28所示。

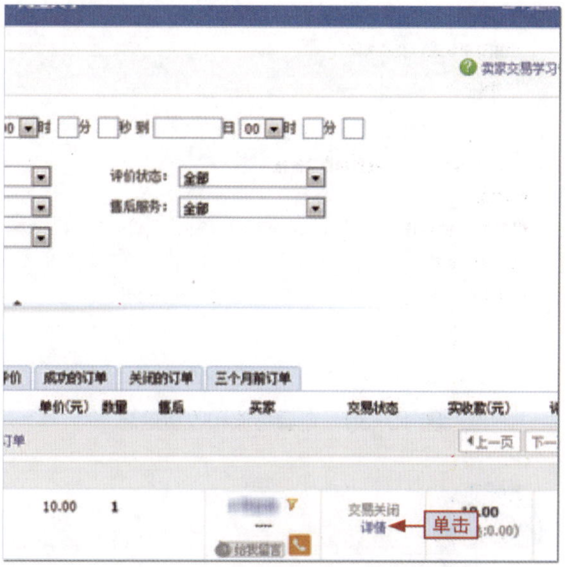

图 10-28 单击“详情”超链接

步骤03 在打开的页面中查看该订单的详细信息，如订单编号、交易号和创建时间等，如果是关闭的订单，还可以查看关闭的原因，如图10-29所示。

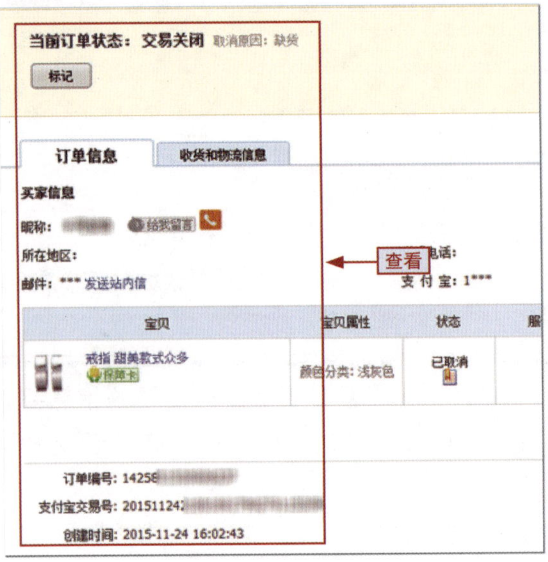

图 10-29 查看订单信息

步骤04 将鼠标光标移动到“收货和物流信息”选项卡上，可以查看收货和物流方面的信息，如图10-30所示。

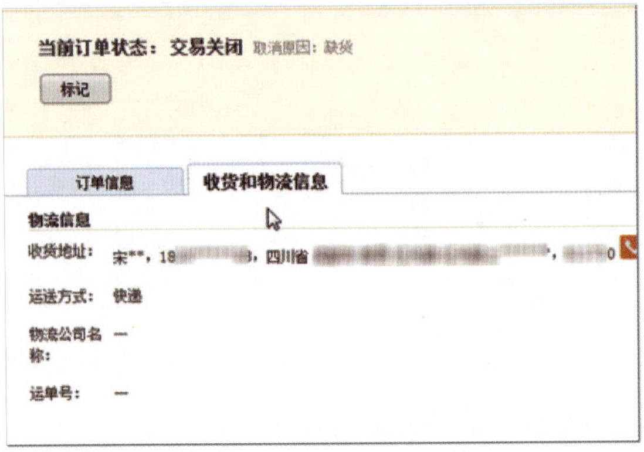

图 10-30 查看物流和收货信息

小绝招

无法快捷查询关闭的交易信息

在订单列表中，每一笔订单的右边都有一条短横线，将鼠标光标移动到买家名称下方的短横线处就可以看到买家的联系信息，但是如果交易在中途关闭，此处便无法看到买家的信息，如图 10-31 所示。

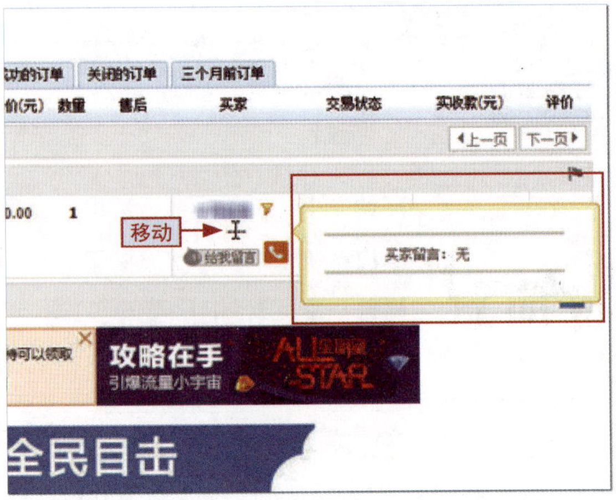

图 10-31 快捷查看联系信息

10.2.2 给订单添加标记

淘宝卖家可以给订单添加不同的标记，以此来区分不同类型的订单，这在订单比较多的情况下可以帮助卖家减少烦琐的工作量。

学习目标	学会给订单添加标记
难度指数	★

步骤01 进入已卖出的宝贝页面，在打开的已卖出的宝贝列表中找到需要添加标记的订单，在订单右上角单击红旗形状的按钮，如图10-32所示。

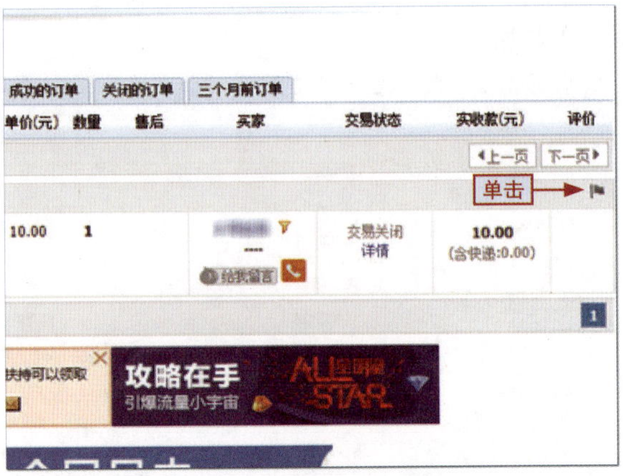

图 10-32 单击红旗形状按钮

步骤02 ❶在打开的页面中选择适当的标记符号，❷在下方的编辑框中输入标记信息，如图10-33所示。

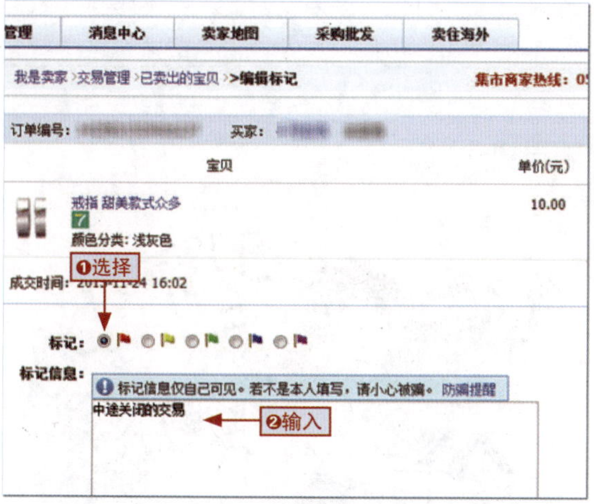

图 10-33　设置标记

步骤03 ❶单击下方的“确定”按钮，❷在新打开的对话框中单击“确定”按钮，如图10-34所示。

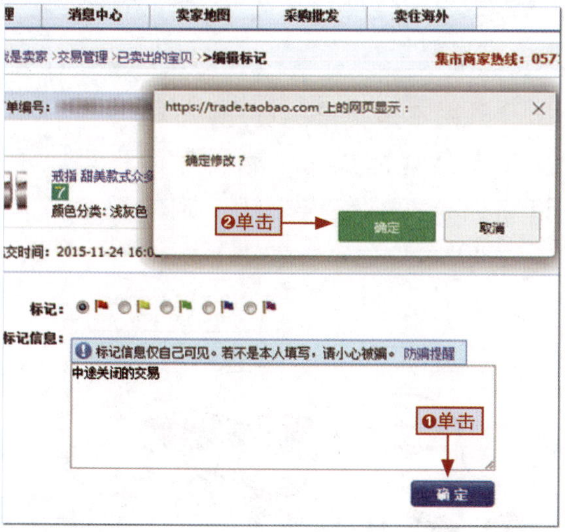

图 10-34　确定标记

步骤04 返回到订单列表页面，将鼠标光标移动到红旗形状的标记上，可以查看刚刚标记的信息，如图10-35所示。

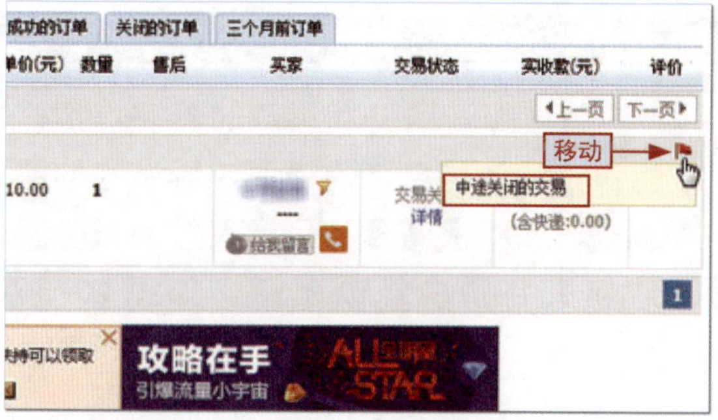

图 10-35　查看标记

小绝招　批量标记

有时需要标记的订单数量太多，我们可以使用批量标记功能。❶选中要标记的多个订单前面的复选框，❷单击“批量标记”超链接，然后将打开的页面按照前面的操作进行标记即可，如图 10-36 所示。

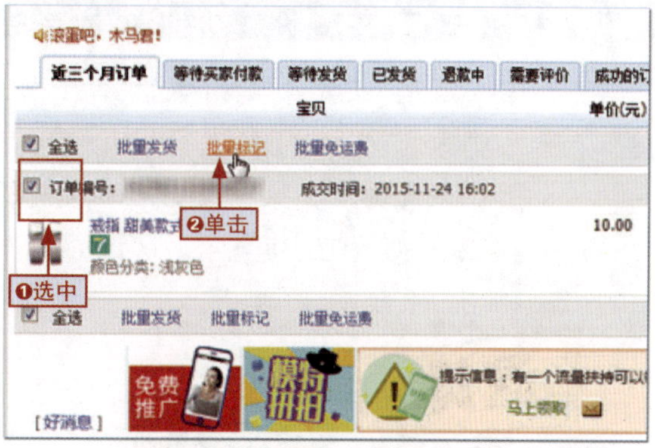

图 10-36　批量标记

10.2.3　让店铺远离差评

差评时时刻刻都是卖家的噩梦，一个差评就可能将好不容易积累的信誉摧毁殆尽。作为卖家，可以从售前、售中及售后各个环节使店铺远离差评。

学习目标	了解造成差评的原因和解决办法
难度指数	★★

● 质量不好或者与描述不符

遇到这类问题引发买家的差评，卖家首先应该承认是自己的错误，诚恳地向买家道歉，和买家商量，尽最大努力减少买家的损失并请求修改差评，如图10-37所示。

图 10-37 与描述不符导致差评

● 顾客对款式不满意

如果顾客是对款式不满意而给出差评，那么卖家应该和买家进行耐心的沟通，尽最大可能劝说买家换货，同时赠送一点小礼品等，如图10-38所示。

图 10-38 更换宝贝款式

● 因客服态度而差评

有些买家比较重视卖家的态度，遇到态度问题造成的差评，卖家先不要解释，一定要先道歉，与客户沟通并承认自己的失职，承诺以后会注意自己的态度问题，如图10-39所示。

图 10-39 客服态度差导致差评

● 送货太慢让买家不满意

这种情况是卖家感到最无奈最冤枉的事，虽说不是卖家的责任，但卖家也只有主动友好地向买家道歉，有时也可以承诺赠送小礼物或者返还一定的现金，如图10-40所示。

图 10-40 物流慢导致差评

误会性中差评给予合理解释

有的买家在购买时可能没有认真查看清楚宝贝的详细描述，收到宝贝后不满意，然后不管三七二十一就给店铺差评。对此，卖家要及时与买家联系并委婉地做出合理的解释，一定要解除误会，如图10-41所示。

图 10-41　解除误会

将解释公之于众

为了表达卖家的诚意，仅仅在旺旺上和买家解释是不够的，必要的话应该在评价管理页面进行公开的解释道歉，避免引起其他买家的误会和不满，如图10-42所示。

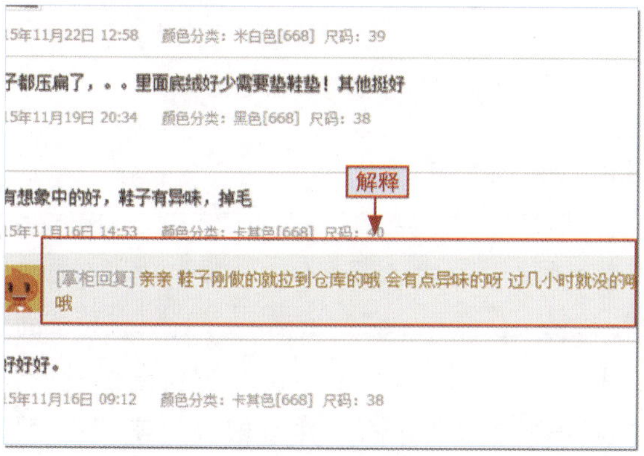

图 10-42　在评价栏中回复买家并解释

回访督促买家评论

有的宝贝成交记录数量很大，但是累计评价的数量却很少。出现这样的情况时，卖家如果有多余的时间可以对客户进行回访，督促买家评论，如图10-43所示。

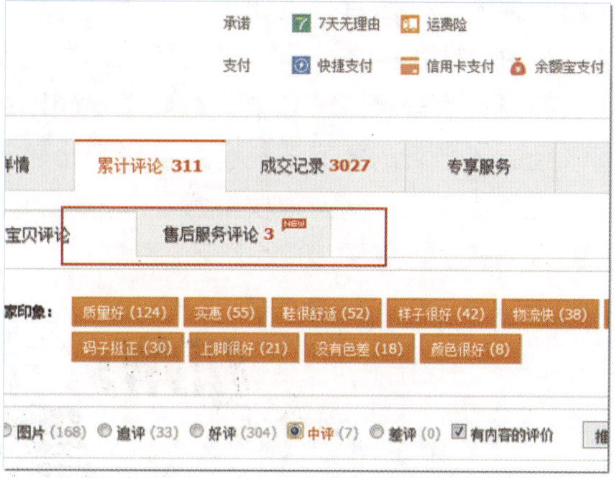

图 10-43　成交量大但评价少

防范恶意差评师

网上开店有时会遇到恶意差评，店主此时要把旺旺的对话记录截图保存，若协商解决不了，就可以用其投诉举证，如图10-44所示。

图 10-44　防范恶意差评

长知识 | 差评师

差评师就是靠给别人差评生活的人，是由淘宝网催生的新兴职业。淘宝网上有很多恶意买家做起了差评师，专门以给网店差评为手段向网店多要钱财，甚至还出现了很多“团伙作案”，给淘宝卖家造成了巨大的伤害。

好的口碑和信誉可以为店铺带来更高的点击率和成交量，差评师正是利用评价对店铺的重要性而对卖家进行威胁和敲诈。如果是刚刚起步的网店，几个差评基本上就可以让店铺宣布倒闭，经验较丰富的卖家还能有效应对几个差评的情况。

遇到差评师，网上维权虽然不易，但也不能任由其发展，必要时可以采取法律手段保护自己的合法权益，如图 10-45 所示。

图 10-45　差评师

10.3 财务管理

阿智：小白，一周前那位买家的货款到账了吗？

小白：到了，不过有些财务方面的管理还是不会。

阿智：嘿嘿！知道你会有问题，那我就给你讲讲网店的财务管理方面的事宜和具体操作程序吧！

开淘宝店就是为了赚钱，买卖双方免不了有金钱来往，无论是卖家将货款支付给供货商还是入账的买家购货款，都需要定期进行管理，了解各种资金往来详情，并且根据月度、季度以及年度的盈亏情况，对店铺经营做出相应的决策变动。

10.3.1 向支付宝充值

作为淘宝卖家，自己的支付宝账户应该随时都会有一些余额，以备店铺管理中的各种小额支付需要。这种情况需要使用支付宝的充值功能。

学习目标 学会给自己的支付宝账户充值

难度指数 ★★

步骤01 进入卖家中心，在店铺名称的下方单击“我的支付宝”账号超链接，如图10-46所示。

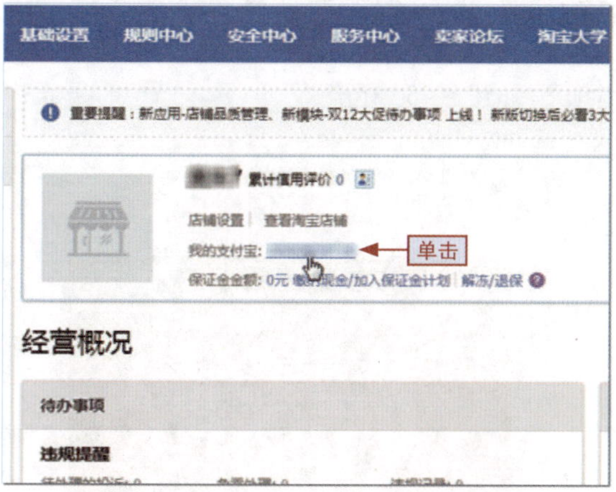

图 10-46 单击“我的支付宝”账号超链接

步骤02 在打开的页面中单击“进入支付宝”按钮，如图10-47所示。

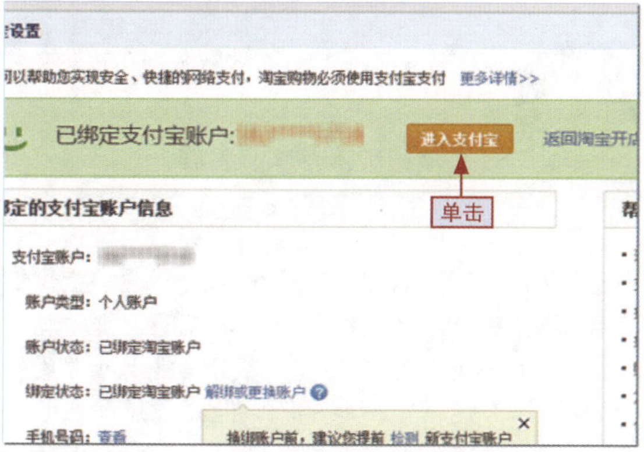

图 10-47 单击“进入支付宝”按钮

步骤03 在新打开页面的“账户余额”版块中单击“充值”按钮，如图10-48所示。

图 10-48 单击“充值”按钮

步骤04 在打开的充值页面中选中“充值到余额”单选按钮，如图10-49所示。

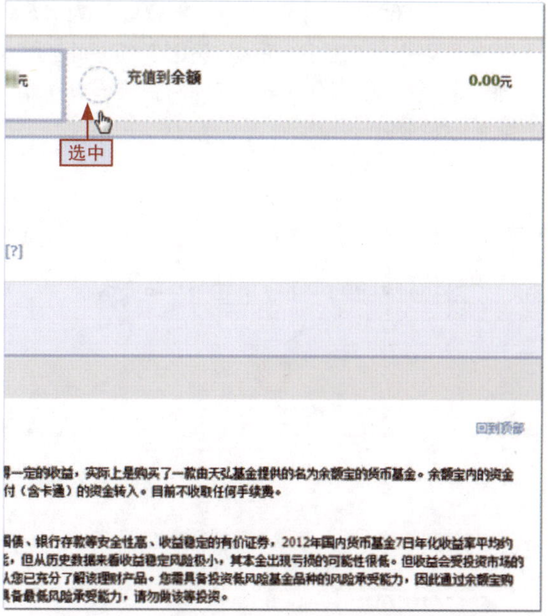

图 10-49 选中“充值到余额”单选按钮

步骤05 ❶选中提供资金的银行卡前面的单选按钮，❷单击“下一步”按钮，如图10-50所示。

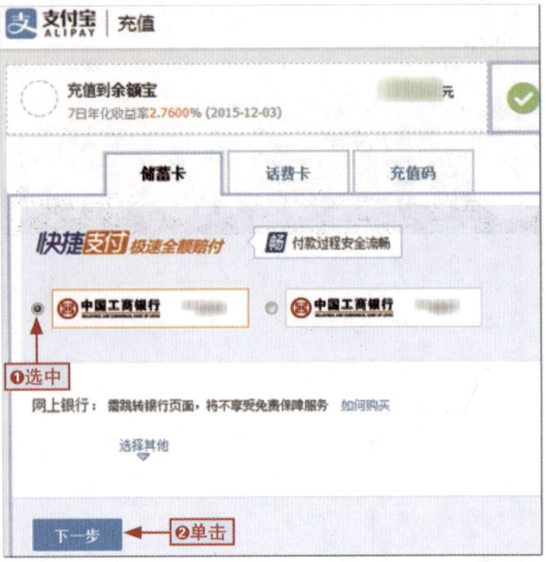

图 10-50 选择银行卡

小绝招 **单击“选择其他”超链接**

当页面中列出的不是自己想要使用的银行卡时，❶可以单击银行卡列表右侧的“选择其他”超链接，❷在打开的页面中选择需要的银行，如图 10-51 所示。

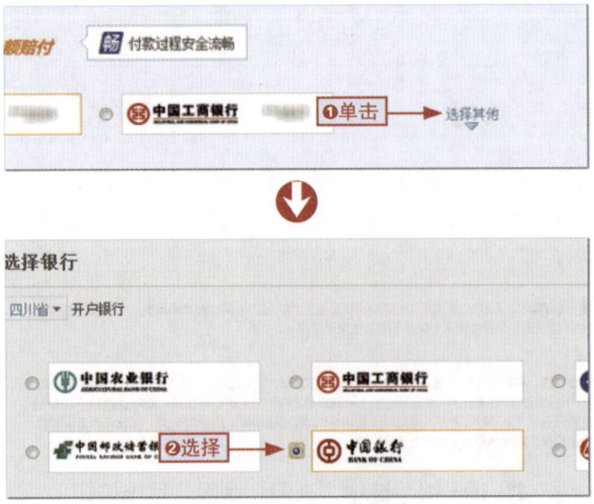

图 10-51 选择银行

步骤06 ❶输入充值金额和支付密码，❷单击“确认充值”按钮，如图10-52所示。

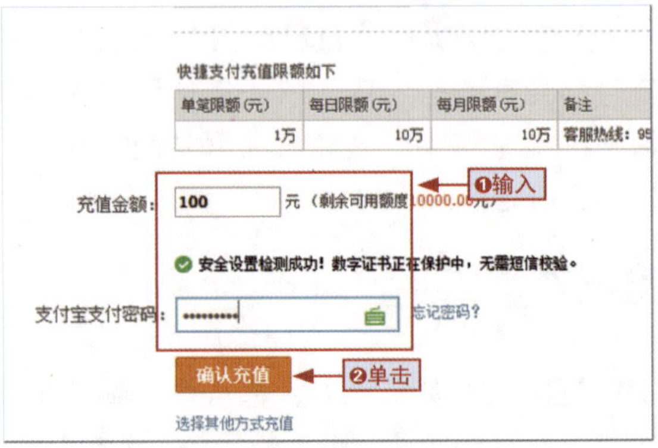

图 10-52 确认充值

步骤07 稍后即可充值成功，单击下方的“返回我的支付宝”超链接就可返回支付宝首页，如图10-53所示。

图 10-53 充值成功

小绝招 **充值过程不是绝对一样**

不是所有的用户在为支付宝充值时都按照正文中介绍的步骤进行，每个用户开通的支付宝服务和银行卡服务都不一样，充值过程就有差异。不同类型的银行卡，比如储蓄卡或信用卡等，操作过程也不尽相同。但如果是储蓄卡支付宝快捷支付服务，那么按照正文介绍的步骤进行充值即可。

10.3.2 支付宝提现

当卖家的支付宝账户积累了一定数量的余额时，或者用户自身有提现需要时，就可以从支付宝中把一定的金额提现到银行卡中。

学习目标 学会将支付宝中的余额提现到银行卡中
难度指数 ★★

步骤01 进入“我的支付宝”首页，在“账户余额”版块单击“提现”按钮，如图10-54所示。

图 10-54　单击“提现”按钮

步骤02 ❶在打开的页面中选中收款的银行卡前面的单选按钮，❷输入提现金额，❸选中“次日到账”单选按钮，❹单击“下一步”按钮，如图10-55所示。

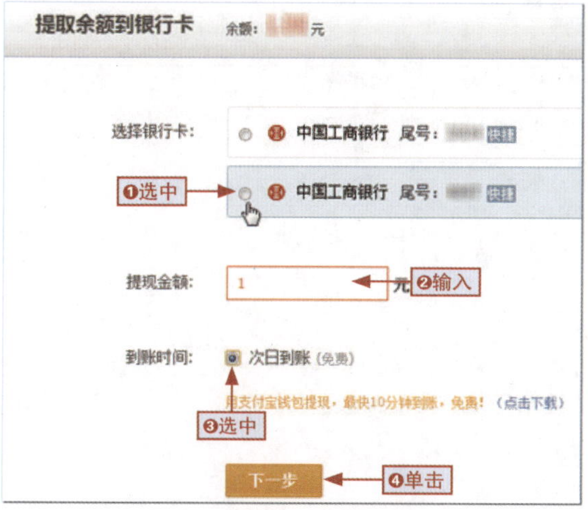

图 10-55　输入提现金额

小绝招　添加新的银行卡

有时卖家需要收款的银行卡不在列表里，就需要添加新的银行卡完成提现操作。❶在打开的“提现”页面中单击“添加银行卡”超链接，❷在打开的“添加新银行卡”对话框中选择要开通的银行，❸单击“下一步”按钮，❹在打开的快捷支付页面填写姓名和银行卡号等相关信息，❺单击“同意协议并开通”按钮即可添加新的银行卡用于提现，如图 10-56 所示。

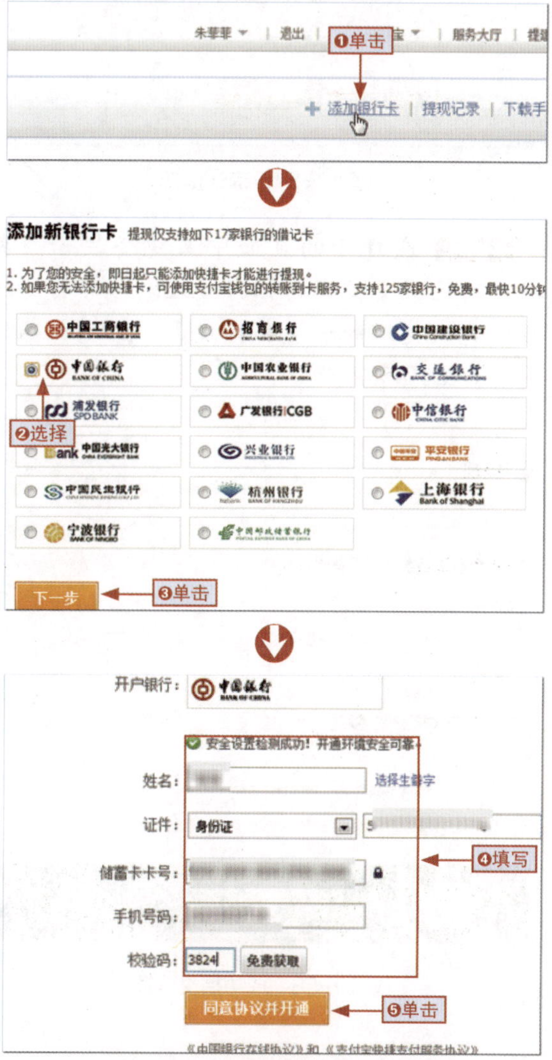

图 10-56　添加新的银行卡提现

步骤03 接着步骤2，❶在打开的页面中确认提现信息，输入支付密码，❷单击“确认提现”按钮，如图10-57所示。

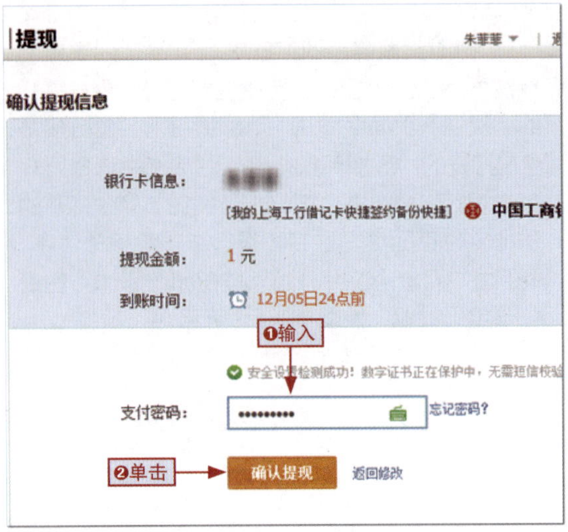

图 10-57 确认提现

步骤04 在打开的页面中系统会提示“提现申请已提交，等待银行处理”等字样，还可以看到处理的进度和提现成功后的到账时间，如图10-58所示。

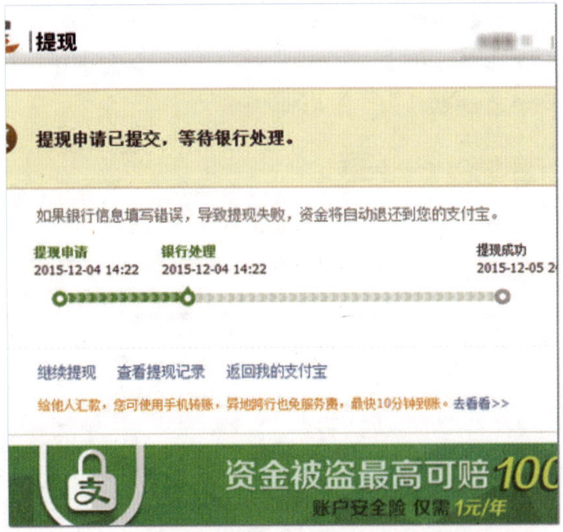

图 10-58 成功提交申请

小绝招

提现注意事项

首先，支付宝为了鼓励手机客户端的使用，提现时如果用手机客户端进行支付宝充值、提现或转账等操作，到账时间会更快，有时 10 分钟就能到账。

其次，用于提现的银行卡可以是普通的没有开通网银的借记卡，只需在手机端支付宝中添加银行卡就能默认将该卡开通快捷支付。

最后，如果一定要使用电脑端进行提现，一般都是次日到账。

10.3.3 查看账户信息

卖家与买家在淘宝上进行的所有交易，只要不是线下进行的，在支付宝里面都能看到交易信息、月度及年度对账单。

学习目标	了解账户信息包含的内容
难度指数	★★

● 查看交易记录

在支付宝首页单击“交易记录”选项卡就可以查看支付宝近期的交易记录，如图10-59所示。

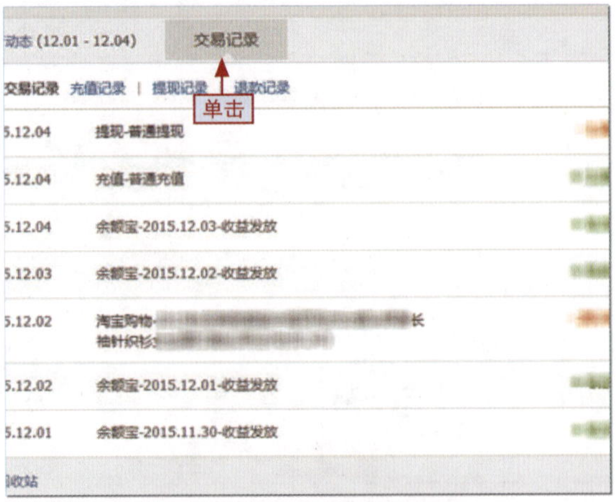

图 10-59 支付宝交易记录

账户资产

在支付宝首页上方单击“账户资产”导航菜单，查看自己的资产和银行卡信息，如图10-60所示。

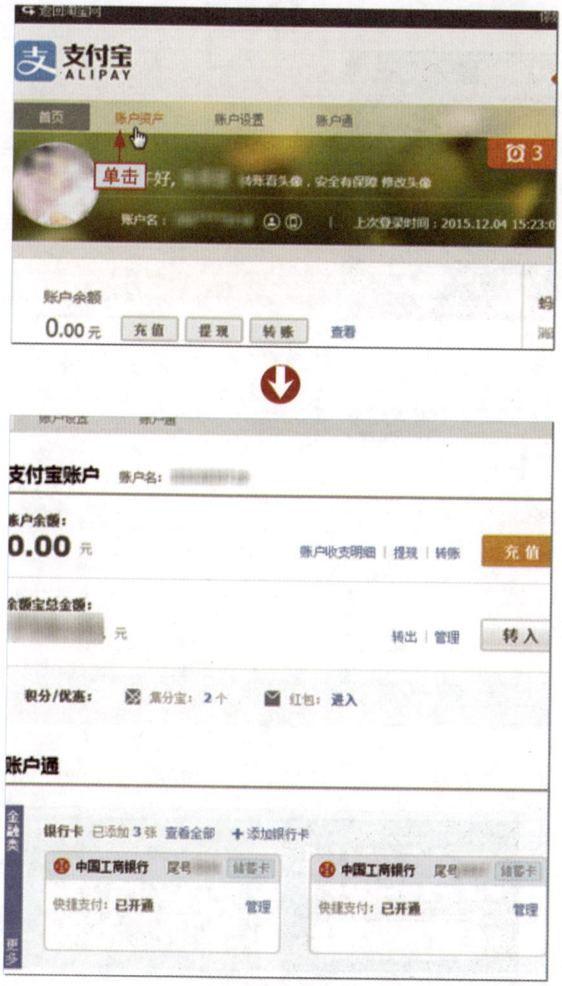

图 10-60 查看账户资产

查看电子对账单

在支付宝首页页面右侧单击“电子对账单”超链接，在打开的页面中可以查看交易支出、余额宝收益以及消费走势等情况，如图10-61所示。

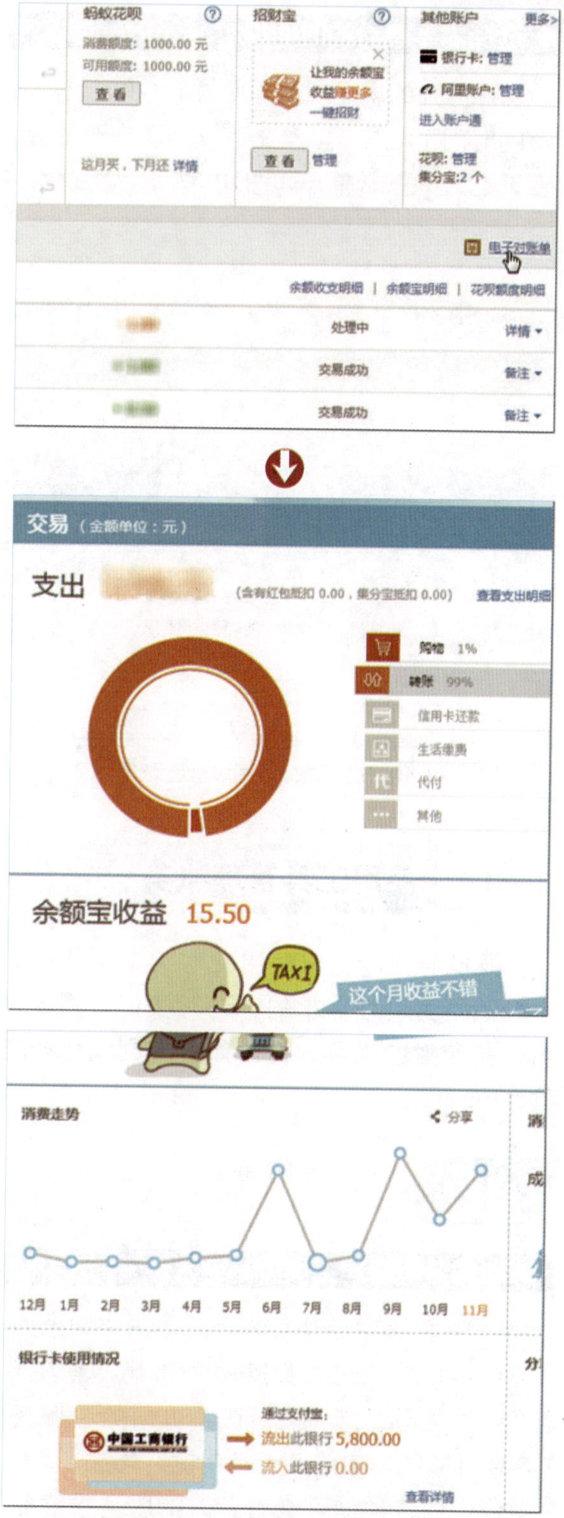

图 10-61 查看电子对账单

● 选择需要查看的时间段

在打开的电子对账单页面，❶单击右上角的时间下拉按钮，❷在下拉列表中选择要查看的时间段账单，如图10-62所示。

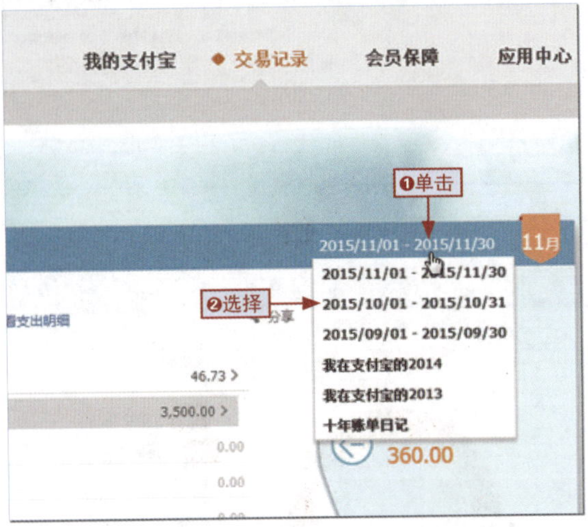

图 10-62　选择时间段查看账单

10.3.4 使用工具管理账务

很多时候，仅仅使用支付宝是不能满足店铺的财务管理需求的，这时我们就需要使用一些专业的工具软件，如订单利润分析工具、Excel等。

学习目标	了解相关的财务管理工具
难度指数	★

● 利润分析管理工具

❶在卖家中心首页最上方单击“卖家服务”下拉按钮进入卖家服务市场，❷选择“订单管理”选项，❸在新页面的“服务特色标签栏”中滚动鼠标中键，❹选择“利润分析”选项就可查看下方的服务搜索结果，如图10-63所示。

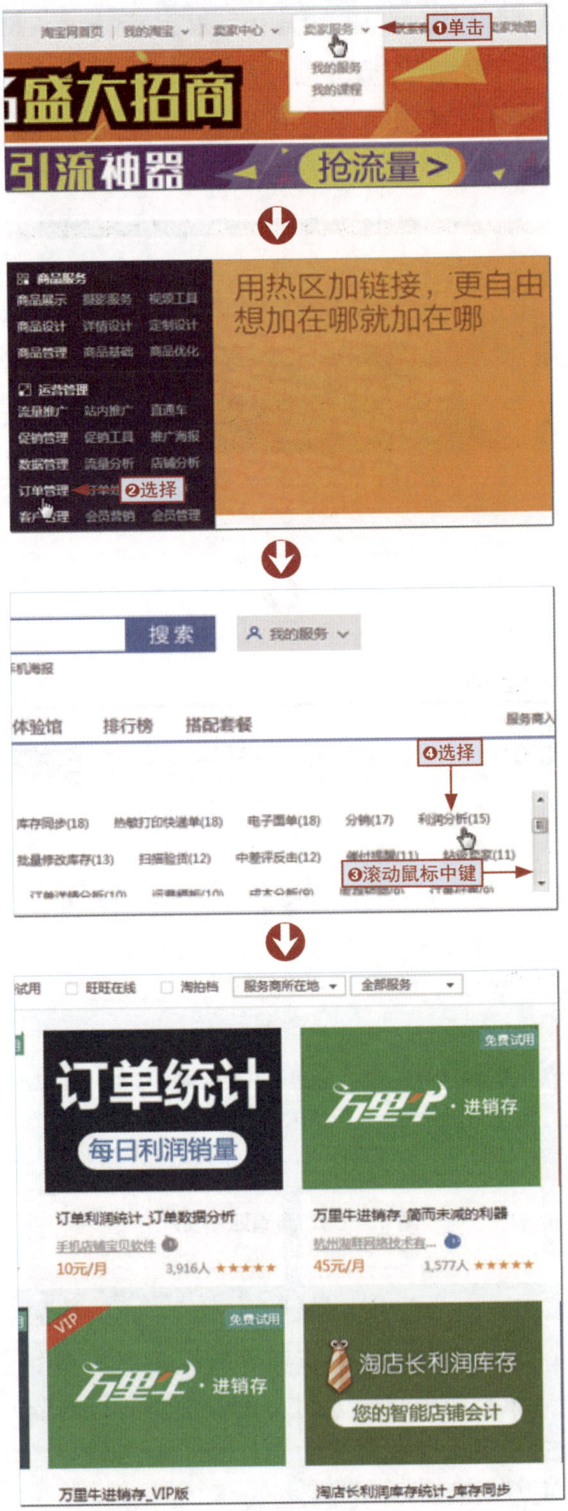

图 10-63　搜索利润分析管理工具

● Excel

Excel以其强大的数据处理能力被广泛应用到各个行业领域中，其也是企业财务管理工作中不可替代的管理工具，如图10-64所示。

	A	B		C
1		事业单位、社会团体、民办非企业单位支出明细表		
2	行次	项目		企业填报
3	1	一、支出总额（2+3+……+10）		0.00
4	2	拨出经费		
5	3	上缴上级支出		
6	4	拨出专款		
7	5	专款支出		
8	6	事业支出		
9	7	经营支出		
10	8	对附属单位补助		
11	9	结转自筹基建		
12	10	其他支出		
13	11	二、不准扣除的支出总额		0.00
14	12	（1）税收规定不允许扣除的支出项目金额		
15	13	（2）按分摊比例计算的支出项目金额		
16	14	三、准予扣除的支出总额		
17		经办人（签章）：	法定代表人	（签章）：
18		审核人（签章）：		
19				
20				

图 10-64　Excel 表格

● 淘宝卖家的Excel财务管理

淘宝卖家经营的范围很小，所以在使用Excel进行财务管理时更加方便，只需要将日常的开支记录准确即可，并且只需自己看得懂即可，如图10-65所示。

项目	行次	本月发生额	本年累计数
一、主营业务收入	1	16,720.00	163,694.00
减：主营业务成本	4	14,990.00	127,655.00
主营业务税金及附加	5		
二、主营业务利润（亏损以“-”填列）	10		
加：其他业务利润（亏损以“-”填列）	11		
减：营业费用	14		
管理费用	15	1,530.00	32,039.00
财务费用	16	2,000.00	24,000.00
三、营业利润（亏损以“-”填列）	18	-1,800.00	-20,000.00
加：投资收益（损失以“-”填列）	19		
补贴收入	22		
营业外收入	23		
减：营业外支出	25		
加：以前年度损益调整	26		
四、利润总额（亏损以“-”填列）	27	-1,800.00	-20,000.00
减：所得税	28		

图 10-65　简单记录支出收入

10.4 收货款，给买家评价

小白：我家的店铺也开了将近一个月了，为什么信用评分增长得那么慢呢？照这样的速度，我的店铺什么时候才能够升钻啊？

阿智：别着急，有可能是因为你没给买家做出评价。因为只有买卖双方互评才能给店铺计算信用评分，所以一定要记得给买家回评。

作为淘宝卖家，不仅要在买家确认付款后及时收取货款，同时还要给买家的购买行为进行评价，只有买家和卖家互评，店铺才能获得信用评分，从而才能正常地营业并升成钻级。

10.4.1 查看收货情况

不仅是买家要及时收货，卖家也要及时查看买家是否已经确认收货，这样能够及时获取买家支付的商品货款。

学习目标	学会查看买家的收获进度
难度指数	★

步骤01 以圆通快递为例，卖家在浏览器的地址栏中输入http:\\www.yto.net.cn，进入圆通快递官网，如图10-66所示。

图 10-66 进入圆通快递官网

步骤02 ❶在圆通快递官网首页的“快件追踪”文本框中输入运单号，❷单击“追踪”按钮，如图10-67所示。

图 10-67 单击“追踪”按钮

步骤03 在新打开的页面中就可以查看到该宝贝的物流情况，包括买家是否收货，如图10-68所示。

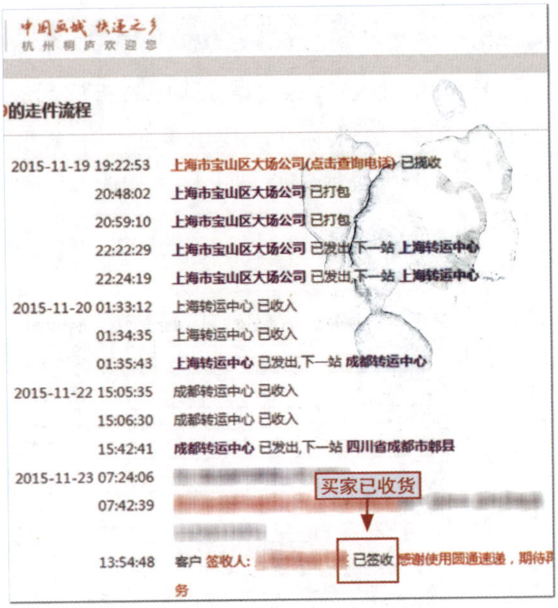

图 10-68 查看收货情况

10.4.2 查账，督促买家写评语

卖家要在买家确认收款后到支付宝账户查看货款的到账情况。一般情况下，买家确认收货的同时卖家就能收到货款。

学习目标 知道查账的操作和买家写评语的重要性

难度指数 ★

进入支付宝首页，在“我的账单”栏中就可以查看买家支付的货款，如图10-69所示。

图 10-69 查看买家支付的货款

有时在宝贝确认收货的时限快要到了，但是买家一直没有确认收货，并且没有给店铺评价，这时卖家如果有时间最好还是督促买家填写评语，这样双方互评店铺才有信用分。

卖家可以通过阿里旺旺向没有给店铺及时做出评价的买家进行沟通，但是目的性不要太强。

如果到了确认收货的最终期限，买家还是没有确认收货，淘宝网系统会自动确认收货，这样买卖双方也能获得信誉积分，但是没有动态评分，所以买卖双方还是亲自互填评价才对卖家有利。

10.4.3 给买家评价

很多时候，买家会亲自确认收货并给出自己的评价，作为卖家也要及时给买家回评，这样才能赚取信用积分。

学习目标　掌握给买家回评的操作步骤
难度指数　★★

进入卖家中心，在页面左侧“交易管理”栏中单击“已卖出的宝贝”超链接，如图10-70所示。

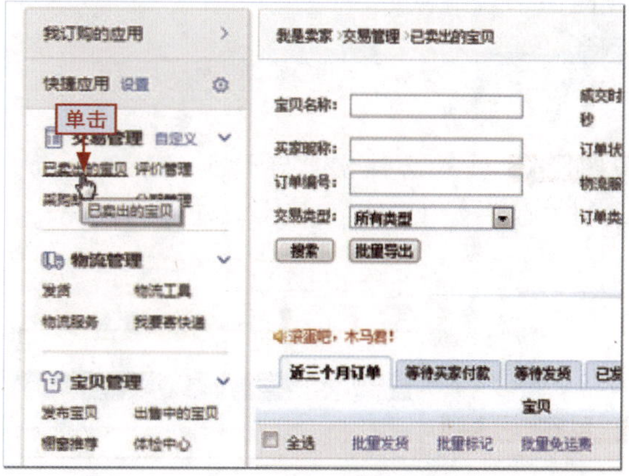

图 10-70　单击“已卖出的宝贝”超链接

在宝贝列表中找到需要评价的交易，单击右侧的“评价”超链接，随即就可以对买家进行评价。

10.5 处理买家的退换货要求

阿智：小白，经营店铺的过程中有没有遇到买家要求退换货的情况？

小白：暂时还没有。不过要是遇到了我该怎么办呢？

阿智：为了保证你自己的权益和买家的权益，你需要事先制定退换货的标准，遇到实际问题再根据标准对买家进行解释或补偿！

开店做生意，会遇到两种情况，要么买家满意店铺中的宝贝，要么不满意买到的宝贝。如果遇到买家对购买的宝贝不满意，并要求换货甚至是退货的情况，卖家除了要积极补偿买家外，还应该事先制定好退换货标准。

10.5.1 制定退换货标准

制定退换货标准是保障卖家和买家双方权益的有效措施，事先声明退换货的条件可有效降低出现纠纷的可能性，也能给售后服务提供相应的依据。

学习目标 学会在宝贝详情页添加退换货条件

难度指数 ★

步骤01 进入店铺宝贝详情页的装修页面，添加“自定义内容区”模块，如图10-71所示。

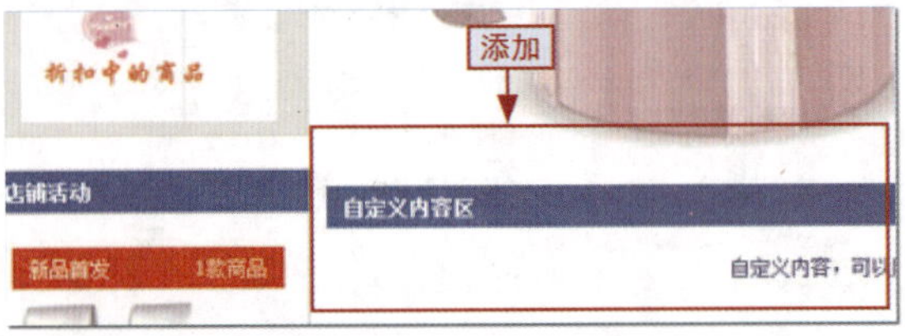

图 10-71　添加“自定义内容区”模块

步骤02 ❶将鼠标光标移动到“自定义内容区”模块处，❷单击“编辑”按钮，如图10-72所示。

图 10-72　单击“编辑”按钮

步骤03 ❶在打开的编辑框中修改模块的标题，❷输入相关的退换货标准(可适当加一些可爱的表情)，❸设置字体和大小，❹单击“确定”按钮，如图10-73所示。

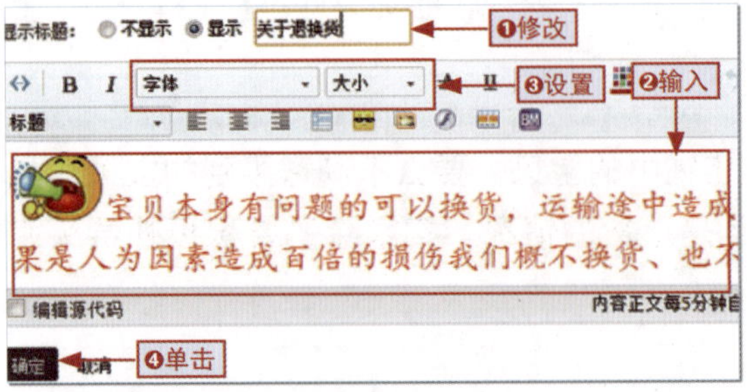

图 10-73　编辑退换货标准的相关信息

不同的店铺有相同的淘宝网系统默认的退换货规则，这些买家在购买相应的宝贝时会看到这些规则。只有店铺自行规定的退换货标准才能自己设置，不同的店铺有不同的退换货条件，各卖家可以根据自身店铺的情况制定相应的标准。

10.5.2 根据标准补偿买家

不同的店铺对买家受到的损失有不一样的补偿措施，具体的措施应根据自己店铺制定的退换货标准实施。

学习目标 学会用制定的标准安抚或补偿买家

难度指数 ★

买家如果发现收到的宝贝有问题，一般都会主动联系卖家，有时甚至会直接给差评。这时卖家就需要了解具体的情况，然后做出相应的应对措施。

● 买家先联系卖家

买家在给店铺评价之前，先联系卖家并说明宝贝存在的问题，双方经过核对和协商，根据退换货标准和补偿条件对买家进行安抚。

遇到这一类买家，卖家应该高兴，因为这样的买家并不想给卖家差评，而是想得到卖家的解释或补偿，从而顺利地给卖家好评。

如果是商品质量的问题，那么要和买家解释清楚，针对问题要主动提出更换宝贝的措施，不能等到买家自己开口。面对这一类买家，卖家的主动往往能够意外收获买家的信任和好感，变难题为发展机会。

● 卖家看到中差评后联系买家

一般这种事情发生在买家对收到的宝贝很不满意的情况下，或多或少会存在一些受个人情绪影响的可能性。

这些买家一般不会考虑给卖家中差评会为其带来什么样的后果，而只是想发泄心中的不满。对于卖家来说很有可能没法消除这样的中差评。

但是卖家在遇到这样的情况时，一般都应主动联系买家，询问交易出现的问题，为了避免中差评给店铺带来负面影响，卖家可以采取赔偿或包邮换货的措施。

对于实在不能消除的中差评，卖家一定要在相应的中差评后面给出回复，回复的内容也很关键，其应该包括的内容如图10-74所示。

问题起因的解释

买家说物流速度很慢，卖家就要根据实际情况做出合理解释，比如“双11的订单太多，大家都是等了很久才收到货的，抱歉给您带来了困扰，也同样希望您能谅解”之类的回复。

与客户沟通的经过和结果

比如“感谢亲抽出宝贵的时间和我们交流，但是亲所说的问题是人为因素造成的，我们没有办法满足您的要求，如果是我们的原因，我们会负全部责任！希望您能理解”之类的回复。

反思与总结

比如“亲反馈的问题我们收到了，我们新店刚开始营业，还有很多不足的地方，这次是我们的疏忽，您的要求很合理，我们接受了，以后一定改正，希望亲可以多光顾本店，也多提出宝贵的意见”之类的回复。

拒绝买家的无理要求

如果遇到蛮不讲理的买家，提出的要求不合理，卖家不能妥协，要在回复的内容中将买家遇到的问题和提出的要求进行展示，表明卖家的原则与态度。

图 10-74 卖家对中差评的回复内容

10.6 使用千牛手机端管理店铺

小白： 每天都对着电脑管理店铺，好麻烦啊！有没有什么别的方法不用开电脑就能管理店铺呢?

阿智： 当然有啊！原来你每天看起来这么累就是因为这个啊！其实你可以在手机上使用千牛客户端，随时随地都能管理你家的店铺。

经营网店对于卖家来说，是一个随意但又不能随便的工作。工作环境自由随意，但是又不可能时时都守在电脑前关注店铺和买家的动态。为了尽量不耽搁店铺的生意，实现更加灵活的管理，卖家可以在不登录电脑端店铺的情况下使用手机千牛客户端管理店铺，操作既方便又快捷。

10.6.1 手机端商品管理

淘宝卖家可以使用手机千牛客户端对店铺的商品进行管理，比如查看出售中的宝贝、仓库中的宝贝以及编辑宝贝的基本信息等。

学习目标	学会使用手机管理店铺
难度指数	★★★

步骤01 启动手机千牛客户端，在“工作台”页面中点击“商品管理”图标，如图10-75所示。

图10-75　点击“商品管理”图标

步骤02 如果是首次进行操作，需要得到卖家的授权，在打开的页面中点击“立即授权”按钮，如图10-76所示。

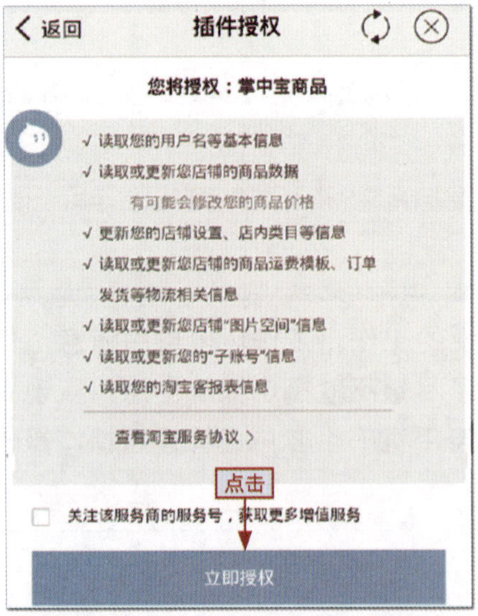

图 10-76　点击“立即授权”按钮

步骤03 在“掌中宝商品”页面中点击“批量修改”图标，如图10-77所示。

图 10-77　进入宝贝批量修改页面

步骤04 切换到“在线修改”选项卡，如图10-78所示。

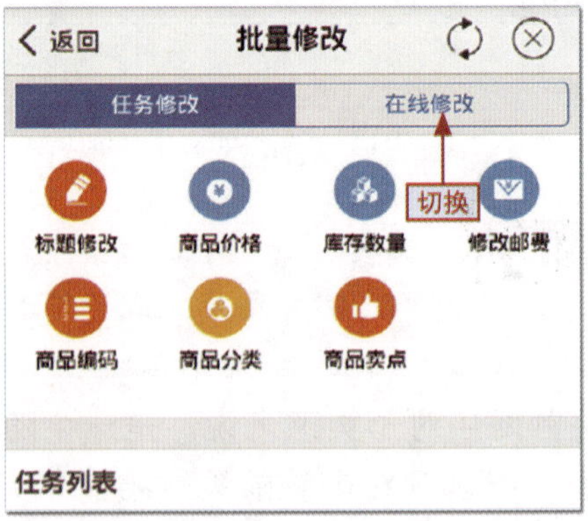

图 10-78　切换到“在线修改”选项卡

步骤05 在打开的页面中点击想要修改内容的相应图标按钮，比如“修改标题”按钮，如图10-79所示。

图 10-79　点击“修改标题”按钮

步骤06 ❶在打开的对话框中修改宝贝的标题，可以删除多余的关键字或替换部分关键字，也可以添加关键字，❷点击“预览效果”按钮，如图10-80所示。

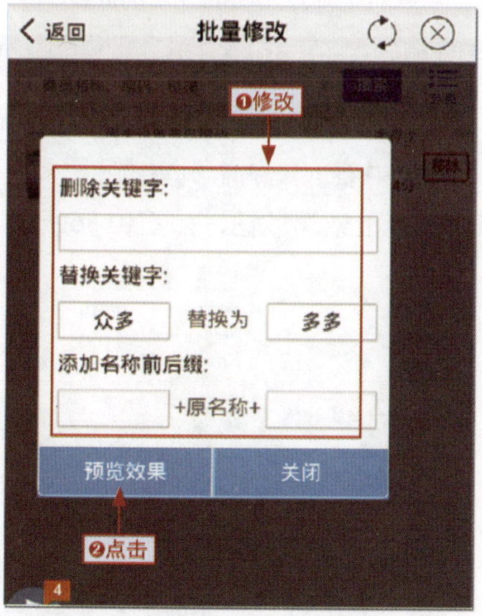

图 10-80　修改宝贝标题

步骤07 ❶在新的页面中查看修改的内容，❷确认无误后点击“确认修改”按钮，如图10-81所示。

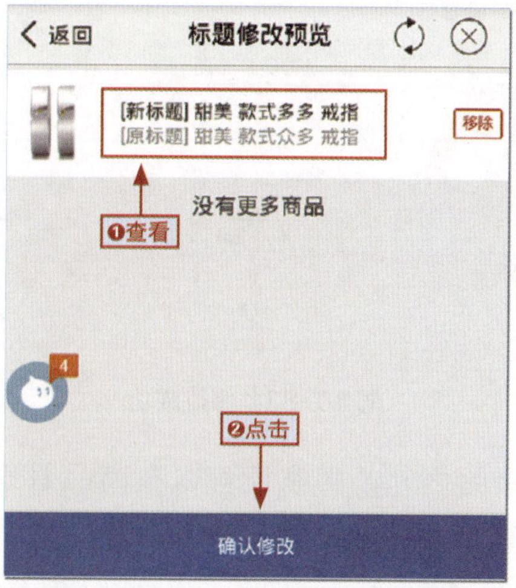

图 10-81　单击“确认修改”按钮

步骤08 在打开的对话框中点击“确定”按钮，如图10-82所示。

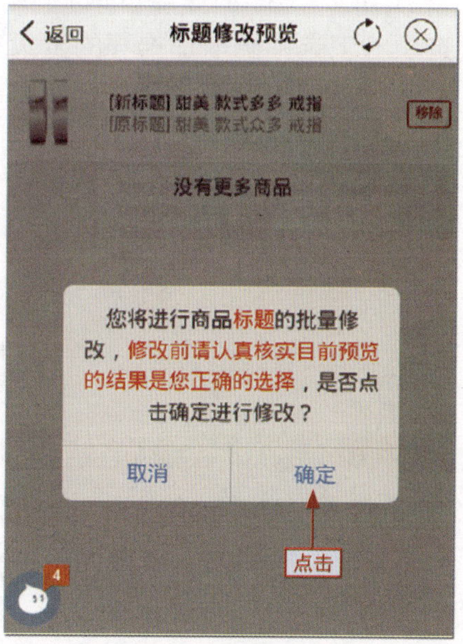

图 10-82　最终确认修改

步骤09 修改成功后点击“返回”按钮即可返回批量修改首页，如图10-83所示。

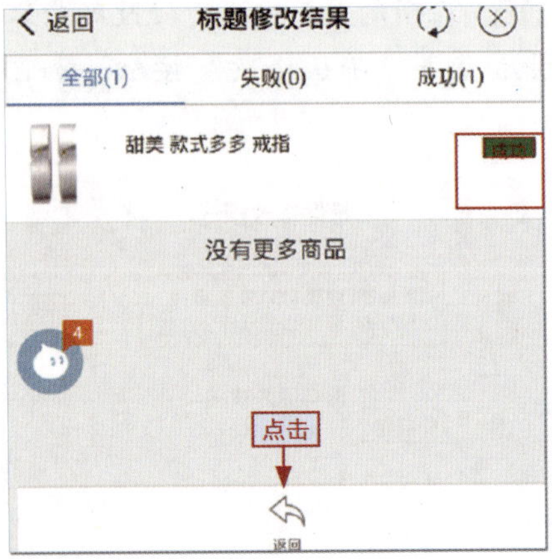

图 10-83　修改成功

除此之外，卖家还可以在商品管理页面中进行推荐、取消推荐以及仓库中宝贝上架等操作。

● 取消推荐

在“掌中宝商品”页面中点击“商品管理”按钮进入商品管理页面，在“出售”选项卡下选中要取消推荐的宝贝复选框，点击“取消推荐”按钮(或“橱窗推荐”按钮)，如图10-84所示。

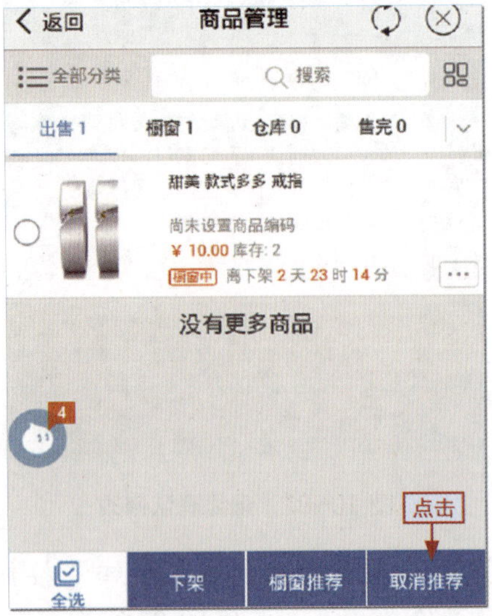

图 10-84　点击“取消推荐”按钮

小绝招

在“橱窗”选项卡下取消推荐

“橱窗”选项卡列出的宝贝都处于橱窗推荐状态，所以只有执行“取消推荐”和“下架”操作，没有“橱窗推荐”按钮。同样，选中宝贝后点击“取消推荐”按钮即可取消选中宝贝的橱窗推荐状态，如图 10-85 所示。

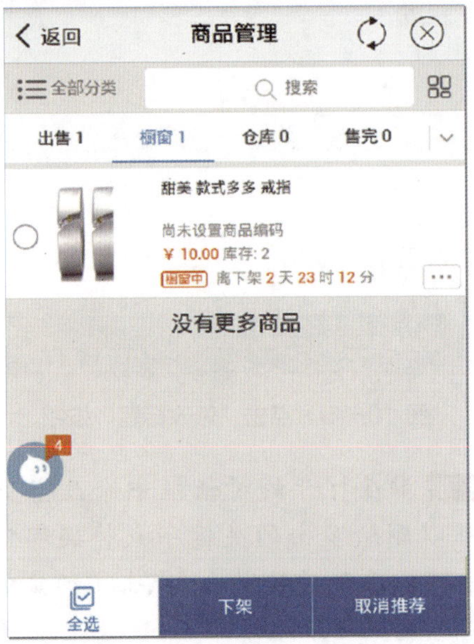

图 10-85　在橱窗中取消推荐

● 上架仓库中的宝贝

在商品管理页面，❶切换到“仓库”选项卡，❷选中要上架的宝贝复选框，❸点击页面下方的“上架”按钮，如图10-86所示。

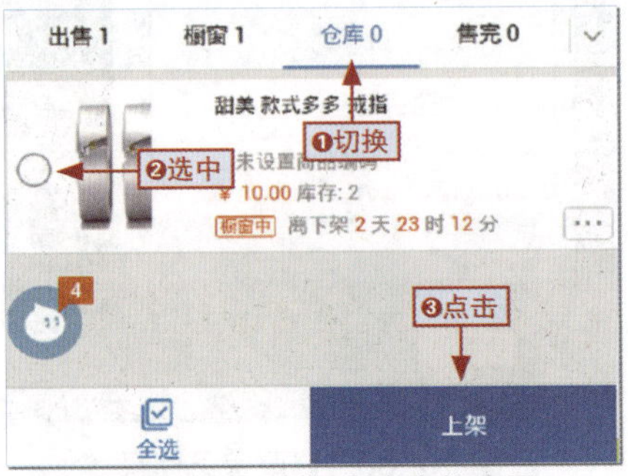

图 10-86　上架仓库中的宝贝

小绝招 修改宝贝数量

宝贝数量也在“批量修改”页面中修改，❶点击页面下方的“修改库存”按钮，❷在打开的对话框中设置宝贝的库存，❸选中库存修改方式单选按钮，❹点击“预览效果”按钮，后面的步骤可参照宝贝标题的修改步骤，如图 10-87 所示。

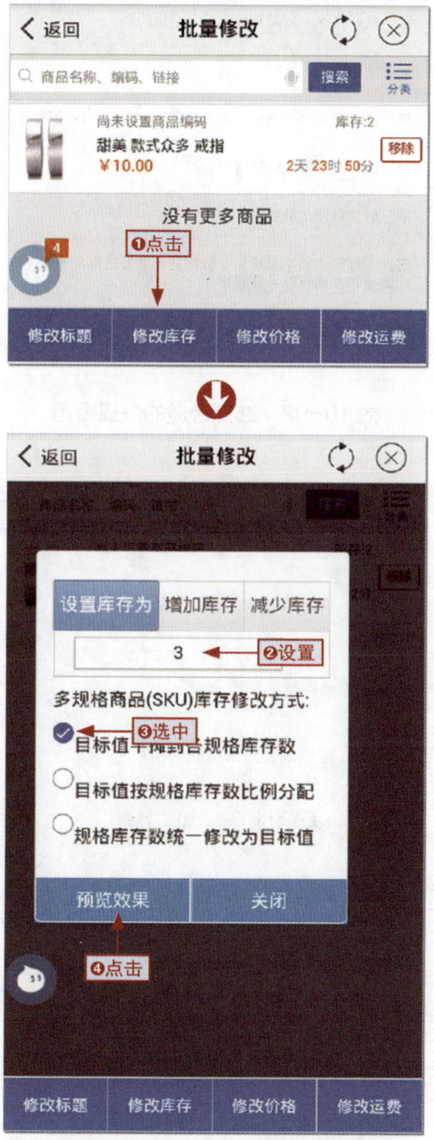

图 10-87 修改宝贝的库存数量

10.6.2 旺旺聊天管理

淘宝卖家一旦离开电脑，就需要使用手机千牛平台保持在线状态，方便及时接收买家或其他旺旺用户发来的消息，随时随地进行交流和沟通。

学习目标 学会使用手机旺旺聊天

难度指数 ★

步骤01 ❶在千牛首页点击下方的“聊天”选项卡，❷选择要进行回复的用户，如图10-88所示。

图 10-88 选择要回复的用户

步骤02 ❶在打开的页面中输入要回复的内容，❷点击“发送”按钮，如图10-89所示。

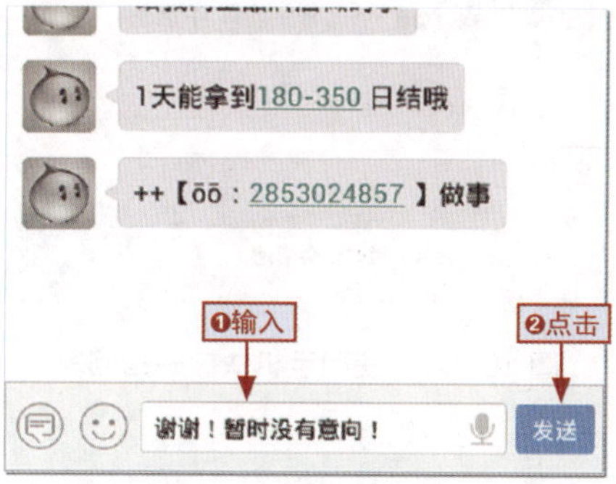

图 10-89 发送回复

步骤03 返回到聊天页面，选择其他最近联系人，如图10-90所示。

图 10-90　选择其他联系人

步骤04 点击会话界面左下角的“快捷回复”按钮，如图10-91所示。

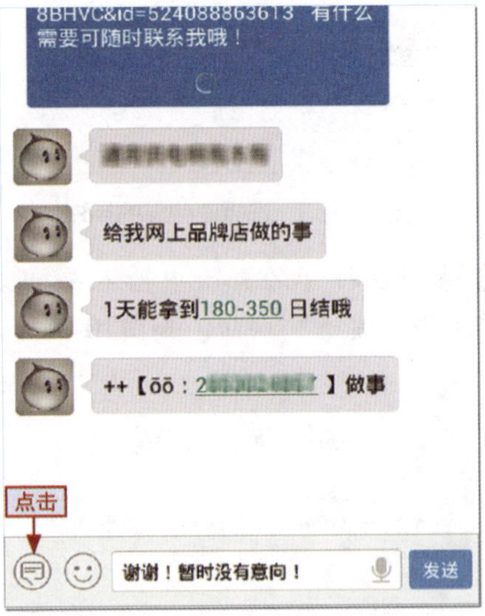

图 10-91　使用手机快捷短语回复

步骤05 ❶点击个人联系人按钮，❷点击“未分组”下拉按钮，❸选择合适的快捷回复短语，如图10-92所示。

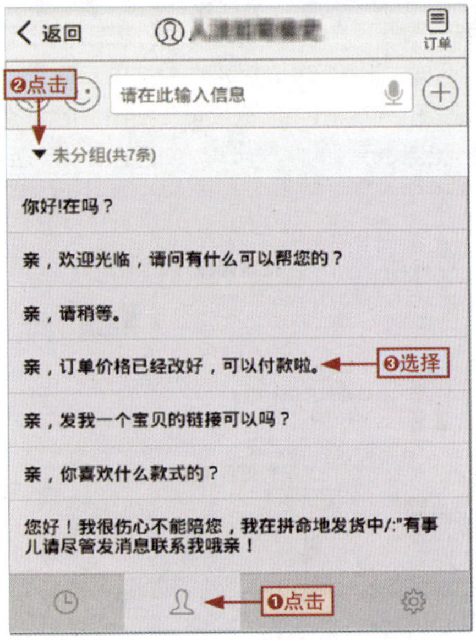

图 10-92　选择合适的快捷短语

步骤06 快捷短语会自动添加到输入回复信息的文本框中，点击“发送”按钮即可，如图10-93所示。

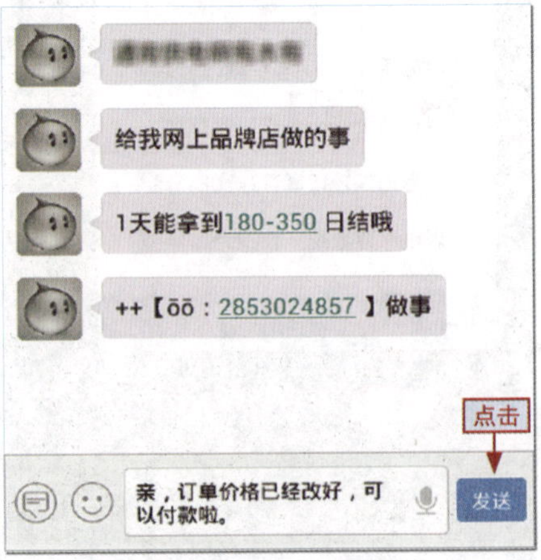

图 10-93　发送消息

长知识 | 普云管理

在使用千牛平台进行店铺管理时，交易管理一般默认的就是普云交易管理服务。其实它就是千牛商品的一个插件，包含出售、仓库中、橱窗推荐以及宝贝体检等功能，支持上架、下架、橱窗推荐、取消推荐、编辑、复制链接以及宝贝预览等操作。其应用功能简捷方便，是淘宝卖家移动办公的得力助手。

另外，普云软件有自己的主打产品即普云网店管理系统，如图 10-94 所示。它基于平台化、模块化以及 B/S 架构的设计理念，集成进销存、打单发货、采购、库存、退换货、财务、客户、绩效以及统计分析等各大网商企业典型流程，全面覆盖实际业务，推动了企业流程的优化。

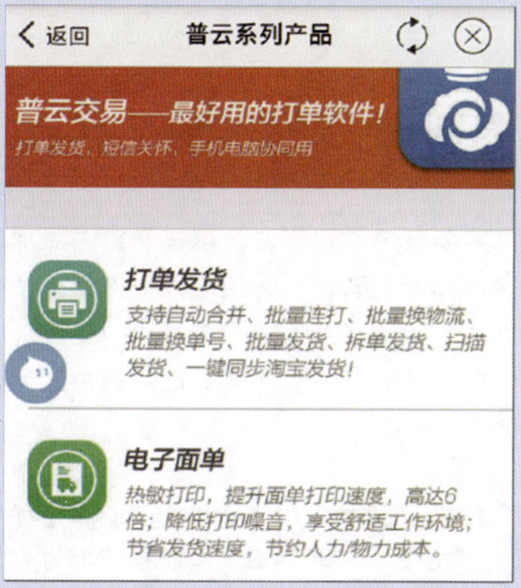

图 10-94 普云管理

给你支招 | 怎样查看交易明细

小白：在支付宝中查看交易记录，有时为了某种需要，比如查看资金到底是使用余额宝支付的，还是用网银支付的，这种明细信息能查看到吗？

阿智：可以查看到，对单笔交易金额明细的查看需要用户进入自己的支付宝才能看到，如图 10-95 所示。

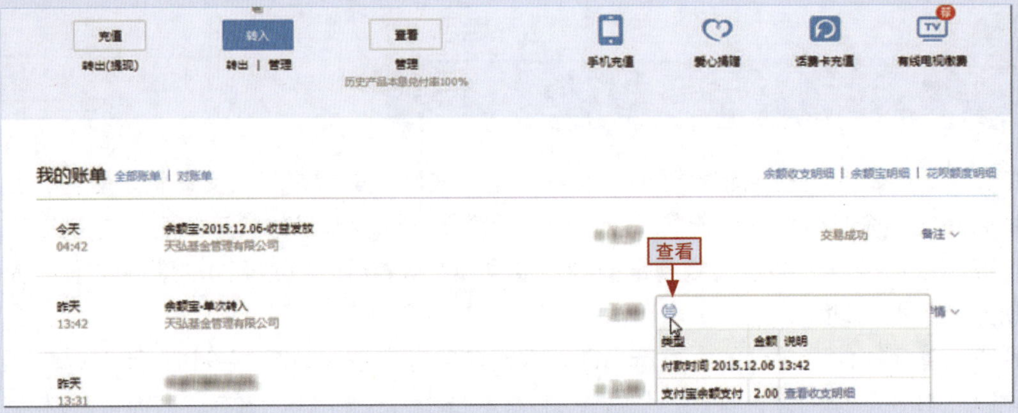

图 10-95　查看交易明细

给你支招 | 在手机端将用户加为好友

小白： 在手机端进行聊天管理，有时想要将某个用户加为好友，可是利用“添加”好友功能好麻烦，还需要输入用户的旺旺名称，有没有一种相对简便的方法可以直接将某一个用户添加为好友呢？

阿智： 有的！只需要打开陌生用户的基本信息页面就可以将任意对话的用户加为好友，不需要通过“添加好友”页面输入旺旺名称，具体操作步骤如下。

步骤01 在聊天界面中点击想要将其加为好友的用户头像的图标，如图10-96所示。

图 10-96　点击用户头像的图标

步骤02 ❶在打开的用户基本信息界面中点击“更多”下拉按钮，❷选择“加为好友”选项即可，如图10-97所示。

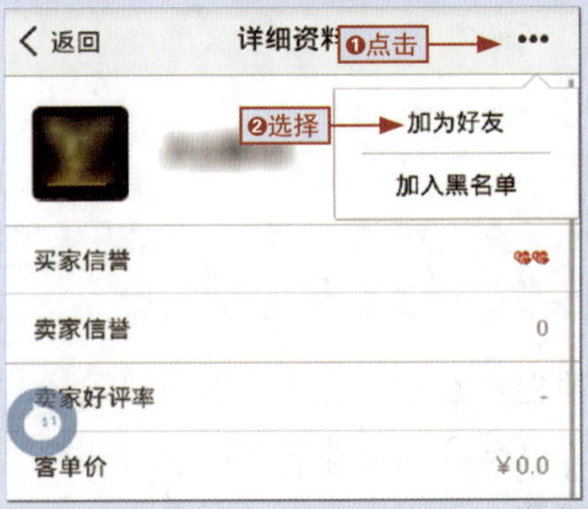

图 10-97　选择“加为好友”选项

给你支招 | 恶意差评的判定及申诉

小白：现在开网店，很容易遇到恶意差评师，给店铺造成一定的经济损失，有没有什么方法可以判定买家是不是恶意差评师呢？若遇到了这样的情况，我要怎么做呢？

阿智：判定恶意评价师的方法比较简单，具体操作步骤如下。

步骤01 在淘宝网首页单击“联系客服”菜单项，如图10-98所示。

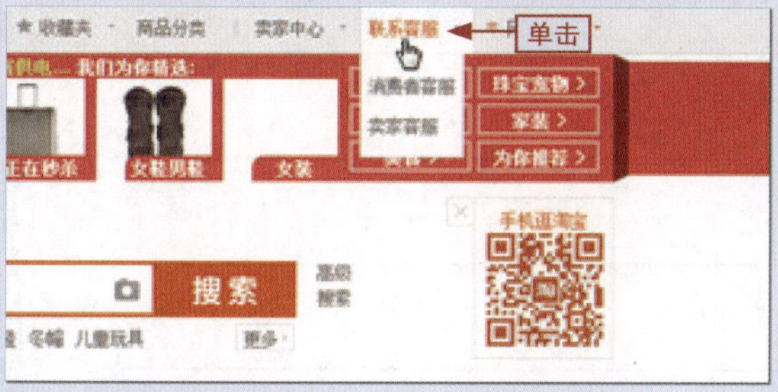

图 10-98 单击“联系客服”菜单项

步骤02 在打开的页面中单击“自助服务”选项卡，如图10-99所示。

图 10-99 单击“自助服务”选项卡

步骤03 ❶单击“违规受理”选项卡，❷单击“不合理评价”超链接，如图10-100所示。

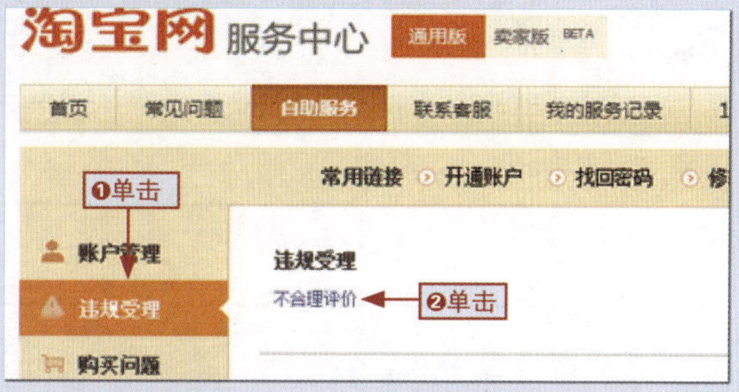

图 10-100 单击“不合理评价”超链接

步骤04 ❶在打开的新页面中选中要搜索违规评价的类型单选按钮，❷单击“扫描评价”按钮找出恶意评价的信息(如果有，就会在下方显示订单号和买家昵称等信息)，❸单击“提交”按钮即可完成恶意评价的判定和申诉，如图10-101所示。

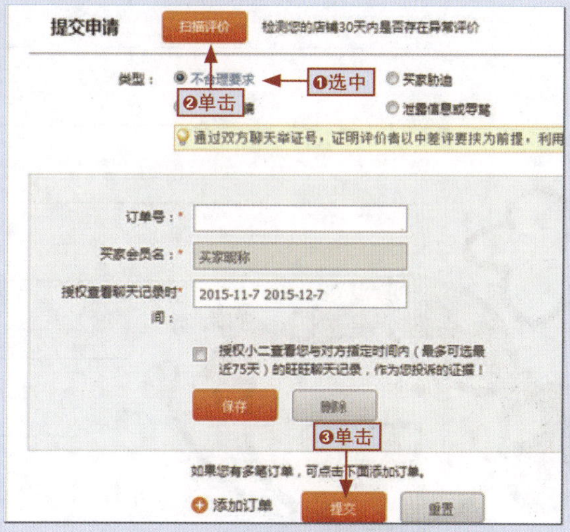

图 10-101 提交违规受理申请

阅读随笔

Chapter 11 免费推广，轻松经营淘宝店

学习目标

店铺的经营离不开推广，况且我们处在这样一个电商发展迅速的经济市场中。“酒香不怕巷子深”的想法已被经济市场淘汰，销量好的店铺必然伴随着行之有效的推广措施。作为新手，刚开店的资金可能不足，我们可以利用一些免费的推广手段为店铺打响知名度。而一些付费推广的措施可参见本套书的《网店装修与推广》一书。

本章要点

- 产品试用
- 借助产品关联性连带销售
- 加入淘宝论坛
- 打造爆款，限时秒杀
- 旺铺“满就送”
- 利用QQ签名和空间动态
- 微信二维码关注
- 百度贴吧推广
- 派发红包邀请买家
- 设置评论有礼

知识要点	学习时间	学习难度
店内推广	40 分钟	★★★
免费网络资源推广	40 分钟	★★★
售后推广	30 分钟	★★

11.1 店内推广最直接

阿智：小白，你家的店铺一般都是怎么进行推广活动的呢？

小白：没怎么做推广，就是在店铺页面中专门做了一个促销模块。

阿智：其实免费的推广手段很多，你现在用的方法太被动了，我给你讲一些其他的推广手段吧！

想要店铺生意越来越好，不仅要按时更新宝贝，还要策划一些店铺促销经营活动，以此来打响店铺的名声，扩大影响力。比如推出产品试用策略，关注店铺留言以及加入淘宝论坛等。

11.1.1 更新店铺宝贝

更新店铺宝贝是经营网店的一项最基本也是最不容忽视的工作。将新宝贝及时上架，吸引顾客眼球，从而达到推广店铺的目的。

学习目标	了解更新店铺宝贝的工作就是进行宝贝管理
难度指数	★

更新店铺的宝贝，要求卖家及时将新款商品上架销售。具体的操作步骤参见第10章第1节的内容。

及时更新宝贝，让淘宝网用户在购物时能浏览到店铺的最新商品动态，增加店铺受欢迎的可能性，提高店铺的浏览量。

店铺中的新宝贝要摆放在显眼的模块中，最突出的就是店铺页面的图片轮播区域，轮播的动态感很容易吸引顾客，将新宝贝的图片放在轮播区域是最好的宣传方法和途径。卖家也可以在装修页面中将宝贝的显示设置为“最新发布在前”，具体步骤如下所示。

步骤01 进入店铺装修页面，在“宝贝推荐”模块中设置宝贝的显示顺序，选择“最新发布在前”选项，如图11-1所示。

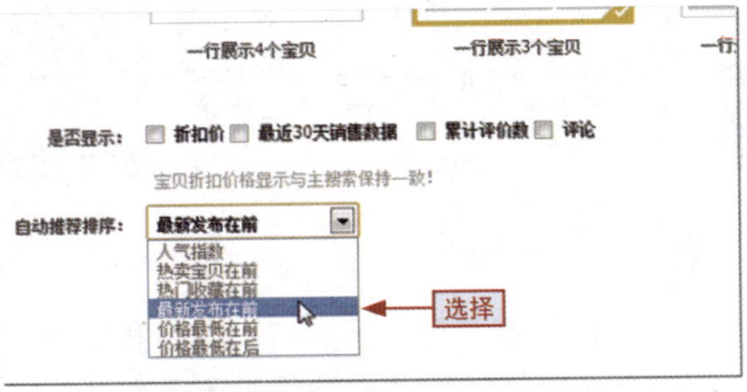

图 11-1 选择宝贝推荐的显示设置

步骤02 设置好推荐排序后，单击“保存”按钮，如图11-2所示。

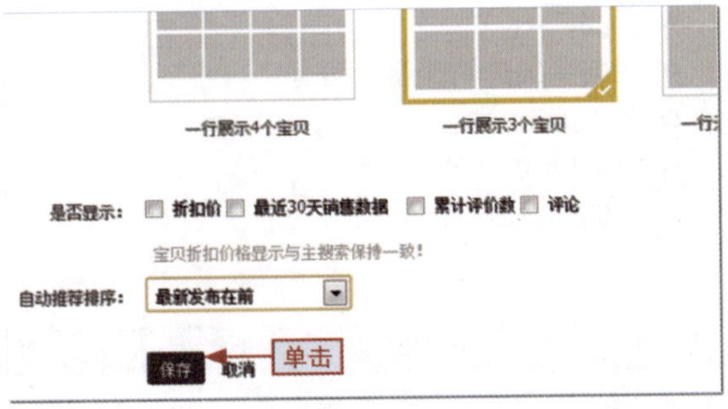

图 11-2 单击“保存”按钮

11.1.2 产品试用

人们都喜欢“免费的午餐”，顾客更不例外。有时顾客确实是喜欢店铺中的宝贝，但是又不想花钱尝试，所以卖家可以消除买家的顾虑，策划产品试用活动。

学习目标	掌握产品试用活动的申请步骤
难度指数	★★

步骤01 进入卖家中心，找到页面左侧“营销中心”栏，单击“我要推广”超链接，如图11-3所示。

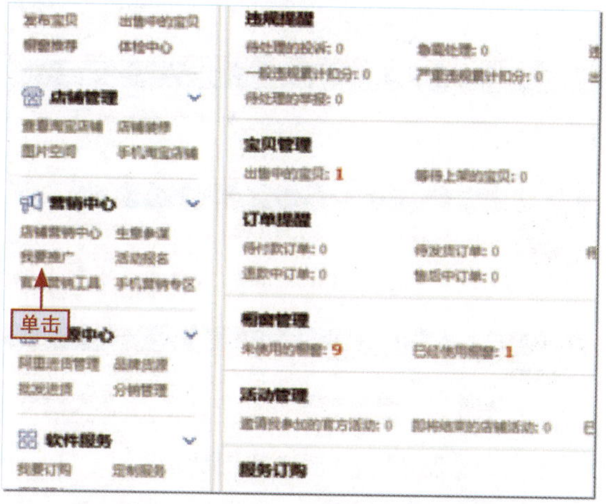

图 11-3 单击“我要推广”超链接

步骤02 在打开的页面中单击“试用中心”的图标按钮，如图11-4所示。

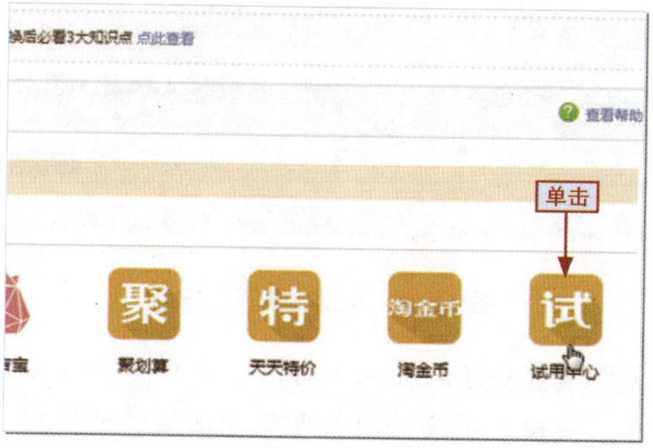

图 11-4 单击“试用中心”图标按钮

步骤03 选择要报名的试用类型，单击右侧的报名按钮，如图11-5所示。

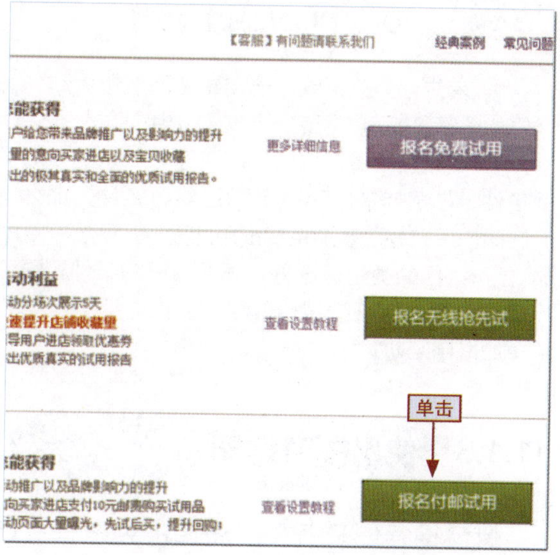

图 11-5 单击报名按钮

步骤04 ❶选择活动时间，❷单击“我要报名”按钮，如图11-6所示。

图 11-6 单击“我要报名”按钮

小绝招　免费试用活动的注意事项

首先，卖家不能自己创建免费试用活动，只能申请参加淘宝网的系统免费试用活动。

卖家在申请试用活动时，还有一定的参与条件，如果店铺的等级不满足参与条件，那么店铺也没有办法参加免费试用活动。

试用的类型有 3 种，根据店铺的条件和需要以及想要达到的宣传效果，选择合适的类型参加试用活动。

11.1.3 使用橱窗推荐

橱窗推荐位又名卖家热推，卖家将自己的主打产品设置为橱窗产品，这些橱窗产品将在搜索结果页中被优先推荐，同时被重点曝光。

学习目标	学会给店铺新品使用橱窗推荐
难度指数	★

橱窗推荐的使用步骤可以参考第 10 章第 1 节的内容。那么使用橱窗推荐具体有哪些好处呢？

被设置为橱窗推荐的商品享有搜索优先排名的机会，更易抢占黄金推广位置。

橱窗推荐的商品拥有店铺首页推广专区，能提升该产品的主打力度。

橱窗推荐的使用很灵活，可以随时更换橱窗商品，轻松掌握主打商品的推广主动权，让每一个宝贝都有机会进入橱窗。

小绝招　橱窗推荐个数的范围

新店的橱窗推荐位个数一般是 10 个，卖家可以同时发布 10 个宝贝，然后都使用橱窗推荐，超过推荐位数量的宝贝不能进入橱窗。

11.1.4 借助产品关联性连带销售

卖家有时会在某一个橱窗推荐宝贝的详情页中放入另外的宝贝链接，这样既能达到推广的目的，还节省了橱窗推荐位。

学习目标	学会在宝贝详情页添加其他宝贝的链接
难度指数	★★

步骤01 进入宝贝详情页的装修页面，添加自定义模块，如图11-7所示。

图 11-7　添加自定义模块

步骤02 ❶将鼠标光标移动到自定义内容区，❷单击“编辑”按钮，如图11-8所示。

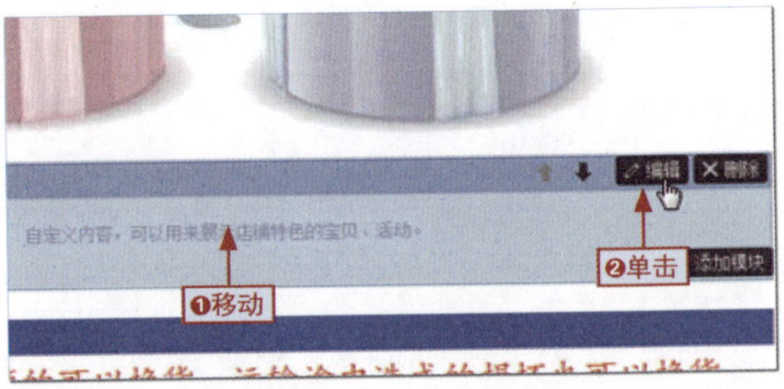

图 11-8　单击“编辑”按钮

步骤03 ❶修改模块的标题，❷单击“插入图片”按钮，不要关闭打开的对话框，如图11-9所示。

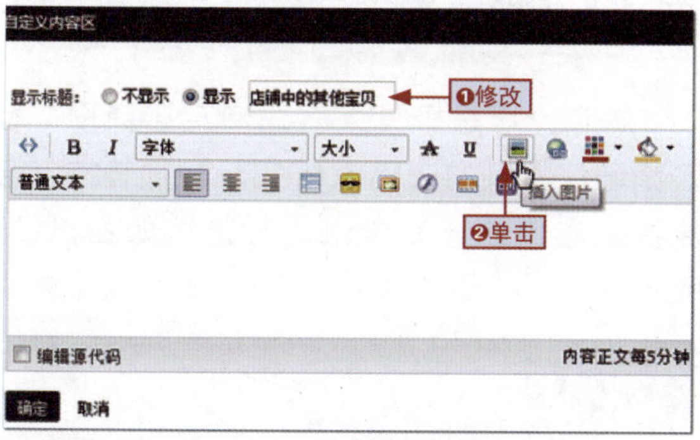

图 11-9　修改标题并插入图片

步骤04 在出售中的宝贝页面，复制要链接的宝贝的链接，单击“复制链接”按钮，如图11-10所示。

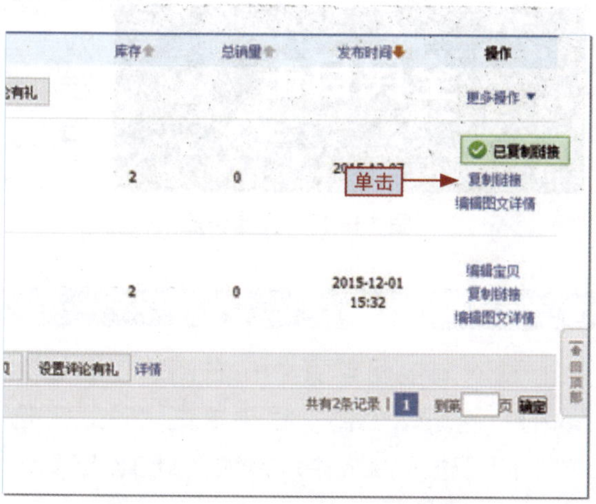

图 11-10　单击“复制链接”按钮

步骤05 将复制的链接粘贴到步骤3中没有关闭的对话框的图片链接文本框中，继续保持对话框打开状态，如图11-11所示。

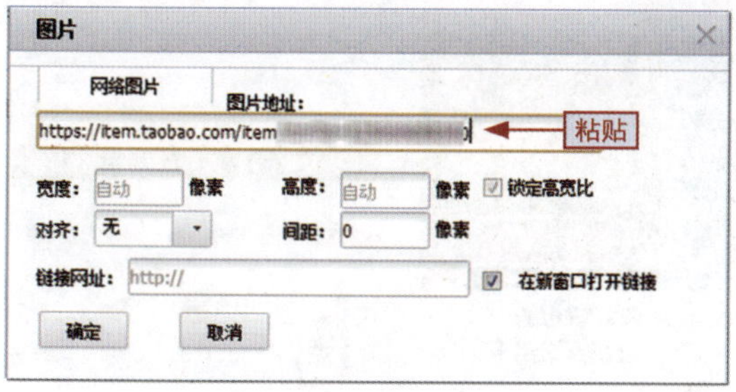

图 11-11　粘贴图片地址

步骤06 回到“出售中的宝贝”页面，单击宝贝标题超链接，如图11-12所示。

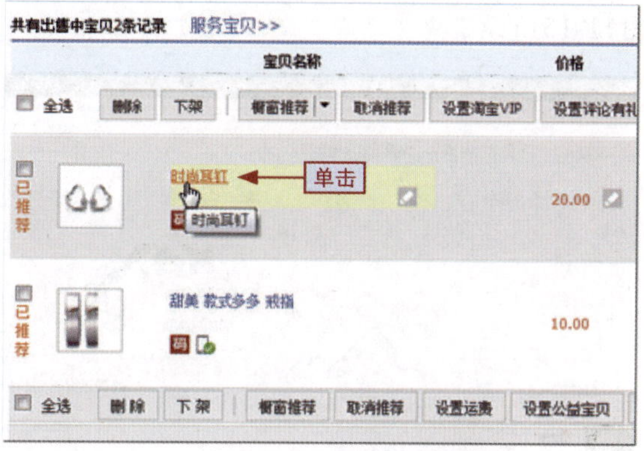

图 11-12　单击宝贝标题超链接

步骤07 在打开的页面中复制宝贝的链接地址，如图11-13所示。

图 11-13　复制宝贝链接地址

步骤08 回到之前打开的对话框，❶将复制的链接粘贴到“链接网址”文本框中，❷单击“确定”按钮，如图11-14所示。

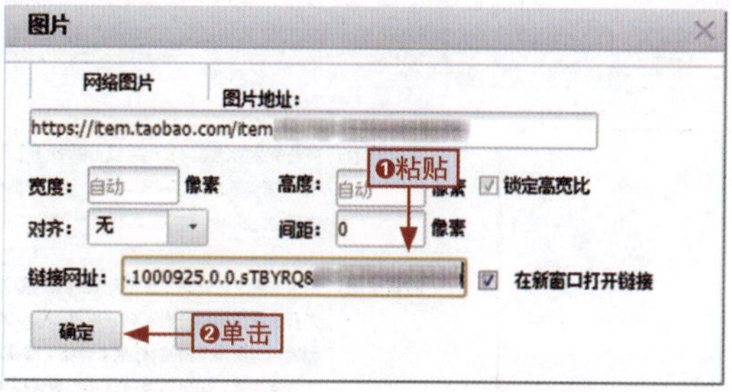

图 11-14　粘贴宝贝链接地址

步骤09 在编辑框下方单击“确定”按钮，最后在详情页右上角单击“发布”按钮即可完成店铺其他宝贝的链接添加操作，如图11-15所示。

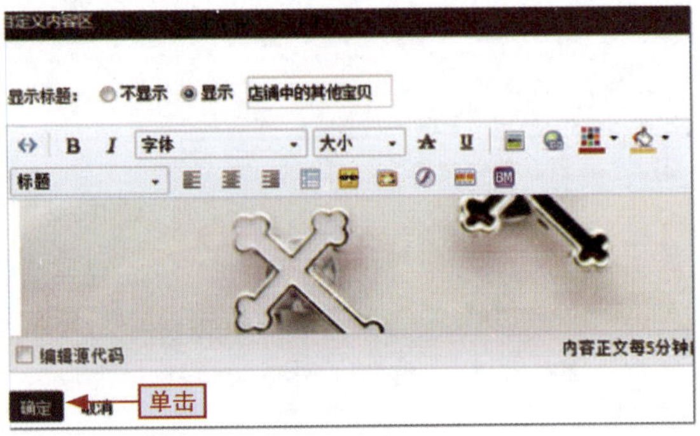

图 11-15 “主页推荐”栏

小绝招

上架的宝贝自动出现在详情页中

其实卖家在操作的过程中就可以看到，新上架的宝贝，如果采用了橱窗推荐功能，那么宝贝就会自动出现在详情页的“宝贝推荐”栏中，如图 11-16 所示。卖家可以不用另外添加模块推销新商品。

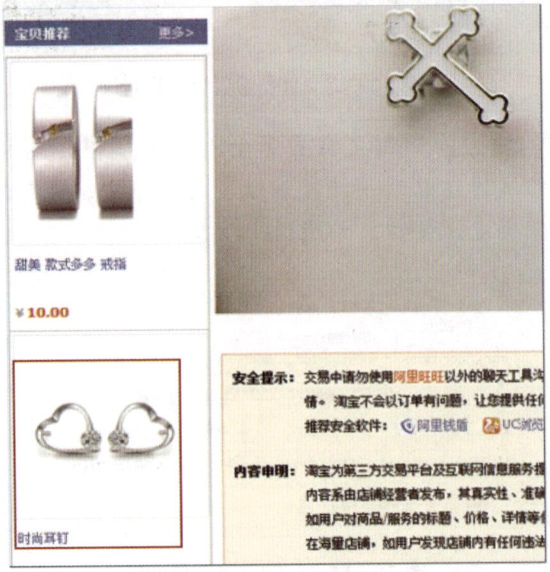

图 11-16 “宝贝推荐”栏

11.1.5 加入淘宝论坛

淘宝论坛是极具人气的淘宝店铺推广社区论坛，它以淘宝网为依托，一直坚持为会员提供实用的电商资讯。其首页如图11-17所示。

学习目标 认识淘宝论坛并掌握相关操作

难度指数 ★★

图 11-17 淘宝论坛

● 淘宝论坛入口

进入淘宝网首页，在右侧的“公告、规则、论坛、公益”栏中单击“论坛”选项卡即可进入淘宝论坛，如图11-18所示。

图 11-18 淘宝论坛入口

● 查看帖子

滚动鼠标滚轮向下滑动页面，选择自己感兴趣的帖子，打开详情页进行查看，如图11-19所示。

图 11-19　查看帖子

● 回复帖子

在感兴趣的话题中，如果想回复帖子，可向下滑动页面，❶在编辑框中输入回复内容，❷单击“发表回复”按钮即可，如图11-20所示。

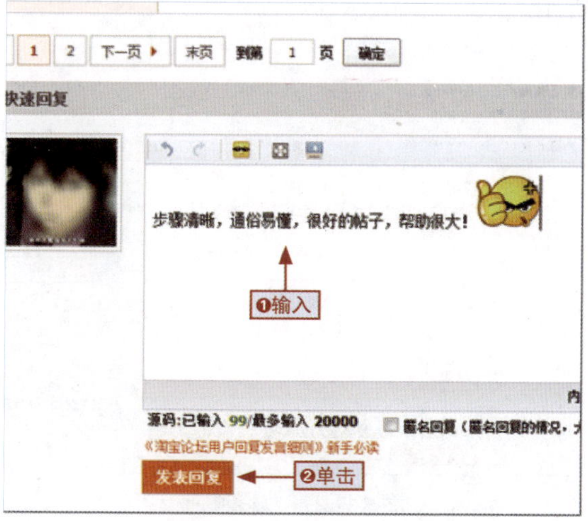

图 11-20　回复帖子

● 进入店铺

回复帖子后即可返回到话题页面，当其他用户进入该话题讨论区时，就会看到我们的发言。❶用户将鼠标光标移动到发言人头像的位置，❷单击“进入店铺”超链接就可进入相应卖家的店铺，此时推广开始起作用，如图11-21所示。

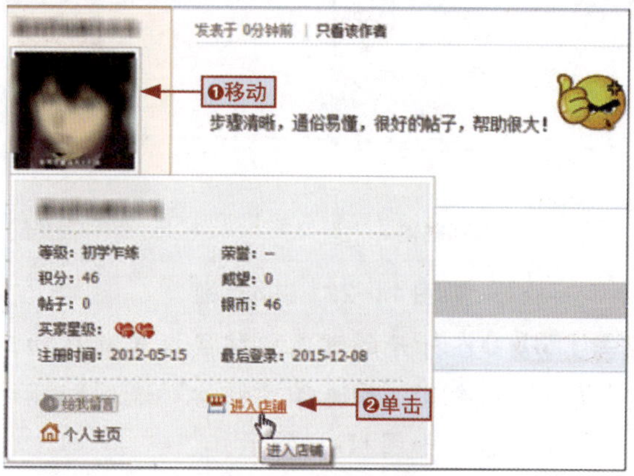

图 11-21　进入店铺

小绝招　回帖技巧

如果想通过回帖达到推广的目的，可以选择淘宝论坛首页中的回帖量少的帖子，这样你的回帖才有可能被人看见，如图 11-22 所示。

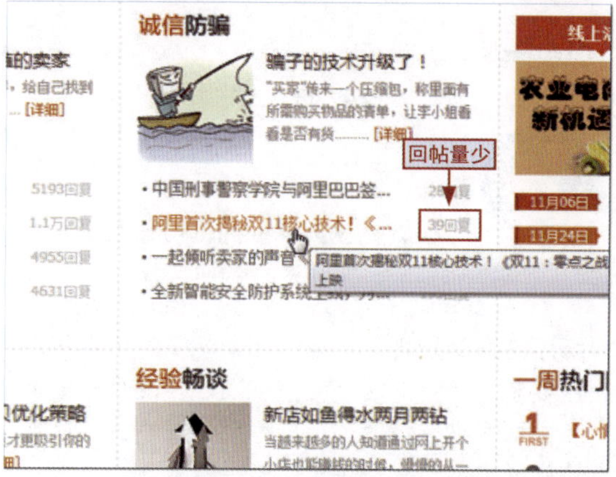

图 11-22　选择回帖量少的帖子

想要获得更好的推广效果，仅仅依靠回复别人的帖子是不够的，最好还是通过自己发帖的方式，具体步骤如下。

步骤01 在淘宝论坛首页选择任意话题的帖子，如图11-23所示。

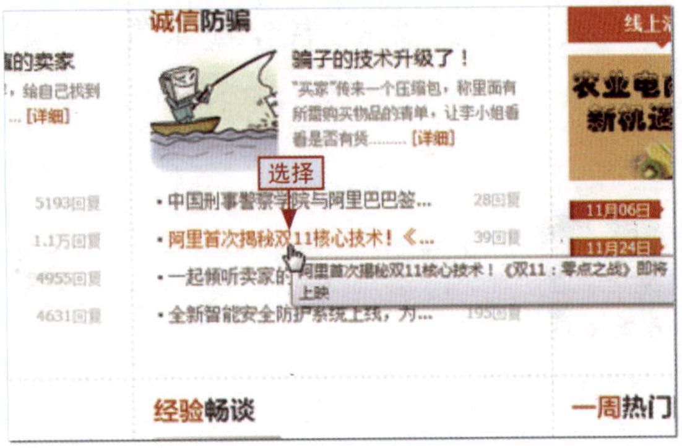

图 11-23 进入话题

步骤02 ❶在打开的页面中将鼠标光标移动到“发帖”按钮处，❷选择“帖子”选项即可进入发帖通道，如图11-24所示。

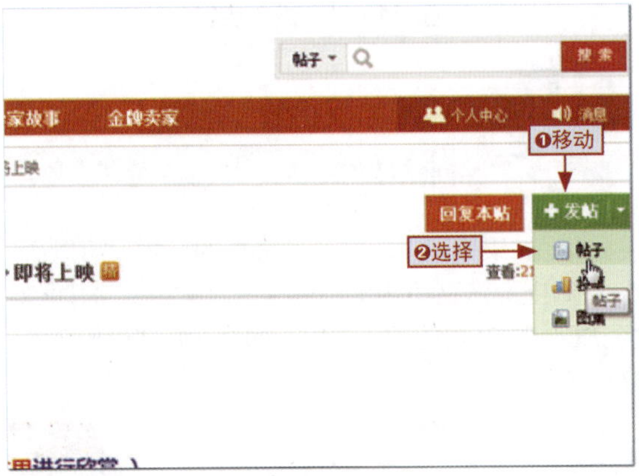

图 11-24 进入发帖通道

小绝招

编辑帖子内容前阅读发帖规则

在编辑帖子内容之前，最好阅读《淘宝论坛用户发帖规则》，因为如果帖子的内容不符合要求，淘宝论坛不会采纳发表，而且一经淘宝论坛采纳推荐后，在推荐期间发表人不能更改帖子的内容等，如图 11-25 所示。

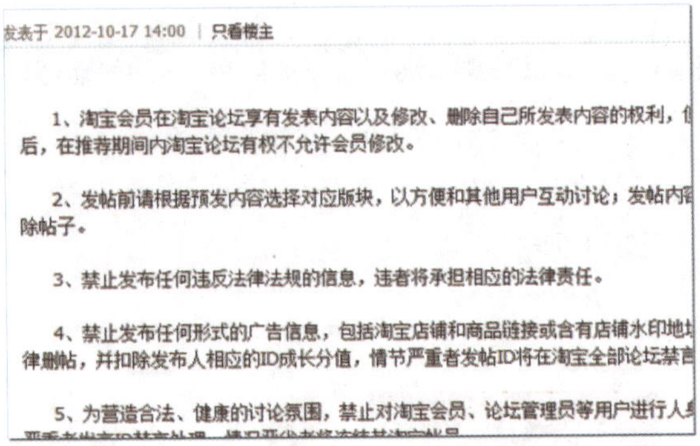

图 11-25 发帖规则

步骤03 返回发帖的编辑页面，❶输入帖子标题，❷单击“发表版面”下拉按钮，❸选择发表版面(如各抒己见)，如图11-26所示。

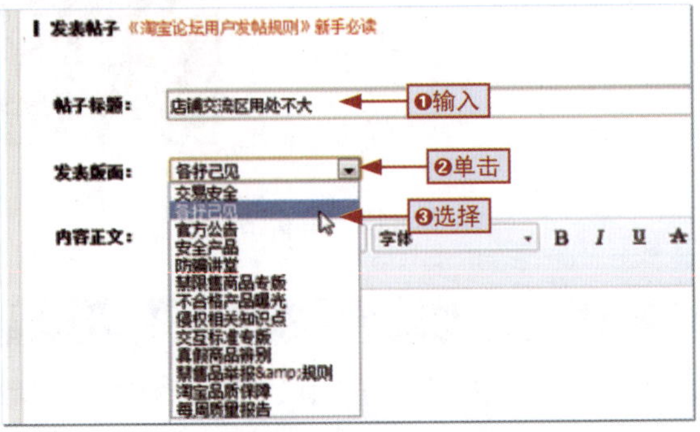

图 11-26 选择发表版面

步骤04 ❶编辑帖子的内容正文(可包含文字和图片)，❷单击“发表”按钮即可，如图11-27所示。

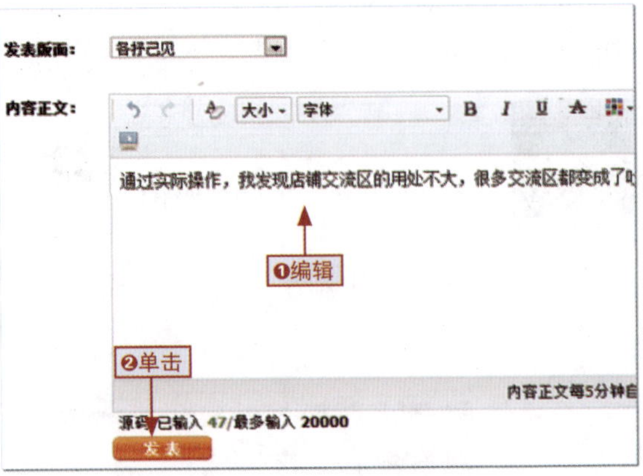

图 11-27 发表帖子

● 帖子内容尽量真诚有用

淘宝论坛是淘宝用户经常浏览的平台，所以发帖人尽量不要在其中明目张胆地发帖做广告，最好能够分享一些创业经验或经营店铺的相关操作等，如图11-28所示。

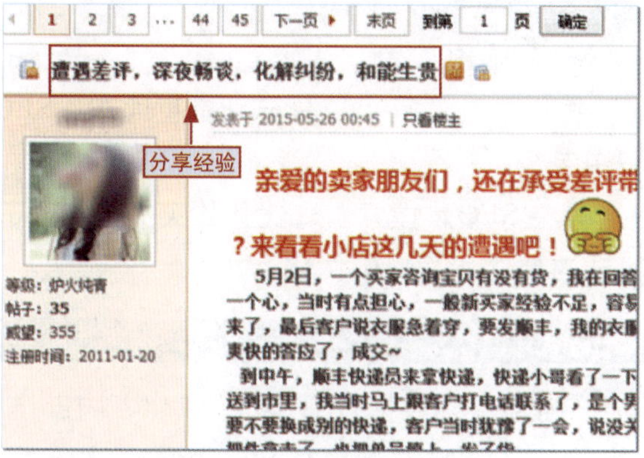

图 11-28　帖子内容真诚有用

● 抽时间回帖

如果有用户回复了自己的帖子，尽量给予回复，对支持或是提出宝贵意见的人表示感谢。当然，也不是每一条回帖都要回复，如图11-29所示。

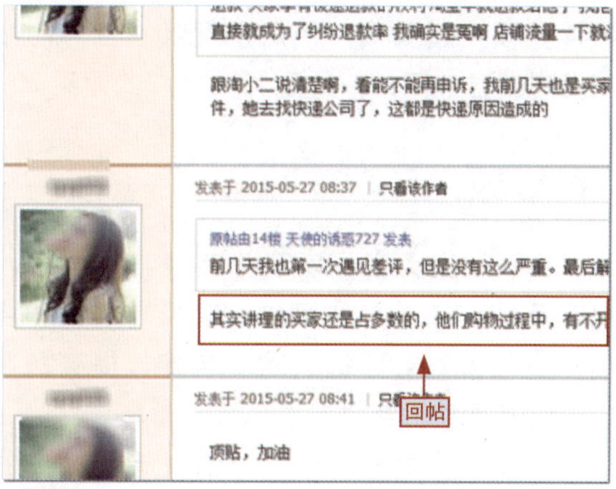

图 11-29　及时回帖

长知识 | 淘宝论坛推广原理

淘宝论坛主要是淘宝卖家分享、交流以及提供淘宝资讯的平台。卖家既有店主的身份，同时也是买家。所以，在淘宝论坛上做推广，除了能够学到更多的知识外，还可以在圈内混熟，慢慢聚集人气，起到更好的推广效果。

需要注意的是，淘宝卖家逛论坛更多的是为了熟悉圈内规则和充电学习。所以在推广过程中尽量不要直接打广告。要按照分享、交流和互助的原则进行论坛推广，如图 11-30 所示。

图 11-30　开店经验访谈

11.1.6 交换友情链接

友情链接也被称为网站交换链接，或是联盟链接等，是具有一定资源互补优势的网站之间的简单合作形式，即分别在自己的网站上放置对方网站的LOGO图片或文字的网站名，并设置超链接，使用户可以从合作网站中发现自己的网站，达到互相推广的效果。

学习目标 了解友情链接对推广的作用
难度指数 ★

新手淘宝卖家可以联络其他新手卖家，大家互藏店铺或是在双方的宝贝详情页和店铺首页放置对方店铺的网址链接，提高各自店铺的被搜索可能性。

有条件的卖家还可以与信誉等级较高的店铺商议，在其店铺中放置自己店铺的网址超链接或LOGO图片等。

具体复制链接的操作步骤可参考本章关联性连带销售的内容。

小绝招

在千牛平台中发表链接

卖家可以进入千牛平台，加入相关的旺旺交流群，在群里发布自己店铺的网址链接。各卖家之间互相收藏店铺，如图 11-31 所示。

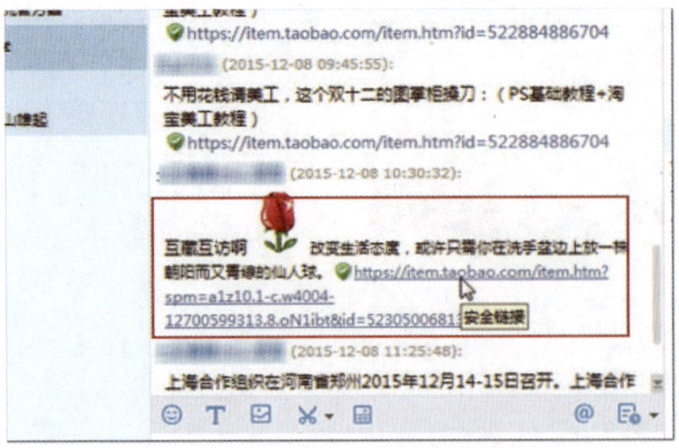

图 11-31 旺旺群中发表店铺链接

11.1.7 打造爆款，限时秒杀

单品制胜是网店飞速发展的不二法宝，打造爆款是网店快速突破的必经之路，虽然电商平台在不断弱化爆款的作用，但是网店没有爆款是万万不能的。

学习目标 掌握打造爆款的步骤
难度指数 ★

打造爆款的三大工具分别是直通车、SEO和淘宝客。

其中SEO是搜索引擎优化的英文简称，其包括内部优化和外部优化。

● 内部优化

内部优化包括META标签优化、内部链接优化以及网站内容优化。其中，内部链接优化包括相关性链接、各导航链接以及图片链接等。

● 外部优化

外部优化就是外部链接类别的选取，常见类别有博客、论坛、B2B、新闻、贴吧、知道、百科以及相关信息网等，与一些和自己店铺相关性比较高的质量比较好的网站交换友情链接，可以巩固和稳定关键字的排名。

● 第一步：爆款筛选期，明确目标

明确爆款销量目标，选择要打造成爆款的商品，计划投入的预算是多少等。卖家要在淘宝网首页搜索关键词，查看行业销量前三名的商品，确定自己的目标销量和推广预算，保证预算在店铺的可承担范围内。

● 第二步：培养期，优化商品相关信息

首先要调整页面，优化商品。商品主图中是否传递了产品的卖点和利益点？详情页中有没有突出商品的特点？有没有商品的细节展示？

优化详情页和店铺页面的图片链接和其他相关链接等。

● 第三步：成长期，利用专业工具

在爆款打造的试水工作过后，可以借用相关的推具打造店铺爆款，比如直通车和淘宝客等。定时监测商品销售的相关数据，调整爆款的表现形式，比如存货不多时一定要修改爆款商品的库存量，防止买家拍下爆款却拿不到货。

● 第四步：爆款期，统计销量

在成长期的疯狂增长后，商品的流量转化等接近峰值，卖家要观察销量是否达到预期目标。如果没有达到，卖家应该分析各种数据，得出未达目标的原因，比如是客服态度不好？页面没有打动顾客？还是顾客很难搜索到爆款的关键字词等。

小绝招　**打造爆款要做好选词工作**

在打造爆款的第一步中，爆款的筛选涉及淘宝网搜索框中的关键词设置。❶在搜索框下方有一个“更多”按钮，单击进入新页面，可查看当日的上升榜和一周热门榜，❷单击“完整榜单”超链接可查看所有上升榜或热门榜的店铺名称及销售的商品类别，如图 11-32 所示。然后根据自己店铺的商品设置相似的关键词。

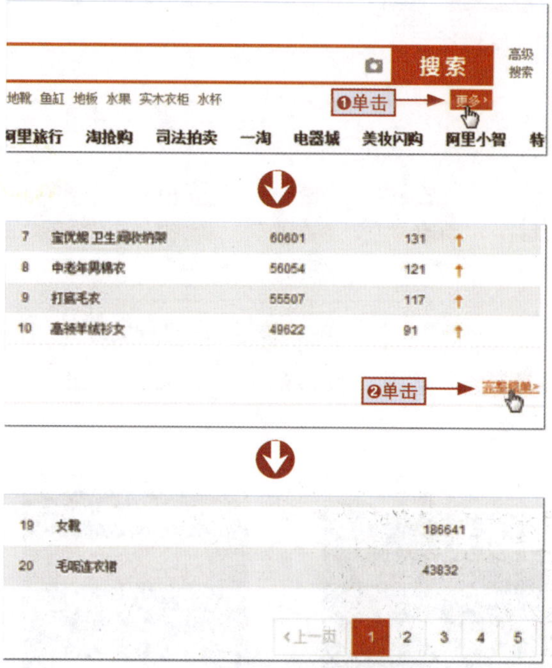

图 11-32　查看上升榜商品类别

11.1.8 淘金币活动提高成交量

在淘宝网上买过东西的用户都知道，很多店铺都有淘金币抵扣现金的措施，以此吸引顾客进店购买，有效提高店铺的成交量。

学习目标　了解淘金币活动的报名流程
难度指数　★

步骤01 在卖家中心页面左侧的“营销中心”栏中单击“我要推广”超链接，如图11-33所示。

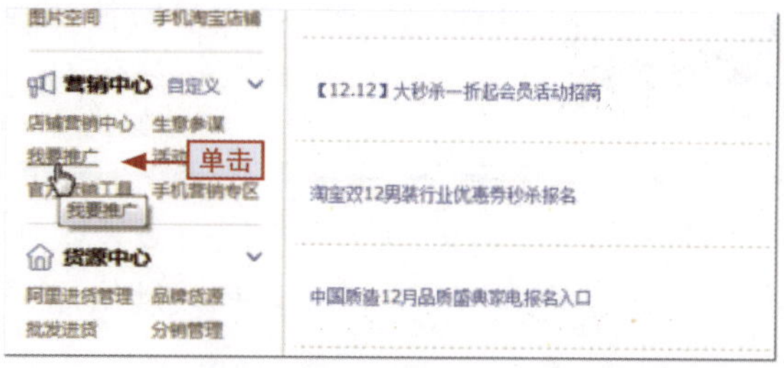

图 11-33　单击“我要推广”超链接

步骤02 单击“淘金币”图标按钮，如图11-34所示。

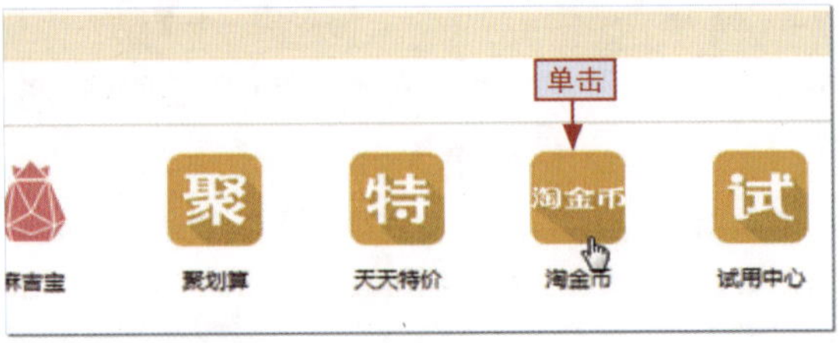

图11-34　单击“淘金币”图标按钮

步骤03 单击“报名活动”按钮，如图11-35所示。

图11-35　单击“报名活动”按钮

步骤04 在新打开的页面中选择要参加的主题活动，单击“报名”按钮，如图11-36所示。

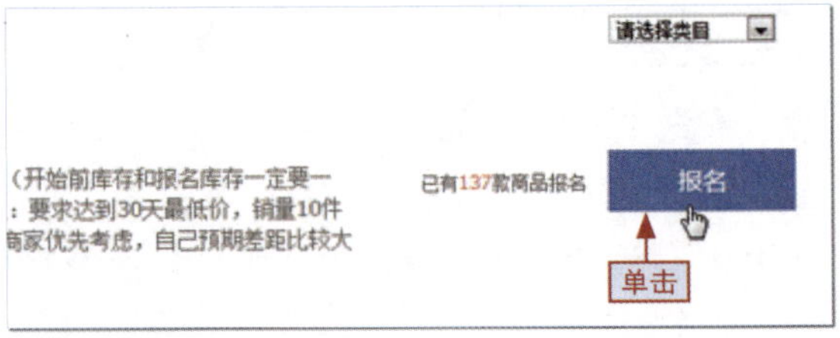

图11-36　单击“报名”按钮

小绝招

签署支付宝代扣协议

根据淘金币招商规则，为保障消费者权益，部分活动需要通过支付宝冻结保障金，除特殊情况外，活动结束后都将如数解冻。而为了实现冻结功能，需要卖家先签署协议，如图11-37所示。

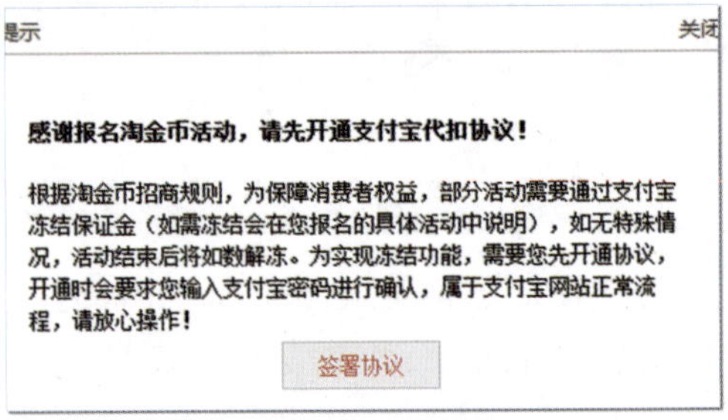

图11-37　部分活动需签署支付宝代扣协议

11.2 免费网络资源也很方便

小白：阿智，我觉得店内的免费推广手段力度还不够，还有什么方法可以进行店铺推广吗？

阿智：当然有啊！很多免费的网络资源，比如淘宝网系统的大型活动聚划算等，还有分销平台、QQ、微信以及百度等平台。

除了店铺中常见的一些推广手段外，还有很多免费的网络资源可供我们利用。卖家要将推广的途径多样化，这样才能有效地给店铺打响名声，向更多的消费者宣传和推广店铺中的宝贝。

11.2.1 旺铺"满就送"活动

"满就送"的活动包括"满就减"、"满就送礼"、"满就送积分"以及"满就免邮"等。通过这个营销平台，卖家可以得到更多流量。

学习目标　掌握满就送活动的创建步骤
难度指数　★★

步骤01 进入"我要推广"页面，单击"满就送"图标按钮，如图11-38所示。

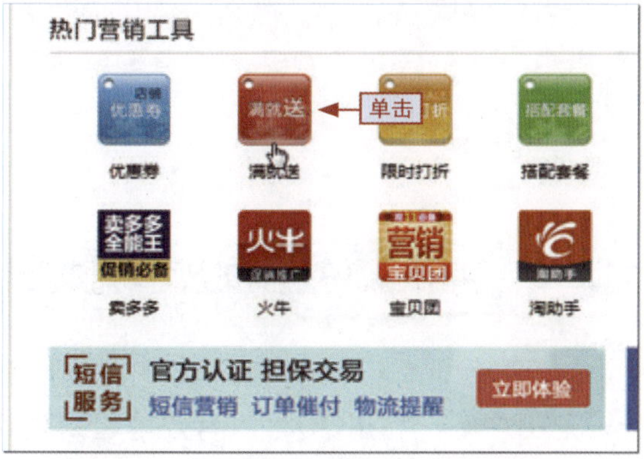

图 11-38　单击"满就送"图标按钮

步骤02 ❶在打开的页面中单击"15天(免费试用)"按钮，❷单击"立即订购"按钮，如图11-39所示。

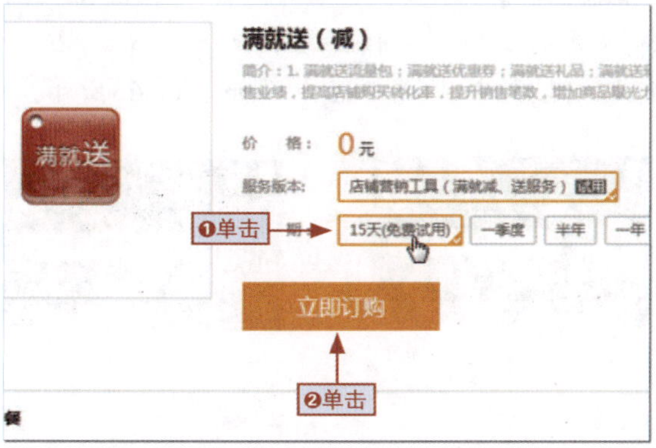

图 11-39　单击"立即订购"按钮

步骤03 确认信息，单击"同意协议并付款"按钮即可成功订购，如图11-40所示。

图 11-40　单击"同意协议并付款"按钮

步骤04 进入卖家中心，❶单击"营销中心"下拉按钮，❷单击"促销管理"超链接，如图11-41所示。

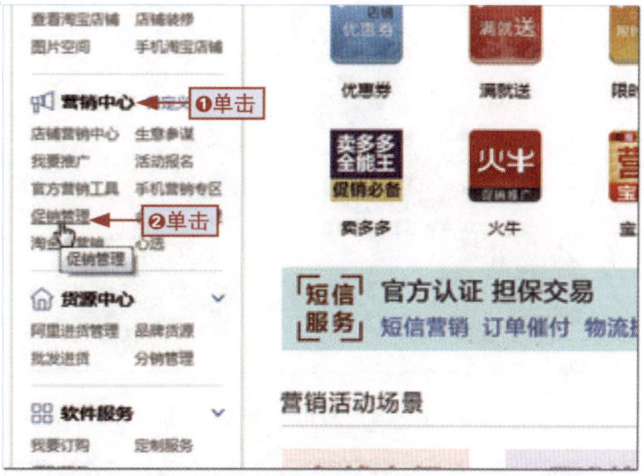

图 11-41　单击"促销管理"超链接

步骤05 在打开的页面中就能看到我们订购的"满就送"工具，进入工具后可设置相关的活动详情，然后拷贝代码，在店铺装修页面的自定义区中将拷贝的代码粘贴到相应的位置即可完成店铺"满就送"活动的设置。

小绝招 **参加聚划算**

聚划算是阿里巴巴集团旗下的团购网站，是淘宝网的二级域名，依托于淘宝网巨大的消费群体，帮助千万用户节省购物成本。聚划算的参与方式参考天天特价活动的报名过程，值得注意的是，聚划算也有一定的参与条件，一般新店没有具备相应的可以参加活动的条件。

11.2.2 利用分销平台宣传

分销平台是指某个网络运营商研发的，用于帮助供应商搭建、管理及运作网络销售渠道，帮助分销商获取货源渠道的平台，如图11-42所示。

学习目标 了解分销平台的分类和使用情况
难度指数 ★

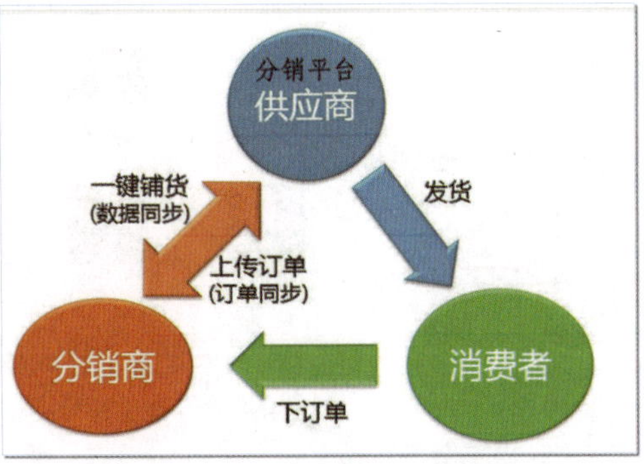

图 11-42 分销平台示意图

● 淘宝、拍拍等网站

最具有代表性的推广就是淘宝店铺的代理商和分销商，上级店铺的名声与产品通过代理商和分销商做宣传推广。

这一类平台要求低，卖家只要有良好的人脉、耐心以及口才等，都能获得这类平台的支持。

● 独立的B2C平台

比如京东、当当、凡客、唯品会以及聚美优品等，都是独立的B2C分销平台。与这一类平台达成合作会很困难，需要资金，并且需要成为这些平台的会员，一般要品牌入驻。新手开网店不提倡使用这一类平台做推广。

● 实体店

这一类平台需要卖家亲自联系店铺的负责人，经同意后可以在其实体店内放置网店中出售的宝贝。具体利润分配等内容可根据双方协商决定。

11.2.3 利用 QQ 签名和空间动态宣传

QQ已经拥有巨大的用户群，其传播迅速，范围广阔。利用QQ可以有效地起到宣传店铺的效果。

学习目标 学会用 QQ 推广店铺
难度指数 ★★

步骤01 登录QQ，❶在打开的界面中将文本插入点定位到“个性签名”文本框中，❷将店铺的网址粘贴到文本框中，如图11-43所示。

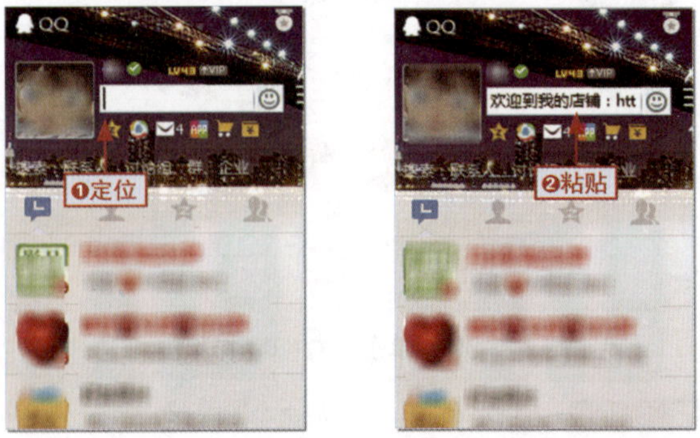

图 11-43 将店铺网址粘贴到文本框中

步骤02 粘贴好后单击QQ界面的任意位置即可保存签名设置，如图11-44所示。

图 11-44　保存设置

小绝招

空间发表动态

将店铺的链接网址和相关信息以 QQ 动态的形式发表成说说，这样所有 QQ 好友都能在动态中查看到店铺的信息，卖家还可以请 QQ 好友帮忙宣传，转发店铺链接的动态，如图 11-45 所示。

图 11-45　空间动态宣传店铺

11.2.4 微信二维码关注

微信是目前在年轻人中最受欢迎的社交软件，微信营销也是当今市场比较流行的营销方式，卖家可以通过微信推广店铺。

学习目标	掌握微信推广的步骤
难度指数	★★

步骤01 进入“我的店铺”页面，❶将鼠标光标移动到“用手机逛本店”选项处，❷单击鼠标右键，在弹出的快捷菜单中选择“图片另存为”命令，如图11-46所示。

图 11-46　选择“图片另存为”命令

步骤02 将二维码保存到电脑中，然后可以直接使用QQ将电脑中的二维码图片发送到手机上，如图11-47所示。

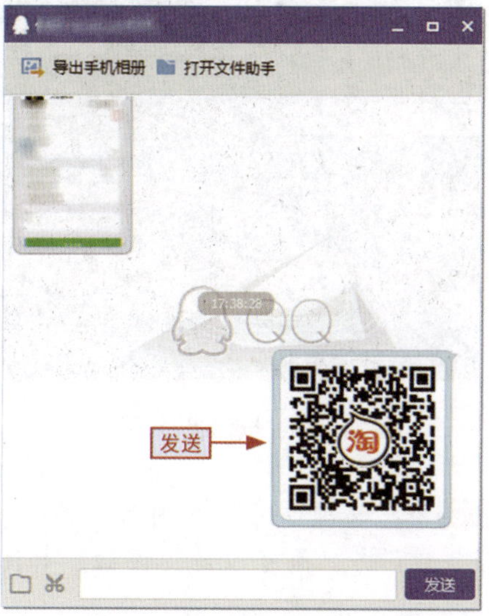

图 11-47　将二维码保存到手机上

步骤03 打开微信朋友圈，❶点击右上角的照相机形状按钮(选择照片选项)，❷在打开的对话框中点击“我知道了”按钮，如图11-48所示。

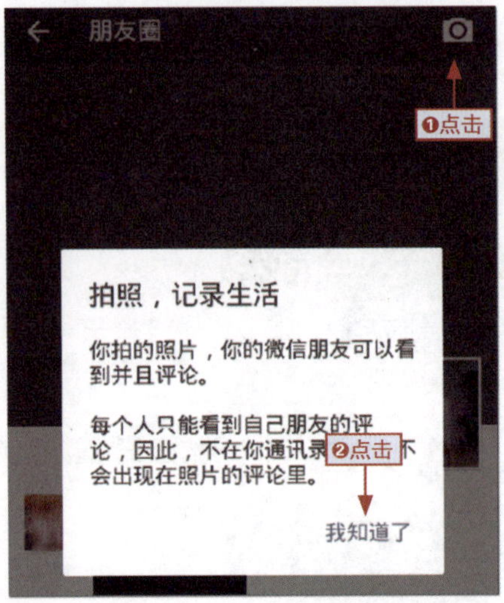

图 11-48　准备上传照片

步骤04 ❶在打开的界面中选择要上传到朋友圈的店铺二维码照片，❷点击“完成”按钮，如图11-49所示。

图 11-49　从相册选择图片

步骤05 ❶在编辑框中输入相关信息，邀请好友关注，❷点击“谁可以看”按钮，如图11-50所示。

图 11-50　设置属性

步骤06 ❶在打开的界面中选中相应选项后的单选按钮(为了让更多人看到店铺，最好选择“公开”选项)，❷点击“完成”按钮，如图11-51所示。

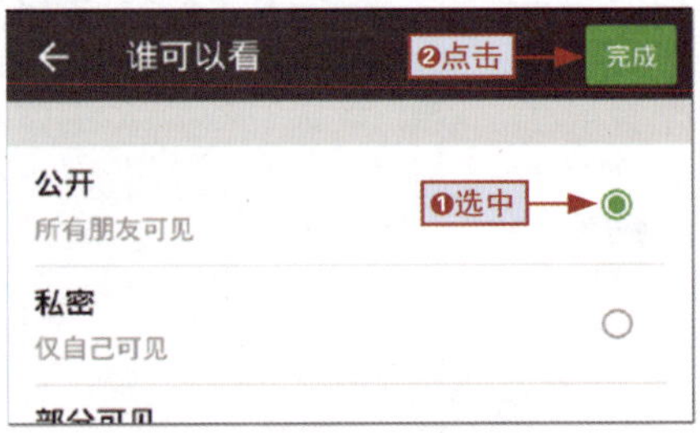

图 11-51　选择“公开”选项

步骤07 在朋友圈中就可以看到刚刚发布的推广信息，如图11-52所示。

图 11-52　查看推广信息的发布效果

小绝招 **广发电子邮件**

有条件和人脉的卖家，还可以通过发送电子邮件的方式进行推广。但是要注意，如果是给陌生人发送电子邮件，要写明发送电子邮件的原因，态度要真诚，这样才不会被收件人误认为是诈骗广告。

11.2.5 百度贴吧推广

百度贴吧作为全球最大的中文社区，以兴趣主题聚集了许多志同道合的人。贴吧涵盖了社会、教育、娱乐明星、游戏以及企业等方方面面。因此，在百度贴吧上推广店铺，影响范围巨大。

学习目标	学会在百度贴吧中发帖
难度指数	★★

在百度贴吧中发帖需要用户事先注册百度账号，只有登录自己的百度账号才能在贴吧中发布信息。

步骤01 登录百度账号，❶在百度贴吧首页输入自己要进入的贴吧名称或主题；❷选择出最佳匹配选项，如图11-53所示。

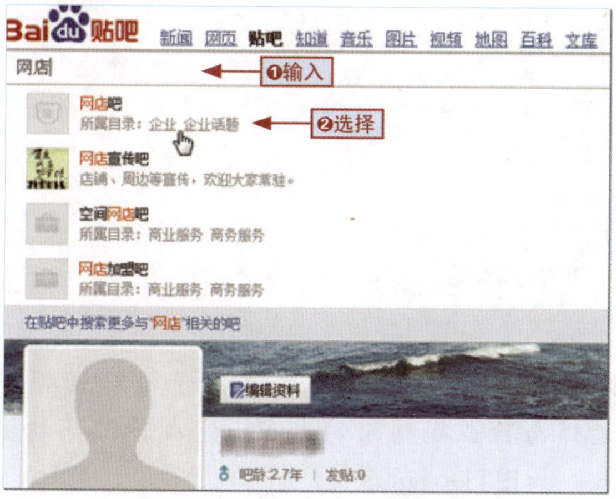

图 11-53　搜索相关贴吧

步骤02 拖动页面到最下方：❶输入要发布帖子的标题；❷单击"图片"按钮；❸选择图片上传方式，如图11-54所示。

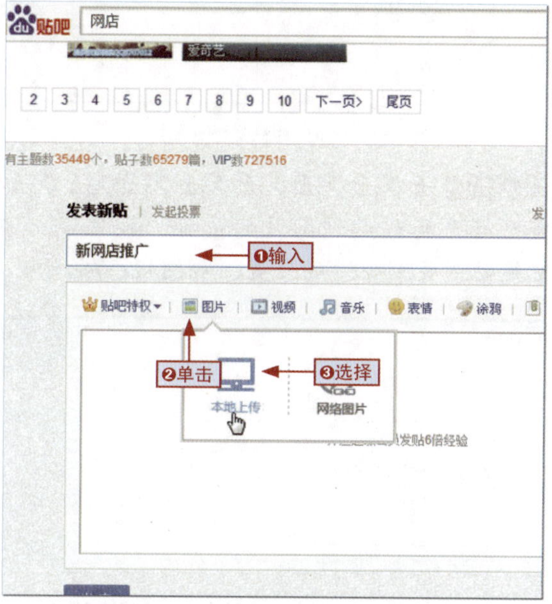

图 11-54　单击"图片"按钮

步骤03 ❶在打开的对话框中选择多张图片，❷单击"打开"按钮，如图11-55所示。

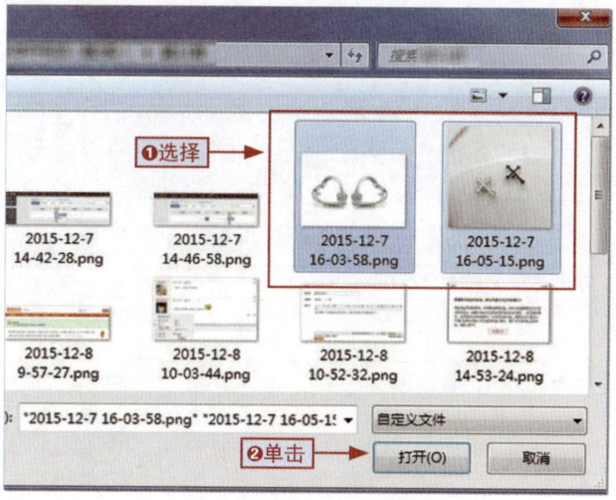

图 11-55　选择图片

步骤04 图片上传成功后，可以单击"还可以添加图片"按钮继续添加图片，如图11-56所示。

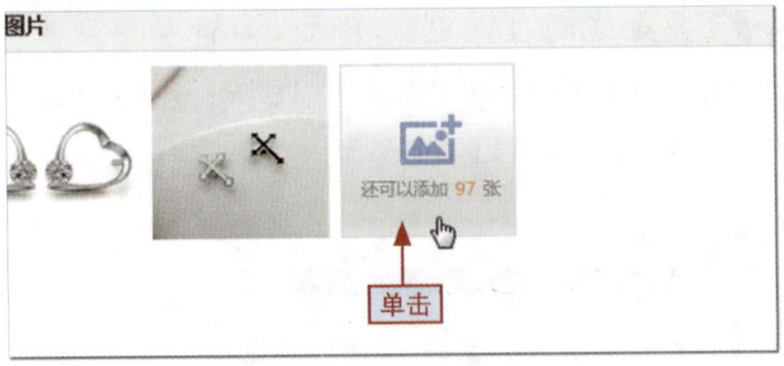

图 11-56　继续上传图片

步骤05 如果觉得图片的位置不合适，可以将鼠标光标移动到图片的位置，按住鼠标左键拖动图片到合适的位置，如图11-57所示。

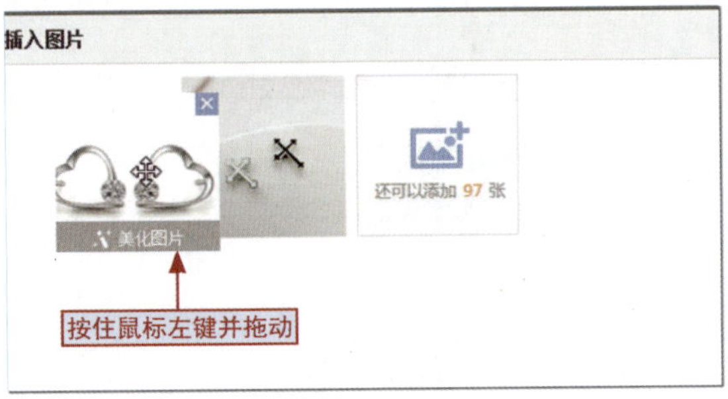

图 11-57　调整图片的位置

小绝招

美化图片

除了可以调整图片的顺序，还能美化图片，将鼠标光标移动到图片位置，下方就会出现“美化图片”按钮。单击该按钮就可以打开图片编辑器，并在其中进行简单的美化操作，如图 11-58 所示。

图 11-58　美化图片

步骤06 确认图片添加完成后，单击右下角的“插入图片”按钮，如图11-59所示。

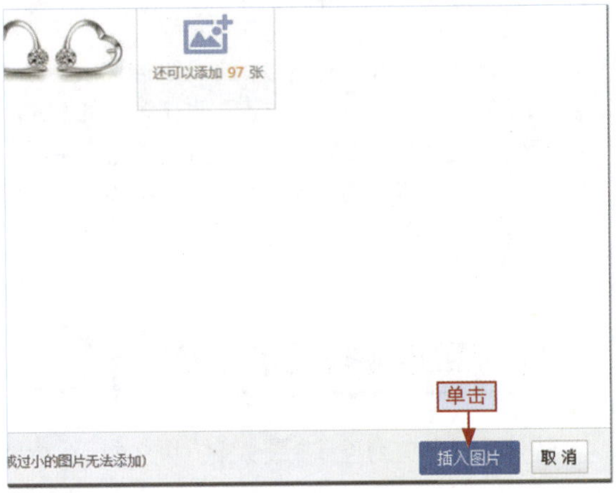

图 11-59　插入图片

步骤07 ❶在返回的发帖页面中可以看到文本插入点定位在图片右侧，按Enter键换行，输入推广文本，❷在下方单击“发表”按钮，如图11-60所示。

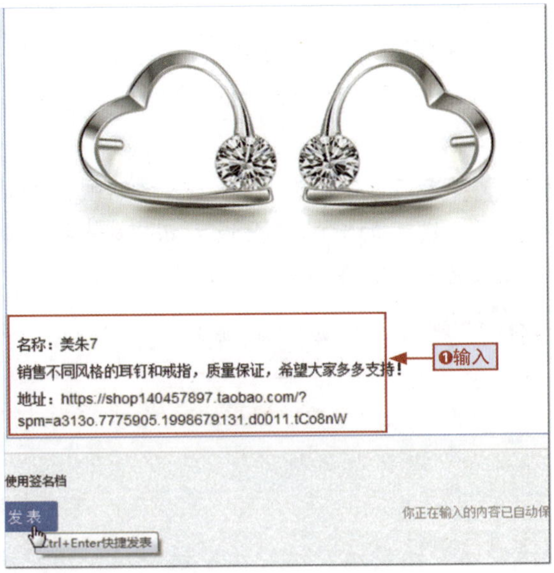

图 11-60　输入推广文本

步骤08 在打开的“发表帖子”对话框中选择与验证码相同的文字，完成验证码的输入，如图11-61所示。

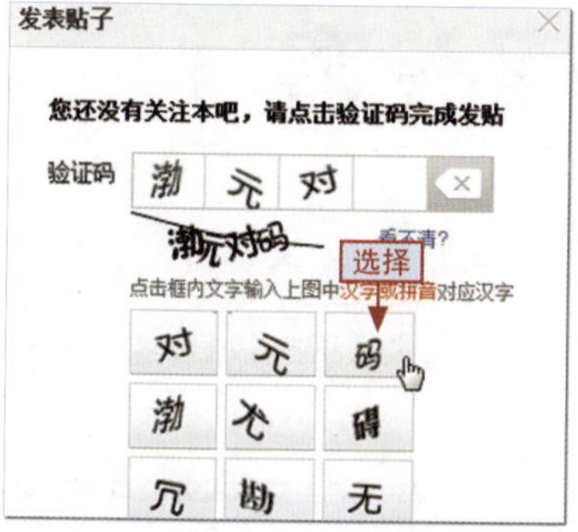

图 11-61　输入验证码

步骤09 如果验证码输入正确，帖子就能发表成功，之后可滑动到页面上方找到自己发布的帖子，单击标题超链接即可查看帖子的详情，如图11-62所示。

图 11-62　查看帖子

小绝招　自己给自己回帖

为了使自己发的帖子在首页待的时间长一点，可以自己给自己回帖。进入自己的帖子，在页面右侧单击“神来一句”按钮，如图 11-63 所示。继续给自己回帖可以将自己的帖子顶得更高，让更多的人看到。

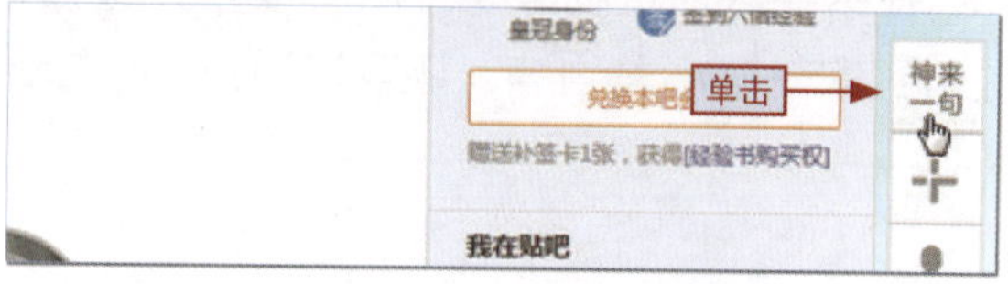

图 11-63　给自己回帖

卖家除了能通过在发帖后给自己回帖以达到宣传的效果外，还可以把自己的帖子分享到其他网站上，比如腾讯微博、人人网以及新浪微博等，如图11-64所示。

图 11-64　分享帖子

长知识 | 根据店铺行业到合适的贴吧做推广

每一个话题，甚至是一首歌都会有相应的贴吧，不同的行业有一个或多个贴吧。所以，如果卖家要进行有针对性的推广，可以在选择贴吧时找一些与店铺经营商品所属行业有关的贴吧，比如“女装吧”、“耳钉吧”、“男士护肤吧”以及“营养保健吧”等，如图 11-65 所示。

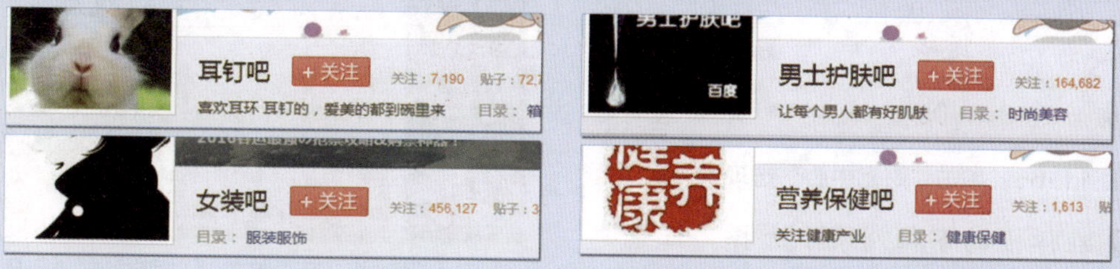

图 11-65　各种类型的贴吧

11.3 售后推广，争取回头客

小白： 阿智，我在很多网站和贴吧中发布了店铺宝贝的信息，这样推广的力度应该还可以吧。

阿智： 嗯，其实在论坛或者贴吧中宣传店铺，宣传的范围确实很大，但是力度并不够，你还需要做好售后推广工作！

在给买家发货的时候可以附带一张好评返现的纸条，或是在买家没有要求的情况下主动赠送给买家一些小礼物等。还可以通过支付宝给买家派发红包以及设置评论有礼等。

11.3.1 派发红包邀请买家

卖家可以在每次发布新品的时候，查看经常到店铺浏览或者购物的买家，然后将红包发给指定的买家，也可以发给所有买家。

学习目标	学会用支付宝给买家派发红包
难度指数	★★

步骤01 进入个人支付宝页面，单击“财富中心”选项卡，如图11-66所示。

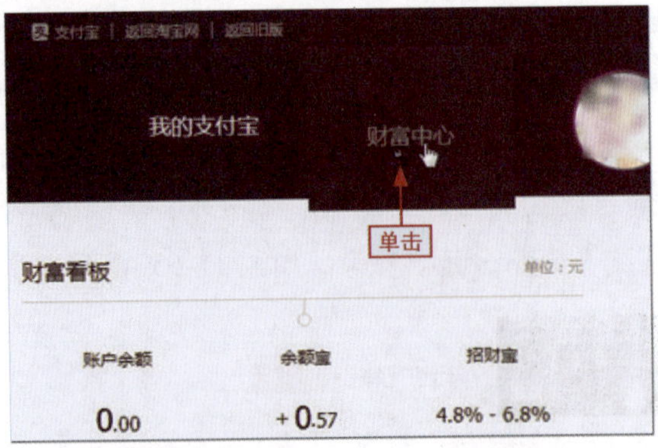

图 11-66　单击“财富中心”选项卡

步骤02 在弹出的下拉列表中选择“红包”选项，如图11-67所示。

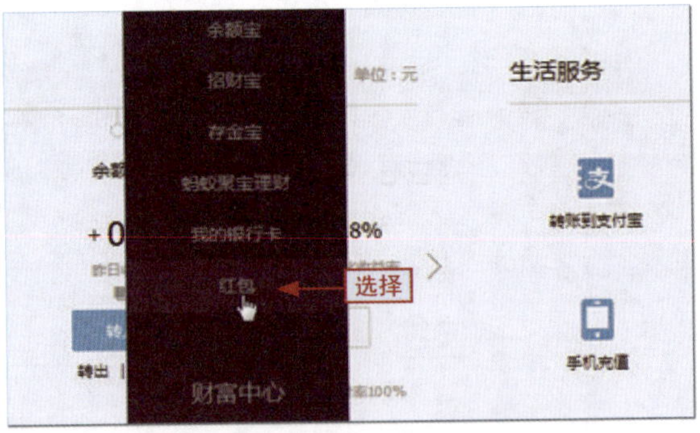

图 11-67　选择“红包”选项

步骤03 ❶在打开的页面中单击“发红包”选项卡，❷单击“立即发送”按钮，如图11-68所示。

图 11-68　单击“立即发送”按钮

步骤04 ❶填写红包的“名称”、“说明”、“面额”和“有效期”，❷单击“下一步”按钮，如图11-69所示。

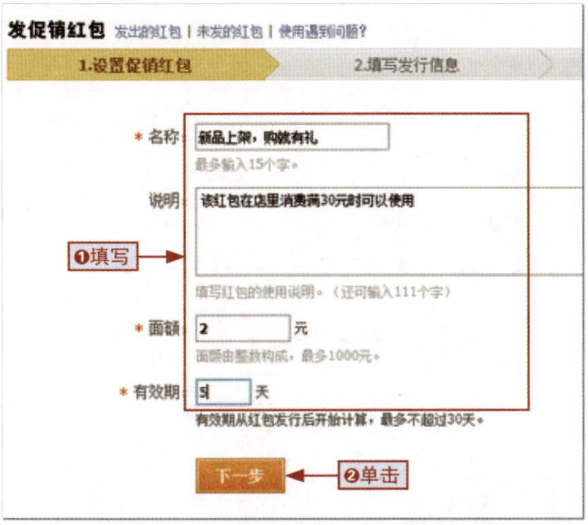

图 11–69　填写红包的相关信息

步骤05 在打开的页面中查看编辑的红包信息，❶确认无误后选择发行方式，选中相应的单选按钮(如给指定人发送红包)，❷在打开的对话框中选择要收红包的买家，如图11-70所示。

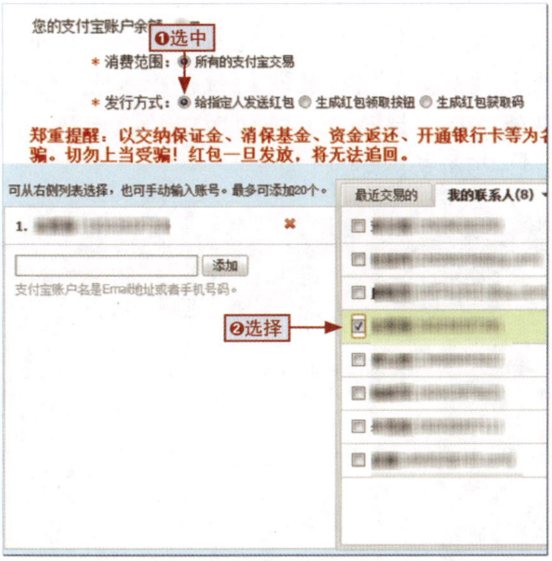

图 11–70　选择收红包的买家

步骤06 在打开的新页面中确认信息并派发，值得注意的是，淘宝目前只支持使用支付宝账户余额派发红包，不能使用余额宝派发，如图11-71所示。

图 11–71　支付宝账户余额派发红包

11.3.2　设置评论有礼

评论有礼，就是买家收到宝贝后，如果对店铺进行了认真的评论，卖家可以对其进行适当的奖励，这也是一种有效的营销方式。

学习目标　掌握设置评论有礼的步骤

难度指数　★★

步骤01 进入“出售中的宝贝”页面，❶选中评论有礼的相关宝贝前面的复选框，❷单击“设置评论有礼”按钮，如图11-72所示。

图 11–72　单击“设置评论有礼”按钮

步骤02 在打开的“创建活动”选项卡中单击“同意以下协议，免费开通”按钮，如图11-73所示。

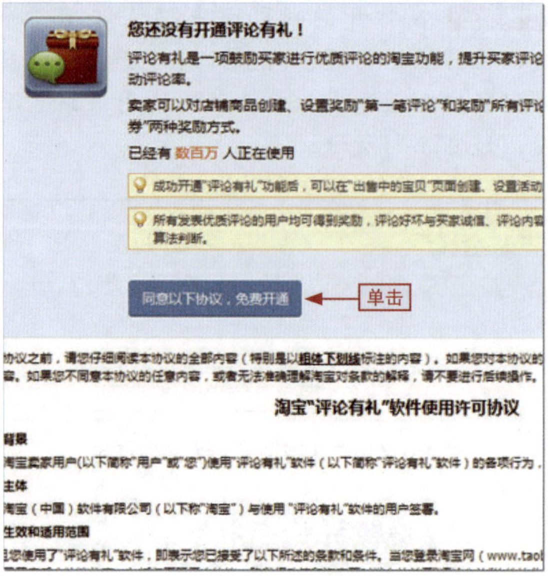

图 11-73　开通“评论有礼”活动

步骤03 此时系统提醒没有可参加活动的宝贝，返回到“出售中的宝贝”页面，重新执行步骤1的操作，在跳转的页面中单击“下一步，设置活动”按钮，如图11-74所示。

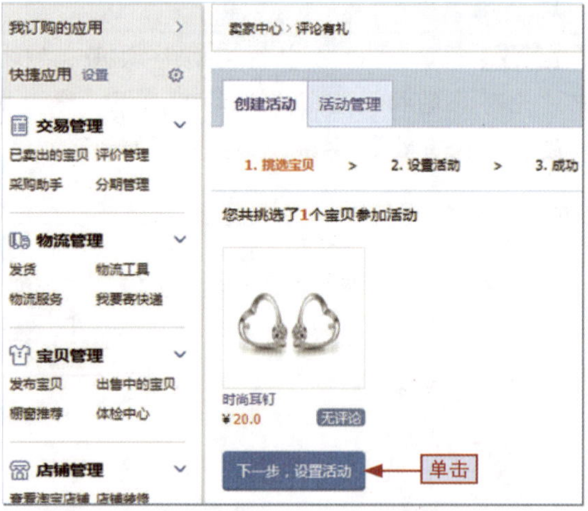

图 11-74　单击“下一步，设置活动”按钮

步骤04 ❶在打开的页面中设置活动的名称、类型、截止时间和奖励方式等，❷单击“确认”按钮，如图11-75所示。

图 11-75　设置活动

小绝招

奖励方式

淘宝网默认的奖励方式为店铺优惠券，但是如果卖家没有订购此服务，那么设置评论有礼活动就不会成功。所以卖家在设置评论有礼活动之前要订购“店铺优惠券”服务。

步骤05 如果在步骤4中成功选中“店铺优惠券”单选按钮，那么，就在打开的对话框中单击“去支付宝付款”按钮，输入支付宝密码付款后，评论有礼活动即可马上开始，如图11-76所示。

图 11-76　预存金额到支付宝

给你支招｜快速找到在淘宝论坛上做的回复

小白：在淘宝论坛上查看帖子时，看帖回帖可以促进双方的交流，但是一段时间过后，想查看自己到底回复了哪些帖子，以便重新学习别人的分享，要怎样才能快速查找呢？

阿智：在淘宝论坛，无论是发帖还是回帖或收藏，都可以在个人中心里面查找。个人中心会记录个人在论坛中的所有动态，与百度贴吧相似，其具体操作如下。

步骤01 在淘宝论坛首页上方的导航栏中单击“个人中心”菜单项，如图11-77所示。

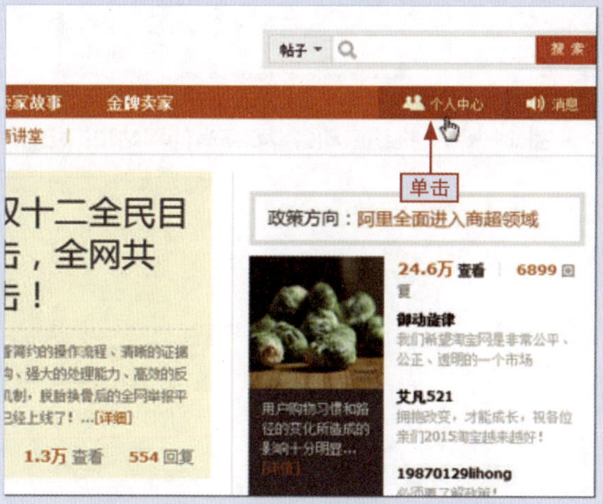

图 11-77　单击“个人中心”菜单项

步骤02 在个人中心页面左侧的“我的论坛”栏中选择“论坛回复”选项，就可以在页面右边查看所有回复过的帖子，如图11-78所示。

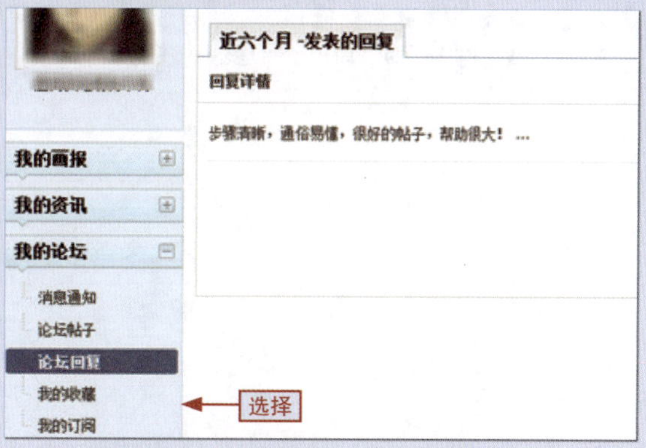

图 11-78　查看所有做了回复的帖子

给你支招｜将百度推广贴分享到更多论坛

小白：在百度贴吧中发布了推广帖之后，想将帖子推广到更多论坛，但是将鼠标光标移动到“分享”按钮上后，显示出来的网站或论坛数量很有限，且不一定是自己想要分享的网站，此时怎样才能分享到更多的论坛上呢？

阿智：百度贴吧的帖子可以分享到十多个网站和论坛中，只要单击“分享”按钮或将鼠标光标移动到“分享”按钮上，然后在弹出的菜单中选择“更多”选项，就可以看到所有可以分享到的网站和论坛了，具体操作如下。

步骤01 ❶将鼠标光标移动到“分享”按钮处，❷在弹出的下拉列表中单击“更多”按钮，如图11-79所示。

图 11-79　单击“更多”按钮

步骤02 在打开的对话框中将鼠标光标移动到对话框右侧的滚动条处，按住鼠标左键拖动滚动条，如图11-80所示。

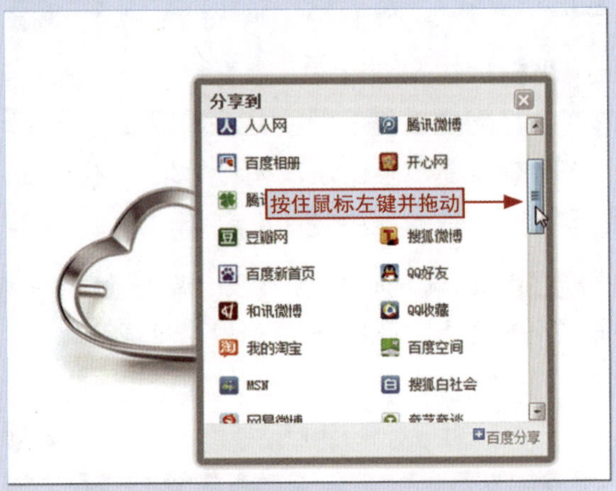

图 11-80　拖动滚动条查看所有的网站和论坛

Chapter 12

诚信至上，注意安全

学习目标

开网店会频繁涉及线上金钱交易，而一些不法分子就会利用网络的漏洞窃取用户的钱财，损害消费者的权益。网店卖家自己要做到诚信经营，不欺瞒顾客，尽量解除买家对购物风险的担忧；同时还要做好相应的风险防范措施，练就火眼金睛，洞悉网络骗术，保护自己和店铺的权益不受损害。

本章要点

- 开启360网购安全防护
- 使用必要的网银控件
- 支付宝手机宝令
- 支付宝其他安全设置
- 警惕骗子演双簧骗钱
- 培养良好的上网习惯
- 增强鉴别能力
- 认识淘宝交易常见骗术

知识要点	学习时间	学习难度
诚信经营，熟悉交易骗术	20 分钟	★
使用工具防范风险	40 分钟	★★★
从认识习惯上防范风险	30 分钟	★★

12.1 诚心经营，问心无愧

小白： 听说很多人都在刷信誉，这样可以快速提升店铺到钻级。

阿智： 这是一种方法，但是你一定要在店铺宝贝确实很好的情况下，通过刷单来吸引顾客！不能纯粹地为了提升钻级而忽略了店铺经营的本质，也就是说刷单要在店铺有货可卖的前提下进行。

信誉如同淘宝卖家的生命，顾客不会到一个连信誉分都没有的店铺购买商品。因此很多卖家就会在刚开淘宝店的时候刷信誉，提高店铺的等级，这也是淘宝店发展过程中需要做的事情，但是卖家一定要对买家诚实。

12.1.1 真实信誉，不炒作

现在的淘宝网系统对刷信誉有了更加严格的认可条件，没有运单号的订单不作数。因此，现在的卖家只有实际地给买家发货才能达到刷单的目的。

学习目标	做到诚实经营获取真实信誉
难度指数	★

真实经营不炒作并不是否定正确的刷单行为，换句话说，就是店铺必须在有实际出售商品的情况下进行刷单，目的是提高店铺的信誉，获得顾客的信任，从而吸引顾客到店铺中购买商品。

卖家切忌将店铺经营发展成骗取买家钱财的途径。现在淘宝网对恶意刷单炒作的行为管理更加严格，卖家要想顺利地开展活动，经营店铺的生意，就要时刻谨记淘宝商家交易和支付等协议中的相关条例，做到合法经营，诚信待客。

另外，卖家不能对信誉的提升没有实际的行动，没有交易就没有信誉，要尽全力招揽顾客达成交易。

12.1.2 店铺经营在精不在多

有些卖家为了增加店铺被搜索的可能性，在店铺中放置了很多不同性质的宝贝，比如服装、配饰、鞋子、帽子以及护肤品等。有时商品类别太多反而让顾客怀疑店铺经营的专业性。

学习目标	了解店铺经营范围广并不一定是好事
难度指数	★

● 第一精：商品类别精简

店铺中不要放置过多的不同类别的商品，最好是针对性的经营一种宝贝。比如只经营女装，不同季节销售不同的女装是可以的。

也可以只经营配饰，比如耳钉、戒指或胸针，这时最好选其一，或者选其中两种商品进行销售。

而且，一个新手开网店，一般也没有那么多的货源可供其采购，为了店铺稳步发展，卖家要精简店铺的商品类别，让店铺看起来更专业。

● 第二精：图片大小尺寸精准

为了使店铺的整体布局更加得体，图片的尺寸大小处理必须精准，该大的地方不能小，该小的地方不能大。

很多时候，我们在装修页面时，系统也会提醒我们上传图片的大小范围，我们可根据提示进行图片的修改裁剪。

但有时候，如果某些地方放置小一点的图片，其展示效果会更好，那么此时就可根据自身的需求，在系统允许的尺寸范围内进行裁剪，最后调整上传图片的位置和顺序使其看起来更加美观。

● 第三精：文本信息表述精炼

店铺首页和宝贝详情页，除了图片占用大部分空间外，还需要有很多必要的文本信息。

页面中文本信息过多，会让用户在浏览时感到疲劳，进而产生烦躁的情绪，使顾客想要关闭当前页面，店铺也因此会失去销售机会。

页面中文本信息太少，又会让顾客认为店铺没有生意，经营不当，也就对店铺失去信任，从而不敢在店铺中购买宝贝。

12.2 使用安全工具防范风险

小白： 阿智，开网店都存在一定的安全风险，我要采取一些什么样的措施才能很好地保证店铺经营的安全性呢？

阿智： 其实除了淘宝本身的安全工具数字证书以外，还有一些其他的安全工具，下面我就给你介绍这些安全工具的使用情况吧！

网店经营防范风险可以借助一些安全工具，很多免费的安全工具都有网购防护功能，用户可以选择性地安装这类软件，从而在一定程度上防范网络风险。而且网上银行和支付宝也有内置的很多安全保障，用户要多加利用。

12.2.1 开启 360 网购安全防护

360 安全卫士具有网购安全防护功能，开启该功能后，软件会在用户打开购物网站时进行提醒并检测网站的安全性。

学习目标	学会使用 360 的网购安全防护功能
难度指数	★★

步骤01 进入360的官方网站，下载并安装360安全卫士，如图12-1所示。

图 12-1　下载并安装 360 安全卫士

步骤02 进入360安全卫士，在界面左侧找到“安全防护中心”的图标，单击图标按钮即可开启，如图12-2所示。

图 12-2 开启安全防护中心

步骤03 ❶在“浏览器防护”栏中单击“查看状态”下拉按钮，❷选择“网购安全防护”选项，如图12-3所示。

图 12-3 选择“网购安全防护”选项

步骤04 ❶在“网购安全提示”栏中选中需要选项前的复选框，❷单击“确定”按钮，如图12-4所示。

步骤05 打开任意购物网站，查看是否会弹出360网购防护提示和图标加锁标志，如图12-5所示。

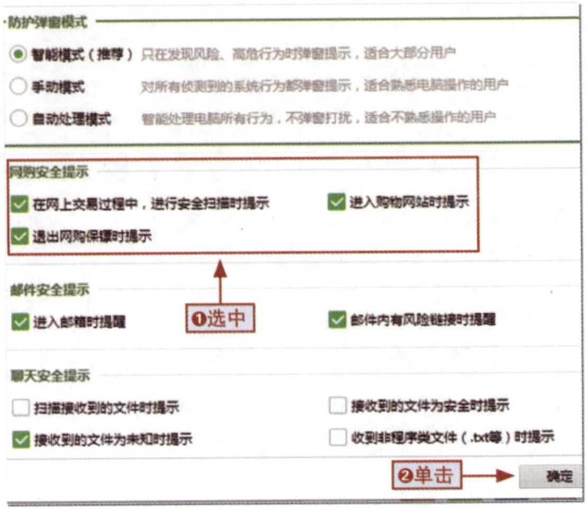

图 12-4 设置网购安全提示

图 12-5 查看网购安全提示设置效果

小绝招

网购提示存在不能显示的情况

如果用户使用的是 Google Chrome 浏览器或除了 360 浏览器以外的其他非 IE 内核的浏览器，有可能出现即使设置了网购防护功能，但在打开网购页面时也无法显示提示信息的情况。一般是因为没有安装对应的浏览器插件，此时可以在防护中心进行设置，如图 12-6 所示。

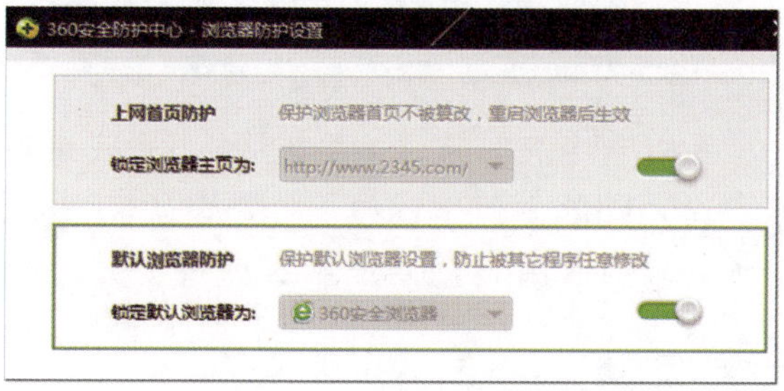

图 12-6　浏览器防护设置

12.2.2　使用必要的网银控件

有些用户在网上交易时会使用网上银行，无论用户享受的是哪家银行的网银服务，在使用之前都应该安装必要的网银控件，从而防范交易风险。

学习目标　掌握安装网银控件的基本步骤

难度指数　★★

步骤01 以工行为例，在浏览器地址栏中输入网址http:\\www.icbi.com.cn进入工行官网，单击页面左上角的“个人网上银行”按钮，如图12-7所示。

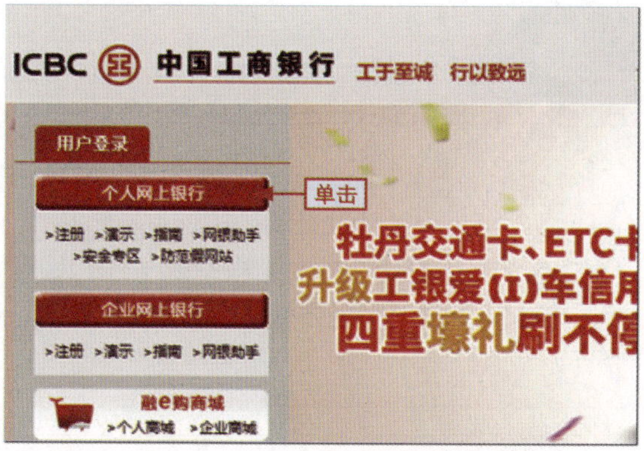

图 12-7　单击“个人网上银行”按钮

步骤02 ❶在打开的页面中单击“工行网银助手”超链接，❷在打开的对话框中设置下载安装的位置，❸单击“下载”按钮，如图12-8所示。

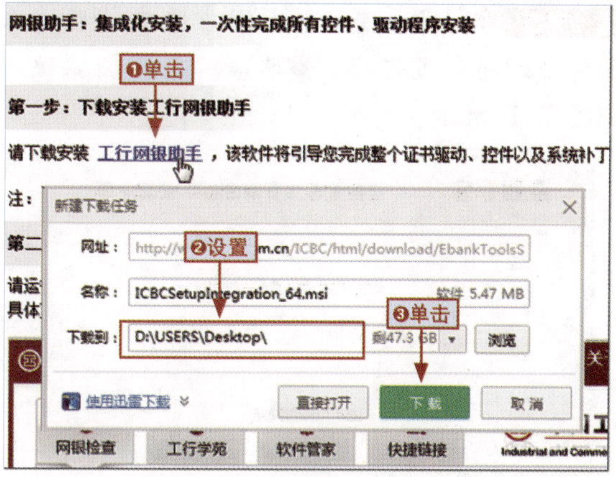

图 12-8　下载工行网银助手

步骤03 ❶找到下载的工行网银助手安装程序的图标并打开，❷单击“运行”按钮，如图12-9所示。

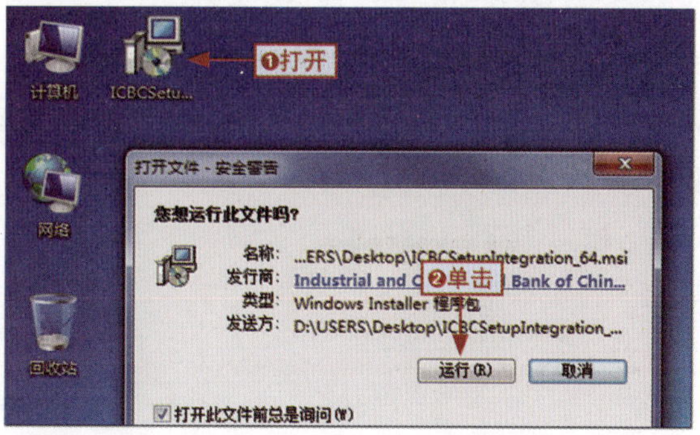

图 12-9　安装工行网银助手

步骤04 单击“下一步”按钮，按照安装导向的提示即可安装成功，如图12-10所示。

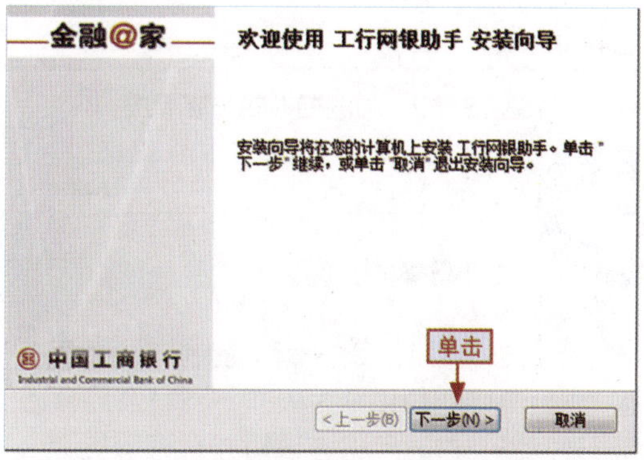

图 12-10　按照安装导向安装网银助手

步骤05 ❶在完成安装的页面中选中“启动工行网银助手”复选框，❷单击“完成”按钮，如图12-11所示。

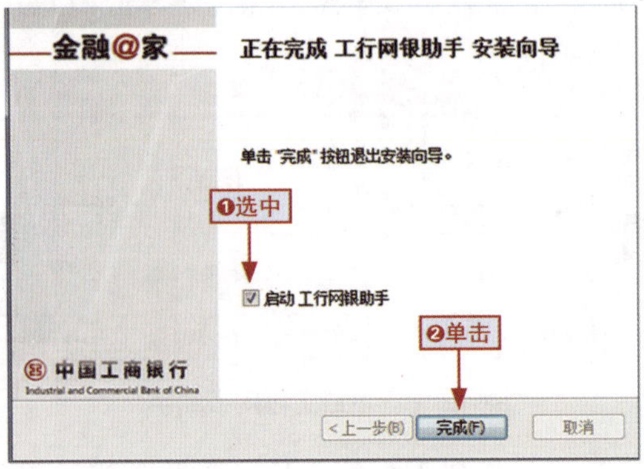

图 12-11　启动网银助手

步骤06 在“网银检查”选项卡下检测控件安装及环境设置情况，如图12-12所示。

图 12-12　检测控件的安装情况

小绝招

定期检查更新控件

控件安装以后，过一段时间有可能需要升级，或因电脑问题和人为操作不当导致控件使用出现问题。这时用户应该对控件进行检测，升级更新。

12.2.3　支付宝手机宝令

手机宝令又叫宝令（手机版），是安装在手机客户端的支付宝钱包上的安全认证产品，与银行推出使用的U盾功能类似。

学习目标	学会使用支付宝手机宝令
难度指数	★★

步骤01 进入个人支付宝页面，选择上方的“安全中心”选项，如图12-13所示。

图 12-13　进入支付宝安全中心

步骤02 单击宝令选项右侧的“绑定”超链接，如图12-14所示。

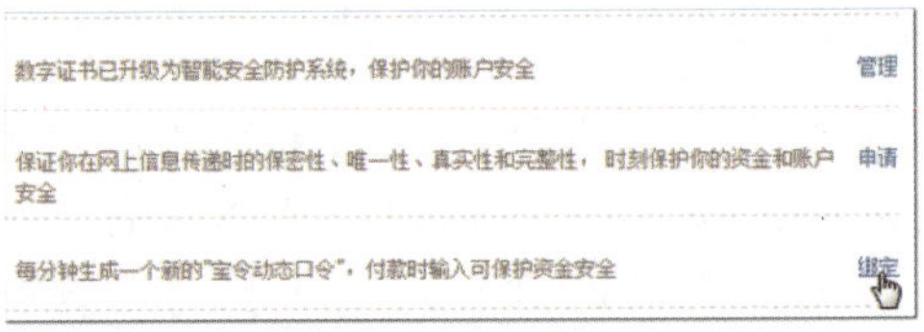

图 12-14　单击“绑定”超链接

小绝招

取消数字证书才能安装宝令

很多淘宝用户都在使用数字证书保护账户的安全，当我们要使用宝令时，必须先取消数字证书才能使用宝令服务。而且从2014年1月1日起，淘宝已停止销售宝令，如图12-15所示。

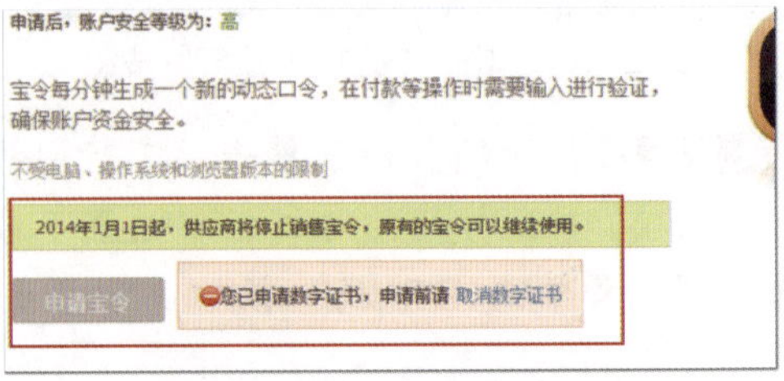

图 12-15　宝令已停止销售

12.2.4 支付宝其他安全设置

用户可以进入自己的支付宝账户查看各项安全设置，确保这些安全措施处于保护状态。

学习目标	学习确认支付宝其他安全设置是否有效
难度指数	★

● 查看“保护资金安全”的设置

进入支付宝安全中心，单击“保护资金安全”选项卡即可查看相关设置，如图12-16所示。

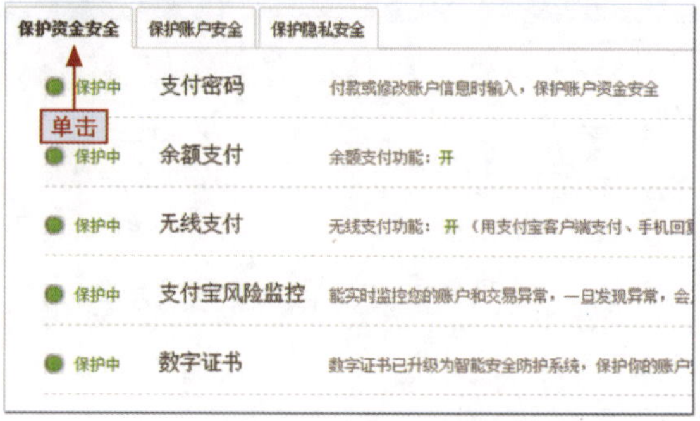

图 12-16 查看资金安全设置

● 查看“保护账户安全”的设置

在安全中心页面，切换到“保护账户安全”选项卡即可查看相关设置，如图12-17所示。

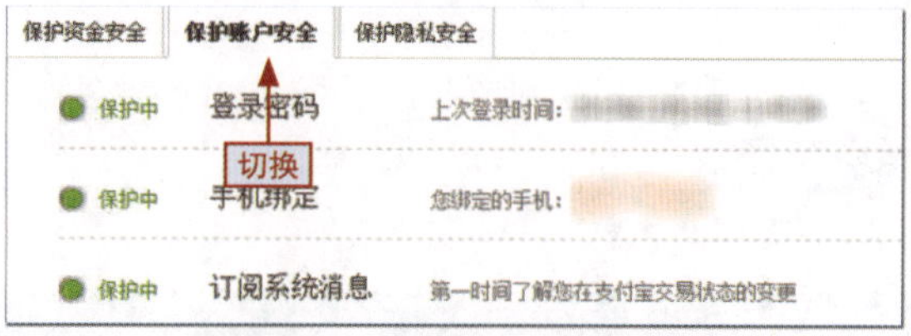

图 12-17 查看账户安全设置

● 查看“保护隐私安全”的设置

继续切换选项卡，查看“保护隐私安全”的相关设置，如图12-18所示。

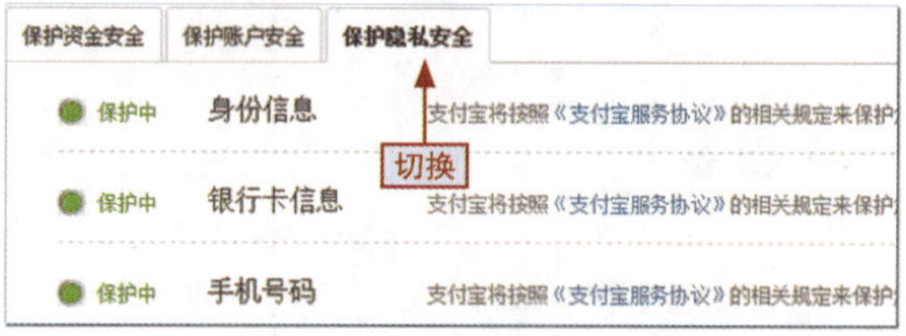

图 12-18 查看隐私安全设置

12.3 从意识和习惯上防范风险

小白： 我安装了很多的安全工具，网店应该没有太大的风险了吧！

阿智： 安装安全工具是必需的，但是要从根本上避免安全风险，还是需要你自己有较强的安全意识，并且你要在使用网络的过程中逐步培养良好的上网习惯，增强自己鉴别风险的能力！

安全工具只能从网络环境上对账户进行保护，这其中肯定会存在漏洞或不足，而心里上对风险有警惕意识才是安全防护的最高等级。为了从根本上保证网店的安全，卖家应加强自己的安全意识，培养良好的网络使用习惯。

12.3.1 警惕骗子演双簧骗钱

有的骗子会合伙唱双簧扰乱卖家的判断力，利用卖家开店初期迫切想收到订单的心理，骗取卖家的钱财，所以卖家一定要提高警惕。

学习目标 学会识别唱双簧的骗局
难度指数 ★★

● 第一步：买家来了

才开店不久，一声“叮咚”让你瞬间来到电脑边，啊！有买家咨询商品，顿时来了精神，如图12-19所示。

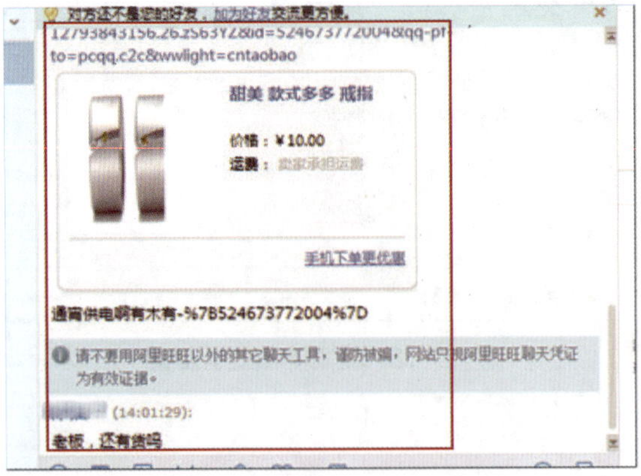

图 12-19 买家发链接询问商品

● 第二步：简单了解就要拍下商品

和你聊了几句就说要拍下宝贝，顿时觉得这个买家太爽快了！才开店就有这样的买家，运气真好啊！如图12-20所示。

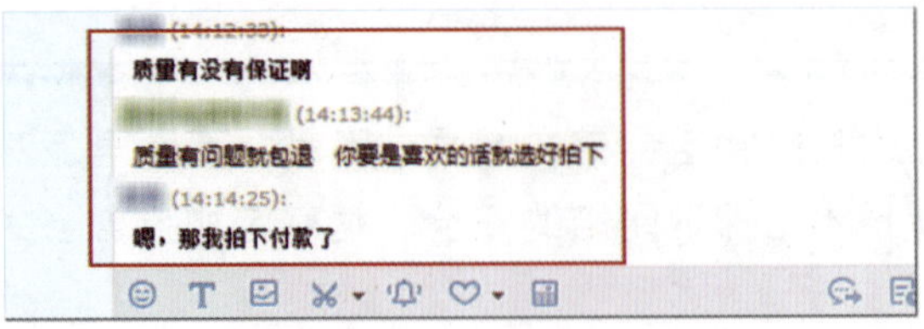

图 12-20 快速决定下单

● 第三步：付不了款

但是，别高兴太早了，可爱的买家说付不了款，说卖家没有交“消保”，客服已经介入了！如图12-21所示。

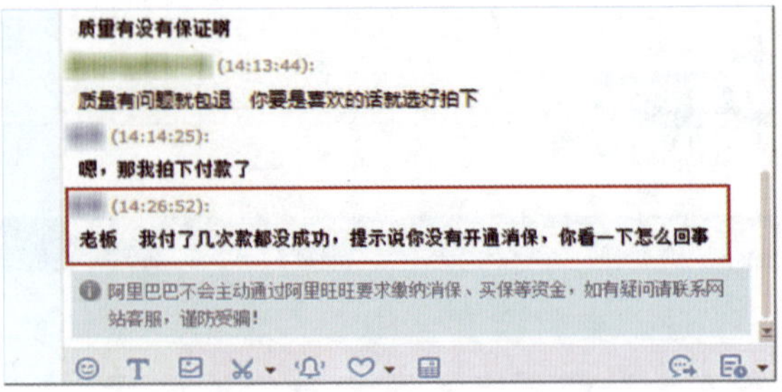

图 12-21 买家说付不了款

● 第四步：“客服”搭档来了

没过多久，所谓的淘宝客服找上你了，要求你开通“消保”，以便完成交易，如图12-22所示。

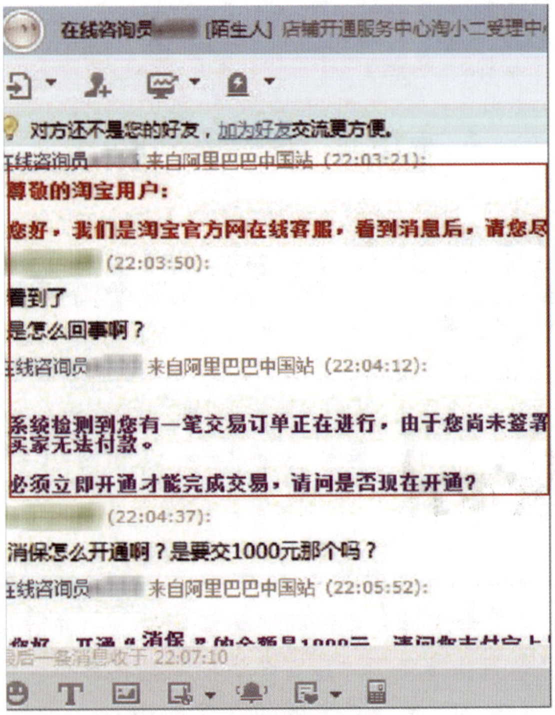

图 12-22 客服介入

小绝招

卖家当心！千万别缴消保

在“客服”介入的情况下，卖家千万不要信以为真，如果按照“客服”的指示交了钱，那就上当了！一般系统也会提醒卖家，阿里巴巴不会主动通过阿里旺旺要求买家缴纳消保、买保等资金。

● 第五步：“客服”催缴消保

“客服”会以比较强硬的态度要求卖家交“消保”，卖家一定要扛住啊！如图12-23所示。

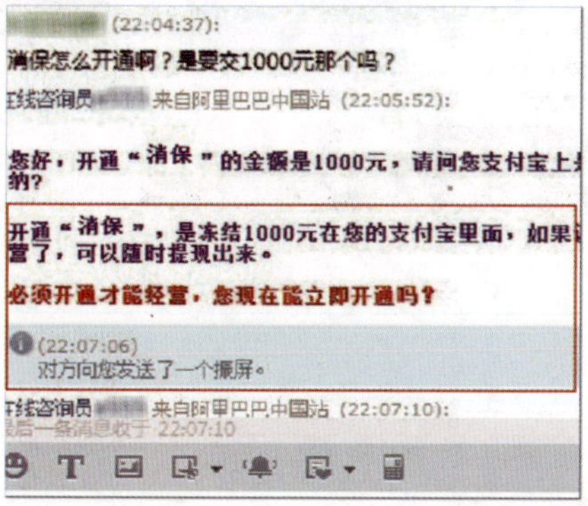

图 12-23 “客服”态度强硬要求交保

小绝招

卖家注意，“消保”是自愿缴纳

其实，“消保”是自愿开通的，客服不会强迫卖家开通，当有所谓的客服硬是要让你开通消保时，一定要提高警惕，如图 12-24 所示。

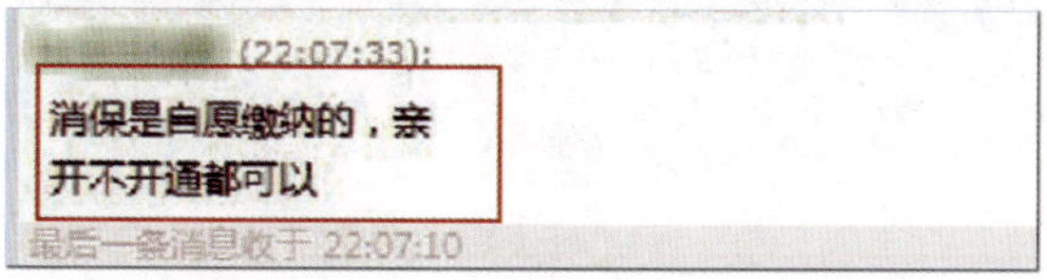

图 12-24 卖家自愿缴纳消保

● 第六步：卖家礼貌回复“买家”

卖家虽然知道了这是个骗局了，但最后还是可以礼貌地回复这个骗子“买家”，结束对话，如图12-25所示。

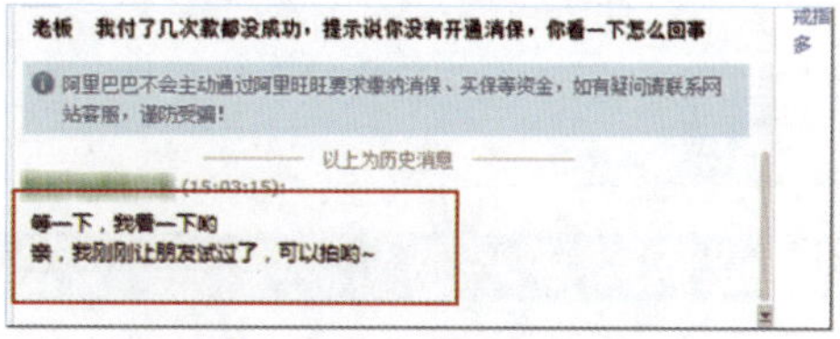

图 12-25 委婉拒绝买家

● 第七步：卖家到网上咨询

卖家如果不确定是否为骗局，可以上网查找相关资料，一般都会找到很多类似的例子，如图12-26所示。

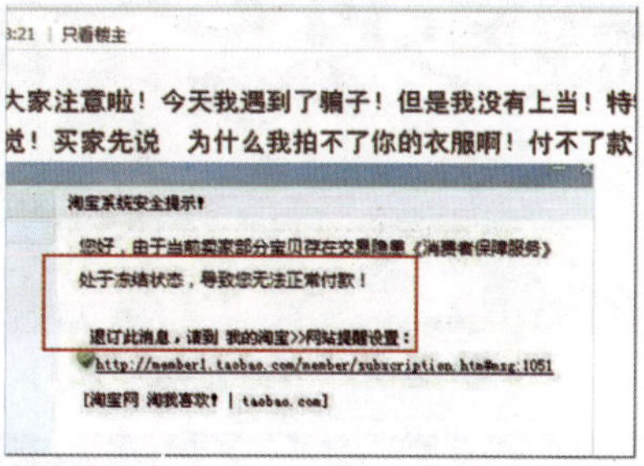

图 12-26 上网找相关案例

小绝招

骗局判断技巧

关于骗子演双簧骗取消费者钱财的伎俩，其实有很多识破的技巧。

第一，大多数买家不会爽快地拍下宝贝，尤其是女性顾客，但也有盲拍的买家；第二，骗子提供的截图不清晰，有 PS 的痕迹；第三，真正的淘宝客服态度温和有礼；第四，“客服”发送的消息中，“消保”两个字明显错位；第五，淘宝系统会给出提示，卖家一定要注意。

12.3.2 培养良好的上网习惯

卖家在经营店铺时，总会涉及钱财交易，养成良好的上网习惯也是防范网店经营风险的重要手段。

学习目标	了解上网的好习惯
难度指数	★★

● 绿色上网

不要浏览不健康的网站，这类网站上通常都会有病毒，保证绿色上网很重要，如图12-27所示。

图 12-27　绿色上网

● 软件下载尽量去官方网站

一些乱七八糟的网站上的软件会附带一些内置的、威胁安全的插件，如图12-28所示。

图 12-28　到官网下载软件

● 软件安装不要机械操作

很多时候安装软件都是按照安装向导进行操作，但是也不要盲目地单击“下一步”按钮，注意取消一些选项，不然会捆绑安装一些软件或插件。

● 不要随便开启远程协助

遇到电脑问题需要帮助时，不要随便开启远程协助，尤其是卖家在打开自己的店铺和登录各种交易工具时，如图12-29所示。

图 12-29　慎用远程协助

● 养成电脑体检与查毒的习惯

不仅是卖家，使用电脑的用户都应该定期对电脑进行体检和查毒，防患于未然，否则电脑一旦崩溃就会丢失重要的交易数据，如图12-30所示。

图 12-30　体检查毒

12.3.3 增强鉴别能力

卖家如果有足够的风险鉴别能力，就能轻易发现网络上的风险隐患并及时采取措施，让不法分子无计可施。

学习目标 学会辨别真假网站
难度指数 ★★

● 学会鉴别官网域名

在使用一些重要的网站，尤其是银行网站时，要学会鉴别其官方网站域名，不要通过任何其他非官方域名的链接进入网站，而且官网域名一般比较短小精悍，如图12-31所示。

图 12-31 鉴别官网域名

● 假网站

首先，假银行网站的域名和真网站域名有差别，其次，网站页面在布局上也有较大的差异，如图12-32所示。

图 12-32 假网站

● 勿轻信网络中奖信息

人人都想天上掉馅儿饼，但是想想，天下哪有那么多“免费的午餐”。所以，广大网络用户，切记不要随意相信不知名的网站发来的中奖信息。

● 利用360浏览器鉴别网站真伪

打开 360 安全浏览器，❶在地址栏中输入需要鉴别的网址，❷单击网址输入框左边的下拉按钮即可查看网址的真伪，如图 12-33 所示。

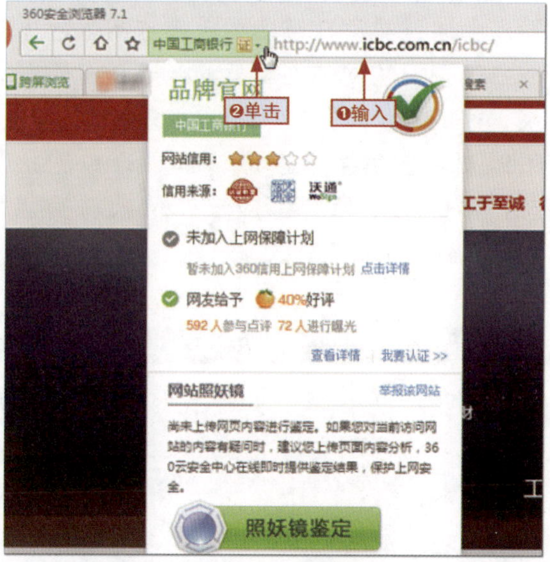

图 12-33 使用 360 安全浏览器鉴别网址

● 丰富自身学识

不管是卖家还是买家，都要不断加强自身知识的积累，这样才有利于灵活鉴别真假信息，练就处变不惊的处事心态。知道的东西多了，对于不法分子的骗术也就能轻松识破。卖家可以经常逛淘宝论坛，里面有很多卖家分享经营店铺的经验和防骗之术。

12.3.4 认识淘宝交易常见骗术

认识淘宝交易常见骗术，可以让我们很好地规避资金安全风险，让淘宝店的经营更加安全顺利。

学习目标	学会分辨淘宝交易骗术
难度指数	★★

● 假链接，盗走账户信息

在淘宝网上交易时，卖家也会作为买家到货物批发市场进货，此时卖家不要轻易点击进入批发商发来的链接，有些假批发商会通过卖家在链接页面或与淘宝网页域名等相似的网站上留下的账号和密码登录卖家的支付宝账户，转走其中的钱财。所以卖家在付款之前应该查看订单的状态，所有淘宝用户都应该在付款前确认“已买到的宝贝”。

● 支付宝故障，要求银行付款

有些不法商家，为了窃取买家的钱财，向买家说明支付宝账户出错，要求买家银行卡付款。

比如“电脑中毒，用不了支付宝”、“产品是走私的，防止被抓”等说法。

作为卖家，要知道自己如果做了这样的事情，将会失去买家的信任。而且作为消费者，最痛恨的就是被欺骗钱财，如果卖家对某一个买家做了这样的事情，那么很有可能会失去一个巨大的买家群体。

买家也应该清楚，在淘宝上购物，一定要通过支付宝付款，因为支付宝有保障买家权益的作用。

● 手续费太高，更改支付平台

第一种情况，卖方主动说可以货到付款，但要求买方到自己指定的“担保网站”交一笔担保费，交易成功后，担保费将自动返还。

第二种情况，卖家称支付宝手续费太贵，其他的支付平台手续费便宜，要求买方到卖方指定的“支付网站”注册一个用户，再通过该“支付网站”付款，此时卖方就会通过一些手段窃取买方的相关账户信息。

为此，用户在淘宝网上交易时，不要通过淘宝以外的网站完成交易。并且用户要知道，手机使用支付宝是没有手续费的，电脑手续费也并不像骗子说的那样贵。

● 快递签收漏洞防不胜防

很多买家在收到宝贝时都不会当场验收，有些骗子就利用这一点以假乱真，比如用几块砖头充当笔记本电脑。

买家只要签收了快递回执单，骗子就能向淘宝证明买家已收到货物，而且买家当时也没有提出异议。事后买家再投诉，淘宝也只能根据书面证据（快递回执），默认卖家无过错，将买家支付宝预存资金转给卖家。

所以，买家最好亲自签收货物并当场验收，如果遇到快递员阻止验收，买家可以拒绝签收宝贝。若发现货物与拍下的宝贝不符，要在回执单上注明并让快递员签字，必要的时候可以拍照保留证据，在解决纠纷时向淘宝客服出示照片，作为退款证据。

利用充值系统行骗

此类骗局一般用在充值卡交易中，骗子先利用低价卡吸引买家，然后发给买家另外的店铺链接，让买家去拍。

一般买家想买 A 种卡，卖家会让买家拍 B 种卡。比如买家要电话充值卡，卖家却发给买家一个征途游点卡的链接。这样买家肯定不能付款，因为卡种都不同，此时骗子就会让买家将卡密发送给他，然后骗子就会花掉卡上的钱。

遇到此种情况，买家可要求卖家自己登录他提供的店铺淘宝旺旺，如果卖家说不行，那么买家就可以选择放弃当时的交易。

骗子买家利用消保服务行骗

不仅卖家可能是骗子，连买家也有可能是骗子。有些骗子买家利用淘宝的消保服务骗取卖家购买消保，窃取卖家的钱财。

据此，淘宝用户都要知道，作为淘宝卖家是可以自愿购买消保的，淘宝网不会强制卖家购买消保。

小绝招

买卖双方都要警惕骗术

淘宝交易存在风险是一个客观事实，买卖双方都要时刻保持警醒，学会识别各种骗术，在没办法确定交易是否安全时，可以到淘宝论坛上寻求帮助，或直接打淘宝客服热线进行确认。

给你支招 | 在工信部备案系统查询网站真伪

小白： 仅仅通过 360 安全浏览器鉴别网站的真伪仍然不能消除我的担忧，还有没有更加权威的方法验证网站的真伪？

阿智： 可以去中华人民共和国工业和信息化部（简称工信部）查验网站的真伪，其具体操作如下。

步骤01 在浏览器地址栏中输入工信部备案系统的网址http://www.miitbeian/gov.cn进入官网，在打开页面的右下方单击“公共查询”按钮，如图12-34所示。

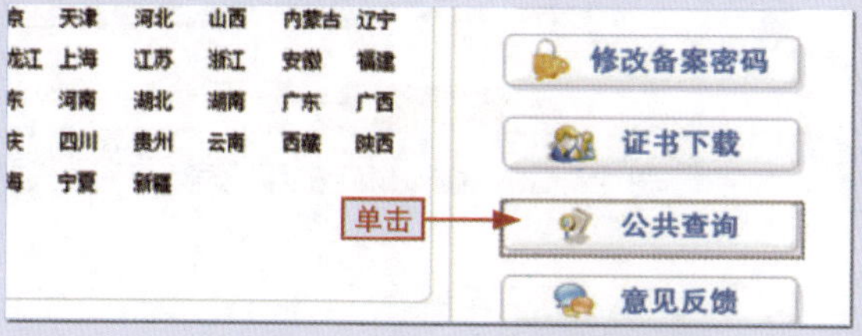

图 12-34　单击“公共查询”按钮

步骤02 选择“备案信息查询”选项，如图12-35所示。

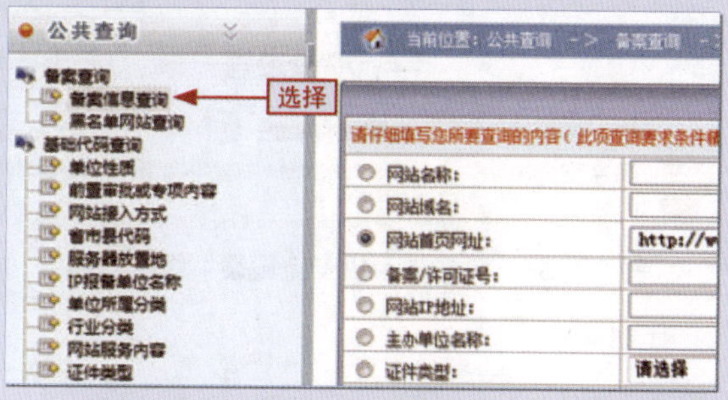

图 12-35　选择“备案信息查询”选项

步骤03 ❶在编辑框中选中“网站首页网址”单选按钮，❷将需要检验的网址输入到相应的文本框中，如图12-36所示。

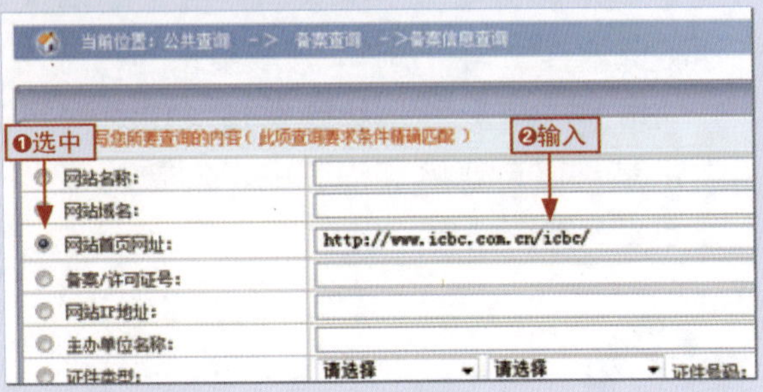

图 12-36　输入需要验证的网址

步骤04 ❶获取并输入验证码，❷单击“提交”按钮后即可查看检验结果(有时备案系统中没有备份相关的网址信息，会出现没有记录的情况)，如图12-37所示。

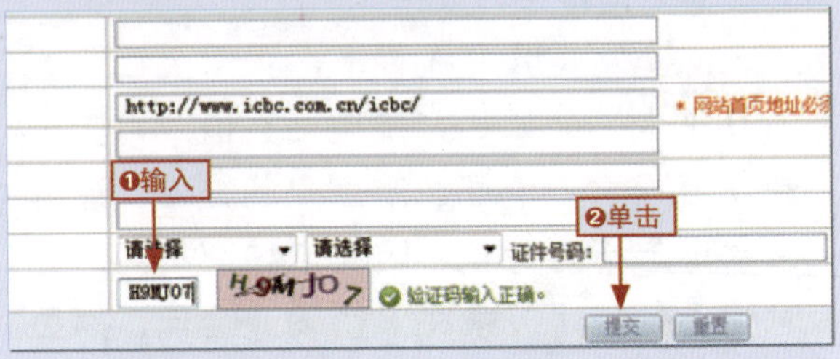

图 12-37　单击“提交”按钮查询结果

给你支招 | 更换绑定的手机号

小白：支付宝绑定手机号后，安全性要高很多，而且在交易中输入验证码也很方便。但是如果更换了手机号码或者手机丢失，原号码不能再接收短信，那应该怎样更换绑定的手机号呢？

阿智：支付宝安全中心有更换手机号的通道，用户只需要进入该通道，根据自己当前使用的手机接收短信的情况选择合适的修改方式，具体步骤如下。

步骤01 进入支付宝安全中心，❶在“安全工具”选项卡下单击“手机安全设置”图标按钮，❷单击“修改号码”超链接，如图12-38所示。

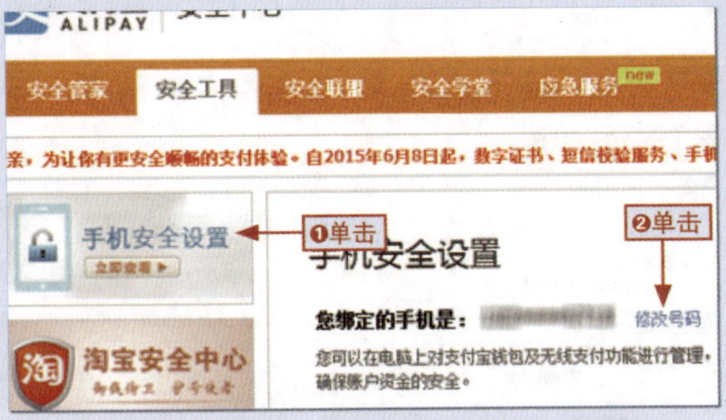

图 12-38　单击“手机安全设置”图标按钮

步骤02 在打开的页面中，❶在“新手机号码”文本框中输入需要绑定的新手机号，❷单击“获取校验码”按钮，❸将手机收到的校验码输入到“校验码”文本框中，❹单击“确定”按钮完成绑定修改，如图12-39所示。

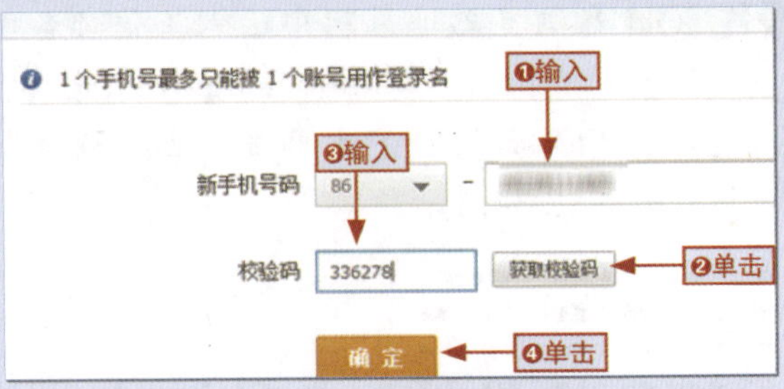

图 12-39　修改绑定的手机号